本书由西北民族大学法学院环境与资源保护法专业硕士学位点资助出版

张贵玲　张兆成　马玉祥　著

环境法治问题研究

Huanjing Fazhi Wenti Yanjiu

人民出版社

责任编辑:邓创业

图书在版编目(CIP)数据

环境法治问题研究/张贵玲,张兆成,马玉祥 著. -北京:人民出版社,2015.8
ISBN 978－7－01－014833－5

Ⅰ.①环…　Ⅱ.①张…②张…③马…　Ⅲ.①环境保护法-研究
　Ⅳ.①D912.604

中国版本图书馆 CIP 数据核字(2015)第 095759 号

环境法治问题研究
HUANJING FAZHI WENTI YANJIU

张贵玲　张兆成　马玉祥　著

人民出版社 出版发行
(100706　北京市东城区隆福寺街 99 号)

廊坊市印刷厂印刷　新华书店经销

2015 年 9 月第 1 版　2015 年 9 月北京第 1 次印刷
开本:710 毫米×1000 毫米 1/16　印张:20.25
字数:280 千字

ISBN 978－7－01－014833－5　定价:48.00 元

邮购地址 100706　北京市东城区隆福寺街 99 号
人民东方图书销售中心　电话 (010)65250042　65289539

<<<<<<<<<<<<

　　迄今为止，在地球上的智慧生物中，人类可能是承载最高智慧的生命体，世界的发展变化在某种意义上始终按照人类的意志进行着。在漫长的人类历史发展过程中，人类按照自己的方式改造着这个生存其中的世界，一部世界的发展史就是人类按照自己的思维和意识改变这个世界的历史。在工业社会来临之前的整个前资本主义时代，人类智慧所释放出的能量总量仍然是有限的，对世界的改造及对世界的影响也主要局限在有限的空间范围内。但是，自工业革命以来特别是随着信息化社会的到来，经济与社会的发展特别是科技的日新月异，人类改造自然与社会的能力也呈现出立体式急速增长。诚然，人类在长时间的经济、科技与社会高速发展的过程中，创造了光辉灿烂的物质技术文明，极大地满足了人们的物质文化需求。但是，在此过程中，我们也产生了这样或那样的问题。而在这些问题中，逐步暴露出来的环境污染已经成为一个全球性的大问题。环境污染在逐步吞噬着人们的生命健康和安全。自20世纪中后期以来，世界范围内发生了著名的十大环境污染事件，造成了地区或世界范围内的重大环境污染事故，对人类的财产安全和生命健康造成了无法估量的重大损失。不仅如此，伴随着人类社会发展和对自然界的掠夺性开采，

全球性的环境污染有增无减，地球环境正在逐步走向更为惨淡的未来。

中国自改革开放以来，经济社会和科学技术取得了迅猛发展，人民的生活水平空前提高。然而，在这几十年的迅猛发展过程中，我们也存在着这样或那样的问题：在经济上，我们的总体发展模式仍然处于粗放式的发展阶段，经济的增长没有良好的质量与效益，往往以牺牲巨大的资源与环境为代价；在政治发展进程中，政治文明建设仍然有待发展，政治体制改革进程缓慢；在环境建设方面，生态文明建设明显滞后，经济的盲目发展造成了全国性环境的重大污染。最近两年，空气污染已经有目共睹，全国性的雾霾天气对人们的生命健康造成了重大影响，此外，电子污染、废弃物污染、工业污染等各种环境污染，也对人们的生产生活造成极大的损害。

正是在此背景之下，本书试图全面地反思当前世界范围内的环境治理，特别是环境法治建设方面的基础理论，力图在法治理论上廓清当前环境法治方面的基本方向，谋求环境法治建设的健康发展之路。与此同时，将目光主要集中在中国的环境法治建设方面，对中国现行的环境法治的相关制度进行系统总结与评析，发现其存在的问题与不足。在此基础上，试图在理论上建立起更为科学的环境法治基本理论框架，在正确的环境法治理论基础上进行相关的环境法治制度创新，在实践的基础上寻求环境法治建设的基本对策。

为此，本书的基本结构作如下安排：一是环境法治的基础理论篇。在此部分，对当前国外、国内的涉及环境法治方面的各种理论进行述评，并在此基础上，奠定本书环境法治理论研究的基本框架。对我国各个领域环境法治存在的各种问题进行系统梳理与总结，找出其中存在的问题的各种症结；在前述基础上，对环境法治治理方面存在的各种问题寻求针对性的法治措施。二是对环境刑法问题做一些必要的研究，尤其是对涉及环境治理过程中刑法规定以及环境刑法理论问题进行探讨。三是通过适当的篇幅对西部大开发背景下西部环境的治理问题进行一定的探讨。

目　录

序　言 / 1

第一章　环境法治基础理论

　第一节　环境法学基础理论 / 1
　　一、关于环境概念的界定 / 1
　　二、环境法上界定环境概念的意义 / 5
　　三、环境法的定位 / 7
　　四、关于环境法治的目的与价值 / 27
　　五、环境法伦理与环境法哲学 / 30
　第二节　环境法的主要议题 / 40
　　一、关于环境权问题 / 40
　　二、环境法的主要内容 / 54

第二章　我国环境问题及法治对策

　第一节　农村环境污染及其法治对策 / 62
　　一、农村环境污染的现状和特点 / 62
　　二、国外相关农村环境立法方面的经验 / 72
　　三、当前关于农村环境法治建设方面存在的不足及解决途径 / 74

第二节　当前城市环境污染及其法治对策 / 89

　　一、当前城市环境污染的现状和呈现的新特点 / 89

　　二、城市环境治理现状及存在的相关问题 / 93

　　三、城市环境法治的基本途径 / 99

第三节　环境法治中的软法治理 / 106

　　一、何谓环境软法 / 106

　　二、环境软法在环境治理中的价值与地位 / 111

　　三、如何实现环境软法的社会治理，实现环境软硬法的协同 / 118

第三章　中国环境刑事立法研究

第一节　中国环境刑事立法的历史 / 127

　　一、1979 年《刑法》制定之后至 1997 年修订《刑法》之前的
　　　　环境刑事立法 / 127

　　二、1997 年《刑法》实施之后的环境刑事立法 / 135

第二节　中国环境刑事立法的内容 / 149

　　一、《刑法》分则第六章第六节"破坏环境资源保护罪"中的
　　　　罪名 / 149

　　二、《刑法》分则第二章"危害公共安全罪"中涉及环境的
　　　　罪名 / 180

　　三、《刑法》分则第三章"破坏社会主义市场经济秩序罪"中
　　　　涉及环境的罪名 / 192

　　四、《刑法》分则第九章"渎职罪"中涉及环境的罪名 / 209

第三节　中国环境刑事立法的实施 / 225

　　一、环境污染型案件 / 225

　　二、资源破坏型案件 / 240

　　三、环境监管渎职型案件 / 243

第四节　中国环境刑事立法的走向 / 247

　　一、中国环境犯罪的立法体例 / 249

　　二、中国环境犯罪的罪名设置 / 253

三、中国环境犯罪的构成要件 / 254

四、中国环境犯罪的刑罚设置 / 263

五、中国环境犯罪的追诉时效 / 279

第四章　加强西部生态环境法制建设，促进西部开发战略实施

第一节　坚持科学发展观，推动西部生态环境建设 / 282

一、加强生态环境建设是西部大开发的切入点 / 282

二、西部开发必须遏制脆弱的生态环境 / 284

三、坚持科学发展观，推动西部生态环境建设 / 286

第二节　完善西部生态环境建设法律制度 / 287

一、西部生态环境建设及其成就 / 287

二、制定《国土整治法》，改善西部生态环境状况 / 289

三、实行优惠的土地政策和矿产资源政策 / 290

四、加快立法步伐，完善环境法制建设 / 291

第三节　资源开发保护与能源战略法治建设 / 293

一、我国能源安全战略的选择 / 294

二、我国能源法治建设的构建 / 296

三、能源法制保障架构 / 297

四、西部生态环境法治建设，任重而道远 / 298

第四节　尽快制定《西部大开发中生态保护建设金融财政保障法》/ 301

一、金融在西部大开发中处于主导性支持地位 / 301

二、制定并实施特殊的金融政策，对西部继续实施货币倾斜和
信贷倾斜 / 302

三、西部地区金融风险防范措施 / 305

主要参考文献 / 307

后　记 / 316

第一章

环境法治基础理论 <<<<<<<<<<<<

第一节　环境法学基础理论

一、关于环境概念的界定

环境这个概念有多种解释，现代汉语词典认为，一是指周围的地方，如环境优美、环境卫生；二是指周围的情况和条件，如客观环境、工作环境。[①] 环境概念的英文解释也有多种，如 environment、circumstance、surroundings 等，其中，environment 在英文文献中的使用频率最高。《斯德哥尔摩人类环境宣言》以及一些国际环境文件，如《里约环境与发展宣言》《约翰内斯堡可持续发展宣言》《联合国气候变化框架公约》等并没有对环境概念做明确的定义，但是从各种国际环境文件对环境的理解来看，环境概念的外延是相当广阔的。[②] 这些文件对于环境外延的理解较为广

[①]　参见中国社会科学院语言研究所词典编辑室编：《现代汉语词典》，商务印书馆 2005 年版，第 594 页。

[②]　笔者发现，在许多国际环境文件中都未对环境做直接定义，但是有关人类环境、地球环境、社会环境、人口环境、生活环境、生态环境、全球环境的表述很多。如《斯德哥尔摩人类环境宣言》中提道的："2. 保护和改善人类环境是关系全世界各国人民的幸福和经济发展的重要问题……3. 人类总是不断地总结经验，有所发现……如果使用不当，或轻率地使用，这种能力就给人类和人类环境造

泛，其中关于人类环境、地球环境、社会环境、人口环境、生活环境、生态环境、全球环境等词语的理解相当广阔。在当下的许多教科书中，对环境一词大多也不直接做界定，如有学者认为，"从法的角度给环境下一个明确的定义是比较困难的"①。认为科学技术的进步使人类对地球环境乃至外空环境的影响已越来越大，人类对环境的认识从以人类为中心向生物圈和地球整体为中心的方向转变，开始强调非人类中心的环境准则。在这样的背景下，全球环境、生态系统以及气候等与环境相关的概念在环境立法中的使用频率也越来越高。②正是在此背景下，很难对环境概念做一个相对静态的、含义确切的定义，随着人们认识的提高和人类实践范围的扩大，环境概念也在不断变化之中。

通常意义上，人们所理解的环境是指人们所在的周围地方与有关事物，一般分为自然环境与社会环境。但在现实中，虽然人们对环境这个词语司空见惯，但是，普通人、各专业学者对环境的理解却是因人而异的。在通常意义上，人们认为环境包括大气、水、土壤、植物、动物、微生物等为内容的自然物质因素。有时也认为环境包括观念、制度、行为准则等为内容的非自然物质要素。既包括自然因素，也包括社会因素；既包括非生命体形式，也包括生命体形式。

笔者认为，对环境的理解应注意以下几个问题：一是从抽象意义上来看，若要给环境下一个定义只需把握其核心内涵即可。环境是相对于某一中心事物而言的，是指围绕着某一中心事物并对该事物产生某些影响的所有外界事物的总和，即环境是指相对并相关于某项中心事物的周围事物和一切存在条件。环境概念总是相对于某一中心事物而言的。环境因中心事物的不同而不同，随中心事物的变化而变化。围绕中心事物的外部空间、条件和状况，构成中心事物的环境。这是对环境概念的相对抽象意义上的内在把握。这有助于我们对环境概念的把握。二是从学科的角度对环境概念的理解同样重要。

成无法估量的损害。在地球上的许多地区，我们可以看到……在水、空气、土壤以及生物中污染达到危险的程度；生物界的生态平衡受到严重和不当的扰乱……""为了这一代和将来的世世代代的利益，地球上的自然资源，其中包括：空气、水、土地、植物和动物，特别是自然生态类中具有代表性的标本，必须通过周密计划或适当管理加以保护。"万霞：《国际环境法资料选编》，中国政法大学出版社2011年第1版，第3—7页。

① 汪劲：《环境法学》，北京大学出版社2011年版，第1页。

② 参见汪劲：《环境法学》，北京大学出版社2011年版，第1页。

因此，如果从生物学的角度来考察环境概念，则环境是指生物生活周围的气候、生态系统、周围群体和其他种群。如果从一般的人文科学角度考察环境概念，则此时的环境是指具体的人生活中所呈现的周围的一切经济情况和社会条件。而如果从建筑学角度来观察，环境则是指建筑物的室内条件和建筑物周围的景观条件。如果从企业管理学的视角观察环境，环境则主要是指社会和心理的条件，如工作环境等。而对于计算机学者来说，他所观察的环境多指操作环境，例如编辑环境，即编辑程序、代码等由任务窗口（界面、窗口、工具栏、标题栏）、文档等构成的系统。如 ACCESS 中 Visual Basic 编辑环境是由 Visual Basic 编辑器、工程窗口、标准工具栏、属性窗口和代码窗口与一些程序文档构成的。① 三是以动态思维、发展的眼光把握环境概念。环境概念并非是一成不变的。环境作为一个物的概念和空间概念，它本身随着人类改造自然和社会能力的提升而不断呈现扩展趋势。人类社会发展史表明，随着人类科技的不断进步，人们对于环境的认识呈现动态扩张态势。

那么，当我们对环境概念的把握能够在理论层次上注意这些时是较为重要的。另外，我们在实际的社会科学研究工作中，对于环境的认识主要是以环境科学的研究成果为基础的。环境科学中的环境是指人群周围的境况及其中可以直接、间接影响人类生活和发展的各种自然因素和社会因素的总和，包括自然因素的各种物质、现象和过程及在人类历史中的社会和经济成分。② 就环境科学对环境的界定来看，环境科学将环境的外延囊括了自然和经济社会、历史因素。一般而言，环境科学中对环境概念的界定是我们从事社会科学研究的参考依据。法学属于人文社会科学的分支，法学研究环境的历史不是很长，法学作为一门人文学科对环境的研究旨趣取决于环境与法学二者的特殊属性。在漫长的前资本主义时代，特别是工业革命以前，人类的生产方式和生活方式还处于相对简单和封闭的状态，在这一时期，人类改造自然和社会的能力还在简单和初级的层次上徘徊。应该说在这一阶段，在全球范围内，人类生产力水平总体上处于相对落后状态，经济发展的规模与速度都处

---

① 参见 http：//baike. baidu. com/link？ url = YKwkGTFhx154sLiCFaRYAQeIzN4s __m9VUgK － 3s7k2 dpWJvV4JLbyj267YirMkL0f，最后访问时间为 2014 年 4 月 6 日。

② 参见《中国大百科全书·环境科学》，中国大百科全书出版社 2002 年版，第 134 页。

于相对缓慢阶段，但是随着工业革命时代的到来，各种先进的科学技术的广泛应用，人类在改造自然和社会的能力方面获得了空前的提高。人类社会在世界范围内对于自然资源和社会资源的开发和利用达到新的历史阶段，在这一时期，伴随着经济与科技的长足进步发展，人类对自然资源以及生态环境等各方面为我所用的同时，也造成了对环境的空前破坏。在人类不断地拓展生存和发展空间的过程中，造成了对环境不同程度的污染以及在此过程中由于资源的分配所引发的人类自身之间的相互掠夺，从而进一步加剧了人与人之间、人与自然之间、人与环境之间的深层次矛盾。为了对人类社会发展过程中出现的人类与环境以及人类自身相互之间争夺资源而造成的相互毁灭，人类在长期的生存实践中寻求以法律手段解决这一难题，这也是政治文明、法治文明在人类历史和一国文明史进程中长期发展的结果。正是在此背景下，在世界范围内，人们逐步认识到以法律的手段促进对环境资源的保护达成广泛共识，而在一国范围内，通过法律手段去调整因人类开发和利用各种自然资源而产生的各项矛盾和争端也称为合乎逻辑的选择。这一切决定着环境与法的关系的诞生，同时必将长期影响环境与法的发展的方向及其内容。易言之，环境与人类的关系的发展以及人类对环境在怎样的空间和程度上对环境进行开发利用等方面的影响将决定着环境与法的关系的发展的规模与层次以及环境与法的关系发展的趋势或方向。正是在此意义上，环境法应运而生，环境法的主题就是为了限制和规范人类对环境资源的不合理利用、控制环境污染和生态破坏。历史地看，环境法本身是随着人类对环境影响的扩大而不断发展扩大的。从环境法本身的发展基本轨迹来看，20 世纪 60 年代以来，经过几十年的快速发展，它从后工业革命以来已经从最初的对少数污染企业的规制和"三废"污染物的治理，扩展到对一国范围内包括工农业和国民经济各个方面的广泛规制；已经从最初一个地区和国家的环境污染防治，扩大到对全球环境及生态系统的广泛调节。目前，在各国范围内，环境法已经逐步形成一个包括宪法、行政法、刑法、国际法等领域的内容丰富、范围广泛的综合性法律调控部门，对经济和社会生活的各个方面形成广泛和持久的调控作用，环境法对经济和社会发展以及人们的生产、生活正在产生越来越广泛和深刻的全方位影响。

环境法上的环境概念，必须有相对明确的范围，这是实现法律规制的现实需要。各国环境资源法上大多是在环境科学关于环境定义的基础上，对环境一词的法律概念给出相应的界定，以解决法律的调整范围和适用问题。界定的方法有的是直接定义，有的是简要列举，有的是概括加列举。一是概括式说明。如1987年葡萄牙的《环境基本法》将环境的范围界定为现实中所有的自然环境和人类环境，另外，1991年保加利亚的《环境保护法》也对环境概念做了高度的概括式说明。二是概括加列举。如英国1997年的《环境保护法》将环境解释为：环境是指地球的组成部分，包括：（1）大气、土地和水；（2）所有大气层；（3）所有的有机物质、无机物质和生物体；（4）相互影响的自然系统，包括第（1）项至第（3）项所提到的成分。苏维埃政府在《苏联自然保护法》中，将法律上保护的自然客体概括为八个方面：包括土地、矿藏、水（地面水、地下水和土壤水）、大气森林和其他野生植物、居民区绿化林木、典型景观、稀有的名胜自然客体、疗养区、森林公园保护带和市郊绿化区、动物（有益的野生动物群）。1989年我国的《环境保护法》将环境定义为：影响人类生存和发展的各种天然的和经过人工改造的自然因素的总体。包括大气、水、海洋、土地、矿藏、森林、草原、野生生物、自然遗迹、人文遗迹、自然保护区、风景名胜区、城市和乡村等。从这个定义中显然可以看出，在我国的环境立法中是将资源包括在环境概念之中的。在日本，作为环境法对象的环境主要包括"两个方面的内容：第一，是构成自然的物象要素，如大气、水、土壤等；第二，是成形的自然，即良好的自然环境"。而美国的《国家环境政策法》中，在规定总统应当向国会提交环境质量报告中应当说明的事项时，将环境解释为："国家各种主要的自然、人为或改造过的环境的状况与情况，包括但不限于空气和水（包括海域、海湾及淡水以及陆地环境），包括但不限于森林、干地、湿地、山脉、城市、郊区及乡村环境。"①

二、环境法上界定环境概念的意义

正如前述，环境法是在特殊的时代背景下产生的一项部门法，作为一个新兴的部门法具有和其他一切部门法所具有的基本功能，即实现对人类行为

———————

① 吕忠梅、高利红、余耀军：《环境资源法学》，中国法制出版社2001年版，第4—5页。

的规制或调整。这完全印证了马克思的见解："凡是不以行为本身而以当事人的思想方式作为主要标准的法律，无非就是对非法行为的公开认可。"① "我只是由于表现自己，只是由于踏入现实的领域，我才进入受立法者支配的范围。对于法律来说，除了我的行为以外，我是根本不存在的，我根本不是法律的对象。我的行为就是我同法律打交道的唯一领域，因为行为就是我为之要求生存的权利，要求现实权利的唯一东西，而且因此我才受到现行法的支配。"② 正是建立在法对于人类行为的特殊关照之上，笔者认为，任何一部法律如果要实现对一定对象的调整就必须搞清楚它本身所规制的对象是什么以及这种调整对象的范围，从而才能在此基础上安排自身的调整内容。因而，环境法之所以能够成为一个独立的法律部门，首先就是要确立自己的调整对象及其规制范围，进而在环境法上对环境概念本身的理解就成为绕不开的课题。

在环境法上对环境概念的理解直接影响环境法的规制范围。从世界范围内环境法实际调整或规制的范围来看，各国基本上都将自然资源作为环境法调整的当然范围。对环境的理解当然包括自然界中的各种资源，因而，在法律规定的名称上有时称之为环境资源法、环境保护法、环境基本法、环境政策法、自然资源与环境保护法等。有的国家对环境资源与环境保护在立法上采取分别立法的立法体例。如我国，习惯于将环境与资源作为两个概念理解，予以定义。在立法体系上，表现为环境法与资源法两个部门法律并行。这就在立法体例上形成了我国目前的立法体系状况。具体表现为：把诸如《森林法》《草原法》《渔业法》《矿产资源法》《土地管理法》《水法》等一系列法作为自然资源法的基本序列，这些法律的立法目的明显体现为因开发利用资源而专门设置，从而对于这些资源本身的其他功能诸如生态保护、破坏污染等方面没有给予足够的重视和保护。与此相反，环境法则重在保护某种环境要素或防治污染，如《海洋环境保护法》《水污染防治法》《大气污染防治法》。有的国家在立法上有一个环境基本法，然后在此基础上对环境污染防治和自然资源的开发、利用保护等问题进行专门立法。如日本，日本在针对环

---

① 《马克思恩格斯全集》（第 1 卷），人民出版社 1956 年版，第 16 页。
② 同上书，第 17 页。

境保护方面，形成了以《公害对策基本法》为基本框架的法律体系。在这个框架体系中，包括《大气污染防治法》《噪声防治法》《毒品和剧毒品管理法》《自然公园法》《水污染防治法》《海洋污染和海上灾害防治法》《农田土壤污染防治法》《公害纠纷处理法》《防治公害事业费企业主负担法》《关于危害人体健康的公害犯罪制裁法》《废弃物处理与清扫法》《自然环境保护法》《恶臭防治法》《公害防治事业国家财政上的特别措施法》《环境厅设置法》等重要法律。在环境保护问题上，通过国会立法程序逐步形成了一个以《公害对策基本法》为主法的相当完备的环境法体系。由此看来，对于环境概念的理解多少在某些程度上对于环境立法的统筹安排形成或多或少的影响。这主要表现在，如果单纯地将环境理解为对各种污染的防治法，则会忽视对各种自然资源的应有经济价值、生态价值等价值的考量；而如果把环境法仅仅理解为自然资源法又极可能导致人们把环境法理解为资源开发法，从而造成对环境保护的理解缺乏认识。因而，在环境法上对环境概念、对环境法调整的范围必须做统筹理解，把环境概念的应有范围做全面理解，与此同时，在立法的指导思想上对于环境的保护与资源的开发利用进行协调。

三、环境法的定位

（一）环境法的价值定位

环境法作为新兴的法律部门，是在反思既有法律制度何以不能解决已然危及人类整体生存基础的环境问题的基础上形成的。环境法产生的时代背景和现实基础，决定了这个部门法在现实运作过程中所体现出来的品质和功能。自工业革命以来，人类在经济与社会的各个领域取得了巨大成功，尤其是在现代科技方面，沿着工业革命的道路取得了长足的进展。但是，随着人类在经济与社会生产、生活方面取得巨大成功的同时，由于人们肆无忌惮地向自然攫取各种资源，以人类是万物主宰的姿态向自然发号施令的同时却也付出了惨重的代价。[①] 在自然和社会的巨大压力面前，人类开始反思并采取果断措

---

① 1. 北美死湖事件；2. 卡迪兹号油轮事件；3. 墨西哥湾井喷事件；4. 库巴唐"死亡谷"事件；5. 西德森林枯死病事件；6. 印度博帕尔公害事件；7. 切尔诺贝利核泄漏事件；8. 莱茵河污染事件；9. 雅典"紧急状态事件"；10. 海湾战争油污染事件。参见世界重大环境污染事件，http://www.66law.cn/topic2010/zdhjwrsg/60101.shtml，最后访问时间为2014年4月11日。

施，设想通过环境法规制人们对于自然和环境的各种利用行为。正是在此背景下，一部新的部门法——环境法在 20 世纪诞生了。在起初应对环境污染和环境防治方面，人们认为环境污染是人类自身在开发利用自然过程中不当地使用各种技术所造成的，因而，只要在科学技术上不断实现创新，以新的技术去纠正环境利用过程中的各种不当行为就能够对环境的危害降低到最小限度。在这种认识背景下，出于极端功利主义的考虑，在环境立法过程中直接将各种技术规范上升为法律规则。但是经过一段时间的实践，人们发现，环境问题还是没有得到根本解决，人们又开始反思。人们逐步认识到，环境问题不仅仅是技术问题，不能通过简单的技术规范予以解决。环境问题同时也是一个复杂的、综合性的社会问题，在环境治理过程中必须采取多种、综合性的环境立法措施和手段，才能使环境问题得到较好的解决。在这种认识和思维指导之下，各国纷纷颁布了环境保护的综合性较强的环境保护基本法。从美国的《国家环境政策法》到中国的《环境保护法》均是这种理念的表现。虽然有关环境立法在加强，但是环境问题依然在加剧，从近些年环境问题发展状况来看，环境问题有增无减，已经从区域性的环境污染转变为全球性的环境污染，而且有愈演愈烈之势。这一切环境问题的纵深发展态势迫使人类不得不进一步反思，人们认识到，在环境保护问题上采取局部的措施显然已经无济于事。环境是一个整体，地球环境本身就是一个完整的生态系统，人类也只是这一生态系统中的组成部分。

在关于环境法价值定位上，先后在环境法理论上形成不同的学术派别。它们分别是：

第一，人类中心主义理念。人类中心主义又分为绝对人类中心主义与相对人类中心主义。绝对人类中心主义强调，人是自在的目的，是最高级的存在物，因而他的一切需要都是合理的，可以为了满足自己的任何需要而毁坏或灭绝任何其他存在物，只要这样做不损害他人的利益即可，绝对中心主义把自然界看作是一个供人类可以任意索取的原料仓库，人类完全依其任何内在需要进行对自然界的无节制的索取，全然不顾自然界的现实规定性。只有人才具有内在价值，其他自然存在物只有在它们能满足人的兴趣或利益的意义上才具有工具价值，自然存在物的价值不是客观的，而是由人主观地给予定义：对人有价值还是没有价值。相对人类中心主义认为，虽然对于宇宙万物而言，人类作为其中心能够对这一切给予认识上的规定性，但是也认识到人类并非能够随心所欲地主宰世界。在人类与自然的关系中一方面认识到人类能够按照自己的意志对自然进行对象化的改造意识和自身的现实需要；另一方面，又承认人类在自然面前的相对弱势，承认应该对人的需要做某些限制，在承认人的利益的同时又肯定自然存在物有内在价值。在处理与人类与自然的关系中应该有节制、辩证客观处理人的主体性与客观世界的关系，在对自然的改造中应该节制人类自身的需要。

第二，动物权利论。这种主张以功利主义和道义论为论证基础，认为动物应当享有支配自己生活的权利；动物应当享有一定的精神上的权利；动物的基本权利应当受法律保障。这些观点反对将动物当作一般财物或是为人类效力的工具，认为动物因为有感觉和知觉，因此应该享有权利；要么以动物具有内在价值为依据要求法律将动物上升为权利主体。

第三，生态中心主义。生态中心主义认为，环境伦理学的中心问题应该是生态系统或生物共同体本身，而不是任何组成它的个体成员。生态中心论的根据是，生态学揭示了人类和自然的其他成员既有历时性也有共时性的关系，他们共同构成了生命系统的一部分。因此，在认识生态系统时应该注意从总体上把握整个生态环境系统。现代环境伦理学或价值哲学往往把注意力集中于个体的权利或利益，与此不同，生态中心主义思想是一种整体主义世界观、认识论和研究方法。其核心主张是生态中心平等主义。生态中心平等主义是指生物圈中一切存在物都有生存、繁衍和充分体现个体自身以及实现自我的权利。

主流法哲学理论认为，环境法混淆了道德与法的一般关系，将一些道德上或者伦理上的诉求，比如当代人对后代人的关爱、人类对于动物的同情、人与自然的情感和心灵的交流等，直接引入法律，就是把道德的要求或者人类对于审美的感受，抑或是心灵的共鸣、某种精神趋向、内心信念直接转换为法律要求或法律规定，把伦理层面的、精神层面的、心理层面的想法、思潮当成是法律规范，或要求上升为法律规范。这不仅在环境法学理论上走入了误区，也会在环境法治实践中造成混乱，并且必然在某种程度上使环境法治在推进过程中失去正确方向。应该说，环境伦理学对反思传统伦理观念、丰富对自然的认识、提高环境行为的谨慎度具有积极意义。但作为一种着眼于抽象价值、以内心反省为主要功能、极具主观色彩的批判性学术思潮，其与以明确文字表述、具有普遍强制性、直接影响社会主体利益的法律相距甚远，并不具有直接适用性。而各种环境伦理法学却往往不考虑德法之别，只是机械地把环境伦理学的道德话语照搬到法学之中，从所谓生态视角出发进行抽象的哲理思辨，导致与传统法理的格格不入。如把伦理学中含义模糊的、价值论层面的"自然权利"等同于法律权利呼吁立法，不顾作为立法者的"人"无法进行"非人"思考这一客观事实而呼吁所谓非人类中心主义立法，以及不顾法的社会实践本质而主张"直接调整"人与自然的关系等。这些理论不仅有异于传统法律话语，而且在根本上挑战了传统法秩序的底线，造成概念歧义、理论混乱，① 应该说，这些善意的批评都极富建设性，它事实上是在提醒环境法学者，一定要在将道德与法区分开来的基础上，再确定环境法价值定位。

关于道德与法律的区别问题上，有一种较为流行的观点是：法律是最低限度的道德。但是，最低的限度在哪里？正如美国学者富勒所言，当我们考虑法律的道德问题时，"为了方便起见我们可以把这设想为一根标尺。在这根标尺的最底端是社会生存的一些最显而易见的要求。它向上延伸，到达人类愿望的至高点，在这根标尺的某处有一根不可见的指针，它标出义务和美德的分界限。关于道德问题的所有争论主要是关于这根指针应该放在什么位置上的问题"。② 传统法律理论对环境法的批判，其实质也就是：在何种程度上，道德诉求可以上升为法律规范。换言之，环境法所确定的义务和美德的划分在什么地方。在富勒看来，为这一指针寻求合适的停泊点的任务至少早在柏拉图那里就已经被一种思想上的混淆搞复杂了，而在环境法学领域，我们不难发现，为这一指针寻求合适的停泊点的任务在环境法学领域已变得混淆与复杂起来，提出与支持非人类生命体具有法律权利甚至自然体具有法律权利的这种观点事实上混淆了法律与美学的界限，或者"义务的道德"与"愿望的道德"的界限，把有关环境保护或人与自然和谐相处方面的纯粹属于美学或者愿望的道德范畴纳入了法律强制规范。把环境法律道德标杆上的义务指

---

① 参见巩固：《环境法律观检讨》，《法学研究》2011 年第 6 期。
② ［美］富勒：《法律的道德性》，郑戈译，商务印书馆 2005 年版，第 28 页。

针往上移动到了不该停泊的位置。①

实际上，道德和法律都是人类生存体验的两种形式，一部有生命力的法律在核心价值层面上必须充分地反映它那个时代的主流价值观，很显然，任何法律都不能超出它的立法者所秉持的价值观念的直接影响，进而打上立法者以及他所身处的时代价值观的烙印。正是在此意义上，我们认为任何国家和时代的法律在终极层面无论如何终究难以摆脱对于其所处时代主流道德及相关价值理念的影响。道德与法律的区别在于道德可以将更为高尚的追求作为自身的标尺，而法律则因为往往在现实的运行中需要借助于国家强制力来实施，所以必须体现最大可能的和最低限度的群众认同。易言之，法律对于价值的表达必须与一个社会中最大多数人对于价值的认同保持一致，这就决定了法律在价值选择上的限度及其自身的规定性。法律很显然不能将一个社会中绝大多数人都难以做到的价值标准强加在自己身上，否则，也必然会因为绝大多数个体难以达到这个标准而最终导致法律成为一纸空文。由此看来，环境法律规定的内容绝不是环保浪漫主义大师们的幻想，而必须建立在活生生的对环境现实的深刻反思基础上，建立在对环境事实问题实事求是的调查研究的基础上。一句话，按照历史唯物主义的基本观点，特定历史时期的法律状况从根本上受制于这一历史时期特定的政治、经济发展的现实状况，并直接受制于特定历史时期的整个社会精神文明的现实状况。

环境法学界的普遍观点认为，环境法之所以具有革命性的价值变迁，主要原因在于环境法在很大程度上已不同于以往的价值观念看待和观察世界的变化，尤其是在关于环境问题上环境法所秉持的一些价值理念是以往传统的法哲学理论所没有涉及或很少涉及的领域。如关于可持续发展的价值表述、关于当代人与后代人代际公平的价值表达、关于生态价值的阐述等。在价值观方面，环境法所倡导的理念自然也有别于以前的传统意义上的法哲学理论。在现有的制度资源不能充分地反映环境价值观新理念的现实需求下，环境理念新价值观的诉求者必然要通过其他途径或者从法律制度资源以外的渠道寻求某种信念支撑。在这种背景下，环境伦理和环境哲学乃至生态理论中的某些观点或来自于传统抑或现代的某些其他新旧道德观念则有意或无意地被学

---

① 参见方印：《环境法认识论上的四个"风向标"》，《河北法学》2012 年第 2 期。

者们在不同程度上进行发挥就成为顺理成章的事情。然而，无论学者们在何种层次上对环境伦理抑或某种道德如何演绎，都不能在实证层面上代替对法律的实事求是的研究论证。正如前述，在现有制度资源严重缺乏的背景下，在某种意义上求助于伦理抑或价值哲学的某些方面并能够为人民大众所认同，进而能成为环境法治的价值指导并非完全不可能。但是，需要注意的是，从道德中提取价值不是任意的，对于这种提取的价值认同必须达到一个社会所处时代较为普遍认同的程度，并且能够在现实层面上通过具体的制度途径实现规则创新，这种规则创新也必须是现实的、可以操作的。以此为观照，环境法该做何种定位呢？笔者认为，以下这些方面是我们必须要考虑的问题：

确立可持续发展作为环境法的基本原则。可持续发展作为一种新的发展观在 20 世纪 90 年代以来获得了长足的发展并日益引起国际社会的广泛关注。从目前各种国际性经济会议和环境会议议程来看，可持续发展以其崭新的价值观和光明的发展前景，在数次国际和地区性会议中成为人们热议的中心主题并且其内容随着世界范围内人们的广泛深入关注而越发充实。如在 1992 年世界环境与发展会议、1994 年的世界人口与发展会议、1995 年的哥本哈根世界首脑会议等，可持续发展被会议列为重要议题，可持续发展战略构想逐步走向成熟。

何谓可持续发展？按照世界环境和发展委员会在《我们共同的未来》中的表述，即"既满足当代人的需要，又对后代人满足其需要的能力不构成危害的发展"。易言之，可持续发展就是指人类在谋求发展的过程中，应确保经济、社会与自然环境的协调统筹发展，维持新的动态平衡，有力地防治已经出现和可能出现的各种环境恶化和环境污染情形，有效预防和控制重大自然灾害的发生。在确保人类发展的过程中不应竭泽而渔、杀鸡取卵，而应该本着以战略眼光和长远视角做高屋建瓴的考虑，对环境与自然资源的利用和开发应该保持某种适度。尤其是对一些重要的自然资源的开发利用应该有所节制，在资源的开发利用过程中着重考虑环保优先性，不能仅仅着眼于眼前的经济利益，应确保环境保护、经济效益和社会效益的统筹兼顾。与此同时，可持续发展要求当代人在发展经济满足自身利益需求的同时不要忘记为子孙后代保留必要的份额，而不能只顾当代人狭隘的眼前利益毫无节制地消费地球上有限的资源。易言之，可持续发展要求经济与社会发展的代际公平。

如何实现可持续发展？《中国 21 世纪议程》认为，主要是在保持经济快速增长的同时，依靠科技进步和提高劳动者素质，不断改善发展质量，提倡适度消费和清洁生产，控制环境污染，改善生态环境，保持可持续发展的资源基础，建立"低消耗、高收益、低污染、高效益"的良性循环发展模式。我国国民经济和社会发展"九五"计划和 2010 年远景目标规划把可持续发展作为跨世纪的战略任务。同时，可持续发展业已成为人类迈向 21 世纪的行动纲领。

作为一种新兴的理论，可持续发展理论在欧美等发达国家的诞生和发展也只有 10 年左右。1987 年 Barbier 等人发表了一系列有关经济、环境可持续发展的文章并引起了世界范围内人们的广泛关注。同年，布伦特兰夫人在世界环境与发展委员会发表的《我们共同的未来》一文中正式提出了可持续发展的概念，标志着可持续发展理论的诞生。可持续发展理论提出之初，人们重点关注的是社会在经济增长的同时如何适应生态环境的承载能力，以及人口、环境、生态和资源与经济的协调发展等问题。经过多年的发展，特别是各国政府、民间组织和各专业学者们对这一主题的不断演绎，可持续发展理论不断获得与时代发展相契合的新内容并不断走向成熟。

可持续发展要求人类在不牺牲后代人发展机会的前提下，满足当代人的需要。其实质就是要对当代人在资源开发利用过程中的一些行为做适度限制，以保护后代人的后续需求。易言之，后代人利益的保护借助于可持续发展要求已经得到了最为普遍的认同。围绕可持续发展理念和价值观的广泛传播，许多法律制度都在进行相应的改革。当然，传统的民法和刑法也不例外，法律制度上世界范围内倡导绿色民法典以及在刑法领域扩张或加大对资源毁坏性犯罪的打击力度都说明，可持续发展理念作为一种广泛的观念形态和价值观已经深入地渗透到各国的立法和执法、司法实践中。这些制度的创新充分说明，用法律手段、制度创新把可持续发展的理念和价值观贯穿在不同的部门法之中尤其是将可持续发展理念作为一项基本原则规定在环境法中已经成为一项无可争议的议题了。

需要注意的是，后代人能否成为环境法上的主体呢？在面对这个问题时，不同的学者有不同的认识。有学者主张作为环境法上的主体的"人"，只能是当代人，而不包括后代人。即只有现实存在的人才能成为环境法上的主体，才能真正享有权利并承担义务；保护好现实存在的人的环境权益，也就等于保护好了未来世代人的环境权益，环境法上的公共财产信托理论是一种过于理想化的乌托邦理论，其既无实践的必要，也无实践的可能。① 也有学者主张作为环境法上的主体的"人"，不能只是当代人，也包括后代人。即不仅现实存在的人能成为环境法上的主体，而且作为整个地球人类不可分离的未来世代人也能成为环境法上的主体，真正享有权利并承担义务；只强调保护好现实存在的人的环境权益，并不等于就能保护好未来世代人的环境权益，环境法上的公共财产信托理论是既有实践的必要性，也有实践的可能性。② 在漫长的历史发展中，一代一代的人们几乎都是在同一环境或在同一环境的变化中生存和发展的。但是如果某一代人过度使用环境、污染环境，甚至破坏环境，就必然会形成对于环境的损害。这种污染和破坏及其恶性发展，就必然会形成代际之间的环境不公正。上一代人污染环境和破坏环境也许从中得到了本不应获得的利益，但却把苦果留给下一代人来饱尝，这是极不合理的，当然也是极不公正的。因此，环境法必须要考虑人类的代际传递和代际公正问题。③ 有学者认为，"环境法的价值取向不仅在于当代人之间平等地享用地球上的环境资源利益，而且也在于当代人与后代人之间平等地享有地球上的环境资源利益"。④ 从相关文献材料的考察来看，目前关于后代人能否在环境法上成为主体是有争议的。

笔者认为，对于这些问题之所以存在一些学术争议，主要是没有很好地解决以下问题，即对法律问题与道德问题没有清晰的认识。人们在论述环境法律问题时总是有意或者无意地进行泛道德化的论述，从而将问题的论述引向歧途。正如有学者所言，环境伦理学对反思传统伦理、丰富对自然的认识、提高环境行为的谨慎度具有积极意义。但作为一种着眼于抽象价值、以内心反省为主要功能、极具主观色彩的批判性学术思潮，其与以明确文字表述、具有普遍强制性、直接影响社会主体利益的法律相距甚远，并不具有直接适用性。而各种环境伦理法学却往往不考虑德法之别，只是机械地把环境伦理

---

① 参见方印：《环境法认识论上的四个"风向标"》，《河北法学》2012 年第 2 期。
② 同上。
③ 参见龚瑜：《环境法上的公正》，《政法论坛》2006 年第 5 期。
④ 陈泉生：《环境法学基本理论》，中国环境科学出版社 2004 年版，第 260 页。

学的道德话语照搬到法学中，从所谓生态视角出发进行抽象的哲理思辨，导致与传统法理的格格不入。如把伦理学中含义模糊的、价值论层面的"自然权利"等同于法律权利呼吁立法，不顾作为立法者的"人"无法进行"非人"思考这一客观事实而呼吁所谓非人类中心主义立法，以及不顾法的社会实践本质而主张"直接调整"人与自然的关系等。这些理论不仅有异于传统法律话语，而且在根本上挑战了传统法秩序的底线，造成概念歧义、理论混乱，且难以实践，故多遭到法学同行拒斥。① 由此看来，在论述环境问题特别是是否将后代人、动物、自然等非传统意义上的"主体"作为法律上的主体来进行分析论证，很难在法理上取得圆满的解释。法律主要规制的是人的行为，法律正是通过对人的行为的规制从而实现对一定限度内社会关系的调整。法律能够产生作用的领域或其直接的对象只能是人类行为，这里包含几层含义：一是法律的作用对象只能是人的行为，而不是动物或者其他任何自然体的行为，易言之，法律作用的对象是人而不是其他；二是法律作用的对象是人的行为而不是人的思想或者其他。因为人的思想和意志是内含于人的头脑中，本身是无法进行实证考量的，只有当其外化为人的行为的时候才能通过法律对之产生作用。如果他的行为是符合社会道德追求的，则在多数情况下可能获得法律的支持，否则，可能受到法律的否定；三是法律规制的对象是现实的人，而不是虚幻的人。尽管在法律上有时将组织作为规制的对象，但是，组织亦是人的组织，其核心要素仍然是人而不是动物或者其他。正是在以上三要素的前提下，法律才通过其自身特有的模式、逻辑结构实现对人的行为的规范，通过对人的权利义务的设定实现对社会关系的调整和规范。正如马克思所言："我只是由于表现自己，只是由于踏入现实的领域，我才进入受立法者支配的范围。对于法律来说，除了我的行为以外，我是根本不存在的，我根本不是法律的对象。我的行为就是我同法律打交道的唯一领域，因为行为就是我为之要求的生存权利，要求现实权利的唯一东西，而且因此我才受到现行法的支配。"② "凡是不以人的行为本身而以当事人的思想方式作

---

① 参见巩固：《环境法律观检讨》，《法学研究》2011 年第 6 期。
② 《马克思恩格斯全集》第 1 卷，人民出版社 1985 年版，第 17 页。

为主要标准的法律，无非就是对非法行为的公开认可。"① 由此看来，如果环境伦理学者试图在法律上将不是现实存在的人作为主体并上升其法律地位很显然是不足取的，而将非人自然体或者动物作为环境法上的主体予以看待或者试图构建一个与人类相似的法律主体，很显然是不靠谱的事。

我们应该看到，环境法是现实的，其致力于解决实践中现实的人对于环境的关系问题，它对于价值的追求也是有限度的。为此，我们首先要确定的是，环境法不等于环境伦理，不能够将两者的规范混同。环境法与环境伦理只能在各自的领域内，奉行自己能够产生作用的范围才能体现它们各自的优势，而不能混淆彼此应有的疆域。易言之，一切越俎代庖的想法和做法必然不能产生预期的效果。

（二）环境法的性质定位

在不断的质疑和争议中，环境法艰难执着地走到今天。我们欣喜地看到：环境法正逐渐被学界所接受和重视，环境法的基础理论日益成型，环境法的范围和制度框架也渐次清晰。关于环境法的讨论已经超越了环境法是否有存在必要的阶段，进入了环境法应当以何面目存在的阶段。因此，环境法学界必须思考的基本问题——不管从环境法学科进一步发展的需要看，还是从环境保护实践的需要看——应该是我们需要什么样的环境法？从理论上来看，如何给予环境法以客观的定位必须注意以下问题：

第一，环境法到底是环境的还是法律的？

长期以来，环境法学界对环境法学像不像法学的问题以及环境法像不像法的问题进行争论。以上已经就相关问题进行了分析论证。应该说，从法治实践的角度观之，任何法律的建立及其实际目标都是为了在现实的社会关系中产生其预设的法律效果及与之相关的社会效果。在这个意义上，环境法亦然，环境法作为一门部门法要在法治实践中发挥其作为法律对特定领域社会关系的规制作用，就必须全面地或者主要地反映一切法律应有的主要特征和功用，否则，环境法就不能称之为法律。环境法就不能对现实的社会关系产生调整规制作用，那些对环境有害或者有利的行为就得不到法律的恰当评价，正基于此，环境法"不像法律"的问题必须首先解决。我们需要的是作为法

---

① 《马克思恩格斯全集》第 1 卷，人民出版社 1985 年版，第 16 页。

律体系之重要组成部分的环境法，而不是环境伦理法、环境科学技术杂糅法等。这就是说，在环境法学研究过程中，我们必须有一个科学的态度，即任何其他环境学科的理论、观点、概念、学术思潮都必须经过法学的筛选才能成为环境法学的一部分。只有坚持这种基本的法学研究思路和方法，我们对于环境法学的研究才是秉承正确道路的方法。只有坚持法学的分析方法，在法学的框架内吸收相关环境学科的理论，摈弃其中的非法学成分，以保持环境法的法学属性，才是环境法研究的正途。只有建立在此思想观点和学术路径之下，我们才能够在环境立法的实践中很好地解决环境法的科学性问题，避免将环境法的立法工作引向歧途。在环境法学研究过程中，我们必须尽力避免将环境法学搞成环境科学，不能简单地将环境科学的研究成果直接套用在环境法学的内容体系中，以免造成环境法学的畸形发展，将环境法学搞成环境科学。另外，我们在环境法学研究中，应注意对环境社会关系的深刻探讨，着重于对人类的环境行为的深刻关注，不能仅仅着眼于环境本身的问题，应立足于法学的研究视角探求环境社会关系的性质和特点，从而在法学的思维角度去解决由于人类在发现、开采、利用、保护环境资源过程中产生的各种社会关系，达到运用环境法去有效规制人类的环境行为，这才是环境法学研究所要干的正事。正是建立在此基础上，我们也才能对环境法学以及环境法本身到底是法律的还是环境的等问题产生准确的认识。

第二，环境法是规范的还是伦理的？

环境法产生的直接目的是应对环境问题，在这个意义上，环境法相对于人类需求来说是解决环境问题的制度性工具。但是，如果我们把环境法的认识仅仅停留在工具价值层次无法真正解决环境保护中的各种矛盾，也难以实现保护环境的现实目标。因此，环境法不仅是应对环境问题的制度性工具，更应该是人与自然关系以及与自然环境有关的人与人关系的规范准则。环境法在具体的制度设计过程中，只有从规范的视角，通过法律规范特有的逻辑结构构造，对人们在环境开发利用以及环境保护过程中的行为以及相互关系进行规制，才能收到环境法作为法的基本功能与实效。因而，在处理环境法是规范的还是伦理的问题上应注意以下几点：一是环境法作为部门法，首先应立足于法的基本功能视角考虑问题。环境法作为法，是要解决实际问题的，一切被称为法的规则都必须解决特定领域的法治问题。正基于此，在对环境法进行考察时，首先从法的视角对之进行审视。二是环境法要实现法的功能就必须从实践中来再到实践中去。易言之，环境法要解决现实中的环境问题就必须就实践中出现的环境问题进行彻底充分的调查研究。对人们在环境开发、利用过程中以及环境保护过程中出现的各种关系进行分析论证，哪些关系适宜在法律的层面上进行解决并对之进行论证，哪些关系适宜在道德与伦理的层面上进行解决，对这些问题需要有一个充分的考虑，而不能使问题解决的界限不明，从而简单地将环境道德伦理问题法律化或者将法律性问题进行道德化。如果对法律问题和道德问题不能有一个充分的认识就会出现二者在解决具体环境问题上的错位，从而削弱他们应有的作用，达不到应有的预期效果。三是正因如此，我们在环境法是法律的还是伦理的问题上应有客观辩证的认识。一方面，在对环境法的立法政策上应该注意充分地考量环境法的价值目标，但是对环境法的价值期望又不能过高。对环境法的价值期望过高，在具体的环境执法以及环境司法、公民守法的客观实践中必然难以实现，从而使得法律预先设计的目标落空或达不到理想状态，因而，环境法的价值目标以及具体的制度设计必须充分地观照现实的环境法治状况。以环境公平、可持续发展、环境正义为准则来指导环境法制度的设计，强调的就是环境法的规范属性，才能达致环境保护的基本目标。从本质上看，环境法应当是规范性的。若在环境法价值目标的订立过程中，将动物权利主义环境价值观、生物平等主义环境价值观、自然主义环境伦理观等价值准则和相关的价值理念全部作为环境法的立法指导思想和环境法的价值准则，很显然就超出了环境法应有的承载极限，在环境法治实践中也是难以实现的。倘若如此，也极可能将一部环境法搞成环境伦理法，从而失去环境法作为法的价值功能及其实际效用。

第三，环境法是公法还是私法？

门户之争历来是并将继续是困扰环境法发展的一个基本问题。环境法作为一门学科得到承认并没有从根本上解决这个问题：环境法学是公法学还是私法学？环境法律制度是公法制度还是公私法制度的综合，还是具有自身独特的制度？这些问题在环境法学的研究过程中以及环境法学对环境法的部门定位中始终没有得到很好的解决。但是在环境法学研究以及环境法治实践中对这些问题的研究和回答是关于环境法治问题不容回避的问题。笔者认为，环境法学是否是公法学，应该从环境法治实践的角度进行考察。为此，以下几个方面的问题应该引起注意：一是从当前的环境立法状况来看，我国的环境法由综合性环境法、生态保护法、污染防治法和自然资源法等组成。综合性环境法主要包括：《环境保护法》《海洋环境保护法》《环境影响评价法》等；污染防治法包括：《水污染防治法》《大气污染防治法》《放射性污染防治法》《固体废物污染环境防治法》《环境噪声污染防治法》等；生态保护法主要包括：《生物多样性保护公约》《水土保持法》《防沙治沙法》等；自然资源法包括：《森林法》《土地管理法》《水法》《煤炭法》《矿产资源法》《草原法》《海域使用管理法》《渔业法》《节约能源法》《可再生能源法》等。除此之外，与之相接近的还有《循环经济促进法》《清洁生产促进法》《城乡规划法》等。如此众多的设计环境保护的法律，如果我们具体从这些环境法律规则的微观结构和具体制度分析入手，我们会发现，所有这些环境法的具体条文设计几乎都是一种公法设计模式，体现的是一种公法的法律制度。《环境保护法》的第2—4章，主要是围绕国家机关的环保责任而进行具体规定。这些都从法律上表明环境保护责任与权力归国家，政府必须对公共资源的耗费和环境质量制定规制政策加以限定，并依此而强制执行。又如《环境保护法》第7条规定："国务院环境保护行政主管部门，对全国环境保护工作实施统一监督管理。县级以上地方人民政府环境保护行政主管部门，对本辖区的环境保护工作实施统一监督管理。国家海洋行政主管部门、港务监督、渔政渔港监督、军队环境保护部门和各级公安、交通、铁道、民航管理部门，依照有关法律的规定对环境污染防治实施监督管理。县级以上人民政府的土地、矿产、林业、农业、水利行政主管部门，依照有关法律的规定对资源的保护实施监督管理。"这一条实际上是对国家机关在环境保护中职责范围的划分。实际上，如果我们遍观环境法的具体制度架构以及环境法中对相关主体权利义务的设定状况来看，环境法确实主要是以环境资源的配置为主线，勾画从政府对环境资源的宏观管理和总量控制、政府在环境治理中的权责义务、环境资源使用权的具体分配到个体对环境资源的使用和转让的制度体系，从其相互关系、内在统一的特征来看，可以看到环境法在法律关系的性质上主要体现的还是一种公法关系。二是我们从环境本身的属性观之，环境法也应该主要体现为公法，环境法学主要体现为公法学。我国的《环境保护法》第

2 条规定："本法所称环境，是指影响人类生存和发展的各种天然的和经过人工改造的自然因素的总体，包括大气、水、海洋、土地、矿藏、森林、草原、野生生物、自然遗迹、人文遗迹、自然保护区、风景名胜区、城市和乡村等。"从这条规定来看，实际上我们在环境法上对环境概念的界定也是基于其根本属性——公共性而作为出发点的。很显然，环境法上的环境概念完全不同于民法上对民事主体的采光权、通风权以及相邻民事主体的给排水权相提并论。环境法上的环境主要是基于人们的共同需要而对之设计相应的环境保护和治理制度，这些制度本身也是围绕环境的公共属性而展开。即便在环境法律制度的立法以及实际的执法过程中有关于排污许可以及政府通过合同形式采购私人服务或者通过政府环境治理的民营化手段实现环境治理，但是这些现象并不能说明环境法是私法。政府通过类似私法的手段实现环境治理以及相关的制度安排仍然是以实现特定的公益为基础和出发点，并在很大程度上要受到行政契约规则的约束，而不是由此就演变为一种私法的制度。当然，在环境治理问题上和在环境具体制度的设计上，我们并非一味地强调政府的义务，把环境保护以及环境开发利用的所有责任推向政府也并不是明智的选择，实际上全社会都有环境保护的法律责任，这在我国相关的环境制度设计上也是有所体现的。如《环境保护法》第 6 条规定："一切单位和个人都有保护环境的义务，并有权对污染和破坏环境的单位和个人进行检举和控告。"这说明，环境保护绝不仅仅是政府一家的责任，环境保护应该是全社会的责任，人人享有环境给我们带来的益处，人人应该尽到环境保护的相应责任。但是，是不是由此可以推知，环境法是以社会为本位的，是社会法？很显然，必不能得出这样的当然结果。原因在于，一方面我们从环境法的整个体系上进行分析，我们注意到，环境法主要还是以政府为主导的环境法律制度安排，而不是以对个人、组织为环境法上的主要权利与义务的承担者。环境法的主要规制主体是以政府为主导的制度设计，政府在环境保护中承担主要的道义和法律责任。此外，在当前的中国，我们的社会组织以及私人在承载环境保护以及环境治理过程中相对于政府的地位和作用而言还是存在较大差距的。因而，从环境制度设计上以及现实中各种组织在环境保护中的现实地位来看，将环境法定位于社会法很显然是不科学的，即便环境法是以社会为本位的，是体现为社会公共利益的保护为基本宗旨的，但是也不能简单地将环境法定义为社会法。

（三）环境法的部门法定位

应该说，通过考察环境法在现代社会和经济发展中的作用以及未来环境法发展的趋势来看，环境法成为基本法是一种历史必然和客观需要。

从现有的立法状况来看，我们国家的基本法只有一个，那就是《宪法》。但是从我国《立法法》的规定来看，《立法法》又把国家法律分为"基本法律"和"其他法律"。《立法法》第7条规定：全国人民代表大会和全国人民代表大会常务委员会行使国家立法权。全国人民代表大会制定和修改刑事、民事、国家机构和其他的基本法律。全国人民代表大会常务委员会制定和修改除应当由全国人民代表大会制定的法律以外的其他法律；在全国人民代表大会闭会期间，对全国人民代表大会制定的法律进行部分补充和修改，但是不得同该法律的基本原则相抵触。2011年，吴邦国在形成中国特色社会主义法律体系座谈会上的讲话中提到的社会主义法律体系中的七大部分，总体上和基本法律具有一致性，包括《宪法》《民法》《刑法》等，但《环保法》并不包括在其中，也就是说没有被列为基本法律。那么，在现实的法律中，《环保法》为何未列入基本的法律？笔者认为，主要原因如下：一是中央层面对环保法的地位未予足够重视。从现实来说，让《环保法》成为基本法律的难度非常大，因为高层未有这种观念。这主要表现在环境保护立法的工作上。从当年的立法背景来看，1979年，当时百废待兴，《环保法（试行）》由全国人大常委会制定并及时出台已属不易。1989年，《环保法》还是由全国人大常委会进行修改，此时就给《环保法》定位成一般法律了。此后的修改还是按照过去的思维进行，作为一般法律修改。而此次修改《环保法》还是写在全国人大常委会的立法规划中。从这些年来经济发展以及环境状况的客观实际来看，环境保护作为一种法律关系，单纯通过部门法来解决是比较困难的。环境保护回避不了与经济建设的关系，仅靠环保部门解决不了所有的问题。二是从目前环保法自身发展的状况来看，目前我国的《环境保护法》还处于相对初级阶段，对于环境保护的诸多问题尚未达成广泛共识。如对环境法在整个国家发展中的战略地位关注不足，尚未达成共识。环保工作对于中华民族伟大复兴的中国梦实现过程中的认识上还存在误区和缺陷。在我国改革开放情况下，全面发展经济和推进社会进步和谐过程中对于环境资源保护应该进行怎样的制度构建以及确立怎样的环境保护原则及其价值观仍然存在争议。对于在新的历史条件下，各种环境问题凸显，各种环境资源短缺的情况下，如何有效地构建环境保护领域的各种风险预防处理机制仍然存在分歧，所有这些问题，是造成我们对环境保护法的应然地位和实际地位不能产生客观公正认识的基本原因。

笔者认为，我国的《环保法》成为基本法是一种历史必然和现实的需要。中国共产党十八届三中全指出，全面深化改革的总目标是完善和发展中国特色社会主义制度，推进国家治理体系和治理能力现代化。必须更加注重改革的系统性、整体性、协同性，加快发展社会主义市场经济、民主政治、先进文化、和谐社会、生态文明，让一切劳动、知识、技术、管理、资本的活力竞相迸发，让一切创造社会财富的源泉充分涌流，让发展成果更多更公平地惠及全体人民。① 在国家推进治理能力现代化的背景下，国家特别强调依法治国，强调通过提高法治的水平和能力推进党的依法执政和依法治国的层次和水平。因此，提高国家的治理能力其核心问题就是要提高执政党和国家、政府在推进经济和社会发展过程中能够坚持通过法治手段实现国家振兴与社会和谐稳定发展。那么，在环保领域，就是要实现运用环境保护的法治手段达到治理现代化的基本目的，为此，我们在环境保护的立法工作以及环境保护的执法工作中，就必须立足于国家治理能力的现代化高度，充分地认识到通过环保法治的基本方式推进国家在环保领域治理能力和治理现代化水平的提高。此外，如上所述，我们在推进国家层面上的环境治理工作，必须更加注重改革的系统性、整体性、协同性，加快发展社会主义市场经济、民主政治、先进文化、和谐社会、生态文明，让一切劳动、知识、技术、管理、资本的活力竞相迸发，让一切创造社会财富的源泉充分涌流。而要实现环境治理与国家经济社会发展的系统性、协调性，就必须将环境治理置于整个国家发展战略中进行充分考量，从而推进国家在环境治理领域的重大战略决策。真正要实现环境的有效治理以及经济社会的协同和可持续发展，要实现经济建设和社会发展相结合，就必须从法治的角度使其成为一种法律关系，才能有效

---

① 参见中国共产党十八届三中全会公报发布（全文），http：//news. xinhuanet. com/house/suzhou/2013 - 11 -12/c _118113773. htm，最后访问时间为2014 年5 月28 日。

解决环境问题，这种一体化的环境法律制度安排，也是基本法产生的历史要求和现实需要。长期以来，我国经历了以单纯部门法管理为主的历史过程，以目前的实践来说，单纯的政府管理难以解决环境问题。鉴于历史经验教训，以及长期以来环保法在经济与社会发展中暴露出来的种种问题，笔者认为，必须从战略高度和长远角度重新审视我国环保法的现状和历史发展走向。要实现环保法在国家治理体系中的重要地位和应有作用，就必须从现实和历史的高度出发，就环保法的立法和修稿工作做高屋建瓴的制度性构建和安排，否则，环保法必然不能适应当前及今后国家经济与社会发展的现实需要，特别是面对日益突出的环境保护问题，环保法的作用正在显示出捉襟见肘之尴尬。

那么，面对当前环保法的尴尬处境，环保法何去何从？笔者认为，应该从两个方面不断提高和完善环保法：一是尽快提高环保法的现实法律地位。笔者认为，环保法应该在整个法律体系中尽快成为基本法律。从环保法立法当时的历史背景来看，1979 年，当时追求环境法立法的速度优先是对环境法地位的一种充分肯定，当前提升环境法质量同样要以对环境法地位的正确认识为前提。在当前的环保法体系中，我们在关于各个环境保护领域都有相应的立法，应该说整个关于环境保护以及资源的开发利用、环境的防治等方面的法律已经形成初步的制度格局。如《中华人民共和国环境保护法》（1989年 12 月 26 日颁布）、《中华人民共和国防沙治沙法》（2001 年 8 月 31 日颁布）、《中华人民共和国水污染防治法》（1996 年 5 月 15 日颁布）、《中华人民共和国大气污染防治法》（2000 年 4 月 29 日颁布）、《中华人民共和国固体废物污染环境防治法》（2004 年 12 月 29 日修订）、《中华人民共和国水法》（2002 年 8 月 29 日颁布）、《中华人民共和国草原法》（2002 年 12 月 28 日颁布）、《中华人民共和国森林法》（1984 年 9 月 20 日颁布）、《中华人民共和国节约能源法》（1997 年颁布）、《中华人民共和国环境噪声污染防治法》（1996年 10 月 29 日颁布）、《中华人民共和国海洋环境保护法》（1982 年 8 月 23 日颁布）、《中华人民共和国清洁生产促进法》（2002 年 6 月 29 日颁布）、《中华人民共和国矿产资源法》（1996 年 8 月 29 日颁布）、《中华人民共和国煤炭法》（1996 年 8 月 29 日颁布）、《中华人民共和国野生动物保护法》（1988 年11 月 8 日颁布）、《中华人民共和国放射性污染防治法》（2003 年 6 月 28 日颁布）、《中华人民共和国水污染防治法》（2008 年 2 月 28 日颁布）等。从制定的主体来看，以上这些涉及环保的法律都是由全国人大常委会制定，在法律地位上来说都属于平级。但是，我们从《环境保护法》在整个法律体系中的状况以及环保法的基本内容来看，环保法实际上处于承上启下的基本位置。相对于我们国家的宪法而言，① 《环境保护法》实际上是宪法相关条款的直接执行者，而相对于各个领域具体的环境法而言，环保法对具体各个领域的环境事项又起到宏观上的统摄作用。《水法》《矿产资源法》《空气污染防治法》《草原法》等法律无不是体现环保法的基本宗旨，在此基础上实现对某一领域的环境资源保护。在我国环境立法史上，环保法上承《宪法》环保条款，下启其他的环境资源保护法律，这是基本事实。就下启其他环境资源保护法律而言，环保法起到了奠基作用。如环保法关于保护野生动物的规定，演化为《野生动物保护法》；关于废气、废水、废渣、粉尘、恶臭、放射性物质、噪声等污染的规定，演化为《大气污染防治法》《水污染防治法》等一系列污染防治型法律和《循环经济促进法》《清洁生产法》等关于专门事项的法律。由此看来，环保法在整个法律体系中应该处于将帅地位，对于环境保护的单行法起到引领作用。但是，从现实法地位来看，它却又未能位列基本法的法律地位，正因如此，笔者认为，在国家经济和社会发展，特别强调环境与经济社会协调发展的今天，应该致力于将环保法摆放于更为突出的战略位置进行考量。生态保护、绿色经济、可持续发展、环境正义、环境公平等基本的经济与社会理念和价值观已经成为当下及将来国家战略发展的主流，在此背景下，应该适当地提高环保法的地位。质言之，确立环保法应有的法律地位是当务之急。从当前的情况来看，将环保法全称改为《中华人民共和国环境保护基本法》。由于环保法涉及的内容众多，在改革开放和社会主义建设过程中所处的地位越来越重要，而且就环保法自身的变动来看，环保法涉及的内容众多涉及经济与社会发展的诸多方面而且必须多个部门的协调配合才能得

---

① 《中华人民共和国宪法》第九条规定：矿藏、水流、森林、山岭、草原、荒地、滩涂等自然资源，都属于国家所有，即全民所有；由法律规定属于集体所有的森林和山岭、草原、荒地、滩涂除外。

国家保障自然资源的合理利用，保护珍贵的动物和植物。禁止任何组织或者个人用任何手段侵占或者破坏自然资源。

以完成。在这种情况下，笔者认为，应该不失时机地由全国人大启动环保法的修改工作，并且在名称上和法律地位上将之定格为环境基本法，从而为整个中国的环境保护和经济发展战略奠定基础。

正如上所述，一方面应该不失时机地提高环保法的应有地位，与此同时，我们也应该不断地加强环保法作为基本法的立法质量，不断完善环保法的制度构建及运作机制，使之在环境法治实践中发生更大的实效，这是问题的关键。通过修改，建立或完善现实中缺乏或者不完善的制度。如果环保法修改不是根据现实情况作出具体的制度安排，而是仅仅提高环保法的立法位阶，在内容上不做重大变化，那么，很显然出现的问题将是环保法不能对现实的环境问题产生预期的实效。所以，在某种意义上，环保法的内容是否完备，比它的位阶更重要。环保法的修改应当对环境保护法律关系的各类主体在环境保护事业中的法律地位和作用作出原则性的规定，使这些主体都能够明确自己的地位、角色、权利和义务以及相应的与其权力（利）地位相一致的法律责任。从目前环境法现状来看，现行环保法和其他环境资源保护法律等单行法律偏重于对企事业单位和个体工商业者的管理，忽略了对作为管理者的政府的规范、制约和对作为监督者的"第三方"主体的监督权的保障。这个缺陷从根本上制约着中国环境保护事业的发展和进步，是环保法的修订所应解决的关键问题。立法需要耗费许多资源，因此启动立法程序应当十分慎重。不论是制定新法还是修改现行法，都要先经过科学的论证，再动用立法资源。这样才能把有限的立法资源用好。这次环保法修改工作，从一审稿到二审稿，暴露出立法机关存在对环保法修改研究和论证的不足。环保法修改的战略意义，在于它是一个难得的完善我国环境法治的机会。应当慎重用好这个机会，不急不躁，先充分地调查研究我国环保事业的现实状况对环保法适用提出的重要挑战，然后确定修改思路，有针对性地作出制度安排。这些都需要法学界和环境法治实务战线事先做大量的研究和论证。正基于此，笔者认为，在对当前环保法的修改和完善过程中，我们首先要做的就是对目前环保法的实效现状进行大量的实事求是的调查研究，对环境保护法以及相关的单行法在这些年来实践过程中所暴露的问题进行实事求是的分析，找准问题的核心与关键点，然后有针对性地进行法的修订和完善工作。为此，应该做好以下几个方面的工作：一是对环境法的立法目的、调整对象、核心概念应作出科学的界定；此外，对环境法的适用范围、基本原则应该做与时俱进的更新，明确环保法的基本法法律地位，对经过反复论证可以称为环保法的基本原则的内容进行确定。进一步明确国家、环境保护团体、企事业单位、公民的基本环保权利与义务、环境宣传教育、环境保护科技发展及其资助与奖惩等相关主题的制度规则，明确国际合作的原则、方式和程序等。二是从宏观上进一步明晰环境保护管理主管机关的权限分配基准、组织的设立、中央与地方的环境保护职责划分、各类环境保护规划、各个相关委员会及其议事、决策、报告机制、公众参与决策和听证制度等。应逐步完善环境保护主体的权力义务职责，确保各职能主体权力义务均衡化，并能有效处理各种环境，整合现有的环境保护组织以及完善现有的环境保护运作机制，切实发挥政府以及非政府的环境保护组织在环境保护过程中的法律地位，最大限度实现环境保护的合力。

第三章主要涉及环境法基本制度的构建问题。主要内容如：建立环境保护规划制度，重点生态区、野生动植物自然区保护制度，建立健全生态补偿制度，建立对大气、水、土壤的调查、监测以及评估修复制度，建立农业环境保护制度以及与之相适应的综合防治制度，建立和完善海洋环境保护制度，建立和完善城乡环境保护制度，建立环境政策支持、鼓励制度，建立健全环境与健康监测、调查与风险评估制度，推广建立清洁能源的生产、使用制度，进一步完善三同时制度，建立环境保护责任制度，建立适合中国背景下的排污费制度并适时建立环境税收制度，实行排污许可制度，建立环境污染突发事件处理制度，建立农业农村环境保护制度，环境保护财政资金预算、保障、支出制度，逐步建立环境污染保险制度，确立个人、组织的环境信息知情权以及政府的环境信息公开义务，确立重点排污单位的环境信息公开义务，建立建设单位项目的环境评估制度及公开制度，建立起完善的公益诉讼制度机制等。

第四章为环境法律责任和环境损害救济。主要内容如：环境法律责任制度，重点排污单位信息公开责任制度，环境纠纷处理及补偿、救济制度，对环境执法者的行政惩戒制度以及与之相衔接的刑事制裁制度等。这部分可借鉴德国、日本、美国的有关专项立法。

四、关于环境法治的目的与价值

（一）法治的一般意义

法治的含义在不同的时代、在中西方的不同地域有不完全相同的理解。中国古代在先秦诸子文献中就已出现关于法治的论述，如《韩非子·心度》有"治民无常，唯以法治"；《管子·明法》认为"以法治国，则举措而已"；《商君书·任法》有"任法而治国"；① 等等。但我国古代所宣扬和实施的法治是人治以及君主专制下的法律之治。古希腊政治哲学家亚里士多德在其《政治学》一书中认为："法治应当优于一人之治。"② "法治应该包括两重意义：已成立的法律获得普遍的服从，而大家所服从的法律又应该是本身制定良好的法律。"③ 但是其所主张的也主要是指奴隶主阶级社会的法治，与现在民主社会的所倡导的法治还有一定的距离。近现代西方社会对法治有了进一步的发展，如英国著名学者费里德利希·冯·哈耶克认为："法治意味着政府的全部活动应受预先确定并加以宣布的规则的约束——这些规则能够使人们明确的预见到在特定情况下当局将如何行使强制力，以根据这种认知规划个人事务。"④ 法国著名学者卢梭认为："尊重法律是第一条重要的法律，任何一个遵守法律、管理完善的政府，根据任何理由，也不允许有人不遵守法律。不管一个国家的政体如何，如果在它的管辖范围内有一个人不遵守法律，所有其他的人就必然会受到这个人的任意支配。"⑤

总的说来，西方社会关于法治的基本思想及其制度在漫长的社会统治形式中起到了极为重要的作用。自资本主义发端以来，西方法学家关于法治的各种论说和认知大多是建立在资产阶级的政治统治及其经济基础之上的，从根本上来说是保护资产阶级的政治与经济利益的规范系统与意识形态系统。但是无论是古代法治思想及其制度还是资产阶级的法治思想及其制度，里面都蕴藏着丰富的人类关于法治思想的精华，我们可以从其一切关于法治的正

---

① 张文显：《法理学》，北京大学出版社、高等教育出版社1999年版，第181页。
② ［古希腊］亚里士多德：《政治学》，商务印书馆1965年版，第171页。
③ 同上书，第202页。
④ Hayek, F. A. Von, *The Road to Serdom*, University of Chicago Press, 1954, p. 54. 转引自张文显：《法理学》，北京大学出版社、高等教育出版社1999年版，第183页。
⑤ ［法］卢梭：《论人类不平等的起源与基础》，商务印书馆1962年版，第52页。

确的经验总结与反面的教训中汲取所有有利于社会主义法治发展的优良成分。从而最终服务于社会主义民主与法治以及经济社会发展，造福于广大人民群众。就法治在现当代社会的意义来看，法治主要被认为是社会控制的一种模式，是指人们通过或者主要通过法律对国家的治理而求理想社会的实现。①

笔者认为，总结法治的基本含义或价值无外乎以下几点值得称道：一是我们现在所强调的法治应该是也必须是建立在民主之上，是以保障人权为基础的核心价值追求。无论我们对民主的理解有多大的差异以及对于人权的理解有多大不同，但是对于一国人民权益的尊重必须通过能够实现最大多数人的最大福利为基础的体制和机制予以完成，这个体制、机制就是适合于本国国情的宪政体制和与之相配套的民主法律制度。二是法治的题中之义是通过法律的治理，它区别于传统的人治与德治，而是一种全新的治理国政方式，同时也是一种全新的社会调整模式。它要求国家和社会的运行应该在规则的轨道上前进，人们的行为有章可循。三是法治不仅仅是一种治国理政的工具，它本身也是一种适合于人类生存的价值选择，是一种生活方式。因而，对于法治的理解已经超出一般的功利主义政治哲学范畴，它不是仅仅停留在国家政治治理的层面上，而是渗透在人们对于生活方式的选择中，人们通过选择这样体现民主人权的法治生活方式，从而取得和谐共存的相处之道。

（二）环境法治的目的与价值追求

所谓法治的目的，是指法治本身应该具有的内在的价值体现，即人们通过制定法律所欲表现的，对一定社会关系实行法律调整的思想动机和意图的出发点，它深刻地蕴含和体现人们对于怎样的生活的价值选择。法治既可以被政治家理解为一种治国的手段，一种推行统治的工具，但是更应该被理解为一种国家发展的模式和社会生存的现实状态和过程。从法哲学的角度出发，法的目的有如下三个方面的含义：一是它是主导法的形成、实现与之相关者，准备依靠制定法律而达到的实现国家治理目的以及人民群众所追求的生活目

---

① 参见张中秋、杨春福、陈金钊：《法理学——法的历史、理论与运行》，南京大学出版社2001年版，第63页。

的。由于它是指导和实现一定的法律制度以及形成法律方法的原因，它内在深层的价值目标正是通过法的目的得以实现；二是它是需要依法来实现的基本价值和法的基本使命，即作为法的正当与否、合理与否的评价规则和基准，又称为法的精神。也就是说任何一部法律的存在和产生作用，肯定都有其所追求的法的目的；三是法的目的是一个总括性概念，是一国实现法治国家、法治社会的基础性支撑。法治作为一种政治哲学理念、过程和制度运作方式，是一个现代国家和社会存在和发展的必由之路，是政治文明和人权保障的基本举措。

环境法治就是随着近现代以来，伴随着人们运用现代科技革命手段和工业技术对环境的开发和利用，从而导致环境问题的不断恶化的背景下，人类重新思考其自身与地球的关系时，从而引起人们的关注并由此产生了解决环境问题急切心理和实现人与环境和谐可持续发展的现实需要的情况下所作出的理性选择。环境法治应该蕴含如下几层含义：一是环境法治首要目的和价值目标是实现环境领域的秩序需求。环境法治需要为人类在自身与环境的关系问题上指明道路。环境法治的根本举措在于通过法治的手段规制人的行为，易言之，环境法治谋求通过法治的手段对人与环境的关系进行规制，这种规制的途径主要是通过法律的制定和实施影响人在环境的开发利用过程中的人的作为与不作为。正是通过对人与环境关系的调整以及对环境的开发利用过程中人与人之间环境关系的调整，从而达到对环境的规范治理的现实目标。环境法通过其立法目的、运用法律这种现代社会中最行之有效的社会调控手段，确立国家的基本环境政策和环境目标，从而实现对人们环境行为的现实影响。二是环境法治的深层次价值目标是要创造一个人与环境和谐共存、可持续发展的理想社会发展模式。环境法治通过一系列法律手段，其直接目的在于对人们在开发利用环境过程中的各种行为进行有效规制，提供某种有利于人类长远发展的环境秩序。但是，这只是环境法治的直接价值或表面目的，质言之，环境法治的所要实现的根本目的或根本价值就在于要通过法治手段去引导人类去过一种人类与环境相互和谐共存的有益生活。环境法治由于自身蕴含着人类最高的环境哲学智慧，它把人类长期以来对环境的正反作用以及人类的经验与教训深刻地融入到环境法治的制度建设过程。人类通过环境法治的制度建设和环境法治的实施过程，从而达到人类所追求的人与环境相互和谐的理想状态。这些恰恰是环境法治所致力于实现的东西。三是环境法治致力于人们科学地实现自身的物质利益，同时也引导人类去实现环境对于人类的精神利益。因而，可以认为，环境法治不仅仅在于其关注人类物质价值的实现，环境法治更关注人类实现其精神价值。易言之，环境法治对于整个人类而言，其根本的价值目标在于创造有利于人类生存发展的某种理想生活状态。这种生活状态中人们能够按照经济规律，更重要的是能够按照自然规律、生态规律，有秩序地开发利用环境资源，既能够在法治的范围内有节制地实现自身的物质追求，又能充分关注环境的生态价值与审美价值。易言之，环境法治意在创造出一套对于人类关怀备至的规则体系及与此相关的法治价值系统，引导人类自觉地实现自我生活的有序化及人与环境的有序化。

五、环境法伦理与环境法哲学

（一）人类中心与非人类中心的论争

1. 人类中心主义

美国植物学家墨迪在《人类中心主义》的著名论文中展现了人类中心主义的现代观念，其要点有以下四个方面：[①] 一是人类评价自身的利益高于其他非人类，这是自然而然的事情。物种的存在以其自身为目的，它们若完全为了其他物种的利益就不能存在。二是人具有特殊的文化、知识积累和创造能力，能认识到对自然的间接责任。三是完善人类中心主义，有必要揭示非人类生物的内在价值。通常，人类中心主义是把价值赋予有利于人类的自然事物，把自然事物当作实现人的目的的工具。这种对待自然事物的功利主义态度，往往随着人的意愿的差异而有很大的变化。四是信仰人类的潜力。墨迪不赞成把人类的作用说成是自然界有机体上的癌瘤，他认为生态危机实质上是文化危机，即当人类具有的那些决定我们开发自然的能力的知识，超过了我们所有的如何用来服务于我们自己生存和生活质量改善的知识时，就发生了生态危机。[②]

《哲学大辞典》对人类中心主义是这样解释的：人类中心主义，是以人类为事物的中心的理论。其含义伴随着人类对自身在宇宙中的地位的思考而产

---

① 参见叶平：《"人类中心主义"的生态伦理》，《哲学研究》1995 年第 1 期。
② 同上。

生并不断变化发展。人类中心主义的含义大致有：一是人是宇宙的中心，即人类在空间范围的意义上处于宇宙中心，是从"地球中心论"的科学假说中逻辑地推导出来的一种观念；二是人是宇宙中一切事物的目的，即人类在"目的"的意义上处于宇宙的中心；三是按照人类的价值观解释或评价宇宙间的所有事物，即在"价值"的意义上，一切从人的利益和价值出发，以人为根本尺度去评价和对待其他所有事物。

根据《韦伯斯特第三次新编国际词典》记载，人类中心主义的概念曾在三个意义上使用：人是宇宙的中心；人是一切事物的尺度；根据人类价值和经验解释或认识世界。人类中心主义总是作为一种价值和价值尺度而被采用的，它是要把人类的利益作为价值原点和道德评价的依据，有且只有人才是价值判断的主体。其核心观点包括：一是在人与自然的价值关系中，只有有意识的人才是主体，自然是客体。价值评价的尺度必须掌握和始终掌握在人的手中，任何时候说到"价值"都是指"对于人的意义"。二是在人与自然的伦理关系中，应当贯彻人是目的的思想，最早提出"人是目的"这一命题的是康德，这被认为是人类中心主义在理论上完成的标志。三是人类的一切活动都是为了满足自己生存和发展的需要，如果不能达到这一目的的活动就是没有任何意义的，因此一切应当以人类的利益为出发点和归宿。人类中心主义实际上就是把人类的生存和发展作为最高目标的思想，它要求人的一切活动都应该遵循这一价值目标。马克思特别强调人的主体性，他指出，人类主体性表现于精神生活中，就在于意识到了思维与存在的对立；人类主体性表现于现实生活中，则是以人对自然的全面控制与利用为标志的现代生活方式及其在世界范围内的普及与发展。

在关于人类中心主义的认识上存在两种趋向：一则是强人类中心主义；另一则是弱人类中心主义。诺顿区分了两类人类中心主义。他认为，仅从感性意愿出发，满足人的眼前利益和需要的价值理论，称为强化的人类中心主义；而从某些感性意愿出发，但经过理性评价后满足人类利益和需要的价值理论，称为弱化的人类中心主义。前者以感性的意愿为价值尺度，感觉决定行动，需要就是命令；后者认为感性的意愿不具有价值参照系的意义，除非它有世界观层次的理论观念的支持。因此，理性的意愿有两个要素：一是感性的意愿；二是对感性意愿过滤的评价体系。这种对感性意愿的评价有两个伦理根据：一是选择某种世界观或某种哲学观念并创造一种相应的价值判例，以此作为评价的基础；二是人类的经验是建构价值的基础。因为弱化的人类中心主义不仅认为感性的意愿有价值，而且认为用更合理的意向评价和取代感性意愿的价值形成过程，也有价值。① 强人类中心主义主张，人由于是一种自在的目的，是最高级的存在物，因而他的一切需要都是合理的，可以为了满足自己的任何需要而毁坏或灭绝任何自然存在物，只要这样做不损害他人的利益，把自然界看作是一个供人任意索取的原料仓库，人完全依据其感性的意愿来满足自身的需要，全然不顾自然界的内在目的性。只有人才具有内在价值，其他自然存在物只有在它们能满足人的兴趣或利益的意义上才具有工具价值，自然存在物的价值不是客观的，而是由人主观地给予定义：对人有价值还是没有价值。弱人类中心主义认为，应该对人的需要作某些限制，在承认人的利益的同时又肯定自然存在物有内在价值。人类根据理性来调节感性的意愿，有选择性地满足自身的需要。

2. 生态中心主义

（1）动物解放论和动物权利论。前者主要由澳大利亚伦理学家辛格提出。辛格继承了边沁的功利主义伦理学思想，把感受苦乐视为一个存在物获得道德权利的依据，动物也具有感受痛苦和愉快的能力，因此动物应从人那里获得"平等的关心"的道德权利。他还以黑人解放、妇女解放等要求扩展道德应用范围的运动为依据证明"动物解放"的合理性。动物权利论的思想以美国的雷根为代表。雷根认为，人获得道德尊重的"天赋价值"在于人是生命的主体，而使人成为"生命的主体"的各种特征如"期望"、"愿望"、"感觉"、"记忆"、"未来意识"、"感情生活"等动物也都具有。所以动物也是生命的主体，也具有道德权利。雷根在《共居一个宇宙：动物权利与环境伦理学》《根植地球：环境伦理学新论》等著作中提出并建立了一种新的道德根据，来为动物解放运动提供理论支持与行动指导。雷根认为，一是动物具有"天赋价值"。这一点与人类是没有区别的，天赋价值为地球万物所共有共享。我们之所以会犯物种歧视主义的错误，根源在于我们认识上的错误，我们总以为只有人类才拥有这种天赋价值，或认为人比动物具有更多优异天赋。二

---

① 参见叶平：《"人类中心主义"的生态伦理》，《哲学研究》1995 年第 1 期。

是人权运动应该包括动物权利运动。自由、平等和博爱诸如此类的启蒙价值理念不仅适用于人类，也适用于动物。三是动物权利运动有明确的行动纲领与实践目标，包括彻底停止动物试验研究、彻底禁止商业性的打猎行为。①

（2）生物中心论。这种观点的基本思路是：自然界是一个相互依赖的系统，人只是其中的一个成员，因此人并非天生比其他生物优越，所有有机个体都是生命的目的中心。施韦兹认为，伦理学的出发点是保护、繁荣和增进生命。在他看来，所有的生物都拥有生存意志，人应当像敬畏他自己的生命那样敬畏所有拥有生存意志的生命；只有当一个人把植物和动物的生命看得与他的同胞的生命同样重要的时候，他才是一个真正有道德的人，他不摘树上的绿叶，不折园中的花枝，不踏死路上的昆虫。施韦兹指出，没有任何一个生命是毫无价值的或仅仅是另一个生命的工具，所有的存在物在生态系统中都拥有自己的位置；人类在自然联合体（natural community）中所享有的举足轻重的特殊地位所赋予他的，不是剥削的权利，而是保护的责任；应当把对动物的仁慈当作一项伦理要求，并发动一场伟大的伦理革命。毋庸讳言，施韦兹敬畏生命的伦理学具有某些神秘主义的因素，但他对生命群落的强调却与现代生态学不谋而合；他不仅以其思想而且以其行动深深地打动了现代人，当代的环境伦思潮和环境保护运动都是沿着他所指示的航向前进的。②

（3）生态中心主义。利奥波德的大地伦理学最早反映了这种思想，大地伦理学（land ethics）对环境伦理学具有划时代贡献。如果说，广延伦理学（extented ethics）的早期辩护者大多只关心生物个体特别是高等动物的权利，那么，莱氏则沿着这一思想道路走到了它的逻辑终点——即承认生态系统、环境或大地的权利。在《沙郡年鉴》中，莱氏明确肯定了各种生物以及生命联合体或生态群落的内在权利（intrinsic right）。在他看来，地球不是僵死的，而是一个有生命力的活生生的存在物。人类和大自然的其他构成者在生态上是平等的；生物个体（包括人）在重要性上低于生物联合体；任何一个行为，只有当它有助于保持生命联合体的完整、稳定和美丽时才是正确的，反之则

---

① 参见程晓皎：《生态伦理观的演变与环境法的发展关系问题研究》，2011届科学技术哲学专业硕士论文，第25—35页。

② 参见杨通进：《动物权利论与生物中心论——西方环境伦理学的两大流派》，《自然辩证法研究》1993年第8期。

是错误的。因此，人类不仅要尊重生命联合体中的其他成员，而且要尊重生命联合体本身。大地伦理学的作用就是把人种的角色从大地联合体的征服者改造成大地联合体的普通成员和公民，使地球从高度技术化了的人类文明的手中获得新生。① 莱氏这种强调生命联合体本身的权利的思想对 20 世纪 60 年代以来的环境伦理思想产生了深远的影响。而当前环境伦理学界最为著名的几位学者也持这种观点，如纳斯的深层生态学，提出了自我实现和生态中心平等原则，并认为这两条原则是内在关联的。人的自我实现依赖于自我认同对象范围的不断扩大，人与所有其他生物及实体作为与整体相关的部分，他们的内在价值是平等的。罗尔斯顿的自然价值也明确地提到自然存在是具有内在价值的，这是人对其负有客观义务的根据。这些理论都认为人类中心主义思想是环境问题产生的根源，主张突破传统道德只强调人与人之间关系的界限，希望将伦理学的应用范围扩展到人与非人存在物（包括动物或所有生物或生态系统）之间的关系。

（二）本书的基本观点

以上就目前学术界关于环境哲学思想做一些简要的概括，当然这种概括并不是很全面。应该说，目前学术界就环境哲学观点主要可以归结为两个方面的论述。易言之，无论是人类中心主义抑或是生态中心主义、生物中心主义、动物权利论等，在最为广泛的意义上可以简单地总结为人类中心主义和非人类中心主义的两类主要思潮。在它们各自内部分为诸多亚种的思想观点及其相关论证。笔者认为，面对这两种主要的环境哲学思潮，我们并不能简单地说谁对谁错，任何简单的判断都是不科学的，甚至是对待学术的粗暴方式。如果我们深入分析各种关于环境问题的哲学观点，我们就会发现它们各自都有自己的立论基础，并在一定的社会群体中有一定的群众基础，在实践领域的不同层面产生现实的作用。如动物环保主义者强调自然界以及人类活动范围的各种动物是人类的朋友，我们不但不能对之进行粗暴虐待，进行毫无节制的杀害，反之，我们应该采取一切措施进行保护，以实现各种动物与人类和谐共存。而生物中心主义者则强调自然界的一切生物皆有其自身存在

---

① 参见杨通进：《动物权利论与生物中心论——西方环境伦理学的两大流派》，《自然辩证法研究》1993 年第 8 期。

的规定性，人类不应任意剥夺它们的存在，一草一木都关乎生物存在的应有权益，而这一切不以人类的意志为转移。因而，在关于人类环境保护问题上走得比动物环保主义者更远。正是在此意义上，笔者认为，对这些问题的认识不能简单地站在价值立场上或者是个人偏好的立场上进行评价，否则对这些问题永远不可能有客观的评判。

环境伦理哲学主要讨论的是人类如何看待环境和对待环境才是善的，追求的是对环境问题的善恶评判以及在此基础上如何行为才能符合环境伦理上善的标准，这是问题的中心。有鉴于此，笔者认为，在对这个问题进行充分的讨论之前，我们必须分清事实与价值这对范畴。在通常意义上，事实范畴所指称的是包括事物、事件、事态，即客观存在的一切物体与现象、社会上发生的不平常的事情和局势及情况的变异态势。易言之，事实是指一切超乎我们意念之外的客观事物及其运动变化发展的现实状况。而在环境哲学问题上讨论的事实，应该囊括人类在内的一切地球生态系统环境，它们在客观上构成一种环境事实。人类生活其中的一切自然环境的总和以及社会环境的总和构成了环境科学以及生态科学等学科研究的基本起点。在近现代环境科学研究的基础上，人们已经注意到，人类生存其中的各种环境事实是相互依赖、相互影响的，并在人类长期的生产生活演化中产生对人类直接或间接的作用。科学史表明，我们断然不能简单地否定环境世界中哪些事物对人类有利，而哪些没有利，昨天看似人类天敌，今天又或可有利用价值，① 这是事实。另外，我们又必须搞清价值的基本内涵。在一般意义上，我们谈价值问题实际

---

① 1962 年，美国海洋生物学家 Rachel Carson 在其发表的著作《寂静的春天》中高度怀疑，DDT 进入食物链，最终会在动物体内富集，例如在游隼、秃头鹰和鱼鹰这些鸟类中富集。由于氯化烃会干扰鸟类钙的代谢，致使其生殖功能紊乱，使蛋壳变薄，结果使一些食肉和食鱼的鸟类接近灭绝。一些昆虫也会对 DDT 逐渐产生抗药性，以对抗人类由于人口无节制增长而对自然界无休止的掠夺。基于此，许多国家立令禁止使用 DDT 等有机氯杀虫剂。由于在全世界禁用 DDT 等有机氯杀虫剂，以及在 1962 年以后又放松了对疟疾的警惕，所以，疟疾很快就在第三世界国家中卷土重来。今天，在发展中国家，特别是在非洲国家，每年大约有一亿多例的疟疾新发病例，大约有 100 多万人死于疟疾，而且其中大多数是儿童。疟疾目前还是发展中国家最主要的病因与死因，这除了与疟原虫对氯奎宁等治疗药物产生抗药性外，也与还没有找到一种经济有效对环境危害又小能代替 DDT 的杀虫剂有关。基于此，世界卫生组织于 2002 年宣布，重新启用 DDT 用于控制蚊子的繁殖以及预防疟疾、登革热、黄热病等在世界范围的卷土重来。参见：http://baike.baidu.com/subview/42236/7911197.htm? fr = aladdin，最后访问时间为 2014 年 6 月 12 日。

上仍然是要站在人的主体性视角来进行思考。价值本身的指向也必然是以人为出发点，"价值是主客体相互关系的一种主体性描述，它代表着客体主体化过程的性质和程度，即客体的存在、属性和合乎规律的变化与主体尺度相一致、相符合或相接近的性质和程度"。① "我们在任何时候谈论价值，谈论任何价值，人对任何事物包括人自己的价值判断，不管意识到与否，实际上都是并且应该是以自己的尺度去评量世界。所谓价值关系，即主客体关系的主体性内容，也就是以主体的内在尺度为特征的关系，价值关系的运动，也就是主体尺度的内在的现实的运动过程，是它实施和实现的过程，价值标准，则是主体内在尺度的现实表现。人是一切价值的主体，是一切价值产生的根据、标准和归宿，是价值的创造者、实现者和享有者。"② 综观以上人类中心主义和非人类中心主义之争，实质上就是对人类在环境中所处于的现实状态以及环境对于人类的价值认识上的分歧。

我们在面对各种环境伦理哲学思潮时需要注意的是，一方面我们应该承认一个基本前提，即在事实上，我们人类自身首先是整个环境的一部分，这是一种客观状态。人类的演化史表明人类是自然界的一部分，是环境的一部分，这一点无论我们从任何角度都是无法否认的。环境本身的变化发展在某种程度上影响人类生存状态及其发展变化，这一点也是不争的事实；另一方面，在关于环境问题上无论是什么主义、持怎样的环境哲学观点、持怎样的环境伦理理论，都无法否认一个问题，即都是站在人类的立场上思考环境对于自身的意义问题。易言之，迄今为止的一切关于环境的价值观念都是站在人类思维的立场上进行和发展的，这也是事实。我们无法想象，我们以动物的思维或者以自然界中的花草树木的思维来思考环境的变化发展问题。正如马克思所言，"动物是按照它所属的那个种的尺度和需要来进行构造，而人懂得按照任何一个种的尺度来进行生产，并懂得处处把内在的尺度运用于对象；因此，人也按照美的规律来构造"。③ 基于此，一切以所谓的自然思维、动物情感思维所构建的环境哲学理论、环境伦理思想在实质上都是站在人类立场

① 李德顺：《价值论》，中国人民大学出版社 1991 年版，第 79 页。
② 同上。
③ 《马克思恩格斯全集》第 3 卷，人民出版社 2002 年版，第 274 页。

上对世界和环境价值形成的主观评估，这一点在任何时候都毫不例外。易言之，离开人的思维及对环境和世界的认知，一切都是虚幻的。在人类开发和利用自然的过程中及伴随着人类自身的进化和发展的过程中，人们对于自然和环境的认识与改造在时间上和空间上不断拓展，特别是在近现代科技革命和与之而来的工业革命、信息革命，使得人类对于环境和世界的改造取得了前所未有的成果。但是，正是由于人类在对环境的认知过程中出现的种种偏差和不当利益的驱使，在环境的改造和开发过程中才造成今天所出现的各种灾难性后果。在人类长期与自然和环境相处的过程中，人们更加注重对自然的开发利用，尤其是注重对环境的经济价值的认识和利用，却将环境的社会价值、生态价值以及环境的审美价值等其他价值弃之一边，这使得人类在与环境的关系在变化过程中出现严重的不平衡，因而，出现当今地球上的各种环境危机。这恰恰是人类在对环境的认识过程中所犯下的应该反省的错误。正是基于这些认识，我们的环保主义者们在理论上提出了所谓的人类中心主义主张、动物保护轮、动物权利解放论、生态中心论等环境法哲学观点以及与之相关的环境保护哲学思想。这些思想或者以这样的名义或者以那样的名义提出，或者以这样的视角或者以那样的视角提出，归结到一点，这些思想都是人类在探求自身与环境的关系中所提出的，是人类在思考自身与环境的关系过程中认真思考的产物。不同的环境哲学思想都指向一个共同的主题，那就是要保护环境，保护人类赖以生存的环境资源和环境空间。问题是，我们如何对这些思想理论进行客观的辨别，尽量寻求出其中合理的观点和思想，从而在指导人类关于自然的认识问题上以及在改造自然的征程上走出科学的道路，寻求人类在开发利用自然过程中人与自然的两全之道、和谐之道。

在针对各种环境保护主义和环境思潮的论说中，笔者更倾向于认为，在对待环境问题上，我们应该认识到以下几个方面：一是在人与环境的认识论范畴上，人是主体性范畴，环境是客体范畴，其外延是人类生存其中的客观世界，包括人类本身。在认识论意义上，我们必须首先摆正人与自然的客观关系，这种客观关系是一种事实状态及其发展过程。人类自身的发展史以及人类与自然共生共存的历史过程证明了这一切。在某种意义上，人是环境的一部分。二是生物进化史表明，正是在地球环境不断演化的基础上，在长达上亿年的环境演化的基础上，才有了人类自身，在人类不断进化的基础上逐渐产生了意识，进而产生人类意识。易言之，迄今为止的生物发展史以及人类发展史表明，现实世界中存在的一切意识范畴或通过语言或通过某种文字符号表现出来的人类历史记忆，都表明这一切也只不过是人类自身的文明史。正是在此意义上，我们可以坚定地认为，一切关于环境的认识，都是人类自身的认识，是人对环境世界客观了解基础上的主观认识，无论这种主观认识是否科学准确，都不能否认任何一种环境理论主张其实质都是人的主张。因而，明白了这些问题，我们就会搞清楚所谓的动物思想、生态中心论、一切非人类中心主义观点都在现实层面上是不尽科学的，实际上它们无论以怎样的形态表现出来，都没有逃离人类对环境的认识及其藩篱。从他们所主张的认识内容的出发点来看，它们都不能脱离人类自身的主观认识范畴，是学者们基于不同的主观立场、价值标准，从不同的视角对环境及其与人类关系的主观印象。一切关于环境的人类中心主义理论与非人类中心主义理论都表明了人类对待环境的各种思想观念。易言之，一切环境论，都是属人论，都是以人为基点对环境的观察及其思考，属于事实范畴，即哲学上对于真的思考。三是环境对人类自身的意义方面的各种环境思潮，其实质仍然都是关于环境的价值观念问题。它们的区别在于在不同时期，不同的环境学者以及人民大众对于环境价值认识的层次性上的不同。这主要表现在，在人类处于生产力水平较低的远古时代，人们怀着对环境的敬畏之情，有各种关于人类与环境之间的传说和记载，人们在不同的历史时期甚至充满对环境的各种图腾以及对自然的敬畏。这些都说明，在人类社会的早期以及人类生产力尚不发达的起初阶段，人们在开发利用自然和自身的发展过程中，对于自然界的人是相当朴素的，人类改造自然和环境的本领尚且存在许多能力所不及的地方，人类在自然界面前显得较为无知和盲从，还不能在诸多方面按照自身的意志去塑造环境。总的来说，这一时期的人们环境观念是朴素的环境观和价值观，这种价值观念主要体现在整个前资本主义时代，体现在前工业革命时代。随着社会生产力的提高，特别是在人类社会由传统的农耕、畜牧时代走向工业社会的过程中，人们疯狂的欲望在科学与技术革命创新时代都得到极大的张扬。人类对自然与社会的认识和改造也达到了前所未有的高度。人类与自然和环境的关系无论在广度上还是在深度上都达到了空前发展状态，人类在自然和环境面前借助于新的科技手段和信息技术手段获得了空前的自信。这一时期人类主导的环境价值观是"人定胜天"、"环境为我所用"、"人有多大胆，地有多大产"、"人类是万物的主宰"等。最近几百年的经济发展和社会变革过程中，人们对环境的开发利用所创造的价值比整个人类前资本主义时代、前工业革命时代人类几万年生产总值的总和还要多得多，这表明，人类对环境的利用也达到了前所未有的状态。然而，也正是在这几百年的发展过程中，由于人类自身的贪婪，对环境认识的偏差特别是扭曲了的环境价值观的误导，使得人类在环境面前也犯下了诸多显性和隐性的重大错误，它们已经或者在将来给人类造成巨大灾难。由于环境的破坏在世界范围内所造成的严重后果，各国环境保护主义者，特别是理论家从不同的视角，对环境保护提出了自己的见解，这些从不同方面间接说明了保护环境的重要性。在最近几十年的环境保护方面，应该说无论是民间还是各国政府，都在采取不同的措施，加大环境保护的力度，对环境与人类关系方面的认识上无论是官方还是民间，在世界范围内都取得了新的进展。这主要表现在人们以前专注于对环境的开发利用，较少地关注环境自身的承载能力，过多地关注环境的经济价值，而对环境的社会价值、生态价值、审美价值等价值因素较少关注；人们过多地注视环境开发利用过程中眼前利益和短期利益，尤其不注重环境发展的长远利益、战略价值，导致在环境资源的开发利用过程中杀鸡取卵、竭泽而渔，终究在环境利用过程中造成诸多灾难性后果，甚至一发而不可收。正是环境污染和破坏给人们带来赤裸裸的教训，使得人类在环境的保护和环境资源的开发利用方面逐步走向理性。而这些认识在环境法哲学上体现为人们逐步从原来的朴素的环境价值观转化为理性价值观，表现在一方面关注环境保护的现实价值，注重环境资源开发利用中的经济价值，与此同时也注意到了环境保护的社会价值、生态价值以及环境保护的审美价值等诸多价值因素，由原来的环境保护的自发到自觉，由主要关注环境利用开发的短期效应到关注环境保护的长远利益和战略价值。所有这些，是人们在环境与人的关系问题上在认知道路上的重大进步。不仅这些，人类在规范自身与环境关系问题上也不再局限于环境哲学理念、环境科学技术以及与此相关的环境保护法律规制也已经在当前的环境保护方面走向前台。这一切不能说不是环境保护所取得的巨大成就。四是在环境保护理念上，我们应该注意择其善者而从之。在诸多的环境理论观点上，仁者见仁，但是作为一门环境法治的科学理论，我们必须将环境法治的理论和环境法治的实践建立在科学的环境哲学基础之上，方可取得卓有成效的环境法理论创新和环境法治实践成功。正是基于这种考虑，笔者认为，人类中心主义的环境理论从总体上来说是没有问题的。但是，必须对人类中心主义的环境法哲学理论进行修正，剔除其中急功近利的短期效应因素，着眼于环境保护和环境资源战略的长远发展，考虑人与环境、资源的可持续与和谐发展、健康发展，才是谋求环境与人类共存的长久之道。

第二节　环境法的主要议题

一、关于环境权问题

（一）环境权概述

从中国知网上对于环境权主题文章的搜索来看，单就重要的核心期刊以上级别的文章对于环境权的论述就达 500 篇以上，由此可见，以环境权这一主题的研究在整个环境法学以及相关学科的研究中所处的地位是显而易见的。由此也让笔者感到，但就环境权为主题做一个项目研究或者至少搞一本专著去专门探讨环境权问题也是完全应该的和必要的，但是，这也许超出了本书研究的主旨和所应承载的任务。本书更主要的是一种概要式的对一些问题在笔者有限能力范围内的探讨，尽管这种探讨实际上可能并未超出目前研究的现有状况。

目前来看，法学界对环境权的概念界定是丰富的，对环境权以及与环境权相关的观点是众说纷纭。在对环境权问题进行梳理时，笔者不可能穷尽对所有关于环境权的论述，仅举其要点进行说明并在此基础上谈一下本书的观点。当前关于环境权的论述从总的方面可以分为环境权肯定论和环境权否定论两大观念。

环境权否定论者的主要观点是，认为环境权这个概念不需存在，对于解决环境保护问题毫无意义。环境权概念本身存在诸多矛盾。否定论者们认为，保护环境在现实层面上的确需要法律依据，目前法律在这方面确实也存在缺陷，但只要扩大传统的人格权和财产权的保护，与此同时更新侵权理论，就足以弥补传统法律的缺陷，不必要再确立概念模糊的环境权。如有学者认为，公民环境权论自身存在难以克服的矛盾。人类整体性的环境权中包含个体性环境权这个基础性判断是立不住的。人类环境权中的人类是集合概念，这种意义上的人类所享有的权利不必然落实在作为人类的分子的自然人身上。地球环境是自然提供给人类的客观利益，而不是以人们之间相互关系为前提的权利。在这种不可分割的共同利益面前，每个人都只是客观的享受者，而不是政治意义上的创立者和法律意义上的请求者。所谓环境权不是关于具体的环境利益享有者与其他人之间关系的概念，而是人类整体与人类个体关系的概念。在环境的整体利益和综合利益之下发生的人类个体的单独的、分配性的利益关系是财产关系、人身关系等，与之相联系的权利是财产权、人身权，而不是环境权。在这种社会生活中发生的侵权是对财产权、人身权等的侵犯，而不是对环境权的侵犯。公民环境权论者以权利制约权利的设想是一个编不圆的美丽花环。他们所论述的"环境参与权"的实质是参与权，不是环境权。① 有学者认为，20 世纪 70 年代提出的环境权概念，不可避免地带有浓厚的政治运动色彩，但它所宣示的环境保护理念还是发挥了应有的作用。公民环境权利的宪法条款并不能当然昭示一种新型基本权利的诞生，却滋生了环境法学界关于环境权研究漫无边际的构想，呈现出某种程度的表面繁荣。当前环境权研究最大的缺陷有两点：一是人为割断环境保护与现有基本人权的纽带，使环境法在没有基本权利支撑下失去法律保护的目的；二是习惯用一种静态的眼光审视宪法、行政法、民法以及其他部门法在环境保护方面的原有的缺陷，却没有以动态的理念去体察各个部门法基于环境保护所做的调整。事实上，现代环境法与其他部门法是相互交错的，围绕环境法的立法、执法和司法的中心是公民的生命健康权、财产权等基本权利的维护和救济。② 有学者认为，环境权作为环境法权利基础的不合目的性环境权，作为一种"人类有权在一种能够享受尊严和福利的生活环境中，享有自由、平等和充足的生活条件的基本权利"，从权利的利益属性本质出发，承载环境资源在社会成员

① 参见徐祥民：《对"公民环境权论"的几点疑问》，《中国法学》2004 年第 2 期。
② 参见朱谦：《反思环境法的权利基础——对环境权主流观点的一种担忧》，《江苏社会科学》2007 年第 2 期。

间分配的职能。但纵观环境权在理论和司法实践中的发展轨迹，环境权架构的思考路径尚难以合理析出环境法解决环境问题的内在机理和逻辑进路。环境权现阶段作为环境法权利基础具有明显的不合目的性。其一，基本权利之含义，在于防御公权力的侵蚀，亦在于宪法上的价值决定，制定法律，使政府增加公民环境福祉，免遭私人侵害。但环境问题绝非仅有国家之行为造成，而来自大量私人领域，于此环境权难以行使基本权防御功能。再者，对环境产生负担之环境利用行为，具有相当社会正当性不应全面加以否定，而应与其他宪法位阶法益做一利益衡量，如此则非传统基本权之本质。如从现实层面考虑，若一绝对性环境权保障要求太高，于现状上可能造成大量违宪状态，反之若肯认现状合宪存续，环境权则作为基本权效力削弱。更兼执行之困难，人们空有环境权之名，而无实现之实，造成基本权空洞与形式化现象。其二，迄今为止，除了宪法上政策性宣示条款外，尚未有实体法上对应的条文对作为私权的环境权予以规定。环境权依然为权利内容和范围都不明确的学理概念。在司法实践上，即使最早提出该概念的日本也表现出拒绝对环境权理论适用的态度。1976 年 8 月日本阪神高速公路损害赔偿案中，针对原告提出的以环境权作为禁止请求的法律依据问题，神户地方法院认为环境权"不仅没有实体法上的根据，其构成要件、内容、法律效果等也极不明确，以此作为私法方面的权利予以承认，有害于法律的安全性"。美国司法实践也表明了同样的立场，在 Common wealth V. National Gettsberg Battlefield Tower Inc. 一案中，法院认为环境权条款仅是原则性的宣示，在欠缺立法者通过法律将环境权的理念具体实现的情况下，仍不能作为直接主张权利的依据。其三，考察环境权理论发展轨迹，不难得出结论，宪法性宣示，更多基于政治策略的考量，是对日益严重的环境问题政治性的回应。同时，揭示人们追求安全、良好环境的呼唤，并为国家权力全面干预环境领域的生产和生活方式提供依据。其四，尽管尚不能排除将来环境权实体法具体化的可能性，但当前将环境权作为环境法发展的权利基础，难以承载环境法纵向发展、环境法律制度理性架构和环境法理论与传统法律理论良性互动的重任。其五，近来，侵权法的发展、公民私权救济社会化、私权公法化等理论显著地影响了人们对环境法权利基础的研究，对财产权、生命健康权等传统基础性权利的重新认识，极大地丰富了环境法研究范围，拓展了环境法制度架构空间，也为环境法与传统部门法的对话，相互借鉴和互动提供了共同的法律语境平台。环境物权、环境人格权、环境财产权等基于传统财产权、人格权的理论探索，为我们开展环境法权利基础研究提供了新的思路。此理论倾向，有助于改变当前环境法研究"自编自演"的独语式研究，"外国环境法文本简单引鉴翻译式"研究现状，在可持续发展观的指引下，弥合逐渐对峙的环境法与传统法之间的关系，厘清环境法所蕴含的价值、理念与传统法之间的隔阂与联系，以渐进的方式促进法学研究的思路转换和思维更新，在修正传统法学人与自然对峙的场景下，将环境资源的生态价值纳入法律的考量范围，并构筑实现人与自然和谐共处的法律制度体系。[①] 另外，关于否定环境权的还有其他一些论述，在此不再赘述。[②]

环境权肯定论者认为，有必要创设一个新的权利概念，这个概念就是环境权。如有学者认为，环境权是人的一项应有权利，当前，环境权开始得到越来越多的认同，一些国家开始用立法和法律解释的方式对环境权加以确认，这是环境权从应有权利向法定权利的转化。[③] 有学者认为，环境权既是一种新兴的、正在发展中的重要法律权利，也是一种新兴的法学理论。环境权既是环境法的一个核心问题，是环境立法和执法、环境管理和诉讼的基础，也是环境法学的基本理论。环境权作为环境法学的基石范畴的研究具有极其重要的理论和实践意义。[④] 有学者认为，环境权既是环境法学的一个基本范畴，也是近年来我国环境法学界所关注的热点和焦点之所在。[⑤] 还有学者认为，环境权是自然人享有适宜自身生存和发展的良好生态环境的法律权利。其主体限于自然人；其客体是环境生态功能；其内容是指向环境生态功能这一特定客体的利益群；其权能包括对良好生态功能的保有权、享受权等实体性权能和环境参与权、环境知情权、环境请求权等程序性权能，其中，环境参与权是

---

① 参见崔金星：《环境财产权制度构建理论研究》，《河北法学》2012 年第 6 期。
② 参见陆战平：《走出困境——对传统环境权学说的反思》，《河南社会科学》2005 年第 4 期；参见宫大所：《论环境权之非法律权利属性》，《黑龙江政法管理干部学院学报》2005 年第 2 期；参见徐祥民、张锋：《质疑公民环境权》，《法学》2004 年第 2 期；等等。
③ 参见李艳芳：《论环境权及其与生存权和发展权的关系》，《中国人民大学学报》2000 年第 5 期。
④ 参见吴国贵：《环境权的概念、属性——张力维度的探讨》，《法律科学》2003 年第 4 期。
⑤ 参见吴卫星：《环境权内容之辨析》《法学评论》2005 年第 2 期。

核心权能。① 另有学者认为，环境权的概念应为：环境法律关系的主体享有适宜健康和良好生活环境，以及合理利用环境资源的基本权利。环境权的法律保护范围为：所有环境法律关系的主体均享有在不受一定程度污染和破坏的环境里生存和在一定程度上利用环境资源的权利。② 有学者认为，公民环境权是指公民具有享有良好生活环境、合理利用自然资源和使自然环境免受恶化的权利。公民环境权作为人的基本权利是人们应该享有的，但这种权利存在着三种状态，即人的应有权利、法定权利、实有权利。环境权从应有权利到法定权利的转化，并不能从宪法宣示中完全体现出来，在宪法中宣示国家对环境进行保护并不等同于确立了公民的环境权，它需要更为明确、具体、直接的宪法依据，将公民环境权纳入宪法是宪政制度发展的必然趋势。③ 有学者认为，环境权是环境资源法的核心问题，是环境资源立法、执法和诉讼的基础。环境权可以同时从实体意义和程序意义两个方面来理解。实体意义的环境权利包括通风权、采光权、安宁权、清洁水权、清洁空气权等，而程序意义的环境权包括知情权、参与权和获得救济权。此外，由于环境侵权在损害私人利益的同时又损害其他多数人的共同权益，因此环境权既是个体权利，也是集体权利，属于一种"社会"权利，明显不同于人格权、财产权等典型的"私人"权利。④ 有学者认为，环境权是 20 世纪中后期基于日益严重的环境危机而提出的一种新的理论、新的理念，已经成为环境法的理论基础和支撑。一般认为，环境权维护的是人对环境的权利及利益，是传统人权理论的延伸与扩展。重视环境权的现实意义，将环境权的具体权利框架在法律体系中建构起来，推进环境权从应有权利向实有权利转化，有益于促进环境权的进一步发展及环境法在整个法律体系中的地位。⑤

　　对环境权的论述以及相关观点文章较多，其认识见仁见智，在此不再详

---

① 参见邹雄：《论环境权的概念》，《现代法学》2008 年第 5 期。

② 参见陈泉生：《环境时代与宪法环境权的创设》，《福州大学学报》2001 年第 4 期。

③ 参见张力刚、沈晓蕾：《公民环境权的宪法学考察》，《政治与法律》2002 年第 3 期。

④ 参见付健：《论环境权的司法救济途径——兼论我国环境公益诉讼制度的构建》，《江汉论坛》2006 年第 6 期。

⑤ 参见陈德敏、董正爱：《环境权理念：从"人与自然和谐发展"的视角审视》，《中国人口·资源与环境》2008 年第 1 期。

细列举。①

（二）本书的基本观点

通过对当前法学界关于环境权问题的讨论，笔者认为，以下几个问题需要探讨：

第一，环境权这个概念在环境法学上有研究的必要。在民法学说上，传统的以所有权为核心的财产权理论在理论上不能说明其对环境保护的充分论据，在法律制度上不存在对环境破坏的现实有力保护，整体上来看，无论其在理论上还是在制度上均不利于环境保护是显而易见的基本事实。概要分析其原因如下：一是在传统所有权理论中，所有权的客体只能是人力能够支配和控制之物，而作为环境整体要素的空气、水体、野生动植物尤其是生态环境功能因在客观上不能为人力所支配和控制，因而，在一般意义上作为整体的环境不能成为所有权的客体；虽然，在现实生活中，对于通过某种装置获得的新鲜空气以及我们日常所销售的矿泉水，甚至我们可以通过各种方法和手段获得的某种野生动植物，在市场上获得其交换价值，但是，这不是我们所讨论的环境本身，甚至也不是这里我们所探讨的环境构成要素。因为他们已经被特定化、具体化为可控制的物化对象，但是他们无论如何不是我们探讨的环境本身，因而不能成为所有权的客体。二是所有权在本质上作为一种自物权，是特定主体依法对自己的所有物享受的独占性、支配性权利，任何人无权对与其无关的财产提出权利要求。环境及其构成要素作为一种不能成为所有权客体的自在物，任何人不能对之提出权利主张，任何公民无权对环境要素提出权利要求。也正因如此，在这样的所有权理论下及与之相配套的

---

① 这些文章如：许明月、邵海：《公民环境权的基本人权性质与法律回应》，《西南民族大学学报》2005 年第 4 期；王小钢：《中国环境权理论的认识论研究》，《法制与社会发展》2007 年第 2 期；蔡守秋：《环境权初探》，《中国社会科学》1982 年第 3 期；吕忠梅：《论公民环境权》，《法学研究》1995 年第 6 期；吕忠梅：《再论公民环境权》，《法学研究》2000 年第 6 期。相关论文参见陈茂荣：《论公民环境权》，《政法论坛》1990 年第 6 期；陈泉生：《公民环境权刍议》，《福建学刊》1992 年第 1 期；陈泉生：《环境权之辨析》，《中国法学》1997 年第 2 期；朱谦：《环境法的权利基础——基于财产权、生命健康权的考察》，《江海学刊》2007 年第 2 期；黄华弟、欧阳光明：《论环境权的人权属性》，《河北法学》2004 年第 9 期；侯怀霞：《论人权法上的环境权》，《苏州大学学报》（哲学社会科学版）2009 年第 3 期；王群：《论环境权的性质》，《学术交流》2007 年第 4 期；张震：《宪法上环境权的证成与价值——以各国宪法文本中的环境权条款为分析视角》，《法学论坛》2008 年第 6 期；侯怀霞：《论宪法上的环境权》，《郑州大学学报》（哲学社会科学版）2007 年第 2 期；朱春玉：《环境权范畴研究述评》，《山西师范大学学报》（社会科学版）2003 年第 3 期；蔡守秋：《析环境法律关系》，《法学评论》1984 年第 4 期；朱谦：《论环境权的法律属性》，《中国法学》2001 年第 3 期。

所有权法律制度下，公民对于与自己无关的环境是不可能产生积极的保护心理动机和主观冲动的。很显然，人们不可能为与自己不相干或者不太相干的利益而去多管闲事，这是人类的共同趋利避害心理使然，古今中外的人概莫能外。如在大街上，我们经常看见有人随地大小便，然而，我们却很少见有人上前进行阻止，绝大部分人选择的行为方式是睁一只眼闭一只眼，这就是社会公众的心理。试问，有多少人愿意为了维护城市环境、市容市貌，而愿意去冒着某种不测后果面对那些肆意在街道上大小便的人呢？诚然，在传统民法上也有一些他物权制度，但是其主要是作为所有权制度的补充，也难以在环境保护方面发挥较大作用。因此，在民法学理论上，单靠所有权理论无法解决环境保护问题，民法上的所有权制度也不能担当起环境保护的作用，担当环境保护的重任也不应该由民法上的所有权制度来承担。而恰恰相反，我们正是应该通过某种制度设计来限制所有权、改变以财产所有为中心的制度安排。①

人格权理论及涉及人格权法律制度主要关注的核心要点是对人的生命权以及健康权的保护，而不是对环境的保护。这主要表现如下：首先，法律对于生命以及健康权的保护以对人身权的直接侵害为直接构成要件，而环境污染和破坏行为在大多数情况下不具备这一特征，而且往往与人的生命健康没有直接的关系。一家生产木材的工厂冒出的黑烟马上在天空中消散，它并不对过往的人群造成现实的直接侵害，人们很难以生命健康权去抵制木材厂的生产行为，但是，实际上木材厂在生产过程中排出的黑烟确实对空气环境质量造成了危害，并有可能间接地对周围人们的生命健康造成某种危害，虽然这种侵害不明显。如果以人格权理论以及以其相应的制度资源来保障环境不被污染和破坏很显然是微弱的。其次，衡量是否造成生命健康权侵害的标准是医学标准，尤其是对健康权的侵害是以产生某种医学上所认定的疾病为承担责任的基本标准。而在环境保护理论及其制度来看，造成疾病已为环境污

---

① 在传统民法理论中，认为环境是无主物，属于人力所不能控制和支配的物。而根据以权利私有化为最高原则的传统民法权利理论，权利或利益仅以个人所能支配的利益为限；环境既然被认为属于人力所不能控制和支配的无主物，自然就不能成为所有权的客体。况且，按照传统民法理论，无主物实行先占原则，先占者可以无偿利用，因此向空中排放污染物是合法的。而根据"有损害，始有救济"的民事责任原则，环境侵权因不属于权利保护之列，也就不存在救济问题了。若以传统民法的财产权、人格权、相邻权等作为救济的依据，又因其各自的局限性而难以适用。参见陈泉生：《环境时代与宪法环境权的创设》，《福州大学学报》2001年第4期。

染和破坏的最严重后果，环境法要以保证环境的清洁从而适宜人居，以及环境的优美不对人体健康构成威胁作为最低限度的标准进而成为立法的基本目标，以环境质量在客观上符合人类生存发展作为承担责任的基本依据。

传统的侵权理论围绕所有权和人格权的保护确立了一系列原则难以适用于对环境的保护。且我们看到，在目前的《侵权责任法》中对因为环境污染造成他人损害的规定极为稀少。① 综观《侵权责任法》的全部规定，我们看到《侵权责任法》关于侵权责任的构成要件、因果关系的规定、时效原则、过错责任原则，等等，这些原则实际上主要是围绕着对人民生命财产权、健康权等直接的权益造成损害以后的救济措施。在环境保护方面难以全面准确地适用。如果依照传统民法理论所涉及的侵权责任理论以及与此相关的侵权制度，适用这些原则和规则与应对环境污染对社会所造成的损害，实质上就是杯水车薪。其结果只能是使受害者得不到保护，致害者逍遥法外。很显然，目前的侵权责任法理论以及这套《侵权责任法》的制度体系对于环境保护是苍白无力的。

由此看来，从目前的民法理论以及与之相关的民事制度体系妄想去解决环境污染给人们造成的各种损害，实在是螳臂当车自不量力。诚然，从现代民法理论与制度发展的角度观之，现代民法理论在关于财产权、人格权及侵权理论都处于不断变化发展中，但它们离环境保护的要求着实相差甚远，对于现实中环境保护的现实需求还是远远不够的。我们知道，环境保护是以协调人与环境的关系为基本目标，环境保护以及环境治理所要达到的基本要义是创造一个有利于人类生存和发展的特定时空条件。环境保护的范围和对象以及价值追求极为广泛和特殊，它要以整个生态系统为保护对象，包括要实现保护环境的经济价值、舒适价值、生态价值、审美价值以及对人类身体健康有益的其他价值；环境保护要以预防环境污染和破坏为主要关切点，环境污染和破坏的后果往往是难以补救甚至无可逆转的。因此，在环境保护和环境治理方面，我们的治理理念必须是防患于未然而不是亡羊补牢。很显然，在制度作用机理

---

① 《中华人民共和国侵权责任法》第 65 条规定：因污染环境造成损害的，污染者应当承担侵权责任。第 66 条规定：因污染环境发生纠纷，污染者应当就法律规定的不承担责任或者减轻责任的情形及其行为与损害之间不存在因果关系承担举证责任。第 67 条规定：两个以上污染者污染环境，污染者承担责任的大小，根据污染物的种类、排放量等因素确定。第 68 条规定：因第三人的过错污染环境造成损害的，被侵权人可以向污染者请求赔偿，也可以向第三人请求赔偿。污染者赔偿后，有权向第三人追偿。

上以及所追求的法律效果与社会效果上，这些都不是财产权、人格权、侵权理论及制度能胜任和能够切实解决的。如果硬要传统的民事法律理论及其制度体系去适应环境保护的要求，那就是削足适履了。一方面必然破坏民事理论以及相关制度的应有作用；另一方面，反使受传统民法制度保护的那些权利得不到妥善保护。由此看来，只有在新的环境理论指导下产生的环境保护制度才有利于保护环境，实现有效的环境治理效果，全面地保护公民的环境权益。诚然，我们做这样的判断，并不是要彻底否定原有的民事法律制度在某些方面对于环境保护的特定作用，传统的民法理论以及相关的民事法律制度适应经济发展的要求，在某些方面体现环境保护的理念，并在不改变其自身本质属性的前提下在某些方面发挥保护环境的作用仍然应该得到承认和肯定。

第二，环境权在实定法上有进行规定以及进行与之相关制度建构的必要。空气、水、阳光等环境要素在形态上与传统的财产权不同，分割而确定其所有权的个别归属已不可能；其与传统的人格权在性质上亦有所不同，环境侵权除可能在某种程度上损害人格权益外，其更重要的是它损害人们享受生存和发展质量的外在条件，包括对具有特殊美学价值和卫生价值的优美环境等权利；其与传统的相邻权也不相同，相邻权只限于不动产相邻的所有人、占有人、使用人或收益人相互制约而产生的权利，而环境权主体和权利的产生都比其要广泛得多。因此，环境权是一种新型权利。[①] 正因如此，我们必须首

---

① （一）环境权是一项新型的人权；环境权是一项新型的人权，是每个人与生俱来的基本权利，它既是一项法律权利，同时也是一项自然权利，是不能剥夺的。（二）环境权是一项主体广泛的权利；环境权是一项主体广泛的权利，它既是一项个人权利，也是一项集体权利，同时还是一项代际权利。它既适用于对有生命的个人的环境权益的保护，也适用于对具有复合性质的人的某类的法人及其他组织、国家乃至全人类的集体的环境权益的保护，同时还适用于对尚未出生的后代人的环境权益的保护。（三）环境权是一项价值取向多重的权利；环境权是一项价值取向多重的权利，它既体现人的权利，也反映自然的权利。（四）环境权是一项与义务结合紧密的权利；所有环境法律关系主体享有的环境权均是平等的，每个环境法律关系主体在享受和利用环境的同时，也承担了不对其他主体所享受和利用的环境造成损害的义务；而且，当代人在享受和利用适宜环境的同时，还承担了不对后代人的生存和发展的环境构成危害的义务。由此可见，环境权是一项与义务结合十分紧密的权利。（五）环境权是一项内容丰富的权利。环境权的内容也包括了生态性权利和经济性权利。前者体现为环境法律关系的主体对一定质量水平环境的享有并于其中生活、生存、繁衍，其具体化为生命权、健康权、日照权、通风权、安宁权、清洁空气权、清洁水权、观赏权等。后者则表现为环境法律关系的主体对环境资源的开发和利用，其具体化为环境资源权、环境使用权、环境处理权等。（六）环境权是一项有限度的权利。参见陈泉生：《环境时代与宪法环境权的创设》，《福州大学学报》2001 年第 4 期。持相同、类似观点者如张力刚、沈晓蕾：《公民环境权的宪法学考察》，《政治与法律》2002 年第 3 期。

先对环境权有一个客观地评估。很显然，环境权是一种不同于以往任何一种权利的新型权利，对环境权客观科学的认识和评估是进行环境权法律制度构建的理论基础和出发点。既然传统的权利类型在理论关注以及制度构建上不能实实在在地发挥起环境保护的现实重任，那么，这个重任必然也必须有环境权来承担。应该说，基于目前现有制度在环境保护上的严重不足，存在这样或者那样的漏洞和缺陷，实际上主要原因在于人们对环境权的真实含义理解不透以及围绕环境权理论应该进行怎样的制度构建方面还存在很多不成熟的想法。易言之，人们在环境权理论以及应该怎样进行基于环境权的制度构建还欠缺很多思考。由此看来，现在主要的问题争议不是应该不应该确定环境权的法学概念问题，而是环境权到底应该是怎样的一个概念以及环境权的内容有哪些？笔者认为，对于环境权的确定应该注意以下要素：一是特别注重环境权概念应该是一个法学概念，在理论上应予以重视研究的方法论问题；二是环境权的确定要有利于进行制度构建，解决现实问题，而不是在这个问题上坐而论道、闭门造车，不去关注现实中切实需要解决的环境问题有哪些。

第三，目前对环境权概念的界定以及环境权构成要素的认识存在一些偏差。这主要表现在：一是关于环境权的概念问题；二是关于环境权的主体问题；三是环境权的内容问题等。

关于环境权的概念界定问题。从目前的相关文献资料来看，对环境权概念界定主要由以下几个基本观点：一是权利义务说。有学者认为，环境权是环境法律关系主体就其赖以生存、发展的环境所享有的基本权利和承担的基本义务，即"环境法律关系主体有合理享用适宜环境的权利，也有合理保护适宜环境的义务"。核心内涵如下：首先，任何一个主体必须同时享有基本权利和承担基本义务；其次，基本环境权利和基本环境义务具有相互依赖的关系；最后，环境权对人与环境具有不可分割性。对于环境权中的基本权利和基本义务不可分割的原因，该学者认为，人与自然、社会与环境是不可分开的，人与环境的关系和矛盾是社会的永恒主题；环境是人们共有共享且具有生态、地理联系的整体，在行使开发、利用、享受环境的权利时很可能会损害相关各方的权利。因此，只有在行使享用适宜环境的权利的同时承担起保护环境的义务，才能真正实现有关各方的权利。① 二是广义环境权说。"环境法律关系的主体享有适宜健康和良好生活环境，以及合理利用环境资源的基本权利。"② 三是良好环境权说。如有学者认为，公民环境权即指公民有在符合一定质量标准的环境中生活的权利。③ 有学者认为，公民环境权的概念应为：人人都应享有适宜健康和良好生活环境的基本权利。而健康和良好生活环境的标准可以通过环境质量标准或污染物排放标准来衡量，并由此界定公民环境权的法律保护范围为：公民对环境享有不受一定程度污染或破坏的权利。这一概念既把公民的健康作为其保护范围，又没把公民优美环境享受权排除在外，既明确界定了环境质量的标准，又兼顾了经济发展和环境保护二者的利益。④ 有学者认为，公民环境权是指公民在良好、适宜的环境中生活的权利。它是一种新型的公民基本权利，是伴随着环境问题的日益严重和环境法的产生而出现的。⑤ 有学者认为，环境权是指公民、法人和非法人组织及国家所享有的维持自身健康的生存与发展所享有的生活环境和生态环境的基本权利及由此而产生的环境保护义务。⑥

总的来说，对于环境权的界定见仁见智。回顾环境权发展的基本脉络，我们发现，环境权得到较为正式的国际承认是在 1972 年召开的联合国人类环境会议上。该宣言虽然没有明确提出环境权概念，但却完全可以将其理解为是对环境权这一概念的界定，即环境权是指"人类有权在一种能够过尊严和福利的生活环境中，享有自由、平等和充足的生活条件的基本权利，并且负有保护和改善这一代和将来的世世代代的环境的庄严责任"。⑦ 应该说，目前学术界对于环境权概念的界定多多少少受相关国际环境会议以及国际环境文件的影响。环境权概念问题上的权利义务说所存在的主要问题是将环境权概念界定得有些不伦不类。在法学理论上，对于权利的界定概念纷繁复杂，主流的定义至少有资格说、主张说、自由说、利益说、法力说、可能说、规范

① 参见蔡守秋：《论环境权》，《金陵法律评论》2002 年春季卷。
② 陈泉生：《环境时代与宪法环境权的创设》，《福州大学学报》2001 年第 4 期。
③ 参见陈茂云：《论公民环境权》，《政法论坛》1990 年第 6 期。
④ 参见陈权生：《公民环境权刍议》，《福建学刊》1992 年第 1 期。
⑤ 参见刘文华、李艳芳：《法律学习与研究》1990 年第 5 期。
⑥ 参见钟娟：《环境权论纲》，《学海》2002 年第 5 期。
⑦ 冯庆旭：《我国环境权概念的伦理审视》，《哲学动态》2012 年第 12 期。

说和选择说。环境权概念问题上的权利义务说虽然在对环境概念的界定过程中阐明了环境权概念内涵中环境义务的重要作用，说明了环境权利与环境义务的关系，但是，权利义务说没有搞清环境权概念的本质，甚至没有搞清权利概念的本质，因而在环境权概念的界定上将环境权利与义务杂糅在一起进行定义，不能科学地解释环境权的本质内涵。应该说这样对环境权概念进行界定是不科学的。广义环境权说对环境权概念的界定基本上符合目前国家对环境立法的实际状况，但是，由于广义环境权说对环境权的界定可能导致环境权内容过于广阔，因而使得环境权概念所囊括的内容过多，进而可能导致在立法上想对这些不同层面的环境权进行保护带来一定困难。这种冲突主要体现在对于公民环境权与单位环境权之间的矛盾，易言之，主要体现在人们对于适宜生存的环境健康与具有美学价值的环境追求与人们对于环境资源的各种利用之间的矛盾难以在一部法律中寻求合理平衡的点，从而可能造成环境保护过程中政策措施的自相矛盾。良好环境权说主要侧重于对人的生活的看重，反映了"以人为本"的先进理念，具有鲜明的时代性，与环境权产生的时代背景不谋而合，实现了与时俱进。从某种意义上来说，人类所从事的一切生产活动，最终都是为了使人的生活质量得以不断提高并越来越好，而环境质量也越来越成为衡量生活质量的一个重要标准。良好环境权说这个概念将环境权自身的概念置身于主要的独立价值的追求境地，这样在环境保护制度的架构过程中更易于立法实践本身，避免立法过程中由于各种价值相互碰撞导致的立法者难以进行政策选择的尴尬境地。但是，似乎这个概念在某种意义上不符合环境权的实际可能包括的内容和权利类型并和当前各国的立法实践本身存在不相符之处，有待进一步论证。

关于环境权的主体，有学者认为，环境权主体的范围是：公民（自然人）、组织团体、国家、人类（包括后代人）和部分自然体。[①] 有学者认为，环境权的主体包括当代人和后代人。因为地球并不是祖先留给我们的，它属于我们的后代，环境权应由当代人和后代人共同享有。它既是一项个人权利又是一项具体权利。笔者认为，对于环境权主体可能包括的范围的认识应该立足于法学方法论的基本方法和视角来进行分析。这在上文的相关部分已经

---

① 参见吴国贵：《环境权的概念、属性——张力维度的探讨》，《法律科学》2003 年第 4 期。

有过相应的论述，这里再做些许说明。观察目前的一些学者习惯于将环境权的主体扩大到后代人、自然体这样的范围，所犯的错误主要是所站研究立场的差别。他们混淆了法学意义上的主体概念与伦理学意义上的主体概念。就法学方法论而言，在规范意义上以及实证意义上的权利主体只能是现实层面上及在法律上有意义的人，但是，赋予自然体以及后代人在法律上的主体资格实际上是没有太多的实践意义。因而，我们在伦理上、道德上探讨环境权的主体的时候也许成立的概念与理念在法学上尤其是在法治实践过程中却存在截然相反的结论，究其原因在于法治实践追求的是实际的效果，而不是停留在理论设计上。

关于环境权的价值问题。环境权的价值问题主要存在两个方面需要说明的事项：一是环境权本身存在的价值问题。关于这一点有许多学者已经做了不少论证，不再赘述。笔者是同意环境权概念的提法，从特殊的时代背景以及法治发展需要解决现实问题的角度出发，环境权概念的提出确实有助于解决一些现实的环境保护问题以及环境法治的制度建设。但是就如何确定一个科学的环境权概念我们仍然需要做进一步的研究，因之确实关乎环境法律制度的构建问题。二是对环境权所内含的诸种权利构成之间的价值权衡问题。如果在广义上界定环境权概念就会存在诸种环境权亚种之间的价值序列问题，这就需要在环境权内在权利类型之间进行价值判断和选择问题。在与其他权属的外部关系上，我们应该首先承认环境权存在的独立价值。首先就环境权与生存权的关系来看，环境权具有独立存在的基础。其一，环境权与生存权产生的原因不同。生存权的产生主要是针对封建统治以及资产阶级的剥削、压迫等导致的特权与不平等、贫困、失业，即生存权是由于威胁人的生存问题而产生的；而环境权则是因严重的环境问题危及人类的生存而产生的。其二，环境权与生存权追求的目标不同。生存权追求的是人的政治权利与经济社会文化权利；环境权所追求的是人免受环境危害的权利。其三，环境权与生存权的内容不同。生存权的主要内容是人的劳动权、受教育权、工作权、休息权、健康权等直接与人的生存密不可分的权利；环境权的主要内容是通过参与环境保护活动获得良好生存环境的权利，生存权的范围显然大于环境权的范围。其四，环境权与生存权的实现手段不同。实现生存权的主要手段是劳动活动与社会保障制度的完善；而实现环境权的主要手段是人们协同对环境进行保护。由于环境权与生存权是两个不同的权利概念，各自具有自己独特的产生背景和内容，因而应将环境权与生存权作为两个并行的权利，而不应当用生存权代替甚至否定环境权。如果以生存权代替环境权，则必然会给那些强调为谋生而不惜牺牲环境的做法提供借口。① 在关于环境权与发展权的关系上，我们同样需要注意科学认识。环境权与发展权的关系是对立统一的。环境与发展的对立表现在：经济的快速发展必然会导致环境问题，对环境的严格保护在短时期内又制约着经济发展。环境问题的解决最终要依靠发展，并能促进经济的可持续发展。环境问题的解决需要由发展提供物质基础，由科学技术的发展做保证。经济发展尤其是物质的生产是人类生活的物质基础，没有一定的经济基础作为保障，环境保护就如无本之木、无源之水。② 在关于环境权的内在关系上，我们应该就环境权实际上应该包括的权利种类进行实事求是的研究，并就这些权利类型在法学理论上以及具体的环境法律制度的构建问题中应该处于的环境权利类型的何种价值位置上进行斟酌，从而确定环境权概念统摄下的诸种环境权利类型之间在立法上以及在具体的法治实践中如何进行体现和实际被执行或实现，从而实现环境法治的基本效果。

关于环境权的内容，有学者认为，环境权的内容包括程序性权利和实体性权利，实体性权利包括生态性权利（生命权、健康权、日照权、通风权、安宁权、清洁空气权、清洁水权、观赏权等）、经济性权利（环境资源权、环境使用权、环境处理权等）和精神性权利（指环境人格权）。③ 有学者认为，环境权的内容包括生态性权利和经济性权利，前者体现为环境法律关系的主体对一定质量水平环境的享有并于其中生活、生存繁衍，其具体化为生命权、健康权、日照权、通风权、安宁权、清洁空气权、清洁水权、观赏权等。后者表现为环境法律关系的主体对环境资源的开发和利用，其具体化为环境资源权、环境使用权、环境处理权等。并且基于环境权的权利和义务的不可分割性，环境权的内容还包括环境保护的义务。④ 有学者认为，公民环境权包括环境使用权、知情权、参与权和请求权。其中，环境使用权包括日照权、清

① 参见李艳芳：《论环境权及其与生存权和发展权的关系》，《中国人民大学学报》2000 年第 5 期。
② 同上。
③ 参见吴国贵：《环境权的概念、属性——张力维度的探讨》，《法律科学》2003 年第 4 期。
④ 参见陈泉生、张梓太：《宪法与行政法的生态化》，法律出版社 2001 年版，第 117 页。

洁空气权、清洁水权等，参与权包括参与国家环境管理的预测和决策过程、参与开发利用的环境管理过程以及环境保护制度实施过程、参与环境纠纷的调解等，请求权包括对行政行为的司法审查、行政复议和国家赔偿的请求权，对他人侵犯公民环境权的损害赔偿请求权等。① 有学者认为，环境权仅仅是一种生态性的实体权利，不包括经济性权利和程序性权利。②

应该说，就环境权的内容而言学者们从不同的角度进行了有益的探索，在论述的过程中各有侧重。之所以对环境权的内容问题上存在不一致性主要源于对环境权本身的概念界定，易言之，在环境权概念问题持广义论者则在环境权内容问题的认识上更为广泛，在对环境权内在的权利类型进行分类问题上就显得更为灵活多样。而对于环境权概念界定上取狭义说的学者对环境权内容的认识上就会显得单一。如持良好环境权说的学者即是，又如持生态权利说的学者仅仅认为环境权内容包括人们应该享有的生态型权利，而不包括其他。就这一点来说，在环境权内容上主张怎样的环境权内容实际上是与对环境权进行怎样的概念界定密切相关的。笔者认为，环境权的内容包括的范围应该从实际情况出发进行考察，从当前各国的环境立法实践情况来看，在环境法的制度构建中存在着对环境资源的利用问题以及对环境适宜于人类生存的保护问题。由此看来，各国环境法对于特定主体对于环境的开发利用是肯定的，但是，实际上对于环境造成的损害进行预防和防治的也是环境法的重要内容。如此看来，如果不从实际的环境立法状况和现实的环境资源运行状况着眼分析环境权的内容体现，而是醉心于环境权抽象权利的演绎推理是远远不够的。笔者认为，在对待环境权内容问题上应该多一些实际的调查研究，从环境和资源利用的现实状况出发，去寻求对环境权实际内容进行实证研究。因而，在关于环境内容问题上有多少争议，应该在对环境权现实的状况中寻求和分析论证，这方面还有很多问题值得学术界持续关注和研究。

二、环境法的主要内容

（一）主要国家环境立法概述

环境法的内容由于各国经济发展与环境关系恶化程度、政治重视程度以

---

① 参见吕忠梅：《再论公民环境权》，《法学研究》2000 年第 6 期。
② 参见吴卫星：《环境权内容之辨析》，《法学评论》2005 年第 2 期。

及文化背景、历史传统方面存在一定的差异。在欧洲国家，如法国、德国这些国家在最近几十年对于环境的重视呈现与日俱增的发展势头，但是，在环境法治发展过程中却显示其各自特色。如在法国，环境法的发展由分散走向联合与统一，是单行环境法走向法典化的环境法。法国自1971年设立环境部到1989年正式启动环境法典编纂的近20年间，有关环境保护的法律、法规越来越多地出现难以理解、分散、混乱的问题，众多的有关环境保护的法律、法规既不能体现出法国环境法的实际情况，也不能与国家政策相一致，现实的环境法发展状况无法及时被反映出来。①编纂环境法典的理由包括："所有的法典编纂都是两种需要的反映：一是更好地认识法律的内容；二是为了更好地适用法律而使公众以最容易的方式理解法律；三是来自于它自身，以一个法典的形式，使环境法作为一项合法的、毫无争议的社会价值被承认。"②法国环境法的主要内容包括：（1）环境法的立法目的与宗旨。在一个国家领土范围内的空间、物产资源、自然环境、空气质量以及多种多样的并且保持相互间平衡的所有动植物种群均属于全国人民的共同财富。对国家共同财富的妥善保护、开发利用、修缮恢复及良好管理关系全国人民的共同利益，既可以满足当代人们对身体健康及社会发展的需要，也不危及未来的社会发展和人们的需求，有助于促进国家持续发展。（2）环境法的基本原则。一是预防为主的原则，不允许以缺乏足够的科学技术知识因而无把握为借口延误时机，在费用可接受的范围内，对可能给环境造成重大损失的、无法避免的可预见灾害及时采取适当的防治措施。二是采取预防和纠正并举的原则在费用开支可接受的范围内，使用现有的最好技术，及时开展对给环境造成损害的灾害的预防和补救行动。主要侧重于从源头治理。三是谁污染谁治理的原则是根据这一原则，为预防污染、减少污染以及同污染作斗争所采取一切措施引起的费用，应由污染的制造者承担。四是参与原则是根据第1项指出的参与原则，人人有权获取有关环境的各种信息，其中主要包括有关可能对环境造成危害的危险物质以及危险行为的信息。五是权利义务均衡原则。有关的法律和法规明确规定每位公民均有权拥有一个有益于健康的良好环境，并且由

① 参见自彭峰：《法国环境法法典化的成因及对我国的启示》，《法治论丛》2010年第1期。
② 同上。

他们确保城市和乡村地区之间的平衡与协调发展。注意对周围环境的保护是每一位公民不可推卸的责任和义务。① （3）建立了与环境保护相应的具体制度。如信息与民众的参与制度，这里涉及对环境污染和治理的公众审议制度、环境信息公开制度、民众环境治理参与制度、环境影响评估制度、检查监督制度、惩罚制度等。（4）关于环境治理的个别制度。如水环境治理与水资源使用制度，海洋环境资源管理、防治、资源使用制度，大气污染防治制度等。总的来说，作为一部环境法典，《法国环境法典》无论是在总则方面还是在环境保护的分则方面对环境法律规则的制定都体现得较为具体详细。

又如德国环境法，德国环境法也有其自身的内容和特色。德国环境法在20世纪70年代成为一个独立的法律部门，这成为德国环境立法的一个转折点，开始了第一阶段德国大规模的环境立法工作，涉及空气污染防治、噪音管制、水资源保护与污染防治、自然保育以及废弃。在1970年之前，德国有关环境保护的法律都任由各个州自行规定，此后德国非常积极地在环境保护领域行使联邦的立法权，因此在20世纪70年代到80年代制定了许多环境法律，例如《联邦污染防治法》《联邦自然保育法》《废弃物清理法》（后于1994年修订为《循环经济与废弃物法》）《联邦森林法》等。这一阶段的立法主要是针对防范污染所产生的危害以及预防措施，以预防、污染者负责、合作为管制原则；以设施、污染物质、土地资源为管制对象；以干预、给付、规划及计划为手段或措施所构成的。② 随着环境保护，加强环境治理，推进环境资源的合理利用等人们关于环境观念的深入人心以及政府与公众对环境保护的日益重视，德国开始在20世纪70年代中后期重视环境法典的编纂问题，制定环境领域的基本法，创造一部《德国环境法典》达成共识。《德国环境法典》的基本内容包括：总则分为11章：第1章一般条款，介绍了环境法典的基本目标和原则；确定了预防原则、污染者负责原则和合作原则的环境保护基本原则；第2章环境义务和权利，规定了个人的义务和权利；第3章计划，统一了那些有关环境的计划规则，规定了所谓的跨环境要素的特殊环境保护

① 参见《法国环境法》（第1—3卷），http：//www. riel. whu. edu. cn/article. asp？id＝2178，最后访问时间为2014年6月16日。

② 参见夏凌：《德国环境法的法典化项目及其新发展》，《甘肃省法学院学报》2010年第109期。

的指导计划，还规定了依任务的特殊需要而采取的计划措施，例如环境危害的排除计划，特别值得注意的是该章在第三节规定了环境法对其他的公法计划的拘束力，确立了环境保护的绝对优先性，例如关于有重大环境污染或长期性危害生态基础时的冲突，仍以环境保护优先；第4章环境影响评价；第5章直接管制和许可，规定了预防控制（如许可、执照发放程序等）、控制标准和行政机关可使用的干预措施等；第6章间接管制，包括经济措施如污染收费和补贴以及新的灵活的措施，如执照的补偿；第7章环境信息，管制了以下领域：和环境有关的研究、环境监测、环境统计、企业环境报告，此外还规定了环境信息公开的条款；第8章环境责任和环境损害赔偿；第9章涉及在行政和司法程序中对公众公开的程序以及环保组织的参与的规定；第10章有关立法和行政机关颁布法令和行政规章的规定以及通过私人机构制定技术规则的规定，也就是所谓的环境法规的规定；第11章有关联邦管制机关的组织和责任规定。分则分为8章：第1章自然保护和风貌管理；第2章水保护和水经济法；第3章土壤保护规定；第4章排放控制，提供了更精确和全面的排放控制；第5章有关原子能和放射性保护的规定；第6章化学品控制法；这是整个环境法典中最复杂的，共有120条，包括了有关化学品控制的全部法令规定，有除草剂法、杀虫剂法、清洁剂法和危险物质运输法等；第7章废弃物管理和废弃物处置规定，促进物质的循环管理；第8章环境法典实施和有关过渡期的规定。① 总的说来，《德国环境法》在环境资源的利用以及环境治理等方面做了较为详尽的规定，对于有效的治理环境，在德国联邦层面实现对环境资源利用以及环境治理起到了统摄作用。可以认为，《德国环境法典》是德国在新时期实现环境有效治理的基本法，必将在今后环境治理和保护过程中发挥重要作用，同时也为其他国家的环境立法发展提供经验借鉴。

　　在关于环境立法方面走在前沿的不仅体现在欧陆国家，在美国，有关环境方面的立法也较为领先且在很多方面表现了其特点。20世纪50年代前后，由于环境污染事件增多，美国开始重视联邦的污染防治立法，先后颁布了《联邦水污染控制法》（1948年）、《联邦杀虫剂、灭菌剂及灭鼠剂法》（1947年）、《原子能法》（1954年）、《联邦大气污染控制法》（1955年）、《联邦有

---

① 参见夏凌：《德国环境法的法典化项目及其新发展》，《甘肃省法学院学报》2010年第109期。

害物质法》（1960 年）、《鱼类和野生生物协调法》（1965 年）、《空气质量法》
（1967 年）、《自然和风景河流法》（1968 年）等。此外，还多次修改了《水
污染防治法》和《大气污染防治法》。1969 年，美国颁布了《国家环境政策
法》，标志其环境政策和立法进入了一个新的阶段，从以治为主变为以防为
主，从防治污染转变为保护整个生态环境。① 美国《国家环境政策法》（*National Environmental Policy Act*，NEPA）于 1969 年 12 月 31 日在国会通过，
1970 年 1 月 1 日由尼克松总统签署生效并施行。② 《国家环境政策法》的主要
内容有四个方面。其一是宣布国家环境政策和国家环境保护目标。《国家环境
政策法》的基本目标是要求联邦政府与各州、地方政府以及有关的公共和私
人团体合作，采取包括财政和技术援助在内的一切切实可行的手段和措施，
以旨在发展和增进普遍福利的方式，创造和保持人类与自然得以在建设性的
和谐中生存的各种条件，满足当代美国人及其子孙后代对于社会、经济和其
他方面的要求。其二是明确国家环境政策的法律地位。《国家环境政策法》规
定国家的其他政策、法律和法律解释及其执行都应当同它保持一致。要求联
邦行政机关为保证其现行职权的行使同本法相一致，清理现行的法定职权和
相关法规和政策，并向总统报告清理的结果和整改的建议。其三是规定环境
影响评价制度。环境影响评价制度要求一切重大的公共决策凡是涉及环境的
问题都必须进行环境影响的评价并出具报告，该报告要受到来自于各方面的
广泛监督。其四是设立国家环境委员会。环境委员会负责对环境治理过程中
出现问题的咨询以及在环境治理过程中提供决策参考、专业性的环境评估的
意见，在特定情况下负责环境治理的执行工作。应该说，在美国的环境立法
治理体系中，由早期的对环境治理的专门单项立法走向更加成熟的环境立法，
环境立法的治理模式由分散走向集中，由各州的各自为政走向联邦的总揽全
局，立法逐步走向理性且在实施过程中富有实效。

（二）我国环境法的主要内容

《中华人民共和国环境保护法》已由中华人民共和国第十二届全国人民代

---

① 参见：http：//baike. baidu. com/view/1901676. htm？fr = aladdin，最后访问时间为 2014 年 6 月
18 日。

② 参见：http：//www. 110. com/ziliao/article – 194884. html，最后访问时间为 2014 年 6 月 18 日。

表大会常务委员会第八次会议于 2014 年 4 月 24 日修订通过，修订后的《中华人民共和国环境保护法》于 2015 年 1 月 1 日起施行。修订后的环境法的主要内容包括：第一章总则，第二章监督管理，第三章保护和改善环境，第四章防治污染和其他公害，第五章信息公开和公众参与，第六章法律责任，第七章附则等级部分。

相对于原有的环境法，新修订的环境法体现的创新之处在于：

第一，建立公共检测预警机制。《环保法》第 17 条、第 18 条、第 19 条、第 20 条等实现了对原有环保措施方面的突破，创立了新的制度，即国家建立、健全环境监测制度。这些条款规定：国务院环境保护主管部门制定监测规范，会同有关部门组织监测网络，统一规划国家环境质量监测站（点）的设置，建立监测数据共享机制，加强对环境监测的管理。有关行业、专业等各类环境质量监测站（点）的设置应当符合法律法规规定和监测规范的要求。监测机构应当使用符合国家标准的监测设备，遵守监测规范。监测机构及其负责人对监测数据的真实性和准确性负责。省级以上人民政府应当组织有关部门或者委托专业机构，对环境状况进行调查、评价，建立环境资源承载能力监测预警机制。编制有关开发利用规划，建设对环境有影响的项目，应当依法进行环境影响评价。未依法进行环境影响评价的开发利用规划，不得组织实施；未依法进行环境影响评价的建设项目，不得开工建设。此外，国家建立跨行政区域的重点区域、流域环境污染和生态破坏联合防治协调机制，实行统一规划、统一标准、统一监测、统一的防治措施。其他跨行政区域的环境污染和生态破坏的防治，由上级人民政府协调解决，或者由有关地方人民政府协商解决。应该说，这些新的举措对于有效地防止环境污染提供了新的出路，也是在新的时代国家加大对环境污染物质技术投入的重要体现，这些举措保证了环境保护水平的不断提高。

第二，划定生态保护红线。新修订的环境保护法首次将生态保护红线写入法律。第 29 条规定：国家在重点生态功能区、生态环境敏感区和脆弱区等区域划定生态保护红线，实行严格保护。各级人民政府对具有代表性的各种类型的自然生态系统区域，珍稀、濒危的野生动植物自然分布区域，重要的水源涵养区域，具有重大科学文化价值的地质构造、著名溶洞和化石分布区、冰川、火山、温泉等自然遗迹，以及人文遗迹、古树名木，应当采取措施予以保护，严禁破坏。第 30 条规定：开发利用自然资源，应当合理开发，保护生物多样性，保障生态安全，依法制定有关生态保护和恢复治理方案并予以实施。引进外来物种以及研究、开发和利用生物技术，应当采取措施，防止对生物多样性的破坏。同时规定，省级以上人民政府应当组织有关部门或者委托专业机构，对环境状况进行调查、评价，建立环境资源承载能力监测预警机制。应该说，环保法这些新的措施，加大了对生态环境的保护力度。

第三，确立环境公益诉讼主体。第 58 条扩大了环境公益诉讼的主体，凡依法在设区的市级以上人民政府民政部门登记的，专门从事环境保护公益活动连续五年以上且信誉良好的社会组织，都能向人民法院提起诉讼。应该说，这一规定相对于原来完全否定社会组织对环境公益诉讼的资格来说是一种进步。此外，新环保法在环境信息公开方面也有新的体现。第 53—55 条规定了公民的环境知情权以及政府在环境方面的公开义务。如规定：公民、法人和其他组织依法享有获取环境信息、参与和监督环境保护的权利。各级人民政府环境保护主管部门和其他负有环境保护监督管理职责的部门，应当依法公开环境信息、完善公众参与程序，为公民、法人和其他组织参与和监督环境保护提供便利。国务院环境保护主管部门统一发布国家环境质量、重点污染源监测信息及其他重大环境信息。省级以上人民政府环境保护主管部门定期发布环境状况公报。县级以上人民政府环境保护主管部门和其他负有环境保护监督管理职责的部门，应当依法公开环境质量、环境监测、突发环境事件以及环境行政许可、行政处罚、排污费的征收和使用情况等信息。县级以上地方人民政府环境保护主管部门和其他负有环境保护监督管理职责的部门，应当将企业事业单位和其他生产经营者的环境违法信息记入社会诚信档案，及时向社会公布违法者名单。重点排污单位应当如实向社会公开其主要污染物的名称、排放方式、排放浓度和总量、超标排放情况，以及防治污染设施的建设和运行情况，接受社会监督。可以认为，这些规定很好地回应了当前人们关于环境保护的社会关切。

第四，计罚标准的增强。多年来，国家环境立法不少，但由于违法成本低，对违规企业的经济处罚并未取得应有的震慑效果，导致法律法规并未起到真正的约束作用。修订后的环保法第六章"法律责任"第 59 条明确规定，企业事业单位和其他生产经营者违法排放污染物，受到罚款处罚，被责令改正，拒不改正的，依法作出处罚决定的行政机关可以自责令更改之日的次日起，按照原处罚数额按日连续处罚。这些新的举措通过加大环境行为主体违法成本，从而促使企业收敛它的环境污染行为，进而达到治理环境污染的目的。

第五，进一步明确政府管理职责。新修订的环保法，进一步明确了政府对环境保护的监督管理职责。如第 24 条规定：县级以上人民政府环境保护主管部门及其委托的环境监察机构和其他负有环境保护监督管理职责的部门，有权对排放污染物的企事业单位和其他生产经营者进行现场检查。同时对履职缺位和不到位的官员，新环保法还规定了处罚措施。如第 69 条规定：领导干部虚报、谎报、瞒报污染情况，将会引咎辞职。出现环境违法事件，造成严重后果的，地方政府分管领导、环保部门等监管部门主要负责人，要承担相应的刑事责任。①

总的来说，从相对原有的环境保护法的规定来看，新修订的环保法在许多方面进行了革新，尤其在加强环境的政府管理、治理方面有了新的建树，并在环境保护方面引进了公众参与，增加了环境信息的透明度等方面有了新的进展，这些立法措施回应了公众对于环境保护的热情。但是，目前环保法还有诸多不理想之处有待进一步完善，诸如对污染企业的环境法律责任的规定以及对环境保护过程中政府不作为责任的规定方面仍显欠缺。此外，对于公众参与环境保护方面还应进一步放开，不断扩大公众参与环境治理的力度，逐步拓宽公民通过环境公益诉讼监督企业与政府在环境方面的治理力度。

---

① 参见《细数新环保法五大亮点》，《人民法院报》2014 年 4 月 26 日。

第二章

我国环境问题及法治对策 <<<<<<<<<<<<<

第一节　农村环境污染及其法治对策

一、农村环境污染的现状和特点

说到环境这个概念，是非常宽泛的。环境是相对于某一事物来说的，是指围绕着某一事物（通常称其为主体）并对该事物会产生某些影响的所有外界事物（通常称其为客体），即环境是指相对和相关于某项中心事物的周围事物。在环境保护中的环境就是指与人生活相关的外界各种因素的综合，具体就是指我们这个共同生存的地球，我们共同的家园。我们要共同维护这个唯一的家园。农村环境，指的就是在农村生活的人们与他们外界生活环境形成的紧密联系的生态自然以及人文环境的综合体。参考相关文献中的定义，即总的来说，农村环境是指以农村居民点为中心的乡村区域范围内各种天然的和经过人工改造的，包括了以土地资源为重点的各类自然因素的综合体，并划分为农村生活环境和农村生产环境。相应地，"农村环境污染"主要包括由农业生产造成的农药污染、化肥污染、农膜污染等构成的生产性污染和由生活垃圾、人畜粪便等构成的生活性污染。① 农村环境是与城市环境相对而言的，是以农民聚居地为中心的一定范围内的自然及社会条件的总和。② 农村环境，简言之，就是指农村生活中人们生存的周围各个因素条件环境的总称。

农村环境污染分为两大类：微观的污染和宏观的污染。微观的污染就是存在于农村生活外部表面，能够具体体现在人们生活中的污染。这个方面的研究比较直观也比较多。包括很多的种类：水污染、土壤污染、生活垃圾污染、畜禽养殖污染、农药和化肥污染、农膜污染、树木乱砍滥伐、植被的破坏等。这些污染我们随处可见，在农村比较普遍。全国各地的状况不太一致，有的地区水污染比较严重，有的地区农药化肥污染比较严重，而有的地方植被的破坏比较严重等，表现不一，但总体上微观的污染就包括上述这些。这些微观的污染都具有直接性和直观性。

宏观的污染就是相对于微观的污染而言，影响农村环境的整体的、宏观的环境污染。这种宏观的污染与国家各个地区发展模式不同有关。例如从我国总体来看，东部地区较为发达，工业污染较多，从而造成的农村整体水体、土壤的污染以及生活垃圾的污染特别严重。而西部地区较为落后，农村植被破坏严重，畜禽养殖污染比较多。这也与国家的宏观政策有关，国家对于不同地区发展制定不同的政策，也造成了各地发展不一，伴随的环境污染状况表现也各异。这就是宏观上的农村环境污染，其变现为整体性和差异性。

（一）我国农村环境污染的现状

我国现阶段农村环境污染形势严峻，亟待解决。近年来，随着我国农村经济的快速发展和城镇发展规模的不断扩大，农村的环境污染问题日益突出，农村的生态环境破坏日趋严重，农村的环境形势十分严峻，已经严重阻碍了农业经济的发展、农村社会事业的建设和农民生产生活质量的提高。③ 农村的环境污染相比较城镇的环境污染种类更多，问题更为严重，再加上农村面积

---

①　参见魏晋、李娟、冉瑞平、王琛、邓良基：《中国农村环境污染防治研究综述》，《生态环境学报》2010 年第 9 期。

②　参见苏扬、马宙宙：《我国农村现代化进程中的环境污染问题及对策研究》，《中国人口·资源与环境》2006 年第 2 期。

③　参见民建中央专题调研组：《我国农村环境污染现状与防治对策》，《经济界》2008 年第 2 期。

大、人口多，治理更为困难。其环境污染问题特别突出。主要表现在以下几个方面。

1. 农业生产中对环境产生的污染。这其中最主要就是农业生产过程中使用的农药、化肥等以及农业生产废弃物综合利用率低对周围环境造成的污染。这种污染可以造成水体污染、土壤污染、农作物农药残留污染等污染，应当说在农村污染中占据着比较大的比重。据农业部的数据，2005 年我国农药的施用量高达 146 万吨，其中高毒农药占 70%；化肥施用量达到 4,766 万吨，其中氮肥施用量达到 2,200 多万吨，有机肥施用量仅占肥料施用总量的 25%；农膜生产量达 176 万吨，使用农膜的耕地面积已突破亿亩，农膜残留量高达 45 万吨，致使白色污染日趋加重；各类农作物秸秆产生约 6.5 亿吨，有 4 成未能利用，就地焚烧现象较为普遍。① 从这些数据看出，我国农村农业生产过程中农药化肥的使用量之大，加上国家对农业生产的补贴，农民更加积极地在农业生产中使用化工肥料和农药，有时候根本没必要使用这么多的农药和化肥。这虽然在一定程度上造成了我国农业产量的增加，但同时也造成了资源的浪费，造成了农业产品的污染、农村环境的污染。以至于现在人们都强调绿色食品等，反映了人们对农作物农药残留以及其他化工残留的恐惧。特别是在山东、河北等大量种植蔬菜大棚的地区，白色塑料薄膜污染特别严重，这种薄膜难以自然分解，农民们用完以后焚烧现象大量存在，造成了农村空气中的污染也在不断加剧。

2. 农村畜禽养殖中对环境造成的污染。这种污染指的主要是农村大量存在的畜禽养殖场的污染。近年来，农村畜禽养殖得到较快发展，给农村环境带来了沉重压力。畜禽粪便至少有三分之二以上未得到利用就直接排放，畜禽粪便污水中的主要污染物的排放量大大高于工业废水和生活污水的主要污染物排放量。许多大中型畜禽养殖场缺乏处理能力，只能将粪便随意堆放。这些粪便进入水体或渗入浅层地下水后，使水中的其他微生物无法存活，从而产生严重的有机污染。而且有些养猪场未经规划建在乡村水源的上游，畜禽粪便经自然晾晒，臭气熏天，蚊蝇滋生。若有下雨天，水就在村庄内四处横流，以致河流、沟渠及地下水源等遭受严重污染，不仅造成当地村民饮水

---

① 参见民建中央专题调研组：《我国农村环境污染现状与防治对策》，《经济界》2008 年第 2 期。

困难，而且给村民健康也带来严重威胁。这些已造成政府不投入巨资就无法治理的被动局面。

3. 农民日常生活中对环境造成的污染。农村相对于城镇来说，人们生活环境比较随意，生活垃圾随处乱扔的现象较为普遍。特别是在山区落后地区，人们长期以来生活自由散漫，对生活垃圾有效处理更是没有认识，甚至有的地区没有公共厕所，人们在田地里随处大小便。这不仅对环境污染，更是对周围生活的其他人的危害。生活垃圾污染首先表现为垃圾数量越来越多，随着现在生活水平的提高，农村也是消耗品消费的重要地区，农民们从超市购买日常用品、食品越来越多，而造成的垃圾污染也越来越多。另外，农村日常生活产生的垃圾的成分也呈多样化的趋势，除了常见的塑料制品外，有机磷成分也明显增加，有毒有害物质也逐渐增加。有的地区还存在的现状就是许多城区的垃圾处理不完就向农村运送，而大部分农村并没有最基本的垃圾填埋处理场地，广阔的天地成了垃圾的天然排放场，严重影响到农村土壤、水源和空气的质量。这些大量的垃圾中的有毒有害物质，例如有机磷、农药、汞、铅等重金属，就会进入土壤以及地下水中，对环境造成难以消除的污染，不仅损害农民健康，危及农民生存，最终将危及整个社会的安全和稳定。

4. 农村自办工厂、手工业小作坊以及乡镇企业对农村环境造成的污染。这种污染是当今农村环境污染的重点。对农村环境污染造成的影响特别巨大。随着我国 20 世纪 90 年代以后改革开放的进行，农村工业化不断发展。农村村办企业、农民自办工厂等的兴起，特别是东部发达地区，这些发展的工厂企业的污染包括各种噪声污染、大气污染、水污染、土壤污染等都有。农村工业化是中国改革开放以来经济增长的主要推动力，在县域经济发达的浙江、江苏等东部发达地区表现得尤为明显。通过结构商（乡镇工业行业比重与城市工业行业比重之比）计算可以清楚地看出这一特征。在我国整个工业体系中，乡镇工业总体上处于较低技术层次，以农副产品加工业、劳动密集型轻工业和低水平加工制造业的比重较大；而技术密集、投资量大、集约化程度高的大工业和重工业比重较小。受乡村自然经济的深刻影响，这种工业化实际上是一种以低技术含量的粗放经营为特征，以牺牲环境为代价的反积聚效应的工业化。① 这种工业模式毫无疑问是对农村生态环境造成污染的最大原因。因为这种工业污染相对于农村的农业生产，生活垃圾造成的污染显然更大、更严重、更难治理。例如农村的食品厂、油脂厂等产生大量的工业废水、废料，这些工厂的环保措施相对落后，加之政府对农村企业的监管也较少，这些废水废料不经任何处理直接排放到外界环境中，造成严重的环境污染。这种过去追求经济效益，忽视环境污染的做法将难以维持下去，必须加以严格治理。

5. 农村乱砍滥伐、地表植被的破坏造成的环境污染。这种环境污染也相当严重。由于农村特别是山区的农民，耕地较少，人们为了生存，就靠山吃山，发展畜牧业。但由此带来的过度放牧，随意砍伐山上的树木，甚至有的地方为了开垦土地放火烧山，使得大片的农村植被遭到破坏，随着植被的破坏，土地就会出现沙化现象，大量的戈壁荒漠出现，更加不适宜人类的居住，人们就开始开垦新的土地，破坏新的环境，这就造成了一个恶性循环。土地沙化导致土地生产力的严重衰退。沙区每年损失土壤有机质及氮、磷、钾达5590 万吨，折合化肥 2.7 亿吨。土地沙化有气候变化和自然灾害等原因，但主要是人为活动引起的，如盲目开垦、过度放牧、滥采滥伐以及水资源开发不合理等。② 这种现象在中西部地区更为突出。

6. 农村无限制地采矿、采石等对环境造成的污染。这种现象在农村也较为普遍。农村地区的矿产资源丰富，大部分的矿山都位于山区农村。为了追求经济利益，许多农村的采矿企业不计后果地乱采，不仅造成地表植被的破坏以及土地荒漠化的产生，而且地下也被掏空，许多农村的煤矿区出现各种大大小小的天坑，直接危及了周边农村人们的生存安全。另外，这些矿厂产生的废气、废水、废渣，也得不到及时有效的处理，有的甚至直接就排放到环境中。有的农村山上生产石材，农民也是为了追求经济利益，不管环境的污染，随意开采挖掘，导致山体千疮百孔，山上植被被严重破坏，周围环境一变糟糕，人们生活在这样的环境中，时间一长必然对身体产生不良影响。

---

① 参见苏扬、马宙宙：《我国农村现代化进程中的环境污染问题及对策研究》，《中国人口·资源与环境》2006 年第 2 期。

② 参见沈群、许双玲：《宁波市农村环境现状调查分析》，《宁波教育学院学报》2002 年第 1 期。

例如广西河池地区南丹县有色金属矿藏丰富，1978 年开发以来，每年排尾矿6000 吨，排废水 12 万立方米，排悬浮物 1000 吨，废水中含砷量每年达 1700吨，占全区的 94.38％，致使刁江水由青变浊到黑，而全长 229 公里的刁江流经 3 县市，有上千人靠江水生活。① 农村采矿采石等不当开采自然资源的活动对环境造成的影响已经非常严重，而且这样环境污染难以治理，所以对这种污染应当利用政策及时地进行治理。

（二）我国农村环境污染的特点

通过以上的分析，可以看到我国农村环境污染形势之严峻。从中可以看出我国农村环境污染的特点：污染源头广泛，污染严重，地区差异明显，综合治理难度大，法律法规监管不到位等。总的来说就是，农村环境污染的排放主体分散而且隐蔽，排放的源头众多，污染物排放量大、影响的范围广泛。同时，由于各地区土地利用状况、地形地貌、水文特征、气候等的不同，农村的环境污染还有空间异质性和时间上的不均衡性，导致污染后果十分严重。② 农村环境污染与城市的环境污染存在很大区别，这是与农村自然条件和人们生活习惯相联系的。

1. 我国农村环境污染源头广泛、污染严重

从上文我国农村环境污染的现状分析可以看出，我国农村环境污染的污染源广泛存在。农药化肥的大量不合理使用；农业生产用品例如大棚作物的农膜、果树的果袋等的不合理使用；农村村边企业，小手工作坊的违规操作；大量农民生活习惯造成的生活垃圾；农村普遍存在的脏乱差现象；农村畜牧业发展导致的过度放牧，乱砍滥伐；农村自然资源的不合理过量的开采；等等。例如我国农村为了创造出适宜的农作物生产环境，农膜的使用量大，2010 年，全国规模以上农膜企业农膜产量 157.1 万吨，比 2005 年增长79.95％。使用农膜的耕地面积已突破亿亩，农膜年残留量高达 45 万吨，但是很少甚至没有进行相应的回收工作，许多农膜被遗弃于土地上，破坏了土壤的结构，间接导致农作物的减产，也造成了极为严重的白色污染。③ 如此之

---

① 参见乐小芳等：《论我国农村环境的创新》，《中国环境管理》2003 年第 3 期。

② 参见张祖庆：《转型时期我国农村环境污染防治及对策研究》，西北农林科技大学 2008 届硕士学位论文，第 14 页。

③ 参见刘飞：《我国农村环境的法律保护》，湖南大学 2012 届硕士学位论文，第 7 页。

多的污染源头，导致我国农村环境污染的严重程度可想而知。随着工业化、城镇化和农业现代化不断推进，农村环境形势依然严峻。突出表现为工矿污染压力加大，生活污染局部加剧，畜禽养殖污染严重。2012年，全国798个村庄的农村环境质量试点监测结果表明，试点村庄空气质量总体较好，农村饮用水源和地表水受到不同程度污染，农村环境保护形势依然严峻。① 对于如此严重的农村环境污染形势，必须尽快加以有效治理，才能保持农村环境的美好，也才能达到国家环境保护的总体要求。

2. 我国农村环境污染具有整体性和差异性

我国幅员辽阔，地大物博，地区差异性一直存在。农村生活习惯，发展状况也存在很大差异，所以造成农村环境的好坏也有很大差异，农村环境污染状况不一，有的地区特别严重，有的地区较为轻微。总体而言，我国农村环境污染具有整体性和地区性差异性。首先整体性就是指在全国总体上来看我国农村环境污染状态形势严峻。其次差异性指的是我国各个地区农村的环境污染情况不尽相同。可以把全国大致分为东北部、中东部、西北部、南部这几个地区，各个地区农村环境污染存在差异性。不仅污染状况具有差异性，而且污染源的种类和污染的范围都不一样。例如以我国农村土壤污染情况为例，从污染分布情况看，南方土壤污染重于北方；长江三角洲、珠江三角洲、东北老工业基地等部分区域土壤污染问题较为突出，西南、中南地区土壤重金属超标范围较大；镉、汞、砷、铅4种无机污染物含量分布呈现从西北到东南、从东北到西南方向逐渐升高的态势。② 再以水污染分布情况来看，长江干流水质为优。42个国控断面中，Ⅰ-Ⅲ类和Ⅳ-Ⅴ类水质断面比例分别为97.6%和2.4%。黄河干流水质为优。26个国控断面中，Ⅰ-Ⅲ类和Ⅳ-Ⅴ类水质断面比例分别为96.2%和3.8%。松花江干流水质良好。16个国控断面中，Ⅰ-Ⅲ类、Ⅳ-Ⅴ类和劣Ⅴ类水质断面比例分别为75.0%、18.7%和6.3%。黑龙江水系为轻度污染。22个国控断面中，Ⅰ-Ⅲ类和Ⅳ-Ⅴ类水质断面比例分别为45.5%和54.5%。主要污染指标为高锰酸盐指数和化学需氧量。海河干流两个国控断面分别为Ⅴ类和劣Ⅴ类水质。主要污染指标为氨氮、高锰酸盐指

---

① 参见环境保护部：《2012年中国环境状况公报》，2013年5月28日公布。
② 参见环境保护部、国土资源部：《2014年全国土壤污染状况调查公报》，2014年4月17日公布。

数和总磷。① 这些数据说明，我国各个地区的污染状态具有很大差异，这与我国各地经济发展水平不一、各地长期形成的生活生产习惯不同有关。

3. 我国农村环境污染时间长、影响因素多、治理困难

我国是传统型的农业大国，国家也很重视农业生产，很重视农村经济的发展。农民的利益一直都关系到国家的兴旺发达。但是传统的农村生产生活方式又不注意对环境的保护，人们长期以来不注重环境的维护，只关注经济利益和自身发展。我国从 20 世纪 80 年代改革开放以来，粗放型的经济发展模式带来了严重的后果，大片的农村良田变成了厂房，大片的绿地草原变成了工厂矿山，人们只注重经济利益，忽视环境保护的行为终于带来了难以挽回的损失。近几年中东部地区严重的雾霾天气，恶劣的气候条件就是大自然对人们过度采伐行为的回应，人们因此得到了教训，我国的环境保护工作也在加大力度。我国农村环境污染形势严峻，积累时间长，影响因素众多，治理起来非常困难。首先政策上国家鼓励农村农业发展，大力鼓励农民使用农药化肥等提高产量。其次农村位于最基层，国家权力触及的边缘，对农村环境保护不够重视，相应的设施缺失，也造成了农村环境的恶化。但我们应当意识到农村经济发展必然带来环境问题，要坚持可持续发展道路，在发展与环境之间要找到一个平衡点。要治理农村环境污染问题，必然牵涉面诸多方的利益，必然改变农民长期的生活习惯和环保意识，这都是比较困难的。

4. 我国农村环境保护方面的法律法规少，政府监管不到位

我国环境保护法律法规的制定是围绕着城市工业污染建立起来的，国家对农村环境污染的重视也是近几年才开始的，我国环境保护方面立法时间不长，而且有长期只重视城市环境问题，忽视农村环境污染，所以造成了农村的环境保护方面的法律更加少，难以对目前存在的农村大量的污染现象进行规制，例如现在农村大量的生活垃圾生产废物的处理，没有明确的法律来加以调整，只有个别地区的地方政府有相关的法规来规制，但是真正做到的更是没有几个，基层政府部门人员少，事务繁忙，更是没人下到农村基层去监督农民的环境污染情况。只有农村有较大的工业企业的时候，政府环保部门

---

① 参见环境保护部：《2012 年中国环境状况公报》，2013 年 5 月 28 日公布。

才会进行监管，但是相应的法律法规本身不健全，导致政府在监管中也难以真正实现应有之义。还有，我国地方农村环境的立法过于原则化，其缺乏应有的规范性和可操作性，甚至有些宽泛的规定根本无法执行，这样就严重影响了法律在实际中的效果和权威。如《环境保护法》只是对涉及农村环境问题和污染治理做了原则性、概括性的规定，这样也必然缺乏可操作性。我国的环境保护法体系大多是在计划经济的体制下而形成的，尽管对农村环境保护的法律条文规定得比较多，但基本上规定得都很原则化，可操作性差，不能够适应市场经济条件下的农村环境的保护。① 农村环境保护工作要想做好，必须完善相应立法，也要加强相应执法力度，还要赋予农民相关方面的诉讼权利。

（三）造成我国农村环境污染的原因分析

1. 我国长期以来的城乡二元体制的原因

自新中国成立以来追求发展工业，重视城镇发展，忽视农业发展。户籍也分为农村户口和城市户口，这种长期以来的城乡二元发展体制，导致了农村发展落后于城镇，体现在生活的方方面面，在改革开放以后，经济的迅速发展更是以牺牲环境为代价，农村的环境保护工作更是落后。这种长期的城乡分割，使我国城市化进程比较缓慢，使农村社会相对封闭，大量的农村人口滞留在农村，不能自由迁移，使得农村人均资源紧张。随着城乡差距的持续扩大，农村的贫困问题更加突出。很多农民面临巨大的生存压力与改善生活的动力，从而无暇顾及农村环境的污染问题。农村在向城镇化进程中，为了追求生活的提高和经济的发展，自然无法顾及农村环境保护工作。由于在二元结构下农村的环境保护长期受到忽视，国家对农村环境保护的投入远远少于城市环境保护，农村环境污染防治的政策、机构、人员以及基础设施缺乏使得农村环境污染日益严重。加之城乡发展的不平衡性，成为制约农村环境污染问题解决的主要原因。② 这种城乡二元结构体制必须要加以改革，才能真正地发展起现代化的新农村，也才能够彻底解决农村环境污染问题。

---

① 参见刘飞：《我国农村环境的法律保护》，湖南大学 2012 届硕士学位论文，第 14 页。
② 参见路明：《农村环境污染根在城乡二元结构》，《人民论坛》2008 年第 9 期。

2. 国家政策和法律法规缺失的原因

我国自古以来都比较重视农业发展，"有粮在手，心中不慌"，新中国也比较重视农业发展和粮食产量。国家大力扶持农村农业发展，例如在 2006 年取消了农业税，并且对种粮的农民按每亩地标准进行财政补贴，大力鼓励农民使用农药化肥，这在很大程度上保证了我国的粮食产量，但是这也会带来相应的环境污染问题。政府之重视提高产量，却对治理环境污染不加重视，对农村环境污染睁一只眼闭一只眼。相比较而言，因为城市人口的发展，城市化进程的推进，城市的环境污染问题引起了国家的重视，例如北京、上海等大城市的环境污染问题得到了有效治理，城市环境得到改善。比如我国污染防治资金投入到城市环境基础设施的建设资金为 1072 亿元，工业污染治理的投入资金为 221.8 亿元，建设项目"三同时"环保资金为 333.5 亿元，而专门投入治理农村环境的资金却很少。① 这就说明了国家的政策在环境保护方面的不平衡。同时，我国环保方面的法律法规起步晚，本来就比较缺失，自然而然，对农村环境保护方面的法律法规就更少了，许多的农村环境污染问题无法可依，无人来管，这也是造成农村环境污染的一个重要因素。

3. 我国农村发展相对落后，自身环保意识淡薄的原因

我国是几千年的农业大国，但不是农业强国，农民人口多，但是发展慢，思想落后保守，农业生产仍然以传统的手工模式为主。近年来随着社会主义新农村的建设，农村的环境保护工作也逐渐开展起来，但是广大的农村基层从干部到村民在环保方面的意识还是比较薄弱甚至缺失的。首先，农村的基层干部为了发展地方经济，大力招商引资，开采自然资源，忽视了经济发展与环境保护的联系，虽然经济发展了，人们有钱了，但是环境污染了，人们生活在雾霾等恶劣的环境下，生活质量却得不到提高。其次，广大农民的环保意识也是比较淡薄，在农村，村民们往往把环境问题简单地理解为卫生问题，认为搞好了卫生就搞好了环保。例如许多新农村建设中的村庄成立了专门扫大街的环保队，他们为了应付检查，只是简单地把主要街道打扫干净，而打扫完的垃圾却是直接运到村后无人看见的地方直接倒掉，这种做法显然

---

① 参见何晓燕：《我国农村环境污染问题及治理研究》，中南林业科技大学 2012 届硕士学位论文，第 22 页。

无法达到保护环境的作用。我国农村人口有 9 亿多，他们受教育程度比较低，环保意识差，在农村环境保护中处于主导地位，所以提高他们的环保意识特别重要。最后，农民们的自身维权的思想比较薄弱，在自身受到工矿企业环境污染的侵害以后，不能积极有效地对自己的权益加以维护，往往是得到一些金钱补偿就完事，甚至有的地方连赔偿也得不到，农民们忍气吞声，更谈不上环境保护了。这些都是亟待解决的问题。

二、国外相关农村环境立法方面的经验

1. 美国

美国是现代化程度特别高的国家，他们的农业也实现了现代化。美国的环境保护工作起步早，相关的立法比较完善，在农村的环境保护立法也较为先进，值得我国借鉴。美国属于联邦制国家，除了国家统一环保方面的法律，各个州都针对自己的不同发展情况和农业模式制定了自己环保方面的法律。比如美国于 1969 年制定了《国家环境政策法》（NEPA），并首次提出了专门涉及农村环境评价的基本制度，并将其作为基本国策确定下来。[①] 而且在《国家环境政策法》出台后，美国不断地对单行法规进行增补和修订，逐渐完善并形成了目前这种以预防为主、治理为辅的环境法律体系。又比如美国防治养殖业污染的法律法规中，养殖业污染源被划分为点源性污染和面源性污染两种，并有其独立的管理和防治措施。其中，规模化养殖业被列为与工业设施同类型的点源性污染。美国于 1977 年颁布的《清洁水法》中明确规定，达到一定规模的畜禽养殖场需报批方能建设，需通过环境评估并获得环境许可允许。[②] 另外美国还大力开发转基因农作物，这种转基因农作物具有天生的防病虫害特点，这就减少了大量农药化肥的使用，从而降低了对环境的污染。美国实现了农业生产和环境保护的双丰收，他们这种发展模式应当在我国农村环境保护方面加以借鉴。

---

① 参见唐建军、严力蛟：《城乡生态环境建设原理和实践》，中国环境科学出版社 2004 年版，第 164 页。

② 参见陈蕾：《广东省农村环境污染防治法律问题研究》，华中农业大学 2012 年硕士学位论文，第 26 页。

2. 德国

德国在第二次世界大战以后，为了缓解国内饥荒问题，大力发展农业，在农业生产中也大量使用农药化肥等化工产品，在短期内解决了饥荒问题，但是也付出了沉重的代价，带来了严重的环境污染问题。这与我国现阶段的问题有点类似，因此德国的农业环境保护方面的立法措施非常具有借鉴意义。德国经过 20 世纪末以来的努力治理，现在的德国农村自然环境优美，森林覆盖率达到三分之一，成了非常适宜居住的旅游胜地。这当然应该归功于德国在农村环境保护方面完善的立法和高效的治理措施。首先应当推崇的就是德国农村的沼气技术。德国运用高科技手段，充分发挥资源的优势，将我国弃之不用的秸秆，通过秸秆生物发酵生产沼气技术，积极推动秸秆沼气工程发展，德国的沼气产业获得了健康快速的发展。[①] 这使得德国不仅解决了农村焚烧秸秆造成的环境污染问题，也发展了经济。另外，德国在农业生产中禁止使用化学肥料，运用农家的肥料，实施秸秆还田的措施；禁止使用化学农药，积极采用一些比较温和的与自然环境相协调的病虫害防治措施，例如采用物理措施，使用天敌益虫等；采取科学合理多样化的轮作和间作制度，用以保持土壤的肥力。[②] 诸如此类的立法措施，使得德国的农村环境保护焕然一新，实现了农业产量和环境保护的双向发展。值得我们借鉴。

3. 日本

日本从明治维新以后，逐渐向西方发达国家学习，并且根据自身的特征，制定了符合自身发展的一整套法律体系，其中环保方面的法律体系也很完整。日本距离我国较近，我国自清末变法就向日本学习，因此现在在农业环境保护方面也可以借鉴日本的立法发展方面的优势。目前，日本除了《环境基本法》以外，形成了六大比较完备的环境法律体系，即公害控制法体系、自然环境保全法体系、生活环境整治法体系、费用负担与财政资助法体系、被害救济与纠纷处理法体系、环境行政组织法体系，且每个体系都由许多具体详尽的单行法组成。[③] 日本针对每一种污染都制定了相关的立法。例如水污染方

---

① 参见张莉敏：《德国沼气产业发展现状及对我国的启示》，《中国农垦》2011 年第 4 期。

② 参见李晓俐：《德国农业农村发展模式及其启示》，《世界农业》2009 年第 3 期。

③ 参见陈蕾：《广东省农村环境污染防治法律问题研究》，华中农业大学 2012 年硕士学位论文，第 26 页。

面日本先后制定颁布了《水质保护法》《防止公害基本法》《工业用水法》《水道法》等，还制定了《关于水质污染的环境基准》等保障健康的技术标准等；在土壤污染方面，日本领先于世界各国，制定的法律有：《农地法》《土地改良法》《农地土壤污染防治法》等；在畜禽养殖方面有：《废弃物处理及清洁法》《恶臭防治法》《防止水质污染法》等；在固体废弃物方面有：《公共清洁法》《循环型社会形成推进基本法》《家用电器回收法》《废弃物处理法》等。① 由此可见，日本由于国土面积狭小，人口众多，其特别重视环境的保护工作，所以日本环保方面的法律是世界先进的、比较完善的，并细致入微，达到了方方面面都有法可依的地步。这对我国的环保立法非常具有借鉴意义。

三、当前关于农村环境法治建设方面存在的不足及解决途径

（一）当前农村环境保护方面的法律法规

我国在社会主义法治国家建设过程中，也很重视环境保护方面的立法。目前，我国已经制定了环境法 9 部、自然资源法 15 部；环境保护行政法规 50 余项；环境保护部门规章和规范性文件近 200 件；国家环境标准 500 多项；批准和签署多边国际环境条约 51 项，初步形成了一个以《环境保护法》为核心的环境保护法律体系。② 但是这些法律法规的制定主要还是围绕着城市环境保护来展开的，其中涉及农村的相关法律法规就比较少了。体现出农村环境保护方面的法律法规有以下几种：

1. 《宪法》

《宪法》第 26 条规定：国家保护和改善生活环境和生态环境，防治污染和其他公害。这就从宪法角度确立了环境保护是我国的一项基本国策。这里的环境肯定也包括农村的生活环境和生态环境。宪法作为国家的根本大法，其中规定的保护环境作为国家的基本国策，这也成为农村环境立法者要遵循保护环境这个基本依据和原则。

---

① 参见陈晨：《我国农村环境污染的法律对策及思考》，西北农林科技大学 2012 年硕士学位论文，第 8 页。

② 参见高晓露：《论农村环境污染防治的法律问题》，《当代法学》2009 年第 3 期。

2. 《环境保护法》

《环境保护法》作为我国环境保护立法中的核心，其重要性就不言而喻了。其中第 2 条规定：本法所称环境，包括大气、水、海洋、土地、矿藏、森林、草原、野生动物、自然遗迹、人文遗迹、自然保护区、风景名胜区、城市和乡村等。这里就包括了乡村的环境。还有第 20 条也专门规定了农业环境的保护，这规定虽然只是纲领性的规定，并没有细化，也没有相应责任的规定，但是也为我国农村环境污染防治工作立法方面起到了主要的支撑作用，成为了其他下位法环境保护的基础。在 2014 年 4 月 24 日，第十二届全国人大常委会第八次会议审议通过了修订后的《环境保护法》。新环保法在环境保护立法方面有了较大的突破，第一个突破是推动建立基于环境承载能力的绿色发展模式。新环保法要求建立资源环境承载能力监测预警机制，实行环保目标责任制和考核评价制度，制定经济政策应充分考虑对环境的影响，对未完成环境质量目标的地区实行环评限批，分阶段、有步骤地改善环境质量等；第二个突破是推动多元共治的现代环境治理体系；第三个突破是新环保法加重了行政监管部门的责任。由此可见，新的环保法必将成为我国农村环境保护法律体系中的核心支柱。

3. 《农业法》

《农业法》是我国农业领域纲领性的、全局性的调整规范，其中也有很多条款体现了农村环境污染防治和农村环境保护的规定。例如其中第 8 章规定农业资源和农业环境污染；第 57 条和第 58 条要求发展生态农业和新能源，合理利用资源，对农药等要合理利用，保护农用土地；第 66 条对畜禽养殖的废物进行规制，并对"三废"造成的污染事故作出了相应的规定。这些规定体现了对农村环境保护的立法指导思想，但是缺失相应的更为具体细致的规定，也没有规定违反该规定应当承担怎样的法律责任，所以只是笼统的规定，在农村环境保护方面并没有起到应当具有的法律制裁效果。

4. 《水污染防治法》

《水污染防治法》是我国水污染防治方面主要的立法，其中第 4 章第 4 节专门规定了"农业和农村水污染防治"对农村的水污染方面进行规定。例如第 47 条规定："使用农药，应当符合国家有关农药安全使用的规定和标准。运输、存贮农药和处置过期失效农药，应当加强管理，防止造成水污染。"第

49 条规定："国家支持畜禽养殖场、养殖小区建设畜禽粪便、废水的综合利用或者无害化处理设施。畜禽养殖场、养殖小区应当保证其畜禽粪便、废水的综合利用或者无害化处理设施正常运转，保证污水达标排放，防止污染水环境。"这部法律对农村水污染方面的规定比较详尽具体，包括了农药、畜禽养殖、地下水保护、农田灌溉、农业工厂污染等。但是，这些规定都简单笼统，缺乏具体的可操作性，需要进一步细化和具体。

5.《水土保持法》

《水土保持法》是我国水土保持方面的综合性立法，其中对农村、草地、森林等水土流失和水土保持方面做了大量的规定。例如第 18 条规定："水土流失严重、生态脆弱的地区，应当限制或者禁止可能造成水土流失的生产建设活动，严格保护植物、沙壳、结皮、地衣等。"第 20 条规定："禁止在二十五度以上坡地开垦种植农作物。在二十五度以上坡度种植经济林的，应当科学选择树种，合理确定规模，采取水土保持措施，防止造成水土流失。"第 21 条规定："禁止毁林、毁草开垦和采集发菜……"这部法律集中体现了对土地资源的保护，防止乱砍滥伐，注意水土保持，对我国农村的植被破坏行为起到了规制作用，对农村土地环境的保护起到了很大作用。但其规定也是比较笼统简单，缺乏细致具体的规定。

6. 其他单行法律法规

在环境保护方面涉及农村环境保护方面的单行法律还有许多，例如 2000 年修订后的《大气污染防治法》遵循经济与社会可持续发展道路，谋求良好自然环境的恢复，规定了大气污染排放总量控制、排污收费等制度，其主要针对农村工业生产对大气的污染，其他方面规定较少；1996 年通过的《环境噪声污染防治法》，其中把噪声划分为工业噪声、交通运输噪声、建筑施工噪声、社会生活噪声污染等几个方面分别加以规制，也包括了农业生产生活中的噪声污染的规定；2004 年修订后的《固体废物污染环境防治法》对城市以及农村环境的固体废弃物污染进行了规制，其中第 19 条和第 20 条专门规定了农用薄膜和畜禽养殖中的环境污染治理问题；另外还有《土地管理法》《乡镇企业法》《清洁生产促进法》《循环经济促进法》《农业技术推广法》等单行法律法规。这些法律中结合可持续发展的国家大政方针，对我国农村土地、企业、农业生产、农药化肥等使用诸多方面作出了规定，对我国农村的环境污染防治起到了重要作用。

7. 其他行政规章制度和地方性法规

我国农村环境保护方面除了上述的法律法规，还有大量的行政规章和地方性法规的存在。这些对农村环境污染的防治也起到了很大的作用。这些行政法规和地方性法规往往都是在上位法的范围内作出了更为具体的规定，或者针对某一具体问题作出的规定。例如国务院制定的《基本农田保护条例》《农药管理条例》等关于农村农田和农药使用方面的法律文件，对农村的乱砍滥伐、水土保持和农药化肥的使用进行了更为详细的规定。再例如国务院制定的《村庄与集镇规划建设管理条例》《农业转基因生物安全管理条例》等行政法规，对于农村的规划和农业生产中存在的环境保护进行规定。另外，除了国务院，国家环保部和国土资源部也制定了许多关于我国农村环境保护的规章制度。例如国家环保部发布的《农药登记规定实施细则》《国家环保总局关于加强农村环境保护的意见》《畜禽养殖污染防治管理办法》等规范性法律文件，对于农村环境保护诸多细节，某些特定领域进行了较为细致具体的规定，如果在实际生产生活中能够严格按照这些法律法规的规定，那么农村的环境保护工作将呈现出新的局面。但是实际生活中这些规章制度执行中存在大量的问题。除了国务院和环保部门制定的行政规章之外，一些省级、市级的地方性法规也体现了对农村环境保护的规定。例如广东省制定的《广东省农业环境保护条例》、江苏省制定的《江苏省农业生态环境保护条例》，再比如《甘肃省农业生态环境保护条例》和《湖北省农业环境保护条例》，这些条例主要规范了农业面源污染防治、农业生态补偿机制、农业环境污染事故调查处理的责任主体和权限、农业生产废弃物回收制度等。[①] 行政规制加上地方性法规，可见我国在农村环境保护方面的法律法规也已经形成了基本的法律体系。

8. 环境标准

提到环境保护法律体系，不能忽视的就是环境标准。环境标准在环境保护中占据着核心的地位，这个标准就是环境保护法律执法部门检查的依据，

---

① 参见刘伟：《我国农村环境污染防治法律体系的完善》，西北农林科技大学2010届硕士学位论文，第18页。

衡量各行各业环境污染是否达到规定标准，作为处罚的依据，也作为环境好坏的评价标准。农村环境保护属于我国总体环境保护中的一部分，自然也离不开各种环境标准的规制。在我国的环境保护法律体系中，涉及农村环境污染防治方面的环境标准也有不少。其中具有代表性的有：《大气环境质量标准》《污水综合排放标准》《地面水环境质量标准》《渔业水质标准》《农田灌溉水质标准》《农药安全使用标准》《土壤环境质量标准》等，这些标准对于农村的空气污染、水污染、土壤污染、农药化肥污染等诸多领域都进行了规定，成为农村环境污染治理中执法检查、衡量农村环境好坏的依据。

（二）涉及农村环境保护立法上的不足表现

1. 农村环境保护方面立法不完善，可操作性差

从上文的我国农村环境保护立法体系的总结以及对国外先进发达国家相关的立法对比中我们可以看出，我国在这方面的立法不完善，有的领域存在空白，而且立法中规定也都比较笼统简单，缺乏可操作性。首先，法律法规虽然效力较高，但是其内容一般规定得比较原则化或者措辞比较含糊。而国务院以及各部委制定或颁布的其他规范性文件较为具体，但是在具体执行措施方面又缺乏相应的法律和行政机关的支持。除此之外，各种涉及农村环境保护的规范性文件的相关条款的原则性宽泛性规范占了很大比例，而且还政出多门，相互之间的矛盾冲突的现象甚是严重。① 其次，我国农村环境立法中存在某些特殊重要的领域存在空白，没有相关的立法。例如农村中比较普遍存在的生活垃圾脏乱差问题，缺乏有效明确的法律制度来管理。再次，农村环境立法中法律条文比较笼统简单，缺乏可操作性。作为环境保护立法核心的《环境保护法》，在法律条文中也大多规定原则性的语句，太过于笼统简单，使得很多下位法无所适从，这也导致下位法在规定的时候出现矛盾，执法部门在具体应用过程中存在太大的灵活性，缺乏具体可操作性的规定。这不仅在环保法中体现，其实其下位法，环保部制定的相关的实施细则中也存在很多这样的问题。不能不说是我国相关环保领域法律太少，而且法律规定与实际情况脱节，可操作性差，这也是一个不可忽视的大问题。以后在立法中必须要注重立法与实际生活的联系，特别是农村环境立法中，要充分考虑

---

① 参见刘飞：《我国农村环境的法律保护》，湖南大学 2012 届硕士学位论文，第 14 页。

农村的实际生活。

2. 农村环境保护法律混乱，缺乏协调性

我国农村环境保护方面的立法非常混乱且不统一。首先，缺失一部完整系统的农村环境保护方面综合性的法律。我国的环保法主要围绕的是针对城市建设中出现的环境污染问题加以规定，对农村的环境保护很少有法条提及。从我国目前的环境保护法律体系约束的主体和对象看，该体系绝大部分内容都是针对大中城市、广大企业及经济体而进行的立法，其中有针对性地提出农村环境污染防治和保护的相关法律法规几乎没有。① 其次，我国针对农村的环境保护方面的立法，存在于各个单行法律法规中的若干条文，这些单行的法律法规中的规定，有的重复，有的冲突，缺乏系统协调一致的统一。这也与我国没有一部统一的农业环境保护法律有关。各个法律从自身角度出发，符合立法者的需要，再加上环保法的原则性规定不违反，其存在矛盾也难免。这也导致了在执法过程中各自为战，执法者往往从自身利益出发，选择性地使用法律。导致了农村环境执法中诸多的问题。最后，我国农村环境保护立法存在滞后性，更新不够，与农村实际生活不适应。这体现在我国的一些环保方面的法律是在我国入世以后为适应经济发展的需要才制定出来的，立法技术本来就不高，实际中用的又少，农村的发展现状是日新月异，出现了大量的新事物、新情况，而原来的法律又得不到及时更新，导致新的环境问题得不到解决，应当在立法中强调法律的实用性和及时性。

3. 立法中监督责任不够，权责不统一

监督责任在我国立法中一直就是个比较薄弱的环节，不仅仅是环境立法，宪法、刑法、行政法等诸多大法都欠缺监督机制。在农村环境立法当中，这个问题更是严峻。首先环保法中就规定许多原则性的条文，应当怎么做，但是缺失规定不这么做会承担怎样的法律责任。这必然导致有法不依，法律成为空谈。虽然其在最后又规定法律责任一章，但明显比较少，不够具体，缺乏适用性。其次，我国农村环境保护方面本身可依据的法律法规就比较少，再加上缺乏监督机制，更加使得农村环境保护方面的混乱，执法不严、有法

---

① 参见李志强：《试论我国农村环境污染的法律缺失及对策》，《环境法治与建设和谐社会——2007 年全国环境资源法学研讨会论文集》，第 463—465 页。

不依、违法不究，有的地方工厂的环保设施形同虚设，根本起不到环境保护的作用。农村法律意识本身就比较淡薄，又没有强有力的法律约束，农村的环境污染问题必然得不到解决。农民有维护自身环境的权利，政府环保部门也有维护环境的权力和职责，由于法律责任的不明确，导致他们不作为，不去维护社会环境，也不会承担什么法律责任，这样的立法执法环境下，农村的环境保护工作自然得不到有效的执行。另外，作为农村环境污染的主要责任承担者，农村工矿企业由于相关的法律责任的缺失，只要交纳少量的环境污染费用，就可以随便地排放污水、废弃物等污染农村环境，有的地区，由于法律的不健全，缺少相应的制裁措施，环保部门为了自身经济利益，与这些排污企业达成合作，只要缴费就可以随意排放。这种行为也得不到法律的制裁，使得环境保护成为空谈。

（三）农村环境执法现状及存在问题

1. 农村环境执法机构不健全、执法人员素质低、执法困难

首先，由于我国农村处于国家权力的最底层，政府机构设置方面本身就少，人员缺失。基层政府执法人员的素质也比较低，县级以下的政府人员中，本科以上学历的就很少，再加上执法的有很多所谓的临时工，他们不懂法，也不懂环境保护，更加难以做到依法办事。目前，在我国2000多个县中，1/3的县级环保局还没有建立监测站，已经建立的部分监测站的监测仪器和装备十分陈旧落后，甚至不如某些中学的实验室。① 由于设备落后，人员素质低，我国农村环境执法整体效果很差。其次，地方保护主义的存在，也导致了农村环境执法的困难。许多地区为了追求经济利益，招商引资，地方政府的权力过大，过多地干预环保部门的工作。为了完成任务，增加财政收入，不惜缩小环保设施的建设。为污染企业开绿灯，在环保部门执法检查中弄虚作假，迫于地方政府的压力和自身利益的考虑，环保部门执法人员只好听之任之，对排污企业监督管理不到位，无法有效地制止污染环境的行为。再加上有的民营企业是地方财政收入的大头，这些企业的老板们往往成为地方的人大代表或政协委员之类的有权人士，环保部门更是难以真正地去治理他们的排污行为。这是我国长期以来政府权力运行机制中存在的问题。最后，农

---

① 参见高晓露：《论农村环境污染防治的法律问题》，《当代法学》2009年第3期。

村人文与自然环境复杂，农民法律意识淡薄，环境执法难以取得应有效果。农村不同于城市的这种井然有序的环境，更多的是讲人情而不是讲法律，执法人员到农村去执法过程中遇到的人情世故相对比较多，也比较复杂，加上人员本身的素质不高，自然难以做到真正依法办事。农民法律意识和环保意识都不高，执法人员也难以用法律来说服教育他们，处罚农民也会受到抵触，甚至有的村庄村民会团结起来抗拒执法，确实，在农村环境执法中存在许多的难题需要解决。

2. 农村环境执法缺乏有效的监督机制

我国《环境保护法》第 7 条规定了我国环境保护行政主管部门是国务院环境保护主管部门、县级以上地方政府环境保护主管行政部门及其他的海洋、军队、交通等部门管理各自职权之内的环境问题。这从法律方面赋予了全国各级各部门的环境保护工作主管部门，主要就是县级以上环保部门，其他部门只要在自己管理范围内涉及环境方面问题才有管理权力。表面上看这个很清楚，也很明确，环境执法部门就是我国环境保护工作的监管部门。但是实际上，城镇的环保部门可以说是比较有监督管理权，农村的环境保护工作就比较缺失监督管理。调查发现，因为法律规定县级以上地方人民政府才有环保部门，而具体到基层农村，县级环保局很少能监管到，许多的乡镇根本没有环保分队这种基层管理环保方面事情的机构。农村环境执法缺少监督机制，不仅体现在缺少农村环境保护方面的管理人员，也体现在即使有了环境执法人员来监管，也缺少能够监督其执法过程是否合法有效的监督机构。没有监督就没有权力，没有监督就会导致权力的滥用。地方基层的环保部门执法过程中收受贿赂，接受请客吃饭等现象屡见不鲜，但是缺失相应的监督机构，只是依靠政府的检察机构远远不够。另外，我们应当注意到，农村往往交通不便，我国农村的环境问题与环境保护机构及其人员设置的矛盾冲突，导致了许多农村地区的环境无人监管，也造成了环保法律的实际执行常常流于形式的局面。[①] 环境保护执法部门无法真正实现环境污染防治工作的职责，也无法真正实现农村环境保护的工作任务。

---

① 参见邓佳丽、徐瑾：《我国农村环境保护行政执法问题探究》，《成都行政学院学报》2010 年第 3 期。

3. 农村环境污染造成的损失难以有效赔偿和维权

农村环境污染造成损失，也包括环保部门在执法过程中存在违法行为对相对人造成的损失。这两种损失虽然性质不同，但是在农村现在的环境下，都难以得到有效的赔偿。首先，农村环境污染造成的损失。直接受害者就是生活在农村环境中的村民。他们受到工厂企业的废物污染、大气污染、水污染，得病了甚至有的得了严重的癌症，这种损害到底怎么样来赔偿？法律中的规定比较少，在侵权法里面有环境侵权的相关规定，但是作为法律意识淡薄的农民，他们大多数意识不到自己的病是由环境污染造成的，就算是认识到了，也难以通过诉讼来维护自己的权益。在我国现在立法体系中，没有专门针对农村这种环境污染侵权事件进行规定。我国的环保部门不仅仅需要对环境污染进行监督处罚，也应当对受损害的村民进行环保方面权利的维护。其次，环保部门在执法过程中存在违法行为对相对人造成损害，环保部门应当进行赔偿，这属于行政赔偿的范围。在环保法中有规定，但是实际执法过程中却难以得到实现。特别是在农村这样的环境下，环保方面诉讼权利的实现上立法程序本来就缺少，在权利受到损害时，缺乏利用法律武器来维护权利的途径。最后，我国公益诉讼制度中包括了环境污染造成多人损害的情形，但是法律没有规定一个明确的部门来进行公益诉讼，个人又不能够提起这样的诉讼，即使提起了这种环境污染的诉讼，也会因为主体不适合而被驳回起诉。在农村环境执法中，遇到这样的群体环境损害事件，环保部门应当不仅作为执法部门，还应当作为纠纷解决部门，环保部门应当有权力要求环境污染侵害人对受害人进行赔偿。

（四）农村环境保护法治基本途径

1. 国家应进一步加强对农村环境保护的法治宣传力度，尽快提高人们的环境保护法治意识

造成我国农村环境污染的一个重要原因就是农村环境保护法治意识的淡薄。不仅是农村农业生产者缺乏环保法律意识，在农村环境执法部门人员也比较缺乏环保的法律意识。这就要求立法者必须首先要加强农村环境保护的法治宣传力度，提高广大农村大众和执法者的环保法治意识，才能够做到有法可依，有法必依。这需要从以下三个方面入手：

第一，要通过加大宣传和立法力度，使得广大农村农业生产者和农村厂

矿企业者树立可持续发展的思想，使得经济发展与环境保护工作能够协调统一发展。可持续发展的核心思想是：经济发展、保护资源和保护生态环境协调一致，让子孙后代能够享受充分的资源和良好的资源环境。1994 年，国务院就批准了我国第一个国家级可持续发展战略——《中国 21 世纪人口、环境与发展白皮书》。该白皮书第 11 章专门规定了农业和农村的可持续发展，这里面提到的就是对于农村自然资源、农业产业结构、乡镇企业等方面都要走可持续发展道路，在生产生活中要特别注意环境自然资源的保护，为我们的子孙后代留下一个美好的环境。在农村，广大农民法律意识薄弱，文化素质不高，非常需要通过立法和法治教育活动，加大宣传力度，使他们能够理解人与环境和谐相处的基本思想，帮助他们树立可持续发展的意识。

第二，改变用人机制，提高基层农村环境执法机构人员素质，提高他们的环境保护法治意识。上文提到，我国农村基层环境执法人员缺少，而且素质也不高，法治意识比较淡薄。这就需要加大环境执法人员的素质培养。最直接的办法就是引进先进人才，补充农村环境执法队伍。例如可以通过国家"三支一扶"计划，通过各省各地方的选调生考试，吸引一批环境保护相关专业的人才到基层去，参与农村环境保护。参考并最终被录用的毕业生，可以给予其考研、考公务员加分、优先福利补贴、晋职晋级等多项优惠，为农村环境污染防治的科学化、专业化发展积蓄力量。① 只有基层环境执法人员素质提高了，环保法治观念才能深入农村，广大农民才能够自觉维护环境，抵制环境污染的行为。

第三，加强宣传教育，提高基层广大农民的环境保护法治意识和环境维权意识。在农村地区，由于受居住环境、生存状况以及教育程度等因素的影响，农民、农村干部普遍法律意识淡薄，公众环保意识和环保法律意识就更谈不上了。在经济利益的驱使下，民众对环境状况的判断大多是态度中庸，对许多根本性的环境问题缺少了解或者不了解。② 广大农民生活在农村地区，人们之间长期以来以人情为联系，很少使用法律武器，环境保护方面的法律

---

① 参见韩俊杰：《我国农村环境污染防治法律问题研究》，东北林业大学 2012 届硕士学位论文，第 32 页。

② 参见彭培泳、田义文：《农村环境污染防治的法治对策》，《新西部》2010 年第 6 期。

法规更是毫无认识。人们提到环境保护都会理解成搞好卫生就行了。另外，农民利用法律来维护自己权利的意识也很弱，在环境污染后自身利益受到损害，很少人能够有效地维护自己的权益。这无疑也使得环境污染制造者减少甚至不承担任何责任，自然不利于环境污染的治理。所以，需要加强环境保护法律意识和环境维权意识的宣传教育，让广大农民认识到自己也拥有环境方面的权益，能够利用法律维权，这就会进一步提高他们的环保法律意识。

2. 加强农村环境保护的立法工作，不断完善相关法律法规以及环境治理的规范性文件，实现农村环境立法与城镇立法并重

由于我国在环境保护方面长期存在的"重城镇，轻农村"的做法，以及长期以来的城乡二元体制的问题，导致了农村的环境立法比较落后和缺失。这就需要改变传统的思想，在环境保护方面使得农村与城镇并重。

第一，需要切实改变立法的指导思想，摆脱"城市中心主义"的影响，这种立法指导思想和精神上的转变要求立法者在立法时实现视角从城市向农村的扩展，切实关注农村环境问题的特殊性，切实提高对相关环境问题的调研的力度、深度和广度，这样才能使得出台的相关法律法规更具有针对性和可操作性。[①] 立法思想是立法中的根本指导思想，只有转变立法思想，才能真正制定出切实可行的农村环境保护方面的法律法规。

第二，应当建立一部系统的农村环境保护法律。这部系统的法律应当是紧紧贴近农村的实际情况，与农村的生产生活密切联系，充分维护农民的环境利益。而不能是纸上谈兵、闭门造车。需要立法者专门深入全国各地农村实地考察，调查研究制定出一个符合我国实际情况，在全国具有代表性并且在农村环境保护中起到基本法律作用的一部法律。

第三，对目前我国涉及农村环境保护方面的法律法规、部门规章、地方性法规等法律文件进行一个梳理，去掉其中不协调部分，废除其中过时的不符合实际情况的法律文件，对那些需要根据实际情况重新修改的法律法规及时进行更新。另外，需要在法律中明确环保部门的独立职权，加大环保部门执法力度，提高他们的权力等级，防止地方保护主义和地方政府的权利干涉，

---

① 参见张璐、曹炜：《中国农村环境问题的原因分析与法律及相关对策研究》，《社科纵横》2009 年第 5 期。

阻碍我国农村环境保护工作的进行。只有在立法上规定切实可行且具体有效的农村环境保护立法，才能做到有法可依，执法部门才能有效地执法，维护农村环境的美好。

第四，要大力发展农村环境保护方面的地方性立法。因为我国农村环境污染差异性比较大，各个地区污染环境的种类来源不同，需要地方政府制定符合当地农村经济发展模式的法规，健全农村环境法律体系。另外可以在各个农村建立环境保护方面的村规民约，以加强地方的环境保护工作。

3. 加强农村环境保护的法治机构建设，加强农村环境执法力量

现在我国农村环境执法部门力量薄弱，在很多地区甚至都没有农村的基层环保机构，人员素质也是良莠不齐，难以真正做好环境保护执法工作。这就需要加强中央到地方各级环保部门的机构建设，特别是建立专门的农村环境执法机构。

第一，要加大农村环境保护工作的财政投入，建立统一有力的农村环境保护执法机构，例如可以在乡镇和农村设立环境执法大队、小分队等，及时有效地监督村里的各项环境污染情况。或者在各农村基层组织中设立专门环保人员。目前各个村都有村民小组，有计划生育小组、治安管理小组、生产小组等，可以建立一个环保小组来专门管理村里日常的环境保护工作。

第二，要改善目前农村环境执法人员的执法方式。现在存在权力滥用、随意执法的现象。我国《环境保护法》虽然规定各级环境保护行政主管部门对地方的环境保护负有监督管理职责，但规定却比较模糊，没有明确其权限到底为何以及如何具体运用等，从而不是造成环保部门工作缺乏主动性，执法力度薄弱，就是造成在实际中环保部门权力的滥用，涉及环境方面的事情都想插手管理，也因此产生了权力腐败和环保执法中的混乱局面，许多地方存在多部门职能交叉，执法部门林立，权责不清的状况。所以，需要从法律上改善这种执法混乱情况，从法律上统一农村环保执法部门具体的职责权限，从法律上规范农村环境执法队伍的建设。由于我国农村环境保护工作具有综合性、复杂性与长期性的特点，就必须建立起一个上下统一、分工明确、职责清晰的农村环境保护领导体制与管理体制，才能有效地落实农村环境污染

的防治措施，强化农村环境污染防治执法力度。①

4. 强化环境行政执法的力度，实现农村环境治理中的奖励与惩罚并举

从我国整体上来看，环境行政执法力度不够，从《环境保护法》中的规定也可以看出这点，从立法上就对环境污染的行为规定的处罚力度不够，例如我国《环境保护法》第 5 章规定的违反环保法应当承担的法律责任中，最多的责任就是罚款和警告，达到特别严重的才有刑事处罚。这就使得一定程度上污染者不畏惧法律，只要交了罚款就可以继续污染。所以，必须要从立法上就严格规定环境污染的处罚力度，在执法中才能强有力地制止污染环境的行为，坚决制止农村环境污染违法犯罪行为。同时还要严厉打击农村环境行政执法过程中的徇私舞弊、贪污受贿、滥用职权等腐败问题。现实中由于环保部门权力的不明确，执法存在很大的随意性和选择性，产生了许多的腐败问题。腐败者要得到严惩，从立法上就要对之进行严格的规定，对这样的环境行政执法人员必须严厉打击。另外，我们必须注意到在环境执法过程中不仅要加大力度，还要做好执法监督工作。对执法权的监督也是非常重要的。执法部门要做到权责利相统一，有权力就要有监督，有权力就要有责任。

在注意加强环境执法力度，严惩环境污染和执法腐败问题的同时，还应当建立环境保护奖励制度。对在环境保护工作中有杰出贡献，在环境执法工作中有突出成绩的个人和单位都应当给予奖励，以鼓励这种努力保护环境的行为。这种奖励制度在我国环保法律中也有所体现，例如《环境保护法》第 8 条规定："对保护和改善环境有显著成绩的单位和个人，由人民政府给予奖励。"我国自古以来就注重奖惩结合的制度，这在任何时期都是非常积极有效的措施。从国外先进的立法经验中我们也可以看出，建立环境保护奖励制度是一种很有效的方式。所以，应当在更多的法律法规中制定相应的奖励制度，加大奖励的力度，由环保部门进行奖励，资金来源可以增加财政的投入。也可以借鉴西方模式，建立环境保护专项基金，对违法所得存入基金，用以对环境保护中的先进个人和单位的奖励。

5. 重视农村环境污染治理中的法治手段和纠纷解决机制的多样化并行

在农村环境污染治理过程中，容易产生各种各样的纠纷，包括环境污染

---

① 参见赵强、贺季敏、冯冬冬：《我国农村环境污染防治法律对策分析》，《石家庄经济学院学报》2012 年第 2 期。

造成的侵权纠纷、环境执法行为不当造成的纠纷、环境问题处理过程中对各方利益分配产生的纠纷，等等。运用法律手段解决纠纷是一种方式，但是我们还要注意运用法治手段与其他手段结合来解决纠纷。在农村环境治理中解决纠纷的方式有以下几种：

（1）民事诉讼

民事诉讼是最常见的纠纷解决途径。在环境侵权案件中，被侵权人可以用民事诉讼来维护自己的权益。在农村的环境治理过程中，经常有村民的身体和财产等受到环境污染的影响，其就可以向法院提起民事诉讼，要求侵权人进行赔偿。我国《环境保护法》第 41 条也作出了相应规定："当事人可以直接向人民法院起诉。"我国《侵权责任法》也规定了相应的环境侵权责任，当事人都可以向法院提起侵权赔偿的民事诉讼。这虽然是比较常见的纠纷解决途径，也是法律上规定比较明确的，但是实际中，作为农村环境污染的受害人，农民们法律意识淡薄，真正能到法院起诉的却不多，这就需要提高法律意识，学会用法律武器维护自己的合法权益。

（2）行政调解

另外一种纠纷解决途径就是行政调解。指的是行政机关作为调解方，对纠纷双方的权利义务关系进行调解。《环境保护法》第 41 条规定："赔偿责任和赔偿金额的纠纷，可以根据当事人的请求，由环境保护行政主管部门或者其他依照本法律规定行使环境监督管理权的部门处理。"这就是一种行政调解，这种调解不具有法律上的强制力，当事人不服调解决定，仍可以向法院起诉。在现实中这种行政调解是一种运用比较多的纠纷解决途径。因为政府行政机关的调解在农民中还是比较有权威的，大多数的农民也会接受这种调解。但是这种调解给了行政机关很大的自由裁量权，行政机关为了某种利益，有可能调解不公平。另外，在农村环保执法过程中产生的对行政相对人合法权利的损害，相对人可以提起行政复议，在复议过程中，上级行政机关也可以进行行政调解。

（3）司法调解

司法调解亦称诉讼调解，是我国民事诉讼法规定的一项重要的诉讼制度，是当事人双方在人民法院法官的主持下，通过处分自己的权益来解决纠纷的一种重要方式。司法调解实际上是公权力主导下对私权利的一种处分和让与。在处理农村环境纠纷的过程中，司法调解不失为一种合理有效的解决途径。

我国自古就有不愿打官司的习惯，特别是农村，人们提到法院打官司，都认为是不光彩的事情。所以这种司法调解就扮演了很重要的角色。特别是有的地方派出法官在田间地头进行民事活动的调解工作，及时有效地解决农村环境治理中村民直接的纠纷。另外，由于司法调解是在法官主持下进行的，其调解书就具有了判决书的效力，当事人必须遵守，这也有利于纠纷的解决。但是在农村环境污染治理过程中，这种司法调解只适用于平等主体之间的纠纷，对于执法机关与相对人之间的纠纷就不能通过司法调解来解决。

（4）民间环保组织

除了上述三种法定的纠纷解决途径之外，我们应当寻找更加合理、有效、及时的农村环境污染纠纷解决方法。在此，建议建立相应的农村民间环保组织。民间环保组织具有自发性、公益性，其自发性决定了其积极性，其公益性决定了其公正性。因此，在某种程度上，民间环保组织更能够赢得社会的信赖，迅速整合资金、技术等各方面大量的社会资源，弥补政府人力、物力、财力等投入方面的不足。因此，政府应积极培育农村环保民间组织，降低民间环保组织成立门槛，提高民间环保组织法律地位，赋予民间环保组织环境权利，真正调动广大民众尤其是农村群众参与到农村环境保护的活动中，建立起完善的公众参与机制。① 这种环保民间组织有许多优点，它可以弥补农村法律意识的不足，帮助农民维护环境权益。因为我国法律规定的公益诉讼只能由法定的单位和组织提起，那么可以赋予这个组织有提起环境公益诉讼的权利，这样就更有利于保护广大农村的环境权益。在农村，人们解决纠纷通常还是运用民间调解手段，找一些有威望的人从中进行调解，这个环保组织就可以担任这个调解的角色，能够及时有效地解决纠纷，并且非常适合农村的人文环境，不会引起人们的反感。所以应当在立法上赋予这种环保组织特定的权力，其调解结果应当具有一定的法律效力。

农村环境污染治理过程中，还会存在大量的新型纠纷，这就需要我们选择合适的途径来解决纠纷，既要遵循法定的纠纷解决形式，还要结合实际情况，制定适合农村现实情况的纠纷解决机制，注意多种途径的综合并用。

---

① 参见韩俊杰：《我国农村环境污染防治法律问题研究》，东北农业大学2012届硕士学位论文，第42页。

第二节　当前城市环境污染及其法治对策

一、当前城市环境污染的现状和呈现的新特点

1. 传统的工业污染继续肆意扩大蔓延

工业污染主要指工业生产中排出的"三废"：废水、废渣、废气以及发出的噪声等，广义来说，一些工业产品也是会造成工业污染，如包装盒、包装袋等白色垃圾。[①] 传统工业污染是近现代发展中国家和发达国家主要面临的环境污染原因。传统工业对环境的污染起源于工业革命，工业革命开启了工场手工业到机器大生产的篇章，解放了劳动力，机器大生产时代在给人类带来巨大经济利益的同时，造成的环境污染也是巨大的。煤炭作为新能源，大范围的使用推广导致二氧化硫的大量排放，直接危害就是酸雨的形成，导致农作物大量坏死，人群发病率上升。如 1948 年发生在美国的多诺拉事件。

传统工业主要是传统的基础工业，如钢铁、汽车、建筑、纺织、造船以及与它们相关的一些附属工业部门。煤炭作为推动传统工业的主要力量，分析它的能源现状对研究传统工业具有重要导向作用。我国正处在经济转型关键时期，传统工业在对社会经济发展作出巨大贡献的同时，对环境的污染也是日益鲜见的。煤炭作为传统工业的象征之一，从新中国成立至今一直发挥主力的作用和影响，大到工厂化工、煤炭发电，小到百姓的取暖做饭，点点滴滴侵入生活。改变能源结构布局是现阶段也是近期国家的战略部署，我国的能源结构中煤炭和石油化工占主导地位。据相关资料得出，2009 年，我国一次能源生产总量中煤炭占 77.5%、石油占 9.4%，一次能源消费总量中煤炭占 70.0%、石油占 17.8%、天然气占 3.9%、其他占 8.3%，而改变这种局面不是短期内就能实现的。

我国传统工业的发展受到不同地域经济环境和当地政府政策的影响。也正是因为经济在全国范围内发展的不平衡协调，用传统工业发展经济成为当

---

① 参见杨广军：《何以构筑美好的家园——谈环境污染：科学就在你身边系列》，上海科学普及出版社 2012 年版，第 101 页。

地政府的首选，放宽政策吸引一些重污染的工厂化工企业，其代价就是环境的破坏。但是这并没有阻挡当地政府的招商引资步伐，究其原因无非是经济利益的巨大诱惑。这种牺牲长远利益的现象在全国范围内也是屡见不鲜。

汽车业近些年在我国的发展可以说是迅猛，尤其是在入世这十年，城市高架桥的层出不穷，汽车销售规模的扩大，汽车品牌的眼花缭乱，这些市场供求的直接反映无不说明，汽车业在我国盛世时代的到来。汽车业这种传统工业属于钢铁业的一部分，钢铁的冶炼过程对空气和水源造成污染，而它的动力能源大部分是石油，石油的开采本身就会破坏地质结构，海上钻井技术对海洋动植物的污染也是不言而喻的。汽车业的迅猛发展，代价就是环境的破坏，从制造到使用每个环节都使自然承担危害。城市生活中，汽车的发展最直接的环境污染当属汽车尾气的大量排放。近几年在我国城市中，雾霾现象的经常发生，汽车尾气无疑是罪魁祸首之一。

2. 电子污染是近年来的新现象

电子污染是近些年新型的污染，电子污染包括两方面污染，即电磁污染和电子垃圾污染。电磁污染主要表现在对人体健康的危害，在高强度的电磁辐射下，人体机能会发生系统紊乱，严重时会破坏神经功能。

电子垃圾就是指废弃的电子产品，主要指电视机、洗衣机、冰箱、空调、电脑。电子垃圾是我国近几年增长最快的垃圾，废弃的电子产品对土壤和水质的污染破坏不是自然环境在短期内自身可以修复的。电子产品是由上百种化学物质组成，铅汞等重金属本身对人体也有致命的危害。在处理废弃电子产品方式上，焚烧是当前我国大部分地方的首选，最便捷高效低成本是其原因，然而在焚烧的过程中大量有毒有害气体排放到大气中不仅污染大气，对人体健康的危害也是直接的。这种"便捷高效低成本"的代价实然不低，随着我国经济的快速发展，电子产品这种高新科技更新换代周期越来越短，加之人们生活水平的提高，对新科技产品的需求越来越大，导致电子产品过剩，电子垃圾的大量产生。以手机用户为例，1991年中国的手机用户才100万户，截至2014年1月，据工信部统计我国手机用户达12.35亿人，基本上人手一部手机。正是因为电子产品是高新科技，对废弃的电子产品的后期处理也需要科技的支持，而目前，我国并没有建立起有体系的电子产品处理制度，大量报废后的电子产品回收处理形势十分严峻。

《电子废物污染环境防治管理办法》于 2007 年 9 月 7 日通过，自 2008 年 2 月 1 日起实施。2013 年，大治五人因焚烧电子垃圾处以刑罚。通过立法规范电子垃圾处理和建立健全电子垃圾管理体制，从入口到出口把关的双层管理模式是解决问题的出路。当前建立电子产品管理体制是亟须实现的目标。

3. 城市噪声污染有增无减

噪声污染是指人类在工业生产、建筑施工、交通运输和社会生活等活动中，产生的噪声干扰周围人类和动物生活环境。现在城市中噪声污染最主要的是指交通噪声污染。《中华人民共和国环境噪声污染防治法》第 2 条所称环境噪声，是指在工业生产、建筑施工、交通运输和社会生活中所产生的干扰周围生活环境的声音。以分贝为计算单位，将噪声的强弱分为六个等级，当噪声超过 100 分贝时人们就难以忍受。按照国际标准，在一般居住区，白天不能超过 45 分贝，夜间不能超过 35 分贝。噪声除了对听觉会造成损害外，也会影响其他人体机能。夜间影响睡眠，长时间会造成神经衰退、植物神经紊乱等现象。

各种工程噪声污染

工程噪声污染是指工业噪声对工业内部及周围环境中的人群造成的损害，影响人们的身体健康、工作和社会生活的各个方面。随着工业的快速发展，各类机械设备在为人类创造了巨大的财富，带来繁荣的同时，工业噪声污染源带给人们的痛苦也是巨大的。

城市环境噪声污染中，工程噪声污染主要表现在城市建筑工程在施工过程中，如挖掘、搅拌、打孔、机械的搬运等产生的大声贝噪音，严重影响周边居住市民的生产生活。新兴城市的构建推动大量的区域规划房改拆迁，城市内建筑施工充斥在各个方面，建筑施工中大型重机器作业，巨大的噪声对作业的工人身体和精神危害更为巨大，耳膜长时间处在高频率声贝中，幻听失聪发病几率远远高于非作业人群。在城市噪声污染中，室内装修噪声污染也是常发生的，钻孔声、锯齿声、敲打声比建筑工地的噪声危害更直接，尤其是居住在上下楼层和左右舍领之间。为赶工期，室内装修在夜间作业，刺耳的噪声严重影响周边居民的休息。若经常生活在噪声环境下，人们心情焦躁夜晚失眠难寐，白天精神恍惚影响工作学习。

生活中噪声污染

城市生活噪音统指人们在生活交往活动中产生的各种噪音。如繁杂的商品交换场所、交通通行道路上、娱乐游玩场所、学校课余期间、家庭生活等各种活动中产生的喧闹声。城市生活噪音繁杂多样，噪声发出者是生活在城市的每个人，缓解和解决城市生活噪声污染涵盖整个城市，可见目标任务的实现也是艰难的。

交通噪音是城市噪声污染的主要根源，这里包含城市道路上的汽车发动机嗡鸣声，穿过城市的铁路火车汽笛声，飞越城市上空的飞机发出的声音。在此我们主要探讨城市汽车噪声对城市环境的影响。交通噪声具有不稳定性，非连续性和高流动性的特点，主要集中在白天人们上班高峰期，而在我国的一线城市更是扩展到夜间。城市汽车噪声污染主要指汽车发送机运转时的发声以及汽车在行驶过程中的鸣笛。现在城市的高速发展，土地资源的高效率利用，人口大量涌入城市，使得我国城市总体呈现紧凑纵向发展的模式。交通道路与商业街、居民生活区紧密相连。人民生活水平的显著提高导致城市车流量近些年的大幅上升，这些因素都加剧了城市人民生活与交通的矛盾。交通噪声污染也成为城市噪声污染的主体，占据城市噪声污染百分之四十到五十的高比重。严重影响城市居民的身体健康及生产生活等社会活动。

4. 大气污染在全国范围内更为严重猖獗

大气污染又称空气污染，通常指由于人类活动或自然过程引起某些物质进入大气中。大自然自身具有净化空气等自然修复能力，当人为污染物质排放周期排放量超过自然自身净化周期，就产生了大气污染。雾霾天气近几年在全国城市中常常发生，超过了历史时期雾霾年平均天数，部分地区每年200多雾霾天。如果人们长时间处于雾霾环境中，肺癌的诱发率会提高。雾霾天气严重影响了人们生产活动：经常呼吸微小颗粒已引起鼻炎、支气管炎症等疾病；低压易引发心血管疾病，不利于人们户外活动；光照减少、紫外线减少，易滋生传染性细菌；低能见度，易造成交通事故等危害。雾霾天气是大气污染的直接结果，究其原因可分为两部分，一是自然原因，二是人为原因。人为原因是导致雾霾天气的主要原因。空气不流通，大量微小颗粒在空中漂浮，是雾霾天气形成的物理原因。大量微小颗粒的产生由人为的后天行为造成：汽车尾气的排放、生活中燃烧和焚烧活动、工厂作业燃烧发动活动等。

（1）工业生产有毒有害气体的排放

工业生产造成大气污染主要集中在几个部门包括火力发电厂、冶炼钢铁厂、石化工厂、建材厂、轻工工厂等。由于煤炭在我国社会生活中主导能源地位，这些工业生产动力多来源于焚烧煤炭，煤炭在燃烧过程中会分解出百种物质，以二氧化硫、氮氧化物和粉尘为主，冶炼矿物金属的过程中还会产生金属粉尘，化纤厂排放的甲醇、丙酮等污染大气环境。

随着经济的快速发展，交通运输业在现代经济结构中比重越来越高，时间、金钱效率的刺激使私人汽车在我国广泛普及，2009 年我国成为世界第一大汽车生产和销售国，汽车填满城市的大街小巷。在历史上飞机、汽车等交通工具排放的尾气构成大气污染的主要污染源。汽车排出的废气中主要有一氧化碳、氮氧化物，这些气体能被人体直接吸收，加之城市布局的集中紧凑，人与交通密切相连，有害物质第一时间被人体吸收。全国机动车保有量超过1.8 亿辆，汽车 90% 以上集中在城市，而且汽车数量逐渐激增，这都导致汽车尾气在城市大气污染中的比重不断上升。

（2）人们生活中有毒有害气体的排放

人们在生活中向大气排放的有害气体具有范围广，种类多样，季节性鲜明等特点。有人类生活的地方就有垃圾的排放。人们的基本生活无非涉及温饱两个方面，然而这两部分都会产生有害气体的排放。无论温饱在我国百姓生活中都会焚烧煤炭来生火做饭和取暖，这些日常焚烧活动大量的煤烟和 SO_2排向大气，污染空气。季节性特点主要表现在冬季取暖期间，不论是个体自足还是集体供暖煤炭焚烧量远超其他季节，烟雾弥漫不见城市。

二、城市环境治理现状及存在的相关问题

当前我国城市环境污染来自各方面，大气、水体、噪声、固体废弃物，涉及人们生产生活方方面面。城市环境治理活动相比污染活动却表现出滞后性。城市环境的治理主要依赖两双手，一是市场经济自身的调控，二是政府监管。我国实行社会主义市场经济，然而市场经济体制现阶段不健全，不能发挥调控环境治理作用。市场经济主体污染行为成本远低于治理行为的经济成本，动力机制不足。政府监管职能大多也不能发挥作用，其原因在于背后巨大的经济利益。大多地方政府为了本地经济发展，当地财政税收给予

重工企业"保护"，政府下属部门执法流于形式，难有作为。研究探析城市环境治理体制，找出问题，完善体制，对建立健全城市环境治理制度具有重要意义。

（一）城市环境治理的体制及存在问题

1. 城市环境治理体制格局

建设局是我国城市建设主管部门，负责贯彻执行国家、省级有关城乡建设和建筑业的方针、政策和法律；拟订全市城市建设、工程建设、建筑业、房地产综合开发的政策；研究拟订全市城乡建设和建筑业行业管理工作发展战略，组织监督实施及建设工程有关的行政许可等。建设局在城市环境治理中处于入口阶段，对预防环境污染，规划城市工业产业合理布局，绿化防护带适当设置，环境污染应急处理缓解带留置起着总体向导作用。然而我国部分城市建设部门在职责履行中并没有处理好眼前利益与长远利益的关系，在眼前利益的驱动下，审批重工企业建设用地，重工企业与其他企业相比，申请内容中有关排污处理机制的却没有更严格。一般而言，一项重工工厂在城市的设立，周围绿化缓解带的布局是必要的，并且重工工厂要与商业区、居住区保有适当的距离，从规划上最大限度地减轻工厂生产过程中对人们的危害。城市经济快速发展的今天，比喻城市土地每寸万金一点儿不为过，城市绿化带的本身长远经济价值不被建设部门重视，绿化缓解带还需要人工养护看管，投入大量财政资金，因此部分建设部门宁愿多批工程建设用地，也不愿承建一寸的绿化用地。

卫生局负责贯彻执行国家卫生部、省卫生厅制定的卫生工作的法律、法规、方针、政策、技术规范和卫生标准，并组织实施。监督管理传染病防治和食品、职业、公共场所、放射、学校卫生，实施规范管理产品质量并负责认证工作。

城市卫生部门在城市环境治理中相比其他有关部门职权地位较弱，多是配合环保部门，工商部门进行工作。在城市环境污染治理过程中多处于事后处理阶段，即在发生环境污染后开展组织工作。卫生部门具有制定卫生标准的职能，监管审批企业个体卫生许可，事前资格审查许可应在治理城市环境污染发挥重要影响，而我国的卫生部门多注重于审批前的书面审查，忽视实质审查，相关法规也没有明确规定的实质审查内容，这就导致许多并不符合标准的企业投机取巧取得许可证件。

城市管理行政执法局或城市管理综合行政执法局，简称"城管局"，城管执法涵盖城市生活各个部分，有对市容环境卫生、城市规划管理、道路交通秩序、工商行政管理、市政管理、公用事业管理、城市供水管理、停车管理、园林绿化管理、环境保护管理、施工现场管理、城市河湖管理、黑车、黑导游①等 14 项内容进行综合行政执法。

城管执法在我国近几年成为社会公共热点话题，城管部门越权执法、城管部门暴力执法、城管部门违法执法现象屡屡频发，正是因为城管部门职权范围广泛涉及城市生活各个方面，加之执法人员素质不高，在执法过程中与相对人发生矛盾冲突。相比其他城市管理活动，城市环境污染防治管理在城管执法监管活动中却成为薄弱环节。城市管理行政执法是城市综合行政执法部门，本身综合性的特点也就决定了城管部门行政执法从属主管部门，配合主管部门检查监督，行政处罚也只涉及小额罚款等轻微措施。城市环境污染主体之一的工厂企业，城管部门对其监管职权有限，即使对工厂企业环境污染行为进行小额行政处罚，对大工厂企业来说也如同九牛一毛。职权的限制，行政综合性质的定位已从体制上划定城市管理部门在城市环境监管中的从属地位。

城市环保部门是直接负责管理城市环境污染工作的。贯彻履行国家、省环境保护的方针、政策、法律、法规；对大气、水体、土壤、固体废物、有毒化学品、噪声、振动、辐射放射以及机动车等的污染防治工作进行监督管理；负责排污申报登记、排污许可证发放、排污收费管理和污染限期治理等工作。城市环保部门是城市环境治理的主导部门，城市环保部门积极发挥环境监管职权，对城市环境污染防治有着事半功倍的效果。环保部门履行职权在城市环境治理过程这一中间关键环节发挥作用，从发现问题到及时处理具有连贯性、及时性。然而当前我国环保部门自身内部并不健全，环境保护涉及面极广，环境污染监管作为其中职权管理活动之一，内容就繁杂多样，机构内部一览而括，对环境污染治理决策缺乏专业性、持续性、科学性。所以完善环保部门内部机构专业分工是现阶段首要解决的问题。

---

① 参见：http://post.news.tom.com/s/5C00090E399.html，最后访问时间为 2014 年 4 月 26 日。

2. 存在问题

（1）多头执法、九龙治水

城市环境污染治理涉及多个部门如建设部门、城管部门、卫生部门、环保部门、工商部门。各部门职权表现出交叉型，如城管执法涵盖城市生活各个部分，有对市容环境卫生、城市规划管理、道路交通秩序、工商行政管理、市政管理、公用事业管理、城市供水管理、停车管理、园林绿化管理、环境保护管理、施工现场管理、城市河湖管理、黑车、黑导游等 14 项内容进行综合行政执法。这就与环保部门，卫生部门，工商部门的职权相交叉，对同一个行为有多个主管部门有权进行管理，多头执法，九龙治水这就导致重复执法，加重相对人负担同时也违背行政效率性原则。

（2）相互推诿、执法不作为广泛存在

九龙治水，多头执法造成的直接后果有两个，一是都管，二是都不管。我国目前行政管理实行责任负责制，从头到尾责任到具体人员。面对严格的责任制，九龙有权治水却导致无一龙治水现象，行政有关部门宁愿不管也不愿担责。出现问题互相扯皮推诿、踢足球、打擦边球，到最后没有一个部门承担职责。究其根源，是行政体制的不健全。城市环境管理涉及多个地位平等的行政主体，相互之间职权交叉，在现有体制不健全下又缺乏一个主导部门统一领导，协调各部门分工协作，降低行政执法成本，提高行政效率。导致执法应作为变成执法不作为现象的广泛存在。在城市环境污染现象普遍的今天，健全政府行政管理体制这只有形的手，使其有效发挥预防监管的职责，对治理城市环境污染具有重大社会和经济意义。

（3）选择性执法现象普遍

选择性执法，即行政主体在公共行政过程中在时间、空间、客体上有选择的执法，有两个方面内容：一是因为对违法时间、空间和个体始终具有高度不确定性，执法主体对不同的管辖客体，刻意采取区别对待、有违执法公正的问题；二是指国家根据情势变化，试图获得灵活性和实效性，而在执法上作出的调整。①

行政机关执法过程中，只选择有利于自己的条文、对象、时间进行执法。

---

① 参见：http：//baike. so. com/doc/5722651. html，最后访问时间为 2014 年 5 月 3 日。

城市环境污染具有多样性、复杂性的特点。人为原因导致的城市环境污染从环境污染者到环境污染种类更是复杂多变。以环境污染的主体为例，行政对象小到个人，大到集体企业甚至国家。大型企业投资者是地方政府财政税收的主要贡献者，地方政府为吸引外商投资常常推行优惠政策或是绿色通道。行政执法者往往会"照顾"这些企业，选择那些非受当地政策优待的对象进行严格执法。

（二）城市环境治理中存在的主要问题

一个完整的环境治理活动，需要立法、行政执法、司法救济三部分协作完成。当前我国城市环境治理中这三部分都存在不同程度的不足，如相关法律法规不健全；行政执法职责不清，手段软弱；司法不独立救济效果甚小等问题。研究探析城市环境治理中三大环节的不足弊端，为解决完善问题提供直接方向。

1. 当前城市环境治理立法方面存在的问题

城市环境治理法律法规政策不健全。表现之一，虽然我国在涉及环境保护治理方面制定了大量的法律法规，如环保法、固体废物污染环境防治法、大气污染防治法、水污染防治法等，但是大多规定内容概括性强，在遇到具体环境污染治理问题时很多貌似都适用，很多又都不适用，这种模糊的状况也给行政执法主体提供了选择性执法的土壤。表现之二，我国现存的城市环境治理体制主要是通过法律授权确立，各行政执法部门依据法律授权行使职权。上文分析中发现我国城市环境治理行政主体有多个，相互之间职权交叉，导致相互间推诿，执法不作为现象普遍。完善立法明确行政部门职权分工，完善立法加强各行政有关部门城市环境治理联合高效执法，意义重大。表现之三，管理者早有预见行政监管体制不健全，通过相关行政法律授权不同层级行政管理部门相应的立法权限，以便根据当地实际情况作出合法合理的行政决策。在实践中，越是基层行政管理部门涉及的管理事项越是种类繁杂、数量庞大，但其相应的制定权限却很有限，多为小额罚款警告措施，法律层级低，管理效果不明显，制约行政执法目的实现。表现之四，城市环境污染具有跨区性特点，在治理城市环境污染治理中加强区域间行政主体的合作执法十分必要。但是相关法律法规政策并没有明确规定区域间行政主体联合环境污染执法，这就导致行政主体面对区域间突发环境污染事件中执法效果甚微，各自为营，行政效率低下，浪费行政执法成本。

2. 当前城市环境执法的困境

城市环境执法环节在三大环节中有着承上启下的功能，有效执行立法机关制定的相关法律，将法律付诸实践。若在执法过程中有损相对人合法权益，行政相对人可以提起司法救济，维护自身权益。分析行政执法在城市环境治理存在的问题和不足是本节及全篇的重点。

（1）执法主体职责不清

城市环境污染治理主管部门是环保行政部门，在我国城市环境治理中还设有多个分管部门。在相关法律法规中各自的职权范围交叉重合。许多本应由环境主管环保行政部门行使权力，多被各分管部门代替。各分管部门职责权限有限，对环境污染者进行行政处罚力度小，对环境治理达不到预期目标。执法主体职责交叉，对同一个行为有多个主管部门有权进行管理，这就导致重复执法，加重相对人负担同时也违背行政效率性原则。行政执法者在进行行政管理活动中往往只考虑自身利益造成选择性执法现象、执法不作为现象广泛存在。执法主体职责不清，主管部门与分管部门之间也没有建立起统一的监管协调体制，来抑制各部门利益冲突。

（2）执法力量不足

治理城市环境污染的行政部门主要是由环境保护部门执行，在我国通过立法授权一些行政分管部门协同管理城市环境污染治理，如城管部门、卫生部门、工商部门。但是在实践生活中，这些部门却要比环保部门更加活跃，在治理城市环境污染方面。这些部门存在着执法力量软弱，执法效果不明显等问题，究其原因在于职能权力的限制。

（3）执法手段软弱

环境污染事故处罚后鲜有刑事司法处罚，以罚代刑成为阻碍生态文明建设的"大弊"。2012年2月29日至同年3月6日期间，江阴长盛化工有限公司先后4次将废铁泥合计187.75吨交由他人擅自处理。这些废铁泥被倾倒在常州西夏墅镇一农村料场，造成环境严重污染。查处中，江苏省常州市环境监测中心现场采样检测认定废铁泥为"极毒物质"，属于危险废物。经过估算，处理这批污染物费用共需91.7万元，污染土壤的修复资金则高达40万元。虽然在常州市新北区人民检察院支持下，由常州市环境公益协会对长盛公司提起了民事诉讼，审理中双方在法院主持下达成和解协议，该案至此的司法惩处之路"戛然而止"，企业没有得到任何刑事处罚。在通报中，这些企业要么被关停整改、处以罚款了事，要么企业负责人停职检查，公开检讨，无一例外都进入司法程序追究。

（4）执法主体素质不高

城市环境治理执法者素质不高主要体现在两个方面：一是执法手段方式与执法目的不相符，人文执法素质低造成执法成本过高。行政执法者在进行城市环境污染执法活动中依据职权可选择多种执法手段，执法者因自身素质不高，在执法活动中往往会选择对自己有利的执法方式、执法手段和执法对象进行管理。结果就是环境污染得不到有效执法。二是官本位思想仍影响行政执法。大型企业投资者往往是地方政府财政税收的主要贡献者，地方政府为吸引外商投资常常推行优惠政策或是绿色通道。行政执法者往往会"照顾"这些企业，选择那些非受当地政策优待的对象进行执法并严格执法。究其根源，是官本位思想对执法者的影响。

（5）司法救济成效小

司法救济包括行政司法救济和司法救济，即行政复议和行政诉讼。处于三大环节的最后防守部分，是法律的最后一道防线。行政复议是行政机关内部上级对下级监督救济的途径，审查行政行为的合法性和审查其合理性，但这种内部监督本身就易造成上级对下级包庇，使行政复议流于形式；行政诉讼，是行政主体、行政相对人、司法审判机关三位一体的救济体制。我国的司法制度不完全独立，受制于本级政府财政、人事的牵制，所以在处理相关行政诉讼中，往往会考虑政府"面子"问题，"谨慎"作出司法裁判，当然这种现象在十八届四中全会后出现了改观。城市环境污染治理诉讼是近些年新出的司法活动，相关法律法规并不健全，司法审判依据不足，导致法官自由裁量权的扩大。城市环境治理诉讼成效小，相对人权益得不到有效保护。

三、城市环境法治的基本途径

（一）进一步强化人们的环境法治意识，不断提高人们的环境法治认识水平

自工业革命开始以来的两百多年间，人类在征服自然并获得自身发展的

同时，也在不断地受到自然的报复。随着科学技术进步与生产力水平极大提高，在创造物质财富的同时，人与自然的矛盾也在不断凸显，协调人与自然的关系，走可持续发展的道路成了当今人类急切的诉求。人的行为是靠意识来支配的，要想使环境有所改变就必须实施相应的行为，而意识是行为的先导。为解决上述问题环境法治意识的概念油然而生。环境法治意识是指人们自觉通过立法、司法、执法、守法的手段保护环境的一种心理状态。它不但反映人与自然和谐发展的价值观念，而且体现了人与人之间互相约束的法律关系。我们认为环境法治意识不仅包括对环境保护的认识程度，更重要的是内含了人们运用法律保护环境的自觉心态。良好的环境法治意识不但可以指引人们为保护环境而不断调整自身的经济社会活动，协调人与自然的关系，而且关系经济的可持续发展。

我们认为环境法治意识分为三个层次，依次为弱势环境法治意识层次和中势环境法治意识层次、强势环境法治意识层次。处于弱势环境法治意识的人会有意识地去关注环境变化和生态平衡，并自觉地维护生态系统的良好发展，反对任何破坏、污染环境的行为，但还不会利用法律手段去实现上述目标。中势环境法治意识在保护环境上反对任何破坏、污染环境的行为，但利用法律手段去实现上述目标的意识比较模糊。强势环境法治意识在保护环境的问题上强势环境法治意识，但同时对于环境保护法律比较了解，能够有效地运用法律手段去保护自然环境并依照法律处理污染环境的行为。

当前在我国的环境法治意识不断提高的同时，由于文化程度、法治意识等原因还存在总体意识水平不高，拥有强势环境法律意识的人占总人口的比例偏低。究其原因首先是各类组织、群体和个人对于环境污染对生态环境的破坏以及环境破坏与人类生存的关系认识不足，认识不到生态恶化对人类的危害。其次是环境立法和执法力度不到位，对环境污染行为没有足够的威慑力。所以要提高公民的环境法治意识就要首先使各类组织、群体和个人都认识到生态环境和人类生存的关系，认识到生态危机对人类的危害，并积极通过法律的教育功能教育大众，只有这样才能逐渐培养起公众的环境法律意识。具体来讲，首先要通过学校教育、社区宣传，积极引导认识环境与人类生存和发展的关系，使公民自觉遵守环保法律并运用法律同破坏环境的不良行为作斗争。最后，加强对于污染行为的惩罚力度，并借助媒体宣传的力量，让公众认识到破坏环境行为性质的严重性和运用法律手段保护环境的有效性。总之，提高公众的环境法治意识刻不容缓。

（二）不断完善相关环境治理的法律法规，实行环境污染重典治理，加大环境违法的成本和惩治力度

环境治理立法在整个环境管理过程中处于首要地位，制定完备的环境治理法律体系，才能更好地指导行政执法环境污染治理活动、公民城市环境守法活动、司法救济监督活动。当前我国城市环境治理的法律法规并不十分健全，很多行政环境执法活动力量薄弱；城市经济发展模式粗放，城市环境污染形势严峻等问题有待立法完善和解决。

1. 通过法治手段着力淘汰粗放型、资源耗费型的企业生产方式，鼓励节约型、绿色环保型的新型生产方式投放

以不可再生资源为原料的生产终归会因为资源的不足而停止生产，这被称为生产的时限性。随着不可再生资源的消耗，资源产品生产成本会不断上升，最终导致经济的衰退，同时在开发的过程中也会造成生态环境破坏严重。进一步完善相关立法淘汰粗放型、资源耗费型的企业生产方式，走可持续发展的节约型、绿色环保型的新型生产方式道路是当前的唯一出路。当今我国走的是粗放型、资源耗费型的发展道路，造成了严重的资源消耗和环境破坏。执法不力，处罚过轻，以罚代刑的现象不足以遏制这种生产方式的发展，所以必须通过立法等法律手段实行环境污染重点治理，加大环境违法的成本和惩治力度，只有这样才能有效遏制粗放型与资源耗费型生产方式，并达到引导公众树立循环经济的新理念效果。首先，通过立法运用税收、补贴、收费等手段加大政府对粗放型、资源耗费型生产方式的惩治力度和对节约型、绿色环保型的新型生产方式的扶植水平；其次，要制定相应法律并依法建立技术体系，对粗放型、资源耗费型生产方式进行有力的监督；再者对于执法环节，在加大罚款力度，对污染环境行为处以刑罚的同时，增加对执法人员执法不力责任的追究，遏制环境执法人员执法不力、权利寻租的现象。只有这样才能在经济发展的过程中坚持环保与经济利益并同，树立企业绿色价值观念，使其不盲目追求眼前的经济利益，使我国不再走先污染再治理的老路，确立污染预防的经济发展道路，实现生态效益、经济效益与社会效益的整体效益最大化。

2. 加大法治惩处力度，实现对环境污染的重点惩治，大力增加违法成本

（1）立法上加重经济惩罚力度

企业作为理性经济人以经济利益作为首要因素。出于成本和短期利益的考虑往往拒绝投入大量资金改造现有生产方式，走节约型、绿色环保型的发展方式，为了促进企业转变的积极性，减轻资源、环境的压力，政府就应对企业进行重点惩治，大力增加违法成本。首先，要通过立法对粗放型、资源耗费型企业提高税收力度或加征排污费。对企业逃避污染治理的处罚金额越大企业的违法成本越高就越能促使企业转变生产方式。其次，运用刑罚手段对污染环境行为施以处罚。刑罚作为法律中最严厉的一种惩罚方式，无形中加大了企业的违法成本，会对企业形成强大的威慑力。再次，加强政府监管，提高环境监管效率。地方发展观和政绩观是影响政府环境监管不力的根本因素。有些地方只看经济效益，不看环境效益和社会效益。有些地方保护主义严重，明目张胆地保护污染行为。此外，权力寻租的执法力度不够的现象也严重存在。如果政府及其所属环境部门及其工作人员能够承担起监管失职的责任一旦发现监管失职，即按照法律规定给予严厉处罚，那这一举措会使政府及其环保部门处在严重的处罚和信誉危机的压力下不得不加强环境监管，从而有助于减少失职问题。政府监管效率的提高会进一步促使企业努力参与新型环境的生产方式。最后，建立公示制度。立法建立公示制度，定期公布粗放型与环境型生产企业名单。随着公众环境法治意识的提高，企业转变生产方式会给企业带来无形的声誉，提高企业的市场竞争力，这样企业就会愿意主动采取新的生产方式；反之，如果企业拒绝采用新的生产方式就等于削弱了自身的市场竞争力。总之，企业拒绝适用新的生产方式主要是为了降低生产成本，防止因成本增加而削弱其市场竞争力。然而企业也可以利用生产方式创新优势和先行优势就可以在提高资源利用率的同时保持并增强其竞争力。国家应当加大法治惩处力度，实现对违法企业的重点惩治，大力增加违法成本，并完善环境监管机制，提高政府监管效率，促使生产方式的转变。

（2）综合性法治措施并举

第一，限期停业整顿。限期停业整顿是指对超标排放污染物或严重污染的企业由人民政府决定在环境保护部门监督下在一定期限内停止生产并完成

治理任务的行政处罚措施，如果期满后仍不达标则会责令其停产停业。如《中华人民共和国固体废物污染环境防治法》第 81 条规定："违反本法规定，造成固体废物严重污染环境的，由县级以上人民政府环境保护行政主管部门按照国务院规定的权限决定限期治理……"通过限制企业的行为能力，对其他可能违法者也起到了警示作用。

第二，责令停产停业。责令停产停业，是行政机关要求从事违法生产活动的公民、法人或其他组织停止生产的行政处罚方式。责令停产停业是限制和剥夺公民、法人或其他组织生产行为能力的处罚。它要求相对人履行不作为的义务。但责令停产停业有期限的要受处罚人在一定期限内纠正了违法行为，就可以再次恢复生产。行政执法治理城市环境污染，对工厂企业责令停产停业是重要手段，责令停产停业惩罚力度大于罚款和限期停业整顿，小于吊销生产执照行政处罚措施，既能达到惩治污染企业的目的也能完成企业生产方式的科学转型，并更好地贡献城市经济发展。

第三，吊销营业执照。吊销企业营业执照是工商行政管理部门根据行政法规对违法的企业作出的一种最严厉的行政处罚。企业法人被吊销营业执照并注销登记后，企业法人归于消灭。如果继续营业就是违法行为。比如企业卫生条件不达标，或是不按时缴纳税收等，工商部门有权利取消该商铺的营业执照。企业没有营业执照就不能正常营业，进行生产活动，如果继续营业，则是违法行为。

第四，取缔违法经营。未依法取得经营所需的许可证或者营业执照及其他批准文件的，被吊销营业执照后仍进行生产的，或者超出许可生产范围的生产行为就是违法经营。针对这种行为政府环保部门相应地会同相关部门，协调处理，联合取缔。如果情节严重的还应当追究生产者无证经营罪。所谓无证经营罪是指在没有按照国家有关规定取得经营证件而从事经营活动并给国家造成重大损失的或情节恶劣的罪行。

（三）进一步强化城市环境卫生的体制机制建设，建设规范化的城市环境执法队伍

1. 整合城市环境治理的专门力量，实现更加专业化的环境治理格局

随着社会的发展自然生态系统已经基本并入了人类社会经济系统中，这就需要进一步在理论上探讨实现生产方式转变的体制机制建设。改革并创新

环保体制是继续探索中国环保新道路的迫切需要。体制机制更具有根本性、全局性、稳定性、长期性和有效性的特征。探索中国环境治理新道路，既要抓紧解决影响环保事业发展的突出现实问题，又要锲而不舍地解决深层次矛盾。创新体制机制建设就充分发挥地区、部门、单位、企业、家庭和个人的积极性、主动性、创造性，汇聚成全社会保护环境的强大合力，整合城市环境治理的专门力量，实现更加专业化的环境治理格局，构建科学完善的体制机制，探索中国环保新道路必将充满无限生机和不竭动力。①

当前政府负责、环保部门管理、有关部门协调配合的环境保护管理体制尚不完善，全社会共同参与环保治理工作的合力尚未形成，仍存在一些制约环保事业发展的机制体制问题。主要体现为：一是职能或分散或交叉现象严重，缺乏统筹协调和统一指挥。造成执法过程中各行其是，或互相扯皮的现象，难以形成强大的合力；二是缺乏有效的监督处罚机制，造成国家环境保护政策在不少地方得不到有效执行，一些地方保护主义仍然存在；三是环保监管力量不足与飞速发展的经济水平不相适应。这就需要整合现有城市环境治理的专门力量，建立环境治理决策和议事协调机制，加大环境保护统筹协调力度。

首先，各级政府应对本辖区环境质量负总责，定期召集有关部门招开会议，统筹协调环境治理工作。其次，政府应发挥统一监管作用，进一步理顺部门职责分工，增强环境监管的协调性、统一性，通过环境治理合作协议等多种方式促进跨部门合作。此外，还要建立环境监测科技体系，通过加强与环保科研院所与高校的合作大力发展环境监测技术，为环境监管提供有力的技术后盾。最后，要充分发挥社会力量。吸收社会上大量存在的环境型非政府组织参与新机制，充分发挥公众监督的作用，为政府监管提供有力的补充，增强环境监管合力。环境型非政府组织不但可以弥补环境治理中市场失灵和政府失灵的缺陷，而且重塑了政府、市场与社会和谐的关系。市场、政府和公民社会三足鼎立的局面，正如赛拉蒙所说："公民社会组织在寻求介于仅对市场信任和仅对国家信任之间的'中间道路'中的战略重要性已经呈现出来。"

---

① 参见周生贤：《改革创新环保体制　探索中国环保新道路》，《中国环境报》2008年第3期。

2. 建设规范化的城市环境执法队伍

按照《环境监察标准化建设》的要求，公开招考录用环保部门各种专业人员，使其与所担负的环境监管任务相适应，并坚持定期考核考评，采取轮岗、待岗、末位淘汰制等有效措施，提高环境监管人员的整体素质；积极推行监管员在岗教育制度，系统性地、经常性地举办各类环保业务知识培训，提高监管人员的执行能力和应变能力。此外，通过细化公众参与环保的具体条件、方式、层次、程序等内容，拓宽公众参与途径，充分发挥公众监督作用，为政府监管提供有力补充，促进政府监管效率的提高加大政府监管失职处罚，强化政府监管职责。

当前我国城市环境执法队伍面临业务水平参差不齐，缺乏必备的专业知识，缺乏处理和应对新出现环境的能力，工作热情不高，徇私枉法和以权谋私现象严重，环境执法装备落后和人员不足的诸多问题，直接抑制了政府的环境监管效率。为解决上述问题有必要建设规范化的城市环境执法队伍，首先，在公开招录城市环境执法人员时要注重各种专业人员的招录力度，使其与工作岗位上所担负的环境监管任务相适应。积极推进在岗教育制度，经常系统性地举办环保业务知识培训，培养执法人员处理和应对新出现环境的能力。其次，坚持定期考核，采取末位淘汰制。对工作热情不高和专业水平不高的执法人员实行淘汰，提高执法队伍整体素质与工作热情。同时，加大环境执法队伍的失职和徇私枉法以及以权谋私的处罚，促进政府监管效率的提高。另外，增加执法队伍人员数量，同时加强非政府组织的人力资源建设，目前政府环境组织包括专职人员、兼职人员、志愿者三大类。我国环境型非政府组织现有从业人员总数为22.4万人，其中全职人员6.9万人，兼职人员15.5万人，有近30%的环保民间组织中只有兼职人员而没有全职人员①。非政府组织在国外又被称作是志愿组织，可见志愿者是非政府组织非常重要的人力资源，但是我国许多环境型非政府组织竟然没有志愿者参加。最后，国家应划拨资金为环境执法队伍购置先进的环境监测设备，改变环境执法装备落后的情况。人才是国家最宝贵的财富，建设一支规模相当、素质优良、结构合理的城市环境执法队伍对于改变生产方式的意义不可小觑。

---

① 参见：http://baike.baidu.com/view/143321.htm，最后访问时间为 2014 年 5 月 2 日。

第三节　环境法治中的软法治理

一、何谓环境软法

（一）软法的一般概念

1. 国际上对软法的定义

软法（soft law）是一个外来词汇，最开始是在国际法的研究领域中应用，指那些不具有强烈的法律约束力却能对国际法主体的行为起到规制和指导作用的国际文件、决议和宣言。一般地说，国际软法是对于一些新生事物所确立的文件，由于订立条约还不成熟，但是又有必要确立起一些基本规范来表达应然存在的正义指向，并希望得到一般和普遍的遵行。所以采取指南、原则、宣言、实践准则、建议和日程等名称。如被用来解释在处理欧盟成员国之间的关系以及处理欧盟内部事务时所产生的一些没有法律拘束力的行为规则。

随着世界经济、文化、社会、科技的快速发展，全球步调统一加快，传统国际事务都可以在逐渐磋商和缓慢发展的过程中形成，而随着经济全球化的发展出现的一些新的国际事务也就需要变得更加迅捷。具体在国际事务上，即体现为：（1）出现一些属于全球风险的问题，比如核武器的全球威胁，高致病性的流行性疾病在全球维度的传播，污染问题而导致的环境问题、生物多样化问题，特别是全球变暖等，以及金融危机的全球性影响；（2）出现一些全球共同关注的问题，例如针对种族灭绝、种族歧视等大规模人权问题，虽然可能仅仅发生于一个地区，仅具有局部影响，但仍被世界各个角落的政府和人民所关注；（3）对于某些问题全球合作试图解决，例如针对国际和平与安全问题、军备控制和裁军问题、人权方面的问题等。[①] 这种全球化的现象就意味着世界上随时可能会出现新的事项，要求国际关系的行为体予以关注，呼唤着全球性的解决。针对这些具有高度国际共识却又复杂敏感的领域，解

---

① 参见何志鹏、孙璐：《国际软法何以可能：一个以环境为视角的展开》，《当代法学》2012 年第 1 期。

决的手段应当是相对迅速的，而不能再像传统的国际事务那样，以双边的、局部的谈判予以处理，或者通过长期的积淀而形成习惯作为处理的原则。这也就为软法的形成与发展开辟了空间。20 世纪 70 年代以后，对于软法研究开始从西方国际法领域向国内公法领域拓展。但直到目前为止尚无一种对此概念的确切的、被广泛接受的、权威的描述。目前在各国的国内法学领域，法学家们对软法的描述通常是与具有国家强制力作为其实施保障的硬法相比较而定义的。1994 年法国学者 Francis Snyder 对软法作出界定："软法是原则上没有法律拘束力但有实际效力的行为规范。"① 又如，西方公法学家 Linda Senden 认为"软法是载于文书的行为规则，不曾被赋予法的约束力，但可能有某种间接的法效果，它旨在产生或可能发生实际效果"。② 这两种观点都认为软法之所以软，是因为其没有法律约束力，但因为其能产生一定的法律效果，所以冠于其"法"的概念。

2. 我国软法概念的发展

我国的软法研究起步较晚，但也初步形成了我们自己对于软法概念的定义。大致分为以下三种：一种是罗豪才教授的"公域软法主义"。2005 年 12 月 8 日中国第一个软法研究中心在北京大学法学院成立，并把软法定位在公法领域之中。软法研究倡导者、软法研究中心名誉主任罗豪才教授在《公域之治中的软法》一书中讲软法定义为"软法是一个概括性的词语，被用来指称许多法现象，这些法现象有一个共同特征，就是作为一种事实上存在的可以有效约束人们行为的行为规则，而这些行为规则的实施总体上不直接依赖于国家强制力的保障。"③ 另一种是陈安教授的"泛软法"主义。他认为，软法是指趋向于形成而尚未形成的规则和原则，认为在法律的白色区域和非法律之间存在一个软法的灰色区域，并且灰色区域可能强有力的影响白色区域。④ 还有一种是姜明安教授的"非典型意义法律"主义。他认为，软法包

---

① Francis snyder, "Soft law and Institutional Practice in the European Community", in S, Martin（ed）, *The construction of Europe*, p. 198, Kluwer Academic Publishers, 1994, 转引自姜明安：《软法的兴起与软法之治》，《中国法学》2006 年第 2 期。

② Linda senden, *Soft law in Euroean Community law*, Hart Publishing, 2004, p. 112, 转引自瞿晓波：《软法及其概念之证成——以公共治理为背景》，《法律科学》2007 年第 2 期。

③ 罗豪才：《公域之治中的软法》，《中国检察官》2006 年第 2 期。

④ 参见陈安：《国际经济法专论》（上篇），高等教育出版社 2002 年版，第 170 页。

括三个方面的特征：一是行为规则；二是具有外在约束力；三是由一定人类共同体制定和认可。① 即软法是法，但却是非严格的法。软法具有以下特点：其一，软法制定主体的多元化。软法的制定主体不仅有国家立法机关，还有各政党制定的政策，社会经济主体中的各经济组织、社会公益机构、社会自治组织等。其二，软法不具有国家强制力。由软法的制定主体可以看出，软法大多不是由国家权力机关制定的，没有国家强制力作为其保障。这是其区别于硬法的显著特点。但这不表示软法对社会主体没有约束力，软法可以通过社会舆论、行业自律，行业标准等对自己的行为作出约束，以此达到法的效果。其三，软法具有民主协商的特征。软法的制定区别于硬法的强制性、单方面性。其制定过程充满了民主协商的意味，比如环境保护合同的制定，就是双方协商的结果。这种制定过程更能满足社会主体的要求和远景，也就更能被社会各主体所接受。矛盾的解决也就更能适用民间调解、民间仲裁、协调磋商的方式解决。

纵观国内外各种或具体或抽象的或着重于其法理意义或着重于其现实价值的各种定义，我们可以发现其一个共同点，即认为软法是由包括立法机关在内的各社会主体和组织制定的一种没有严格的法律约束力，却的的确确能起到一定约束作用，产生一定法效果的行为规范。

（二）环境软法

1. 国际环境软法

在国际法学研究所中，软法较多地使用于国际环境法、国际人权法等新兴领域，这是由于深刻的社会原因和政治背景决定的。② 同样的环境软法的发展也是从国际环境法的领域开始的。在传统的国际法学中，国际组织的宣言和决议并不是国际法的直接渊源，但在形成国际环境法的过程中，国际宣言与决议却起到了作为国际环境法的创制原则的作用，出现这样的情况大体有两个方面的原因：一方面，环境保护条约的制定和签署受到多方面因素的影响，如社会经济的发展，科学技术水平的先进程度，而各国的社会经济水平和科技发展水平差距较大无法订立一个全世界普遍适用的环境保护协定，再

---

① 参见姜明安：《软法的兴起与软法之治》，《中国法学》2006 年第 2 期。
② 参见万霞：《国际法中的软法现象探析》，《外交学院学报》2005 年第 2 期。

加上国际环境法的发展处于初始阶段，立法经验不足，从而使得环境保护协定的签订存在种种困难；另一方面世界环境问题越来越严峻，环境问题开始威胁人类的生存和发展。人类共同的生存环境开始需要全世界各个国家的协同合作。因此国际范围内的环境保护会议和国际环保组织为了解决横立在世界面前的大量环境问题而制定发表了大量关于环境保护的国际宣言和决议。这就形成了国际上的环境软法。

　　环境软法没有严格的法律意义，他们具有如下特点：（1）大多数是由不具有立法权的国际会议和国际组织通过；（2）在条文上一般采用条件句，或者插入"应该"、"尽可能"之类的词组，且规范内容不确定，多为原则性的阐述，没有详细具体的规定；（3）产生法律效力，必须由国内法衔接和国际合作；（4）产生实际效力，社会舆论压力有重要作用。① 虽然如此，但却对国际环境法规具有确定、巩固、发展和解释国际环境法规则的作用。在此列举几个对国际环境法产生重要作用的国际宣言和决议：1972 年 6 月 5—16 日，在瑞典首都斯德哥尔摩召开的联合国人类环境会议上制定的《人类环境宣言》。其内容中所申明的一些原则，已成为国际社会所公认的国家行为关系的准则，并且有的已经发展成为国际法。其内容中的一些环境道德规范和环境保护战略正成为国际环境法的标杆。使国际社会对环境道德达成共识，并促进各国的环境立法符合人类环境保护的需要；同样于 1972 年的人类环境大会制定通过的《人类环境行动计划》则为解决环境问题提供了一些必要的步骤建议和科学依据。最重要的是保证了《人类环境宣言》中环境原则的贯彻和落实。开创了全球环境保护的综合性、预见性和计划性的全新方式，对促进国际环境法的形成和实施具有重要作用。1980 年 3 月 5 日，在中国、日本、美国、法国、德国、英国、苏联等三十多个国家的首都同时发表的《世界自然资源保护大纲》既是一个知识性纲领，又是一个全球性资源保护方面的行动指南。指明了对生物资源保护和资源永续利用的目的，并提倡通过国际合作来共同保护自然资源。大纲的发布被许多国家所重视，并为《生物多样性公约》等国际条约提供了精神、计划和方法方面的支持。1992 年 6 月 14 日，在巴西里约热内卢通过的《里约热内卢环境与发展宣言》提出了可持续发展

---

① 参见李杨勇：《国际组织宣言和决议的法律意义》，《孝感学院学报》2006 年第 2 期。

的原则并明确了国家对其管辖范围内的自然资源享有的权利和所要承担的责任。同为本次会议制定的《二十一世纪议程》则提供了一个涉及全球的与可持续发展有关的关乎众多领域的行动纲领，它要求各国制定和组织实施相应的可持续发展战略、计划和政策。两个文件发布后许多国际组织和国家纷纷制定和贯彻实施可持续发展战略、国际环境公约、国际环境政策和行动计划，使得环境保护向"可持续发展时期"转变。

综上，国际环境会议发布的宣言和决议虽然没有强制性约束力，但却得到了国际社会的普遍赞同与执行。由此可见，在国际社会的无政府状态下，国际环境软法以其灵活的存在方式和多样的功能模式在全球环境治理体系中占据了一席之地。

2. 国内环境软法

我国的环境立法越来越完善，不仅表现在环境法律的数量越来越多上，而且内容也越来越丰富，涉及面越来越广。环境治理的"硬法"建设在中国环境法治中越来越健全的情况下不但没有使软法规范消失，反而使各种新增的"软法"规范补充在了环境"硬法"周围，形成了一个以硬法为主导，同时与"软法"相并存、相补充的蔚为壮观的环境法现象。

我国的环境治理从开始的传统硬法之治开始向公共治理转变。我国的环境软法的形式有立法机关制定的鼓励、指导、建议、自由裁量性的条款。也有正当的政策性建议和民间组织的自治条约、自律准则和行业标准等。环境软法如此大量出现的原因笔者认为有以下几点：（1）面对环境问题时我们首先想到的是传统的硬法，它们以其强制力而使相对人无条件地服从政府的管理，从而实现各法律关系主体行为方式的合法性和利益格局的合理性，从而实现以公共利益为基本价值取向的法律调整和控制模式。这种硬法调节方式在最初面对日益恶劣的环境污染和破坏确实起到了积极的作用。但这种强制方式随着人们认识水平的提高和社会主体利益日益复杂化和多元化而变得不符合社会的实际。并且从近期发生的兰州水污染事件可以看出，人们对于政府的管理体制已经出现了信任危机。反而，作为形式多样的软法可以根据社会具体情况和不同的社会主体而制定相应的规则、规范，并从相互尊重、相互理解的角度进行共同协商从而使每个社会主体都比较容易接受和乐意接受，正如哈耶克认为的"秩序并非是一种以外部强加给社会的压力，而是一种从内部建立起来的平衡"。①（2）环境硬法的立法十分有限，并且由于硬法的稳定性和法定性，从而使社会的环境法律体系出现漏洞。在这种情况下，环境软法以其对行为产生实际效果为目标，能够更好地产生明确的、具体的、合理的指向性，从而弥补环境硬法的空白和避免环境硬法的制定和实施过程中的滞后性。（3）随着社会和经济的发展，人们之间的自我规制意识越来越强，同时由于社会经济发展的复杂多样性，稳定的硬法已经不能合理地调解不同的社会利益主体之间的关系。为了更好地处理环境问题，解决各环境利益主体之间的矛盾，需要制定适合各社会环境利益主体的软法来解决环境问题同时缓和环境硬法对环境利益主体僵硬的管理，消除环境利益主体因意愿被限制而对环境保护的漠视。

二、环境软法在环境治理中的价值与地位

（一）环境软法在环境法体系中的表现及地位

1. 现行环境法律法规中环境软法的相关规定

在我国环境软法的表现形式主要为大量的鼓励性指导性建议性自由裁量性的条款。法律制度的制定和实行都是为了反映国家意志，回应公共意志，那么不以国家强制力为保障的软法则更好地反映了社会共同体的公共意志。因此，中国环境法中的软法渊源主要有以下几种：

（1）环境合同（协议）

钱水苗教授从行政合同的角度对环境合同进行了界定："环境行政合同是行政主体为实现特定的环境管理目标，行使行政环境管理职能，而与行政相对人之间的设立，变更或终止与环境管理直接相关的权利、义务的协议。"②张炳淳博士则从环境民事合同的角度对环境合同进行了界定，他认为"环境民事合同应用了合同的外观形式，将环境资源开发利用，污染防治及污染损害赔偿等事项通过合同加以约定，以确立当事人的权利义务关系"。③ 基于以上两位学者的观点可以看出：环境合同分为环境行政合同和环境民事合同。

---

① 参见哈耶克：《自由秩序原理》，邓正来译，生活·读书·新知三联书店1997年版，第183页。
② 钱水苗、巩固：《论环境行政合同》，《法学评论》2004年第5期。
③ 张炳淳：《论环境民事合同》，《西北大学学报》2008年第5期。

一方面合同是双方当事人基于对立合致的意思表示而成立的法律行为，为私法自治的主要表现；另一方面与硬法相比较软法的实施具有民主协商和不依赖国家强制力的特点，并且重视与相对人的沟通、协调和认同。符合现在社会人们所趋向的主体多样性和行为方式多样化。以上两个方面正符合环境合同（协议）的特点，主体以独立的意思表示自愿与他人设立、变更、终止民事法律关系。所以，无论在行政领域还是民事领域，环境合同（协议）表现出一种典型意义上的软法特点，在民事领域意思自治，不受公法的直接干预，表现出的是一种"社会契约"的形式。

目前我国的环境合同主要是从环境行政合同的角度进行论述的。环境行政合同属于环境公法领域的合同类型同时也具有环境软法的特点，我国主要的环境行政合同有以下几类：一是根据环境行政合同的主体不同可分为：上级政府与下级政府签订的环境行政合同；环境行政机关之间签订的有关环境管理事务的环境行政合同：政府或环境保护部门与管理相对人签订的环境行政合同。二是根据环境行政机关与管理相对人之间的关系可分为：承包合同、执行合同、出让合同。三是根据行政合同的内容不同可分为：污染限期治理合同、环境保护建设合同、排污权许可合同、使用排污费、环境资源保护合同。因环境民事合同在合同目的、性质和法律适用等方面在我国学术界依然存在争论，故在此不做过多列举。但其在农村环境治理中却处于重要地位。

（2）环境保护政策

党和国家的政策是我国法的主要渊源之一。由于中国的国家性质和执政党对国家的领导地位，中国的执政党政策，特别是转化为国家政策的执政党政策，是许多法律法规规章的重要渊源。这些法律法规规章在相当大程度上是政策的提升或法定化。[①] 当前我国的三大环保政策为：预防为主、谁污染谁治理、强化环境管理。政策往往作为立法的指南和先导，对人民具有指引作用，其规则和规定具有普适性和约束力。另外政策往往不依赖国家强制力保障实施。所以政策具有软法的特点。我国的环境保护政策根据制定和实施主体的不同可以分为：国家性环境保护政策、社会性环境保护政策。如 2003 年由国务院制定的《中国 21 世纪可持续发展纲要》；2003 年由国家发改委、国

---

① 参见张文显：《法理学》，高等教育出版社 2007 年版，第 93 页。

土资源部、国家海洋局共同制定的《全国海洋经济发展规划纲要》；2008 年由环保部颁布的《全国生态环境保护纲要》《全国生态脆弱区保护纲要》等都属于国家环境保护政策的范畴。

社会性环境保护政策，指各种社会环境保护自治组织为了实现自我管理、自我服务、自我监督而制定的政策。如中华环保基金会、中华环保联合会、自然之友、中国绿化基金会、中国野生动物保护协会等。这些组织往往通过社会舆论、参与环境法律制定、批评建议等方式推动环境保护活动的开展。虽然代表了民间意思，但却对环境保护起到了指导、监督的作用。另外，企事业单位、基层自治组织的规范等涉及环境保护的部分，如企业生产中涉及环境保护的规定，事业单位对环境保护的措施，居民委员会、村民委员会关于社区内的环境保护的规定等也属于社会性的环境保护政策。

（3）环境保护相关行业自律规范及行业标注

保护环境不仅需要国家各项环境保护法律、法规、规章、政策的制定和实施。同时社会组织和个人的自我规制也是重要的一方面，试想，如果上至国家、社会，下至居民、村民如果人人都有环境保护自律意识，那么那些法律、法规、规章、制度岂不是毫无必要？现在社会中存在大量的行业自律规范及标准。以环境保护的自律规范为例，如《钢铁行业规范国内钢材市场秩序自律公约》《山西省焦化行业环保自律公约》《土壤环境监测技术规范》等；以环境保护的行业标准为例，如《废橡胶综合利用行业安全环保清洁生产自律标准》《绿色轮胎技术规范》《工业清洗企业资质等级标准》《环境影响评价技术导则总纲》《环境空气质量功能区划分原则与技术标准方法》等。

（4）立法机关创制的环境法律、法规、规章

立法机关在制定环境硬法的同时，也制定了大量鼓励性、指导性、建议性、自由裁量性的软法条款。

2. 环境软法在质量和数量上所体现的法制分量

我国环境软法的渊源种类丰富，诸如宣言、纲要、号召、指南、建议、倡议、规程、章程、标准、公约、规定、决定、规范等。罗豪才教授认为："软法的种类齐全集中体现在两个层面：一是政法惯例、公共政策、自律规范、专业标准与弹性法条这五种软法规范的主要渊源，在公域中普遍存在、齐头并进、平行发展。二是每一类软法当中的各种具体的软法规范也得到充

分发挥，具体形态不一而足，形成了一个主要由立法惯例、行政惯例、司法惯例、政治惯例，国家性政策规则、社会性政策规则、政党性政策规则，公共机构自律规范、公务人员自律规范、行业内部自律规范，国家标准、行业标准、地方标准、企业标准，法律原则、柔性法律文本、弹性法律条款等共同构成的软法规范载体形态。"①

（1）国内环境软法的价值意义

第一，弥补环境立法的不足。一方面环境硬法因其内容的稳定性和国家强制力的保障性等方面的原因，在生态环境保护方面起着不可替代的作用。然而由于社会经济和科学的迅猛发展，人类社会对自然的破坏变得越来越多样性和复杂性，如各种工艺技术在工业生产中的应用使得没有一部环境硬法能对其技术规范、环境标准和控制污染量等各种工艺技术指标作出明确的规定和约束。这就使得硬法脱离了正确的自然规律的发展，表现出了一定的滞后性；另一方面由于立法者因为行业差距以及知识水平等原因在环境立法上也可能出现忽视和漏洞；但是作为国家有权立法机关所立的环境硬法，因其稳定性和可靠性的需要，又不能频繁地修改和补充。正是因为这些原因使得对环境的保护出现了立法方面的漏洞、缺失和执法方面的滞后。环境软法的大量制定不仅弥补了硬法的不足而且因其内容的广泛性、灵活性和其制定修改程序的简便性，使其在环境保护过程中起到了不可替代的作用。

第二，推动环境法学的发展。其一，环境软法的大量制定和使用，不仅弥补了我国环境硬法的不足，而且因其在环境保护方面所表现出的有效性，立法机关在立法过程中会关注此类软法，使其成为环境立法的素材，甚至直接通过法定程序将其转化为环境硬法。其二，环境软法的大量制定和适用，是环境软法在公民心中产生一定的影响，在社会舆论之中造成一定的风向。这就为环境硬法的制定创造了良好的社会前提，同时为环境硬法的后续顺利实施铺平了道路。而且，环境软法的前序执行为环境硬法制定后行政执法部门的执行提供了经验支持。其三，环境软法的制定和实施提高了公民的环境意识和生态文明意识，反过来，公民生态和环保意识的提高又大大推动我国

---

① 罗豪才、宋功德：《认真对待软法——公域软法的一般理论及其中国实践》，《中国法学》2006年第2期。

环境立法包括软法与硬法的双双发展。这种良性的互动过程正是我国生态文明建设的需要也是依法治国的需要。

第三，促进环境治理方式的转变。传统的环境治理是以政府为主控的方式，任何事情都由政府主导这就大大降低了市场主体的主观能动性。尤其是在环境治理方面，一味的强制不仅不会起到好的效果，反而会增加市场主体的抵触情绪。环境问题是社会和经济发展的必然结果，因此环境问题是一个复杂而庞大的社会问题，它需要的是社会主体的自觉行动。这就需要国家在批评、教育、支持、引导、宣传等方面多下功夫。政府需要从对环境治理的统治上转换到鼓励全社会的公共治理上来，转换政府的工作职能，降低民众的抵触情绪，以解决政府在环境治理上的疲软态势。

第四，树立环境治理理念。环境保护需要全社会的共同关注和参与，只有环保理念被理解和接受才能转化为实际的行动，带动全社会对环境保护的关注和参与。环境软法因其平和性和大众性的原因，更容易被社会大众所接受，所以其对环境建设的推动作用也就更明显。环境保护的意识也就更容易深入人心。

第五，提供更多的环境问题的解决机制。在我国环境硬法的现状下，对环境问题的解决机制比较单一和匮乏，解决环境纠纷的方法往往只有通过环境诉讼来解决，但由于环境问题的复杂性、专业性以及牵涉社会利益的重大性。这就导致了受害人举证的困难。然而我国目前欠缺环境公益诉讼制度，绝大多数法院也没有单设环境法庭，即使专业知识过硬的法官面对新型、多变的环境纠纷时也难以解决，这使得环境问题的解决方式越显单一而又难以发挥作用。[1] 环境软法为解决环境问题创设了更多的环境解决机制有效地弥补了环境硬法的不足，如环境和解机制、环境调解机制。再如山东省环保局制定的环境信访四项制度：来访督察制度、环境保护信访户回访制度、环境信访调研制度、各级环境保护行政主管部门领导公开接访制度。

（2）国内环境软法的不足

第一，环境软法的无国家强制力所引起的在守法方面的不足。公民环境守法意识的养成需要公民的法律意识、自觉意识、环境意识等方面的意识养

---

① 参见张玉东：《软法建设生态文明的兴起与实践》，《人民论坛》2012 年第 7 期。

成。公民和各社会主体按照相关法律法规和其他规范性法律文件进行活动，以保障环境法的顺利实施。但是这些意识的养成由个人的知识水平、道德水平和社会的经济文化发展水平所决定的。在中国这样一个人口大国，经济文化的水平正处于发展阶段，这就导致人们的环保意识参差不齐。所以环境保护还需要国家的强制力作为后盾，以保证环境法的顺利实施。这种强制力是世界上所有国家，所有政府达到统治效果的强有力的手段。环境软法恰恰因为缺失国家强制力作保障这一有效手段，因而在规范公民和各社会组织时显得软弱无力。仅仅依靠自觉意识和社会舆论等软手段难以达到对环境的有效保护，也就无法达到此类软法制定时的目的。

第二，环境软法制定主体的多样性所导致的在执法方面的缺陷。环境执法是指执法机关按照相应的环境法律法规和规范性环境法律文件，通过合法的权限和程序，对破坏环境的主体和行为进行处罚的活动。执法的首要原则就是合法性原则，而在中国现在的环境软法讨论中，软法因其国家强制力的缺失，始终对软法是不是法有着争议，这就导致执法部门在依据环境软法进行执法时缺乏合法性保障，从而起不到保护环境的惩罚性效果。另外因为环境软法的大量存在，也就是环境软法制定主体的复杂性、多样性的原因。这就在执法时产生执法主体的责任重叠和相互推诿责任的现象。同时因为软法的复杂性，也出现了软法与硬法、软法与软法之间的冲突。

第三，环境软法的复杂性和多样性所引起的与硬法的冲突。环境司法是指有关国家机关按照法定的职权和程序，具体应用环境法律法规处理有关环境的案件，保护环境的一种专门活动，司法过程具有以事实为依据以法律为准绳和审判独立的基本原则。司法机关按照法律明文规定进行司法活动，环境硬法是我国目前进行环境司法的主要法渊源，环境软法有时也作为法渊源被司法机关的司法活动所采用。环境硬法与环境软法的同时使用，这就必然产生硬法与软法的冲突，对司法机关的司法活动产生难以抉择的影响，尤其是在面对同位阶效力的硬法与软法发生冲突时。这种矛盾必然会对环境司法的公正性、权威性、合理性产生影响。

（二）环境软法对于个人、组织的规制机能

1. 指引功能

法是通过规定人们在法律上的权利和义务以及违反法的规定应承担的责

任来调整人们的行为的规范就是指引。指引作用的发挥以对法的要求的知晓为前提。只因有两种情况，其一，确定性指引，即通过规定法律义务，要求人们作出或抑制一定行为；其二，不确定的指引，即通过授予法律权利，给人们创造一种选择的机会。[1] 环境软法因其国家强制力的欠缺，致使其在对人们行为的强制和禁止方面显得缺少力量感，但不能说其没有力量，比如环境合同的签订，环境主体必须按照合同要求去行使权力和履行义务。否则就要承担相应的违约责任。这表现为环境软法的确定性指引。再如行业标准的制定，就对本行业的污染物排放标准、排放方式等方面作出规定，违反此类规定就要接受相应的经济制裁；环境软法因其制定主体的多样性和复杂性，必然对环境保护的规定会定位于环境保护的第一线，其对环境保护的要求更加明确具体。对社会主体的指导作用也就更加明显、实用。

2. 激励功能

法的激励作用其实也是法的指导作用，具体表现在法的不确定指引方面。环境软法的激励作用也是通过对社会主体的不确定指引实现的，即通过赋予环境保护主体一定的权利，鼓励人们从事一些环境软法所允许的行为，来达到对环境的保护目的和提高人民的环境保护意识。如环境软法的表现形式有一些是鼓励性、指导性、建议性、自由裁量性的软法条款。通过赋予人们权利、鼓励、指导、建议人们从事环境软法所允许的行为。再如一些环境奖惩制度，通过对环境保护主体所为的有利于环境保护的行为进行鼓励和奖励，充分调动环境保护主体的积极性。从而使环境保护工作得到更多人的支持和行动。

3. 评价作用

法作为一种行为标准和尺度，具有判断和衡量人们的行为的作用。法不仅具有判断行为合法与否的作用，而且由于法是建立在道德和理性之上的，所以也具有衡量人们的行为是善良的、正确的，还是邪恶的、错误的作用。法通过这种评价，影响人们的价值观念和是非标准，从而达到指引人们行为的效果。[2] 环境软法虽然不具有国家强制力，但其同样对人民的行为设定了一

---

① 参见张文显：《法理学》，高等教育出版社 2007 年版，第83—84 页。

② 同上书，第84 页。

定的行动方式和范围，并以此对人们的行为进行判断和评价。由于环境软法制定主体的多样性和社会性，环境软法的评价作用主要表现在社会评价等方面，通过社会舆论、道德价值、社会规章等对人们的环境保护行为作出评价。使人们迫于各种社会的压力从而改正自己的错误行为，以达到对环境的保护和对环境软法意义的宣传。

三、如何实现环境软法的社会治理，实现环境软硬法的协同

（一）充分发挥环境软法在环境治理中的作用

由上文环境软法的作用意义和环境软法的缺陷，我们可以看出，环境软法具有积极和消极的双重效应。利用好环境软法的积极效应，避免环境软法的消极效应，实现环境软法与环境硬法的相互协调配合才能达到对环境的合理之治。笔者认为实现环境软法的有效价值，我们必须根据我国的宪法、法律、法规等规范性法律文件的基本原理对环境软法进行合理改造，提高环境软法的合理性程度，摒弃环境软法的弊端，汲取环境软法的长处，充分实现中国环境法体系中的环境软法的价值。

1. 把环境软法是环境法治渊源的理念，植入社会主体的法律观念中

随着社会的发展和进步，法治建设同样需要进步与发展。社会发展的快速性、社会合作的急速发展、社会主体的复杂而庞大的社会关系等方面要求我们有必要打破传统的法律概念严格和不可更改的理论认知。环境软法所具有的法律的规范性、约束性、公正性、普适性等基本特征使其符合环境硬法的要求。所以我们完全可以把环境软法作为环境法的一种渊源，接受环境软法的个性特征，忽略环境软法的特殊方式，使其为我国的环境建设服务。让社会主体从思想上改变对环境软法制度的"软"看法，接受其环境法渊源的地位，使环境法治的建设符合社会潮流的发展。

2. 使环境软法的制定机制和形式更加规范、理性

法治的第一要求就是理性。作为环境法制定的主体，保持理性，避免个人意志的掺杂是制定环境软法的第一要求。环境法律的理性化便是指环境法律的制定和实施过程严格，避免主观性和个人意志的掺杂，避免随意性、偶然性的发生。并严格准确地对法律制度进行安排，明确把握好主体行为的确定性和预期性。因此，一是我们要对环境软法的有权制定主体及其有权制定

主体的权限范围作出明确的规定。因为环境保护主体的范围因其环境保护的方面的不同，而在主体方面有所区别，所以环境软法的制定主体必须是由与环境保护有关的环境共同体或能代表此方面的环境共同体的意志的有权代表来制定或者认可。其他人因为知识经验等的不了解，所以不能代为制定或认可此环境软法。二是环境软法的制定一定要遵循正当程序原则，正当程序原则是一切法律法规制定时必须遵循的原则，环境软法同样不能例外。环境软法制定过程中一定要遵循正当程序原则中的公开透明以及公众参与等要求。并且把环境软法的制定程序通过硬法加以规定和明确；对制定后的环境软法进行讨论、交流、评价，使环境软法的制定更加法定化、理性化、大众化。

3. 充分发挥监督机制对环境软法的促进作用

一部法律的意义不仅要使其制定过程合法、合理。更重要的是制定法律后其实施过程的合法、合理及其被人们的接受、遵守和对社会的适用程度。所以法律运行的监督机制就显得尤为重要。环境软法作为国家环境法治体系的一部分，其实施过程也必然需要进行监督。由于环境软法制定主体的多元性和制定主体的利益驱动，就会出现代表不同利益主体的环境软法并存的局面。具体表现为，如代表国家利益、政党利益、环境自治组织利益、行业协会利益等的各种环境软法，其结果必然导致国家法制的混乱。① 所以对环境软法的法律监督就显得尤为重要。我国现有的环境法律监督主体有三种：国家机关、社会组织、公民。国家监督和社会监督因其国家强制力和社会舆论的力量主要表现在对环境软法制定实施的外在监督上，有利于环境软法权威的树立和对人民的威慑和教育作用。公民个人的监督则表现为环境软法规制对象即公民个人的自我监督。有利于公民环境保护法制意识的提高和对环境保护的有效程度。

（二）实现环境软硬法的协调治理

随着经济、文化、科技、社会的发展，法律的社会化程度日益明显，各项法律法规的发展也变得越来越多样化，调整不同社会关系的法律部门中，公法与私法的相互融合的现象也变得越来越常见。新公共管理的服务理念，

---

① 参见王晓田、傅学良、王轶坚：《中国环境法中的软法现象探析》，《政治与法律》2009 年第2 期。

政府与社会、市场的互动，也需要多种的法律形式与之匹配。因此，软法规范在调整过程中的回应性、创制过程中的协调性、制度安排的合理性，实施方针的温和性，以及能够以较低的成本，理顺公共关系等优点，能够广泛适应于各个新兴的法域而发挥着独特的功效。① 同样在环境法领域，环境软法与环境硬法的协调配合也同样能够发挥出最大的价值，对环境的保护也就更有效。

1. 环境软法与环境硬法协调治理的内在原因

（1）环境法治建设的内在要求

从我国环境法治建设的发端到今天，我们一直致力于环境硬法对环境问题的调控和治理，即过分地强调应用国家强制力的手段来加强对环境主体的规范和指导。这不仅增加了国家的立法、司法、执法成本，而且还忽视了与环境主体间的商谈协调和互利互惠政策；忽略了环境软法在现代社会中对环境法治建设的作用；放弃了利益共享、谈判协商、激励机制等平和手段对环境治理的价值所在。这种环境治理的法制弊端直接导致了政府与环境主体间的矛盾和对抗，公共权力的成本浪费和环境利益主体的损失。今天的社会已经是一个经济、文化、科技迅猛发展的社会，同时也伴随着不可避免的风险。所以充分发挥环境的社会治理优势，调动环境利益主体的积极性，最大化地鼓励社会主体积极参与到环境的治理过程当中来。实现环境软法与环境硬法的协调治理，以解决日益复杂的环境治理难题，协调不同环境利益主体之间的关系，降低环境法治的成本。这是我国目前环境法治建设的内在需求。

（2）社会整体利益、个体利益以及生态利益协调的内在诉求

随着社会经济、文化和科技的发展以及社会生产的分工化，人与人之间、人与各社会组织之间、各社会组织之间已经形成了相互依赖的关系。因此在面对共同的环境问题时，必然会产生各种各样的矛盾和冲突。而传统的环境硬法和政府环境管理形式又很难平衡和协调这些矛盾和冲突。因为在传统的环境治理模式下，政府很难找到一个平衡点来协调这些关系并把握环境治理的大局势。这就暴露出传统环境硬法治理模式的不足。程信和教授认为："硬法与软法的共同理论基础是通过公共利益体现的公平正义，达到社会整体利

---

① 参见罗豪才、宋功德：《软法之治——公共治理呼唤软法之治》，法律出版社 2009 年版，第 339 页。

益和个体利益的协调。"① 因此在环境问题上，我们不仅要满足社会的公共利益，而且还要在此基础上尽量满足各社会组织和个人的利益。环境硬法保障社会整体利益的作用和环境软法协调各社会组织和个人的利益就显得同等重要。基于当前的环境问题从局部发展到地区、从地区发展到国际、再从国际发展到全球性问题的演变，已反映出如果人类仅从私益或者局部利益的角度出发而忽视社会公共利益；或者政府仅从本国利益和社会公共利益角度出发而忽视个人利益、社会组织利益和他国利益，是不可能从根本上转变或摆脱环境问题的困境。

（3）公众参与的内在需求

环境资源是指那些关乎人类生存发展的环境要素，如空气、水、土壤、动植物资源等这些都是人类赖以生存和发展的必要物质条件。如果这些自然资源受到污染，势必会影响人类社会的生存和发展。所以这些资源是人类社会的共有资源，对这些社会共有的自然资源的保护也就必然需要社会的广泛参与，即"公共治理"。罗豪才教授认为："公共治理，就是公众广泛参与公共管理的过程。是由公共管理元素与公众参与元素整合而成，公共治理＝公共管理＋公众参与。"② 所以我国的环境法治建设的公共管理政策必须开始接纳公众的广泛参与，以此重新调整政府的环境治理政策。就我国目前的法治建设情况来看，我国的公众参与制度主要还是集中在提高公众的环境意识、加强环境信息的公开和促进公众参与环境政策决策及监察等方面。一般来说，公众参与包含三个方面的内容：首先，是提高公民的环境保护意识，环境硬法在对环境的保护中起到了不可取代的作用，但在提高公民的环境保护意识方面却起到了相反的作用，公众的遵守只是震慑于其国家强制力而非自愿，但大量环境软法的制定，公众从其参与创立的角度，会对当前环境的保护产生责任感和共鸣，由此来提高全民的环保意识。其次，是了解环境信息的权利。每个公民都有生活在良好环境下的权利，即对优良环境的享有权。但因为种种原因，公众对环境信息的知情状况存在着不足，所以政府应该及时适

---

① 程信和：《硬法、软法与经济法》，《甘肃社会科学》2007 年第 4 期。

② 罗豪才、宋功德：《公域之治的转型——对公共治理与公法互动关系的一种透视》，《中国法学》2005 年第 5 期。

当地把当前环境状况的信息告知公众，这种知情权也是公众参与的前提和基础。最后，是参与环境决策和环境监督的权利。这也是环境软法发展的重要路径。公众的参与不仅可以提高政府的决策效率和准确度，更能促进公民环保意识的增强和环境法制的发展。

2. 环境软法与环境硬法沟通与协调的路径

（1）加强环境硬法对环境的保护力度

我国的环境法治建设需要转变当前的政府主导的对环境管理模式，开始向有社会主体广泛参与的环境治理模式转变。使环境的治理转变为以政府为主导，公众和社会组织积极参与的双向治理模式。使环境法治建设转变为以立法机关立法为基础，以鼓励、协商、宣传、教育、建议等为辅助的软法为辅助的机制。使各环境主体实现自我管理、自我规制，从而充分调动各环境主体的积极性。这些转变表明我国的环境法治建设必须重视对公众参与积极性的提高，重视各环境保护主体的平等协商、互利互惠。但这些转变并不意味着我们要完全抛弃环境硬法的环境保护作用，也不是说我国的环境法治建设不再需要政府的强制性治理和国家强制手段对环境保护工作的保障作用。反而这些法定的、必要的、适度的强制性手段对于环境法治建设仍是不可或缺的。因此，一是我们应该坚持国家制定的科学发展观的政策，实施可持续的发展理念。在此指导下对环境法立法体系进行创新。正确处理保护环境与发展经济的关系。合理利用自然资源，实现统筹发展。二是加强环境立法，使环境保护法律体系更加科学、合理、系统。形成在宪法规定下的环境基本法、环境单行法律法规等规范性法律文件的环境法体系。重视地方环境立法，结合各地区实际情况，参照各地区经济发展状况和环境实际状况制定符合实际的地方性环境法律法规。三是必须严格执行环境法律法规，按照环境主体在环境活动中的权利义务关系，严厉查处环境违法行为，维护生态秩序。既要实现好当代经济的发展，又要为后代的发展建立良好的基础。协调好个各社会主体之间的利益；协调好局部与整体之间的利益的关系；实现经济发展与环境保护的协调。四是注重环境法律监督。充分发挥政府、社会组织、公民个人以及舆论的监督力量。维护公众对环境的知情权；对经济和社会可持续发展的民主参与权；对环境违法行为的检举权和批评权。从而最终推动我国的环境法治建设。

（2）发挥环境软法对环境保护的补充作用

环境硬法的国家强制力对环境的保护作用是我国环境保护的主要手段，但其不足的地方也是显而易见的。这样环境软法的补充作用也就可以发挥作用。首先，软法的大量制定与实施，不仅完善了我国的环境法制建设，而且还可以增强人们的环境和生态意识。环境软法的发展和社会主体的环保意识的增强是一个互动的过程。这种良性的循环使我国的环境法制建设越来越完善。其次，在环境软法的制定和实施过程中要把正当程序原则、民主原则作为其基本原则而引入。在保留必要的强制手段的同时，适当引入协商、交流、建议等方式。提高公众的参与程度，使环境软法的制定更加民主化、规范化、理性化。再次，环境主体的多元性和环境问题的复杂性问题必然会导致环境治理中的复杂性和矛盾性。为了合理解决这些矛盾，平衡各方面环境主体的利益，单靠环境硬法的强制性手段或者是环境软法的柔性手段是不够的。需要环境软法和环境硬法的协同。罗豪才教授提出："为了顺应公共治理兴起提出的法律规范多元化需求，一方面应当以宪法为基础，严格遵循法制统一原则，在主要依靠硬法监督、控制公共权力的同时，为有效解决传统公法过'硬'的问题而全面推进'硬法软化'，将契约精神引进公法，强化公共治理的非强制性倾向，循序渐进地实现公法转型；另一方面为解决社会立法、程序法等因过'软'而产生随意与不确定性的问题，要高度重视'软法硬化'，在硬法的框架内，加大软法的实施力度和适用力，真正发挥其在公域之治的应有作用。"[①]

（3）环境软法与环境硬法分工合作

环境软法与环境硬法的特点决定了两者之间存在功能上的互补，硬法的强制力，软法的柔和性和易接受性，使得环境治理在一刚一柔两种治理方式的共同作用下而趋向合理。所以找到两者之间的合作契合点是实现我国环境优良治理的重点。罗豪才教授认为："总的来说，在环境保护方面，我国已经初步形成了一套软硬结合的治理模式。一方面，注重发挥硬法的作用，加大执法力度，严格依法办事；另一方面又注重发挥软法和协商机制的作用，宣

---

① 罗豪才、宋功德：《认真对待软法——公域软法的一般理论及其中国实践》，《中国法学》2006年第2期。

传和强化全社会的生态文明观念，全面动员企业、社会团体和广大公民积极投身于资源节约型、环境友好型社会建设当中。"① 所以在我国的环境治理过程中，我们既要发挥硬法的强制性作用，也要利用国家公权力对环境主体的行为进行规范和指导，对违法犯罪行为进行惩处。并利用环境硬法对环境软法的制定和实施进行规范和指导。同时发挥软法的柔性和社会适应性。如在环境保护中发展环境行政合同、环境行政指导、环境行政奖励、环境行政给付、环境行政执法协商等非强制性行政，运用环境合同（协议）、环境政策、环境评比表彰、环境保护自律规范、环境保护相关行业标准等多种环境法"软法"渊源，改善环境管理机关与被管理对象的紧张关系。利用环境软法的激励、宣传、教育、批评、建议、倡议等多种手段，提高环境主体的环境保护意识以此来动员他们履行自己的环保义务。加强环境法"硬法"渊源与"软法"渊源的沟通与协调，为实现一种"软硬兼施"的治理模式的环境法治而努力。

---

① 罗豪才：《中国社会转型中的协商机制——在东京基金会成立十周年研讨会上的演讲》，《人权杂志》2008 年第 4 期。

第三章

中国环境刑事立法研究 <<<<<<<<<<<<

前　言

20 世纪以来，随着人口的爆炸性增长、工农业的迅猛发展和科技的突飞猛进，环境惨遭蹂躏。一方面，触目惊心的公害事件接续发生。如 1930 年比利时河谷烟雾事件、1943 年美国洛杉矶光化学烟雾事件、1948 年美国多诺拉烟雾事件、1952 年英国伦敦烟雾事件、1951 年以来的日本水俣病事件、1955 年以来的日本富士山骨痛病事件、1955 年以来的日本四日市哮喘病事件、1968 年以来的日本米糠油事件、1969 年美国圣·巴巴拉海峡石油污染事件、1984 年印度博帕尔毒气泄漏事件、1986 年苏联切尔诺贝利核电站核泄漏事件、1986 年莱茵河污染事件等世界公害案件便是典型例证。另一方面，自然资源趋于枯竭。美国国家科学院前秘书长彼得雷文（Peter H. Raven）2009 年 4 月以《是谁濒临灭绝？全球生物多样拯救行动》（*Are we saving them or ourselves？Global action on the rescue of endangered biodiversity*）为题发表演说时指出："近 50 年来，全球人口从 25 亿人暴增到 68 亿人，耗用了地球 1/4 的表土、1/5 的可耕地、1/3 的森林，大幅改变地球的特质。人类急速扩张生活领域，导致生态失衡，物种濒危。每年有 15000 个物种濒临灭绝。50 年内，预估将有 565 种哺乳动物消失，500 种鸟类绝种……"① 这一组数据道出了人类社会带给地球环境的污染与浩劫以及对自然资源的过度消耗，同时预见了自然环境持续迅速恶化的态势。联合国教科文组织（UNESCO）也提出严重警告，若目前环境恶化的趋势无法获得改善，估计到 2025 年全球将有 2/3 的人口会面临严重的水源短缺问题或无水可用。② 环境问题已成为全人类共同面临的最大挑战，亟待国际社会的关切。

在当代中国，美丽山川遭受到前所未有的污染和破坏，环境问题已成为社会发展面临的重大问题之一，也是引发社会矛盾的根源之一。中华环保联合会秘书长曾晓东在 2013 年 7 月召开的第三届环境司法论坛上直言："目前，中国的环境形势十分严峻，与三十年前相比，已发生环境严重污染，生态严重受损，资源难以承受，社会难以容忍等重大变化。"③ 一系列环境公害事件就是典型例证，如 2002 年贵州都匀矿渣污染事件，2002 年云南南盘江水污染事件，2004 年四川沱江特大水污染事件，2005 年松花江重大水污染事件，2005 年广东北江镉污染事件，2006 年甘肃徽县铅中毒事件，2006 年湖南岳阳新墙河砷污染事件，2005—2008 年间云南澄江锦业工贸有限责任公司重大环境污染事件，2006 年吉林牤牛河水污染事件，2007 年太湖、巢湖、滇池暴发蓝藻事件，2007 年江苏沭阳水污染事件，2008 年贵州独山县瑞丰矿业有限公司砷污染事件，2008 年湖南省怀化市辰溪县砷中毒事件，2008 年河北张家口蔚县壶流河水库跨省重大水污染事件，2008 年云南省阳宗海砷污染事件，2008 年河南省大沙河砷污染事件，2009 年江苏盐城水污染事件，2009 年山东沂南砷污染事件，2009 年陕西凤翔县、湖南武冈市、福建上杭县、广东清远市等多地爆发儿童血铅超标事件，2010 年福建省紫金矿业集团股份有限公司重大环境污染事件，2010 年大连新港原油泄漏事件，2011 年渤海蓬莱油田溢

---

① 洪圣仪等：《由环境刑法观点论台湾环保法令缺失——以环境警察队查获水污染及废弃物污染案件为例》，《台湾警察专科学校警专学报》2010 年第 4 卷第 7 期。

② 参见洪圣仪等：《由环境刑法观点论台湾环保法令缺失——以环境警察队查获水污染及废弃物污染案件为例》，《台湾警察专科学校警专学报》2010 年第 4 卷第 7 期。

③ 参见郗建荣：《80%以上企业未严格执行达标排放 联合会称近 30 年环境形势严重恶化》，http://www.chinacourt.org/article/detail/2013/07/id/1039669.shtml，最后访问时间为 2013 年 11 月 7 日。

油事件，2011 年重庆云光化工有限公司污染环境事件，2012 年广西龙江河镉污染事件等。上述列举，并未对环境污染事件包罗无遗，更未触及隐蔽污染情形，在此只是择其重大者提及。一系列环境污染事件造成的环境公害、人员伤亡、财产损失等危害后果触目惊心，并呈继续恶化之势。面对重大环境污染事件这一幕幕人间悲剧，在痛定思痛之余，唯有考虑如何应对才是上策。在司法实践中，对绝大多数重大环境污染事件，只追究了民事责任和行政责任，受到刑事追究的寥寥无几。这样，重大环境污染事件不但未能得到遏制，反而呈蔓延之势。事实证明，对于破坏环境的行为，民事制裁手段和行政制裁手段已经显得软弱无力，必须加大刑法打击力度，方有可能见效，故而完善环境刑事立法实属必要。

第一节　中国环境刑事立法的历史

作为我国刑法上位法的我国宪法中包含了涉及环境的条款。《宪法》第 9 条第 1 款规定："矿藏、水流、森林、山岭、草原、荒地、滩涂等自然资源，都属于国家所有，即全民所有；由法律规定属于集体所有的森林和山岭、草原、荒地、滩涂除外。"该条第 2 款规定："国家保障自然资源的合理利用，保护珍贵的动物和植物。禁止任何组织或个人用任何手段侵占或破坏自然资源。"上述规定首先确认了自然资源的所有权属性，其次为自然资源的合理利用和保护提供了宪法依据。《宪法》第 26 条规定："国家保护和改善生活环境和生态环境，防止污染和其他公害。"该条为保护环境和防止污染等公害提供了宪法依据。

刑法是宪法的下位法，是仅次于宪法的二级法律，是保证宪法得以实施的配套法律之一。新中国成立以来制定过两部刑法，即 1979 年《刑法》和 1997 年《刑法》。1979 年《刑法》诞生在特定历史背景下，当时环境问题并不突出，环境犯罪不是刑法的主要问题。随着经济的迅猛发展，环境问题日益凸显，因此，环境犯罪在 1997 年《刑法》中占有一席之地。

一、1979 年《刑法》制定之后至 1997 年修订《刑法》之前的环境刑事立法

（一）1979 年《刑法》中的环境刑事立法

1979 年 7 月 1 日第五届全国人民代表大会第二次会议通过了《中华人民

共和国刑法》，自 1980 年 1 月 1 日起实施。1979 年《刑法》是新中国的第一部刑法典。1979 年《刑法》并未对环境犯罪做专门规定，直接或间接涉及环境犯罪的条款散见于分则的一些条款中，主要体现在以下方面：（1）第三章"破坏社会主义经济秩序罪"。该章集中规定了 3 种环境犯罪，即第 128 条规定的盗伐、滥伐林木罪，第 129 条规定的非法捕捞水产品罪，第 130 条规定的非法狩猎罪。第 128 条规定："违反保护森林法规，盗伐、滥伐森林或者其他林木，情节严重的，处三年以下有期徒刑或者拘役，可以并处或单处罚金。"第 129 条规定："违反保护水产资源法规，在禁渔区、禁渔期或者使用禁用的工具、方法捕捞水产品，情节严重的，处两年以下有期徒刑、拘役或者罚金。"第 130 条规定："违反狩猎法规，在禁猎区、禁猎期或者使用禁用的工具、方法进行狩猎，破坏珍禽、珍兽或者其他野生动物资源，情节严重的，处两年以下有期徒刑、拘役或者罚金。"（2）第二章"危害公共安全罪"。该章涉及环境犯罪的条款包括《刑法》第 105 条、第 106 条、第 114 条和第 115 条。《刑法》第 105 条和第 106 条规定了放火罪、决水罪、爆炸罪、投毒罪和以其他方法危害公共安全罪。第 105 条规定："放火、决水、爆炸、或者以其他危险方法破坏工厂、矿场、油田、港口、河流、水源、仓库、住宅、森林、农场、谷场、牧场、重要管道、公共建筑物或其他公共财产，危害公共安全，尚未造成严重后果的，处三年以上十年以下有期徒刑。"第 106 条规定："放火、决水、爆炸、投毒或者以其他危险方法致人重伤、死亡或者使公私财产遭受重大损失的，处十年以上有期徒刑、无期徒刑或者死刑。过失犯前款罪的，处七年以下有期徒刑或者拘役。"第 105 条和第 106 条关于以放火、决水、爆炸、投毒或者其他危险方法破坏河流、水源、森林、农场、牧场等危害公共安全行为的规定，包括了因破坏环境而危害公共安全的内容。第 114 条规定："工厂、矿山、林场建筑企业或者其他企业、事业单位的职工，由于不服管理、违反规章制度，或者强令工人违章冒险作业，因而发生重大伤亡事故，造成严重后果的，处三年以下有期徒刑或者拘役；情节特别恶劣的，处三年以上七年以下有期徒刑。"第 115 条规定："违反爆炸性、易燃性、放射性、毒害性、腐蚀性物品的管理规定，在生产、储存、运输、使用中发生重大事故，造成严重后果的，处三年以下有期徒刑或者拘役；后果特别严重的，处三年以上七年以下有期徒刑。"第 114 条关于重大责任事故罪的规定和第 115 条关于违反危险物品管理规定肇事罪的规定，包含了因严重污染环境或破坏环境而危害公共安全的内容。（3）第六章"妨害社会管理秩序罪"。《刑法》第 174 条（破坏珍贵文物、名胜古迹罪）规定："故意破坏国家保护的珍贵文物、名胜古迹的，处七年以下有期徒刑或者拘役。"（4）第八章"渎职罪"。《刑法》第 187 条（玩忽职守罪）规定："国家工作人员由于玩忽职守，致使公共财产、国家和人民利益遭受重大损失的，处五年以下有期徒刑或者拘役。"虽然上述条款或直接或间接涉及环境犯罪，但其立法初衷均非保护环境。1979 年《刑法》将盗伐、滥伐林木罪、非法捕捞水产品罪和非法狩猎罪归类在"破坏社会主义经济秩序罪"中，旨在保护促进经济发展和保证经济体制改革顺利进行的物质基础；"危害公共安全罪"中涉及环境犯罪的规定，旨在保护人身、财产权益；"妨害社会管理秩序罪"中涉及环境犯罪的规定，旨在维护社会管理秩序；"渎职罪"中涉及环境犯罪的规定，旨在维护国家机关工作人员的廉洁性和国家的廉政建设制度。虽然 1979 年《刑法》关于环境犯罪立法的直接目的不在于保护环境，但发挥了间接保护环境的作用。1979 年《刑法》是中国环境刑事立法的起跑线，对中国环境刑事立法的发展具有奠基作用。

（二）单行刑法与附属刑法中的环境刑事立法

1. 单行刑法中的环境刑事立法

1979 年《刑法》颁布后至 1997 年《刑法》颁布前，为了打击经济犯罪和维护社会治安的需要，自 1981 年始，全国人大常委会相继颁布了 20 余部单行刑法。① 其中包括环境刑事立法，如 1988 年 1 月 21 日全国人大常委会通

---

① 1981 年《中华人民共和国惩治军人违反职责罪暂行条例》、1981 年《关于处理逃跑或者重新犯罪的劳改犯和劳教人员的决定》、1995 年《关于惩治破坏金融秩序犯罪的决定》、1982 年《关于严惩严重破坏经济的罪犯的决定》、1983 年《关于严惩严重危害社会治安的犯罪分子的决定》、1988 年《关于惩治走私罪的补充规定》、1988 年《关于惩治贪污罪贿赂罪的补充规定》、1988 年《关于惩治捕杀国家重点保护的珍贵、濒危野生动物犯罪的补充规定》、1988 年《关于惩治泄露国家秘密犯罪的补充规定》、1990 年《关于惩治侮辱中华人民共和国国旗国徽的决定》、1990 年《关于禁毒的决定》、1990 年《关于惩治走私、制作、贩卖、传播淫秽物品的犯罪分子的决定》、1991 年《关于严惩拐卖、绑架妇女、儿童的犯罪分子的决定》、1991 年《关于严禁卖淫嫖娼的决定》、1991 年《关于惩治盗掘古文化遗址古墓葬犯罪的补充规定》、1992 年《关于惩治劫持航空器犯罪分子的决定》、1992 年《关于惩治偷税、抗税犯罪的补充规定》、1993 年《关于惩治假冒注册商标犯罪的补充规定》、1993 年《关于惩治生产、销售伪劣商品犯罪的决定》、1994 年《关于严惩组织、运送他人偷越国（边）境犯罪的补充规定》、1994 年《关于惩治侵犯著作权的犯罪的决定》、1995 年《关于惩治违反公司法的犯罪的决定》、1995 年《关于惩治虚开、伪造和非法出售增值税专用发票犯罪的决定》。

过的《关于惩治走私罪的补充规定》规定了走私国家禁止出口的文物、珍贵动物及其制品罪，是对 1979 年《刑法》第 116 条规定的走私罪的细化和完善；1988 年 11 月 8 日全国人大常委会通过的《关于惩治捕杀国家重点保护的珍贵、濒危野生动物犯罪的补充规定》规定："第七届全国人民代表大会常务委员会第四次会议决定，为了加强对国家重点保护的珍贵、濒危野生动物的保护，对刑法补充规定：非法捕杀国家重点保护的珍贵、濒危野生动物的，处七年以下有期徒刑或者拘役，可以并处或者单处罚金；非法出售倒卖、走私的，按投机倒把罪、走私罪处刑。"该补充规定将非法捕杀珍贵、濒危野生动物的行为从 1979 年《刑法》第 129 条规定的非法捕捞水产品罪和第 130 条规定的非法狩猎罪中剥离出来，形成了"非法捕杀珍贵、濒危野生动物罪"，并配置了相应的法定刑"7 年以下有期徒刑或者拘役，可以并处或者单处罚金"。该罪的刑罚重于 1979 年《刑法》第 129 条和第 130 条的法定刑"二年以下有期徒刑、拘役或者罚金"。同时，该补充规定还将非法出售、倒卖、走私珍贵、濒危野生动物的行为，按照投机倒把罪、走私罪处罚。

2. 附属刑法中的环境刑事立法

1979 年《刑法》施行后至 1997 年《刑法》实施之前的时间段内，国家制定了一系列包含环境刑事责任条款的法律。这些法律主要包括：1982 年《海洋环境保护法》（1999 年修订）、1984 年《水污染防治法》（1996 年修订）、1984 年《森林法》（1998 年修订）、1985 年《草原法》（2002 年修订）、1986 年《矿产资源法》（1996 年修订）、1986 年《土地管理法》（1998 年修订）、1986 年《渔业法》（2000 年修订）、1987 年《大气污染防治法》（1995 年、2000 年修订）、1988 年《野生动物保护法》（2004 年修订）、1989 年《环境保护法》（2014 年修订）、1995 年《固体废物污染环境防治法》（2004 年修订）、1997 年《环境噪声污染防治法》、2003 年《放射性污染防治法》。前述法律中都规定，对构成犯罪的，依照 1979 年《刑法》追究刑事责任。其中，1984 年《水污染防治法》、1987 年《大气污染防治法》和 1995 年《固体废物污染环境防治法》分别以类推的方式创立了"水污染罪"、"大气污染罪"和"违反规定收集、贮存、处置危险废物罪" 3 个新罪名。

上述单行环境法中关于环境刑事责任条款的规定，可以划分为依照式、比照式和概括式三大类：（1）依照式，即在环境保护法中规定直接适用刑法中的某条款定罪量刑，如 1984 年《森林法》第 34 条规定："……盗伐、滥伐森林或者其他林木，情节严重的，依照刑法第一百二十八条的规定追究刑事责任。盗伐林木据为己有，数额较大的，依照刑法第一百五十二条的规定追究刑事责任。"① 1984 年《森林法》第 35 条规定："违反本法规定，超过批准的年采伐限额发放林木采伐许可证的，对直接责任人员予以行政处分；情节严重，致使森林遭受严重破坏的，对直接责任人员依照刑法第一百八十七条的规定追究刑事责任。"② 1986 年《渔业法》第 28 条规定："炸鱼、毒鱼的，违反关于禁渔区、禁渔期的规定进行捕捞的，使用禁用的渔具、捕捞方法进行捕捞的，擅自捕捞国家规定禁止捕捞的珍贵水生动物的，没收渔获物和违法所得，处以罚款，并可以没收渔具，吊销捕捞许可证；情节严重的，依照刑法第一百二十九条的规定对个人或者单位直接责任人员追究刑事责任。"③ 1986 年《渔业法》第 29 条规定："偷捕、抢夺他人养殖的水产品的，破坏他人养殖的水体、养殖设施的，由渔业行政主管部门或者其所属的行政监督管理机构责令赔偿损失，并处以罚款；数额较大，情节严重的，依照刑法第一百五十一条或者第一百五十六条的规定对个人或者单位直接责任人员追究刑事责任。"④（2）比照式，即在环境保护法中规定比照刑法中最相类似的条文定罪量刑，如 1984 年《森林法》第 36 条规定："伪造或者倒卖林木采伐许可证的，由林业主管部门没收违法所得，处以罚款；情节严重的，比照刑法第一百二十条的规定追究刑事责任。"⑤ 1984 年《水污染防治法》第 43 条规定："违反本法规定，造成重大水污染事故，导致公私财产重大损失或者人身伤亡的严重后果的，对有关责任人员可以比照刑法第一百一十五条或者第一百八十七条的规定，追究刑事责任。"⑥ 1995 年《固体废物污染环境防治法》第 72 条规定："违反本法规定，收集、贮存、处置危险废物，造成重大环境事故，导致公私财产重大损失或者人身伤亡的严重后果的，比照刑法第一百一

---

① 1979 年《刑法》第 128 条规定的犯罪是盗伐、滥伐林木罪；第 152 条规定的犯罪是盗窃罪。
② 1979 年《刑法》第 187 条规定的犯罪是玩忽职守罪。
③ 1979 年《刑法》第 129 条规定的犯罪是非法捕捞水产品罪。
④ 1979 年《刑法》第 151 条规定的犯罪是抢夺罪；第 156 条规定的犯罪是故意毁坏财物罪。
⑤ 1979 年《刑法》第 120 条规定的犯罪是伪造、倒卖计划供应票证罪。
⑥ 1979 年《刑法》第 115 条规定的犯罪是违反危险物品管理规定肇事罪。

十五条或第一百八十七条的规定追究刑事责任。单位犯本条罪的，处以罚金，并对直接负责的主管人员和其他直接责任人员依照前款规定追究刑事责任。"（3）概括式，即在环境保护法中只规定危害环境的行为达到某种标准，"依法追究刑事责任"，至于究竟根据刑法中哪一具体条款定罪量刑，不得而知。如1982年《海洋环境保护法》第44条规定："凡违反本法，污染损害海洋环境，造成公私财产重大损失或者致人伤亡的，对直接责任人员可以由司法机关依法追究刑事责任。"1987年《大气污染防治法》第61条规定："对违反本法规定，……造成重大大气污染事故，导致公私财产重大损失或者人身伤亡的严重后果，构成犯罪的，依法追究刑事责任。"1989年《环境保护法》第43条规定："违反本法规定，造成重大环境污染事故，导致公私财产重大损失或者人身伤亡的严重后果的，对直接责任人员依法追究刑事责任。"1989年《环境保护法》第45条规定："环境保护监督管理人员滥用职权、玩忽职守、徇私舞弊的，由其所在单位或者上级主管机关给予行政处分；构成犯罪的，依法追究刑事责任。"对于这种概括式规定，根据《刑法》第79条之规定，如果《刑法》分则中具有最相类似的条文，则依照最相类似的条文定罪量刑，否则，就无法得到实施。

另外，最高司法机关出台的司法解释对这一时期的环境刑事立法给予了补充和完善，例如最高人民法院、最高人民检察院于1987年9月5日颁布的《关于办理盗伐、滥伐森林案件应用法律的几个问题的解释》第6条规定：对情节特别严重的盗伐、滥伐林木的犯罪行为，可以判处10年以上有期徒刑、无期徒刑或者死刑。第7条规定："盗伐、滥伐自然保护区和城市园林部门管理的树木，要从严惩处。盗伐、滥伐、破坏珍稀树木者，应视为情节严重，依法追究刑事责任。盗伐、滥伐、破坏年代久远或者多株珍稀树木者，应按'数额巨大'或者'情节特别严重'的量刑标准，依法追究刑事责任。"第10条第6项规定："对破坏森林资源或林木的其他犯罪行为，应依照刑法有关条款追究刑事责任。"最高人民法院于1987年发布的《关于要求依法严惩猎杀大熊猫、倒卖、走私大熊猫皮的犯罪分子的通知》规定：对于猎杀大熊猫、倒卖、走私大熊猫皮的犯罪行为，可以判处10年以上有期徒刑、无期徒刑或者死刑。1996年7月31日颁布的《关于审理非法进口废物刑事案件适用法律若干问题的解释》规定，对非法进口废物的行为按照走私罪处理，对相关行为按照投机倒把罪、玩忽职守罪或者危害公共安全罪处理。

这一时期，我国环境刑事立法由刑法典中的环境刑事立法、单行刑法中的环境刑事立法、大量附属刑法中的环境刑事立法、相关的司法解释构成，其表现形式是零散的。与之相适应，这一时期环境刑事立法的司法适用主要有以下三种方式①：（1）直接适用刑法典。例如，1991年8月21日，嘉定县环境保护局接到县自来水厂的报案：盐铁河外岗乡河段发现大量死鱼，地面水中氰化物含量高达0.9毫克/升，为国家地面水二级标准的18倍。环保部门调查表明：此次水污染事件十分严重，涉及5个乡镇的2570亩水面，死亡鱼类1780担，直接经济损失40万元；外岗水厂等停水2天，波及19家企业停产，影响产值74万元。经公安部门侦查，此事故系人为倾倒工业废渣所致。1988年，曹保章承包了向阳化工厂，明知本厂没有处理含氰废渣的能力，但为牟取暴利，仍于1989年1月4日与上海锯条总厂签订了处理钢锯热处理产生的含氰废渣的协议。协议规定：自1989年1月起，上海锯条总厂将每月约10吨的含氰废渣委托向阳化工厂处理；向阳化工厂必须按当地环保部门的规定处理含氰废渣，坚决杜绝二次污染，不能存放在露天场所等。签约后的当月，曹保章即雇人派船到宝山区刘行乡上海锯条总厂热处理车间装运含氰废渣，并指使所派人员将其全部抛入返程的沿途河中。此后，每月都有10吨含氰废渣被抛入宝山区、嘉定县及江苏太仓县的水域中。自1989年1月—1991年8月，曹保章指使陆某某等人先后25次将294吨含氰废渣抛入水中。在2年多的时间里，向阳化工厂向水域抛扔的废渣可折合成纯氰化物20多吨，致使大面积水域遭到严重污染，大量鱼及水生生物死亡，当地自来水厂停止供水，部分企业停产，造成直接经济损失210多万元，给环境和人民群众身体健康造成巨大潜在危害。1992年8月17日，上海市中级人民法院根据《刑法》第106条的规定，以投毒罪判处曹保章死刑，同时宣告缓期2年执行，剥夺政治权利终身。其他7名同案犯也分别被判处有期徒刑。（2）适用单行刑法。被列为1990年全国十大环境新闻之一的项伯凯捕杀世界重点保护的珍禽朱鹮一案，陕西省洋县人民法院就是按照《关于惩治捕杀国家重点保护的珍贵、濒危野生动物犯罪的补充规定》来审结的。由于该补充规定将非

---

① 参见刘仁文：《我国环境犯罪初步研究》，《法学研究》1994年第3期。

法捕杀珍贵、濒危野生动物行为的法定最高刑，从1979年《刑法》第130条（非法狩猎罪）的2年有期徒刑提高到7年有期徒刑，所以人民法院对项伯凯判处有期徒刑4年。（3）"比照"或"依照"刑法典。即根据附属刑法的规定，"比照"或"依照"1979年刑法审理案件。如1988年山西省长子县人民法院审理的重大水污染案件，是根据《水污染防治法》第43条的规定比照适用1979年《刑法》第187条（玩忽职守罪）的典型事例。① 1987年1月2日，山西省长治市长子县发生了一起严重污染饮用水源的事故，致使近2万人因喝了遭污染的自来水，出现不同程度的中毒症状，同时还造成了两个工厂停产，直接损失58万元，影响产值300多万元的严重后果。事故发生后，国家环境保护局和山西省有关部门分别派出调查组前往调查。调查结果表明：造成污染的直接原因是长子县化肥厂在未采取任何保护措施的情况下进行设备维修，使碳化炉内15.7立方米的氨氮母液（属严禁排放的有毒化学品）全部流入排污沟，进入南漳河。南漳河是供下游国营惠丰机械厂、淮海机械厂以及邻近9个自然村约3万人饮水的高河水厂的水源。由于水源被污染，因饮用被污染的河水而引起以消化道症状为主的急性中毒反应的有15,457人。同时因水污染造成惠丰机械厂、淮海机械厂零件返修报废等损失。事故发生后，长子县化肥厂领导既未采取任何拦截污染的措施，又不向上级有关部门报告，也没有通知高河水厂及下游用水单位，造成了一场本来可以避免或减轻的污染中毒事件。据有关部门监测，事故发生后的1月4—8日，高河水厂自来水中的氨氮含量超过国家饮用水标准的几十到几百倍，氰化物和硫化物也都大大超标。根据惠丰机械厂1月8日的调查，有14,000多人出现腹痛、腹泻、头晕、恶心等症状，有人在洗澡时全身刺痒，皮肤局部溃烂。该厂托儿所约200名幼儿全部有中毒反应，其中有人严重腹泻。鉴于长子县化肥厂及其领导在这次事故中负有不可推卸的责任，中共长子县委决定对该厂停产治理，并给予该厂厂长党内警告和行政记大过处分，给予负有责任的副厂长撤销职务的处分；长子县环境保护局也作出对该厂罚款30,000元，对厂长、副厂长各罚款100元的处罚决定。长子县人民检察院经立案侦查，认定长子

---

① 参见广东环境保护公众网：《重大污染殃及四邻　长子县化肥厂厂长被判刑》，http://www.gdepb. gov. cn/ztzl/dxhjalyzf/zdwrsga/200602/t20060217_35341. html，最后访问时间为2013年11月12日。

县化肥厂原任厂长安英、副厂长原杰已构成玩忽职守罪，对原杰向法院提起公诉，而安英认罪态度较好，免予起诉。1988 年 4 月，长子县人民法院对该厂原分管生产的副厂长原杰以玩忽职守罪判处有期徒刑 6 个月，缓刑 1 年。

二、1997 年《刑法》实施之后的环境刑事立法

（一）1997 年《刑法》及其修正案中的环境刑事立法

1. 1997 年《刑法》中的环境刑事立法

1979 年《刑法》经由 1997 年 3 月 14 日第八届全国人民代表大会第五次会议修订通过，形成了 1997 年《刑法》，标志着我国环境刑事立法进入发展阶段。1997 年《刑法》分则第六章"妨害社会管理秩序罪"中的第六节"破坏环境资源保护罪"，以专节的形式集中规定了一部分环境犯罪。该节包括 9 条 14 个罪名：重大环境污染事故罪（第 338 条）；非法处置进口的固体废物罪（第 339 条第 1 款）；擅自进口固体废物罪（第 339 条第 2 款）；非法捕捞水产品罪（第 340 条）；非法猎捕、杀害珍贵、濒危野生动物罪（第 341 条第 1 款）；非法收购、运输、出售珍贵濒危野生动物、珍贵濒危野生动物制品罪（第 341 条第 1 款）；非法狩猎罪（第 341 条第 2 款）；非法占用耕地罪（第 342 条）；非法采矿罪（第 343 条第 1 款）；破坏性采矿罪（第 343 条第 2 款）；非法采伐、毁坏珍贵树木罪（第 344 条）；盗伐林木罪（第 345 条第 1 款）；滥伐林木罪（第 345 条第 2 款）；非法收购盗伐、滥伐的林木罪（第 345 条第 3 款）。上述罪名除了前述 1979 年《刑法》和单行刑法规定的罪名外，其余罪名皆为 1997 年《刑法》的新增罪名。同时，1997 年《刑法》还将单位增设为环境犯罪的主体。1979 年《刑法》中没有单位犯罪的规定，但随着经济体制改革的深入开展，实践中出现了单位实施犯罪的情况，并且随着时间的推移，逐渐呈蔓延之势。1987 年《海关法》首次规定单位可以构成犯罪。《海关法》第 47 条第 4 款规定："企业、事业单位、国家机关、社会团体犯走私罪的，由司法机关对其主管人员和直接责任人员依法追究刑事责任；对该单位判处罚金，没收走私货物、物品、走私运输工具和违法所得。"此后制定的一些附属刑法中也包含了单位犯罪的规定，如 1995 年《固体废物污染环境防治法》、1996 年《矿产资源法》中包含了单位犯罪的条款。1997 年《刑法》第 30 条规定："公司、企业、事业单位、机关、团体实施的危害社会

的行为，法律规定为犯罪的，应当负刑事责任。"2014 年 4 月 24 日第十二届全国人民代表大会常务委员会第八次会议通过的《关于〈中华人民共和国刑法〉第三十条的解释》根据司法实践中遇到的情况，对公司、企业、事业单位、机关、团体等单位实施刑法规定的危害社会的行为，法律未规定追究单位的刑事责任的，如何适用刑法有关规定的问题，做了立法解释。该解释规定："公司、企业、事业单位、机关、团体等单位实施刑法规定的危害社会的行为，刑法分则和其他法律未规定追究单位的刑事责任的，对组织、策划、实施该危害社会行为的人依法追究刑事责任。"《刑法》第 31 条规定："单位犯罪的，对单位判处罚金，并对其直接负责的主管人员和其他直接责任人员判处刑罚。本法分则和其他法律另有规定的，依照规定。"根据《刑法》第346 条之规定，单位犯第 338—345 条规定之罪的，对单位判处罚金，并对其直接负责的主管人员和其他直接责任人员，依照刑法分则第六章第六节各条的规定定罪处罚。从实际情况看，导致重大环境污染事件发生的罪魁祸首主要是企业，企业是环境犯罪的主要犯罪主体。1997 年《刑法》突破了 1979 年《刑法》规定只能由自然人构成犯罪的藩篱，能够保证更强有力地打击通常由单位实施的环境犯罪。另外，1997 年《刑法》分则其他章节中还规定了与破坏环境资源相关的犯罪，主要体现在以下三个方面：（1）《刑法》分则第二章"危害公共安全罪"中的放火罪、决水罪、爆炸罪、投放危险物质罪和以其他方法危害公共安全罪（第 114 条和第 115 条）、重大责任事故罪（第 134条）、危险物品肇事罪（第 136 条）等。（2）第三章"破坏社会主义经济秩序罪"中的走私核材料罪（第 151 条第 1 款），走私文物罪（第 151 条第 2款），走私珍贵动物、珍贵动物制品罪（第 151 条第 2 款），走私珍稀植物、珍稀植物制品罪（第 151 条第 3 款），走私固体废物罪（第 155 条第 3 项），非法转让、倒卖土地使用权罪（第 228 条）等。（3）第九章"渎职罪"中的滥用职权罪、玩忽职守罪（第 397 条），违法发放林木采伐许可证罪（第 407条），环境监管失职罪（第 408 条），非法批准征用、占用土地罪（第 410条），非法低价出让国有土地使用权罪（第 410 条）等。依照该章中相关条款的规定，对环境资源的保护负有监督职责的国家机关工作人员不履行自己的职责，或者滥用职权、徇私舞弊，造成环境资源破坏的，应当承担刑事责任。较之于 1979 年《刑法》，1997 年《刑法》在环境保护方面取得了较大进展，主要体现在以下几个方面：（1）在刑法分则第六章中以专节的方式增设了"破坏环境资源保护罪"；（2）增设了环境犯罪的具体罪名；（3）增设了单位犯罪；（4）加重了部分环境犯罪的法定刑。

在1997年《刑法》实施之后，国家相继以颁布刑法修正案、立法解释和司法解释的方式对环境刑事立法做了补充和完善。

2. 刑法修正案中的环境刑事立法

2001年8月31日第九届全国人民代表大会常务委员会第二十三次会议通过了《中华人民共和国刑法修正案（二）》。《中华人民共和国刑法修正案（二）》为了惩治毁林开垦和乱占滥用林地的犯罪，切实保护森林资源，将《刑法》第342条"违反土地管理法规，非法占用耕地改作他用，数量较大，造成耕地大量毁坏的，处五年以下有期徒刑或者拘役，并处或者单处罚金"修改为"违反土地管理法规，非法占用耕地、林地等农用地，改变被占用土地用途，数量较大，造成耕地、林地等农用地大量毁坏的，处五年以下有期徒刑或者拘役，并处或者单处罚金"。从而将《刑法》第342条规定的"耕地"扩充规定为"耕地、林地等农用地"；将"改作他用"的措辞修改为"改变被占用土地用途"。2002年3月15日最高人民法院、最高人民检察院《关于执行〈中华人民共和国刑法〉确定罪名的补充规定》将前述规定阐述的犯罪行为确定为"非法占用农用地罪"，取消了《刑法》第342条规定的"非法占用耕地罪"。

2002年12月28日第九届全国人民代表大会常务委员会第三十一次会议通过了《中华人民共和国刑法修正案（四）》。《中华人民共和国刑法修正案（四）》第5条将《刑法》第339条第3款"以原料利用为名，进口不能用作原料的固体废物的，依照本法第一百五十五条的规定定罪处罚"修改为"以原料利用为名，进口不能用作原料的固体废物、液态废物和气态废物的，依照本法第一百五十二条第二款、第三款的规定定罪处罚"，从而将该条中的犯罪对象从"固体废物"扩展为"固体废物、液态废物和气态废物"三种形态。《刑法》第155条规定："下列行为，以走私罪论处，依照本节的有关规定处罚：（一）直接向走私人非法收购国家禁止进口物品的，或者直接向走私人非法收购走私进口的其他货物、物品，数额较大的；（二）在内海、领海运输、收购、贩卖国家禁止进出口物品的，或者运输、收购、贩卖国家限制进出口货物、物品，数额较大，没有合法证明的；（三）逃避海关监管将境外固体废物运输进境的。"根据第 155 条之规定，第 339 条第 3 款规定的犯罪被确定为"走私固体废物罪"。《刑法》第 152 条第 1 款规定："以牟利或者传播为目的，走私淫秽的影片、录像带、录音带、图片、书刊或者其他淫秽物品的，处三年以上十年以下有期徒刑，并处罚金；情节严重的，处十年以上有期徒刑或者无期徒刑，并处罚金或者没收财产；情节较轻的，处三年以下有期徒刑、拘役或者管制，并处罚金。"第 2 款规定："单位犯前款罪的，对单位判处罚金，并对其直接负责的主管人员和其他直接责任人员，依照前款的规定处罚。"《刑法修正案（四）》删除了《刑法》第 155 条第 3 款中关于"逃避海关监管将境外固体废物运输进境的"的规定。《刑法修正案（四）》第 2 条规定："在第一百五十二条中增加一款作为第二款：'逃避海关监管将境外固体废物、液态废物和气态废物运输进境，情节严重的，处五年以下有期徒刑，并处或者单处罚金；情节特别严重的，处五年以上有期徒刑，并处罚金。'原第二款作为第三款，修改为：'单位犯前两款罪的，对单位判处罚金，并对其直接负责的主管人员和其他直接责任人员，依照前两款的规定处罚。'"2003 年 8 月最高人民法院、最高人民检察院《关于执行〈中华人民共和国刑法〉确定罪名的补充规定（二）》将《刑法》第 152 条第 2 款规定的犯罪确定为"走私废物罪"。据此，《刑法》第 339 条第 3 款规定的犯罪由原来的"走私固体废物罪"（原来依照第 155 条第 3 项之规定定罪处罚）调整为"走私废物罪"。尽管《刑法修正案（四）》第 2 条之规定有利于惩治走私废物的犯罪人，但通过在《刑法》第 152 条增加一款作为第 2 款的方式，将走私废物罪和走私淫秽物品罪置放在同一条欠妥，这两种犯罪之间存在较大差异，不宜出现在同一条中。《刑法修正案（四）》第 6 条将《刑法》第 344 条规定的"违反森林法的规定，非法采伐、毁坏珍贵树木的，处三年以下有期徒刑、拘役或者管制，并处罚金；情节严重的，处三年以上七年以下有期徒刑，并处罚金"修改为"违反国家规定，非法采伐、毁坏珍贵树木或者国家重点保护的其他植物的，或者非法收购、运输、加工、出售珍贵树木或者国家重点保护的其他植物及其制品的，处三年以下有期徒刑、拘役或者管制，并处罚金；情节严重的，处三年以上七年以下有期徒刑，并处罚金"。该条将《刑法》第 344 条规定的"违反森林法的规定"修改为"违反国家规定"；将犯罪对象由"珍贵树木"扩充规定为"珍贵树木或者国家重点保护的其他植物及其制品";将犯罪行为方式由"非法采伐、毁坏"扩充规定为"非法采伐、毁坏"、"非法收购、运输、加工、出售"行为。2003 年 8 月 15 日最高人民法院、最高人民检察院《关于执行〈中华人民共和国刑法〉确定罪名的补充规定（二）》将《刑法修正案（四）》第 6 条修改后的《刑法》第 344 条规定的犯罪行为确定为"非法采伐、毁坏国家重点保护的植物罪"和"非法收购、运输、加工、出售国家重点保护植物制品罪"2 个罪名，取消了《刑法》原第 344 条规定的"非法采伐、毁坏珍贵树木罪"，随之，《刑法》第 344 条规定的罪名由原来的 1 个变为 2 个。《刑法修正案（四）》第 7 条将《刑法》第 345 条"盗伐森林或者其他林木，数量较大的，处三年以下有期徒刑、拘役或者管制，并处或者单处罚金；数量巨大的，处三年以上七年以下有期徒刑，并处罚金；数量特别巨大的，处七年以上有期徒刑，并处罚金。违反森林法的规定，滥伐森林或者其他林木，数量较大的，处三年以下有期徒刑、拘役或者管制，并处或者单处罚金；数量巨大的，处三年以上七年以下有期徒刑，并处罚金。以牟利为目的，在林区非法收购明知是盗伐、滥伐的林木，情节严重的，处三年以下有期徒刑、拘役或者管制，并处或者单处罚金；情节特别严重的，处三年以上七年以下有期徒刑，并处罚金。盗伐、滥伐国家级自然保护区内的森林或者其他林木的，从重处罚"修改为"盗伐森林或者其他林木，数量较大的，处三年以下有期徒刑、拘役或者管制，并处或者单处罚金；数量巨大的，处三年以上七年以下有期徒刑，并处罚金；数量特别巨大的，处七年以上有期徒刑，并处罚金。违反森林法的规定，滥伐森林或者其他林木，数量较大的，处三年以下有期徒刑、拘役或者管制，并处或者单处罚金；数量巨大的，处三年以上七年以下有期徒刑，并处罚金。非法收购、运输明知是盗伐、滥伐的林木，情节严重的，处三年以下有期徒刑、拘役或者管制，并处或者单处罚金；情节特别严重的，处三年以上七年以下有期徒刑，并处罚金"。《刑法修正案（四）》取消了《刑法》第 345 条第 3 款中的"以牟利为目的"这一犯罪构成的主观要件；取消了"在林区"这一犯罪构成的客观要件，并在该款"非法收购"之后增加了"非法运输"一词，扩大了犯罪行为方式的范围。由此，这个罪名由原来的犯罪对象这一单层选择式罪名变为犯罪行为和犯罪对象的双层选择式罪名。2003 年 8 月 15 日最高人民法院、最高人民检察院《关于执行〈中华人民共和国刑法〉确定罪名的补充规定（二）》将《刑法修正案（四）》第 7 条修改后的《刑法》第 345 条第 3 款规定的犯罪行为确定为"非法收购、运输盗伐、滥伐的林木罪"，取消了《刑法》原第 345 条第 3 款规定的"非法收购盗伐、滥伐的林木罪"。至此，《刑法》第六章第六节"破坏环境资源保护罪"下的罪名由 14 个增至 15 个。

2009 年 2 月 28 日第十一届全国人民代表大会常务委员会第七次会议通过的《中华人民共和国刑法修正案（七）》将《刑法》第 151 条第 3 款"走私国家禁止进出口的珍稀植物及其制品的，处五年以下有期徒刑，并处或者单处罚金；情节严重的，处五年以上有期徒刑，并处罚金"修改为"走私珍稀植物及其制品等国家禁止进出口的其他货物、物品的，处五年以下有期徒刑或者拘役，并处或者单处罚金；情节严重的，处五年以上有期徒刑，并处罚金"。《刑法修正案（七）》将《刑法》第 151 条第 3 款规定的犯罪对象由"珍稀植物及其制品"扩充规定为"珍稀植物及其制品等国家禁止进出口的其他货物、物品"，并且在原法定刑中增加了拘役刑。《刑法》原第 151 条第 3 款规定的"走私珍稀植物、珍稀植物制品罪"，也由此调整为"走私国家禁止进出口的货物、物品罪"。

2011 年 2 月 25 日，第十一届全国人民代表大会常务委员会第十九次会议通过了《中华人民共和国刑法修正案（八）》（2011 年 5 月 1 日起施行）。《刑法修正案（八）》第 46 条将《刑法》第 338 条"违反国家规定，向土地、水体、大气排放、倾倒或者处置有放射性的废物、含传染病病原体的废物、有毒物质或者其他危险废物，造成重大环境污染事故，致使公私财产遭受重大损失或者人身伤亡的严重后果的，处三年以下有期徒刑或者拘役，并处或者单处罚金；后果特别严重的，处三年以上七年以下有期徒刑，并处罚金"修改为"违反国家规定，排放、倾倒或者处置有放射性的废物、含传染病病原体的废物、有毒物质或者其他有害物质，严重污染环境的，处三年以下有期徒刑或者拘役，并处或者单处罚金；后果特别严重的，处三年以上七年以下有期徒刑，并处罚金"。《刑法修正案（八）》对《刑法》规定的"重大环境污染事故罪"做了进一步完善：一是取消了处置有害物质的场所限制，删除了"向土地、水体、大气"的措辞，不再限定排放、倾倒、处置有害物质的场所，如果实施了排放、倾倒、处置有害物质的行为，不论排放、倾倒、处置有害物质的场所何在，只要该行为严重污染了环境，即可定罪；二是扩大了污染物的范围，将原来规定的"其他危险废物"修改为"其他有害物质"；三是降低了入罪门槛，将"造成重大环境污染事故，致使公私财产遭受重大损失或者人身伤亡的严重后果"修改为"严重污染环境"。因此，罪名也由原来的"重大环境污染事故罪"调整为"污染环境罪"。《刑法修正案（八）》第47条将《刑法》第343条第1款"违反矿产资源法的规定，未取得采矿许可证擅自采矿的，擅自进入国家规划矿区、对国民经济具有重要价值的矿区和他人矿区范围采矿的，擅自开采国家规定实行保护性开采的特定矿种，经责令停止开采后拒不停止开采，造成矿产资源破坏的，处三年以下有期徒刑、拘役或者管制，并处或者单处罚金；造成矿产资源严重破坏的，处三年以上七年以下有期徒刑，并处罚金"修改为"违反矿产资源法的规定，未取得采矿许可证擅自采矿，擅自进入国家规划矿区、对国民经济具有重要价值的矿区和他人矿区范围采矿，或者擅自开采国家规定实行保护性开采的特定矿种，情节严重的，处三年以下有期徒刑、拘役或者管制，并处或者单处罚金；情节特别严重的，处三年以上七年以下有期徒刑，并处罚金"。《刑法修正案（八）》删除了《刑法》原第343条第1款中"经责令停止开采后拒不停止开采，造成矿产资源破坏的"的措辞，扩大了非法采矿行为方式的范围。另外，《刑法修正案（八）》还取消了《刑法》第151条（走私珍贵动物、珍贵动物制品罪）关于"情节特别严重的，处无期徒刑或者死刑"的规定。

经过《刑法修正案（二）》、《刑法修正案（四）》、《刑法修正案（七）》、《刑法修正案（八）》对《刑法》的修改和完善，《刑法》分则第六章第六节"破坏环境资源保护罪"下的罪名中部分罪名名称发生了变化，这15个罪名包括污染环境犯罪（第338条），非法处置进口的固体废物罪（第339条第1款），擅自进口固体废物罪（第339条第2款），非法捕捞水产品罪（第340条），非法猎捕、杀害珍贵、濒危野生动物罪（第341条第1款），非法收购、运输、出售珍贵、濒危野生动物、珍贵濒危野生动物制品罪（第341条第1款），非法狩猎罪（第341条第2款），非法占用农用地罪（第342条），非法采矿罪（第343条第1款），破坏性采矿罪（第343条第2款），非法采伐、毁坏国家重点保护植物罪（第344条），非法收购、运输、加工、出售国家重点保护植物、国家重点保护植物制品罪（第 344 条），盗伐林木罪（第 345 条第 1 款），滥伐林木罪（第 345 条第 2 款），非法收购、运输盗伐、滥伐的林木罪（第 345 条第 3 款）。这 15 个罪名可以分为两大类：一类是污染环境的犯罪，包括污染环境罪、非法处置进口的固体废物罪、擅自进口固体废物罪；二是破坏自然资源的犯罪，包括除前述 3 种犯罪之外的其余 12 种犯罪。其他章节中的涉及环境的部分罪名也发生了变化，《刑法》第 151 条第 3 款规定的"走私珍稀植物、珍稀植物制品罪"被调整为"走私国家禁止进出口的货物、物品罪"；《刑法》第 155 条第 3 项规定的"走私固体废物罪"被调整为"走私废物罪"（第 152 条第 2 款）。

3. 附属刑法中的环境刑事立法

1999 年修订通过的《海洋环境保护法》（1982 年通过）第 91 条第 3 款规定："对造成重大海洋环境污染事故，致使公私财产遭受重大损失或者人身伤亡严重后果的，依法追究刑事责任。"2000 年修订通过的《大气污染防治法》（1987 年通过）第 61 条规定："违反本法规定，造成大气污染事故的企业事业单位，由所在地县级以上地方人民政府环境保护行政主管部门根据所造成的危害后果处直接经济损失 50% 以下的罚款，但最高不超过 50 万元；情节较重的，对直接负责的主管人员和其他直接责任人员，由所在单位或者上级主管机关依法给予行政处分或者纪律处分；造成重大大气污染事故，导致公私财产重大损失或者人身伤亡的严重后果，构成犯罪的，依法追究刑事责任。"2004 年修订通过的《固体废物污染环境防治法》（1995 年通过）第 66 条第 1 款规定："违反本法规定，将中国境外的固体废物进境倾倒、堆放、处置，或者未经国务院有关主管部门许可擅自进口固体废物用作原料的，由海关责令退运该固体废物，可以并处 10 万元以上 100 万元以下的罚款。逃避海关监管，构成走私罪的，依法追究刑事责任。"第 66 条第 2 款规定："以原料利用为名，进口不能用作原料的固体废物的，依照前款规定处罚。"2008 年修订通过的《水污染防治法》（1984 年通过）第 90 条规定："违反本法规定，构成违反治安管理行为的，依法给予治安管理处罚；构成犯罪的，依法追究刑事责任。"对于上述法律中规定的刑事责任条款，可以以《刑法》第 338 条规定的污染环境罪、第 152 条规定的走私废物罪、第 408 条规定的环境监管失职罪等罪名定罪处刑。

4. 相关的立法解释和司法解释

1999 年 6 月 18 日最高人民法院颁布的《关于审理单位犯罪案件具体应用法律有关问题的解释》对《刑法》规定的单位犯罪主体做了进一步界定。根据该解释第 1 条之规定，《刑法》第 30 条规定的"公司、企业、事业单位"，既包括国有、集体所有的公司、企业、事业单位，也包括依法设立的合资经营、合作经营企业和具有法人资格的独资、私营等公司、企业、事业单位。因此，上述单位可以构成环境犯罪的主体。另外，该解释第 2 条规定："个人为进行犯罪活动而设立的公司、企业、事业单位实施犯罪的，或者个人设立公司、企业、事业单位后，以实施犯罪为主要活动的，不以单位犯罪论处。"盗用单位名义实施犯罪，违法所得由实施犯罪的个人私分的，依照刑法有关自然人犯罪的规定定罪处罚。

2000 年 6 月 16 日最高人民法院通过的《关于审理破坏土地资源刑事案件具体应用法律若干问题的解释》，对《刑法》第 342 条（非法占用耕地罪）规定的非法占用耕地"数量较大"、非法占用耕地"造成耕地大量毁坏"的标准做了界定。例如，该解释第 3 条第 1 项规定："非法占用耕地'数量较大'，是指非法占用基本农田五亩以上或者非法占用基本农田以外的耕地十亩以上。"

2000 年 11 月 17 日最高人民法院通过的《关于审理破坏野生动物资源刑事案件具体应用法律若干问题的解释》（自 2000 年 12 月 11 日起施行）对《刑法》第 341 条规定的"珍贵濒危野生动物""收购""运输""出售"做了解释，并对"情节严重"、"情节特别严重"的标准做了界定。例如，该解释第 1 条规定："刑法第三百四十一条第一款规定的'珍贵濒危野生动物'，包括列入国家重点保护野生动物名录的国家一级、二级保护野生动物、列入《濒危野生动植物种国际贸易公约》附录一、附录二的野生动物以及驯养繁殖的上述物种。"

2000 年 11 月 17 日最高人民法院通过的《关于审理破坏森林资源刑事案件具体应用法律若干问题的解释》对《刑法》第 344 条规定的"珍贵树木"、"情节严重"和第 345 条规定的"明知""数量较大""数量巨大""数量特别巨大""情节严重"的标准做了具体规定。例如，该解释第 4 条规定："盗伐林木'数量较大'，以二至五立方米或者幼树一百至二百株为起点；盗伐林木'数量巨大'，以二十至五十立方米或者幼树一千至二千株为起点；盗伐林木

'数量特别巨大'，以一百至二百立方米或者幼树五千至一万株为起点。"2001年8月31日第九届全国人民代表大会常务委员会第二十三次会议通过了《关于〈中华人民共和国刑法〉第二百二十八条、第三百四十二条、第四百一十条的解释》。该解释规定："刑法第二百二十八条、第三百四十二条、第四百一十条规定的'违反土地管理法规'，是指违反土地管理法、森林法、草原法等法律以及有关行政法规中关于土地管理的规定。"同时规定："刑法第四百一十条规定的'非法批准征用、占用土地'，是指非法批准征用、占用耕地、林地等农用地以及其他土地。"这一立法解释是全国人大常委会对环境刑法所做的首次解释，体现了国家立法机关对环境刑事立法与实践的重视。2003年5月16日最高人民法院通过的《关于审理非法采矿、破坏性采矿刑事案件具体应用法律若干问题的解释》对《刑法》第343条规定的"造成矿产资源破坏""造成矿产资源严重破坏"等术语做了解释。例如，该解释第3条规定："非法采矿造成矿产资源破坏的价值，数额在5万元以上的，属于刑法第三百四十三条第一款规定的'造成矿产资源破坏'；数额在30万元以上的，属于刑法第三百四十三条第一款规定的'造成矿产资源严重破坏'。"2005年12月19日最高人民法院通过的《关于审理破坏林地资源刑事案件具体应用法律若干问题的解释》对《刑法》第342条（经《刑法修正案（二）》修改而成）规定的非法占用林地"数量较大，造成林地大量毁坏"的标准做了界定。例如，根据该解释第1条之规定，具有下列情形之一的，属于非法占用林地"数量较大，造成林地大量毁坏"：（1）非法占用并毁坏防护林地、特种用途林地数量分别或者合计达5亩以上；（2）非法占用并毁坏其他林地数量达到10亩以上；（3）非法占用并毁坏本条第（1）项、第（2）项规定的林地，数量分别达到相应规定的数量标准的50%以上；（4）非法占用并毁坏本条第（1）项、第（2）项规定的林地，其中一项数量达到相应规定。

2006年6月26日最高人民法院通过的《关于审理环境污染刑事案件具体应用法律若干问题的解释》第1条、第2条、第3条对《刑法》第338条（重大环境污染事故罪）、第339条（非法处置进口的固体废物罪和擅自进口固体废物罪）和第408条（环境监管失职罪）规定的"公私财产遭受重大损失""人身伤亡的严重后果"或者"严重危害人体健康""后果特别严重"的标准做了明确规定。根据该解释第1条之规定，具有下列情形之一的，属于刑法第 338 条、第 339 条、第 408 条规定的 "公私财产遭受重大损失"：（1）致使公私财产损失 30 万元以上的；（2）致使基本农田、防护林地、特种用途林地 5 亩以上，其他农用地 10 亩以上，其他土地 20 亩以上基本功能丧失或者遭受永久性破坏的；（3）致使森林或者其他林木死亡 50 立方米以上，或者幼树死亡 2500 株以上。该解释第 4 条规定："本解释所称'公私财产损失'，包括污染环境行为直接造成的财产损毁、减少的实际价值，为防止污染扩大以及消除污染而采取的必要的、合理的措施而发生的费用。"

2007 年 2 月 26 日最高人民法院、最高人民检察院通过的《关于办理危害矿山生产安全刑事案件具体应用法律若干问题的解释》第 8 条规定："在采矿许可证被依法暂扣期间擅自开采的，视为刑法第三百四十三条第一款规定的'未取得采矿许可证擅自采矿'。违反矿产资源法的规定，非法采矿或者采取破坏性的开采方法开采矿产资源，造成重大伤亡事故或者其他严重后果，同时构成刑法第三百四十三条规定的犯罪和刑法第一百三十四条或者第一百三十五条规定的犯罪的，依照数罪并罚的规定处罚。"①

2012 年 11 月最高人民法院通过的《关于审理破坏草原资源刑事案件应用法律若干问题的解释》第 2 条第 2 项规定：非法占用草原，改变被占用草原用途，数量较大，具有下列情形之一的，应当认定为刑法第 342 条规定的 "造成耕地、林地等农用地大量毁坏"：（1）开垦草原种植粮食作物、经济作物、林木的；（2）在草原上建窑、建房、修路、挖砂、采石、采矿、取土、剥取草皮的；（3）在草原上堆放或者排放废弃物，造成草原的原有植被严重毁坏或者严重污染的；（4）违反草原保护、建设、利用规划种植牧草和饲料作物，造成草原沙化或者水土严重流失的；（5）其他造成草原严重毁坏的情形。根据这一规定，改变草原用途，是指将草原改为种植粮食作物、经济作物、林木，或者将草原改为建设用地等情形。该解释对《刑法》第 342 条规定的非法占用草原行为规定了具体的定罪量刑标准。

2013 年 6 月 8 日最高人民法院、最高人民检察院通过了《关于办理环境污染刑事案件适用法律若干问题的解释》（自 2013 年 6 月 19 日起施行）。该

---

① 《刑法》第 134 条规定的犯罪是重大责任事故罪和强令违章冒险作业罪；第 135 条规定的犯罪是重大劳动安全事故罪和大型群众性活动重大安全事故罪。

解释第 1 条明确列举了《刑法》第 338 条（污染环境罪）规定的"严重污染环境"的 14 项标准。这 14 项标准包括：（1）在饮用水水源一级保护区、自然保护区核心区排放、倾倒、处置有放射性的废物、含传染病病原体的废物、有毒物质的；（2）非法排放、倾倒、处置危险废物 3 吨以上的；（3）非法排放含重金属、持久性有机污染物等严重危害环境、损害人体健康的污染物超过国家污染物排放标准或者省、自治区、直辖市人民政府根据法律授权制定的污染物排放标准 3 倍以上的；（4）私设暗管或者利用渗井、渗坑、裂隙、溶洞等排放、倾倒、处置有放射性的废物、含传染病病原体的废物、有毒物质的；（5）2 年内曾因违反国家规定，排放、倾倒、处置有放射性的废物、含传染病病原体的废物、有毒物质受过 2 次以上行政处罚，又实施前列行为的；（6）致使乡镇以上集中式饮用水水源取水中断 12 小时以上的；（7）致使基本农田、防护林地、特种用途林地 5 亩以上，其他农用地 10 亩以上，其他土地 20 亩以上基本功能丧失或者遭受永久性破坏的；（8）致使森林或者其他林木死亡 50 立方米以上，或者幼树死亡 2500 株以上的；（9）致使公私财产损失 30 万元以上的；（10）致使疏散、转移群众 5000 人以上的；（11）致使 30 人以上中毒的；（12）致使 3 人以上轻伤、轻度残疾或者器官组织损伤导致一般功能障碍的；致使 1 人以上重伤、中度残疾或者器官组织损伤导致严重功能障碍的；……（14）其他严重污染环境的情形。根据该解释第 2 条之规定，实施《刑法》第 339 条（非法处置进口的固体废物罪、擅自进口固体废物罪、走私废物罪）、第 408 条（环境监管失职罪）规定的行为，具有该解释第 1 条第 6—13 项规定情形之一的，应当认定为《刑法》第 339 条和第 408 条规定的"致使公私财产遭受重大损失或者严重危害人体健康"或者"致使公私财产遭受重大损失或者造成人身伤亡的严重后果"。根据该解释第 3 条之规定，《刑法》第 338 条（污染环境罪）和第 339 条规定的"后果特别严重"的标准是具备以下情形之一：（1）致使县级以上城区集中式饮用水水源取水中断 12 小时以上的；（2）致使基本农田、防护林地、特种用途林地 15 亩以上，其他农用地 30 亩以上，其他土地 60 亩以上基本功能丧失或者遭受永久性破坏的；（3）致使森林或者其他林木死亡 150 立方米以上，或者幼树死亡 7500 株以上的；（4）致使公私财产损失 100 万元以上的；（5）致使疏散、转移群众 15,000 人以上的；（6）致使 100 人以上中毒的；（7）致使 10 人以轻伤、轻度残疾或者器官组织损伤导致一般功能障碍的；（8）致使 3 人以上重伤、中度残疾或者器官组织损伤导致严重功能障碍的；（9）致使 1 人以上重伤、中度残疾或者器官组织损伤导致严重功能障碍，并致使 5 人以上轻伤、轻度残疾或者器官组织损伤导致一般功能障碍的；（10）致使 1 人以上死亡或者重度残疾的；（11）其他后果特别严重的情形。根据该解释第 4 条之规定，实施《刑法》第 338 条规定的污染环境罪和《刑法》第 339 条规定的非法处置进口的固体废物罪、擅自进口固体废物罪，具有下列 4 种情形之一的，应当酌情从重处罚：（1）阻挠环境监督检查或者突发环境事件调查的；（2）闲置、拆除污染防治设施或者使污染防治设施不正常运行的；（3）在医院、学校、居民区等人口集中地区及其附近，违反国家规定排放、倾倒、处置有放射性的废物、含传染病病原体的废物、有毒物质或者其他有害物质的；（4）在限期整改期间，违反国家规定排放、倾倒、处置有放射性的废物、含传染病病原体的废物、有毒物质或者其他有害物质的。实施第 4 条规定的第 1 项规定的行为，构成妨害公务罪的，以污染环境罪与妨害公务罪数罪并罚。该解释第 4 条关于"从重处罚"和"数罪并罚"的规定，在《刑法》中并未提及。根据该解释第 5 条之规定，实施《刑法》第 338 条、第 339 条规定的犯罪行为，但及时采取措施，防止损失扩大、消除污染，积极赔偿损失的，可以酌情从宽处罚。根据该解释第 6 条之规定，单位犯《刑法》第 338 条、第 339 条规定之罪的，依照本解释规定的相应个人犯罪的定罪量刑标准，对直接负责的主管人员和其他直接责任人员定罪处罚，并对单位判处罚金。根据该解释第 7 条之规定，行为人明知他人无经营许可证或者超出经营许可范围，向其提供或者委托其收集、贮存、利用、处置危险废物，严重污染环境的，以污染环境罪的共同犯罪论处。根据该解释第 8 条之规定，违反国家规定，排放、倾倒、处置含有毒害性、放射性、传染病病原体等物质的污染物，同时构成污染环境罪、非法处置进口的固体废物罪、投放危险物质罪等犯罪的，依照处罚较重的犯罪定罪处罚。据此，对于违反国家规定，排放、倾倒、处置含有毒害性、放射性、传染病病原体等物质的污染物的行为，就可以适用《刑法》第 114 条、第 115 条的规定，以投放危险物质罪定罪处罚。如果投放危险物质，尚未造成严重后果的，就可以判处 3 年以上 10 年以下有期徒刑；如果致人重伤、死亡或者使公私财产遭受重大损失的，就可以判处 10 年以上有期徒刑、无期徒刑或者死刑。根据该解释第 9 条之规定，本解释所称"公私财产损失"，包括污染环境行为直接造成财产损毁、减少的实际价值，以及为防止污染扩大、消除污染而采取必要合理措施所产生的费用。该解释第 10 条规定的"有毒物质"包括：（1）危险废物，包括列入国家危险废物名录的废物，以及根据国家规定的危险废物鉴别标准和鉴别方法认定的具有危险特性的废物；（2）剧毒化学品、列入重点环境管理危险化学品名录的化学品，以及含有上述化学品的物质；（3）含有铅、汞、镉、铬等重金属的物质；（4）《关于持久性有机污染物的斯德哥尔摩公约》附件所列物质；（5）其他具有毒性，可能污染环境的物质。根据该解释第 12 条之规定，该解释发布实施后，《最高人民法院关于审理环境污染刑事案件具体应用法律若干问题的解释》（法释〔2006〕4 号）同时废止；之前发布的司法解释和规范性文件与该解释不一致的，以该解释为准。

该解释对《刑法》第 338 条规定的污染环境罪、第 339 条规定的擅自进口固体废物罪、第 408 条规定的环境监管失职罪的入罪要件"严重污染环境""致使公私财产遭受重大损失或者严重危害人体健康""致使公私财产遭受重大损失或者造成人身伤亡的严重后果"的认定标准分别作了明确规定。同时，还对非法处置进口的固体废物罪、擅自进口固体废物罪的结果加重要件"后果特别严重"的认定标准作了明确规定。该解释降低了环境犯罪的定罪量刑的门槛，例如就污染环境罪而言，按照 2006 年最高人民法院通过的《关于审理环境污染刑事案件具体应用法律若干问题的解释》，污染环境造成 1 人以上死亡的，才能定罪，现在造成 1 人以上重伤的，即可定罪；过去造成 3 人以上重伤的，才能定罪，现在造成 3 人以上轻伤的，即可定罪；过去造成 3 人以上死亡的，才能加重处罚，现在造成 1 人以上死亡的，即可加重处罚。鉴于实践中环境污染犯罪通常是由单位实施的，并且社会危害性大，后果严重，该解释第 6 条对单位实施环境犯罪的处罚作了明确规定。该解释增加了关于污染环境共同犯罪和触犯多个环境犯罪罪名如何处置的规定。该解释对《刑法修正案（八）》规定的"有害物质"做了细化解释。尤为值得关注的是，该解释对环境监管失职罪的构成要件做了进一步完善。2006 年最高人民检察院《关于渎职侵权犯罪案件立案标准的规定》，对环境监管失职罪的立案标准已经作了规定，但该解释第 2 条进一步明确规定了应当认定为《刑法》第 408

条规定的"致使公私财产遭受重大损失或者造成人身伤亡的严重后果"的 8 种情形，以应对负有环境保护监督管理职责的国家机关工作人员严重不负责任的行为。如果其行为符合该解释规定的 8 种情形，就应当以环境监管失职罪定罪处罚。从最高人民检察院的司法实践看，环境监管失职罪的主体不限于《刑法》第 408 条规定的国家机关工作人员。在实际工作中行使环境保护监督管理职责的国有公司、企业、事业单位的工作人员与负有环境保护监督管理职责的国家机关工作人员一样，也符合环境监管失职罪的主体要件。失职渎职行为构成犯罪的，依法应当以环境监管失职罪追究刑事责任。2012 年 11 月最高人民检察院发布了第二批指导性案例的崔建国环境监管失职案，便是例证。该解释加强了刑法对一切环境保护监督管理人员的威慑力。总之，较之于以往的相关规定，该解释降低了环境犯罪的定罪量刑的标准，详细解释了环境犯罪构成要件中的模糊术语，加大了对环境犯罪的打击力度，体现了从严打击环境犯罪的精神。

第二节　中国环境刑事立法的内容

一、《刑法》分则第六章第六节"破坏环境资源保护罪"中的罪名

《刑法》分则第六章第六节"破坏环境资源保护罪"中有 15 个罪名：污染环境犯罪（第 338 条），非法处置进口的固体废物罪（第 339 条第 1 款），擅自进口固体废物罪（第 339 条第 2 款），非法捕捞水产品罪（第 340 条）、非法猎捕、杀害珍贵濒危野生动物罪（第 341 条第 1 款），非法收购、运输、出售珍贵濒危野生动物、珍贵濒危野生动物制品罪（第 341 条第 1 款），非法狩猎罪（第 341 条第 2 款），非法占用农用地罪（第 342 条），非法采矿罪（第 343 条第 1 款），破坏性采矿罪（第 343 条第 2 款），非法采伐、毁坏国家重点保护植物罪（第 344 条），非法收购、运输、加工、出售国家重点保护植物、国家重点保护植物制品罪（第 344 条），盗伐林木罪（第 345 条第 1 款），滥伐林木罪（第 345 条第 2 款），非法收购、运输盗伐、滥伐的林木罪（第 345 条第 3 款）。

（一）污染环境罪

1. 污染环境罪的刑法条文

《刑法》第338条规定："违反国家规定，排放、倾倒或者处置有放射性的废物、含传染病病原体的废物、有毒物质或者其他有害物质，严重污染环境的，处三年以下有期徒刑或者拘役，并处或者单处罚金；后果特别严重的，处三年以上七年以下有期徒刑，并处罚金。"《刑法》第346条规定："单位犯本节第三百三十八条至第三百四十五条规定之罪的，对单位判处罚金，并对其直接负责的主管人员和其他直接责任人员，依照本节各该条的规定处罚。"①

2. 污染环境罪的概念和构成要件

污染环境罪是指违反国家规定，排放、倾倒或者处置有放射性的废物、含传染病病原体的废物、有毒物质或者其他有害物质，严重污染环境的行为。

污染环境罪的构成要件包括：（1）本罪侵犯的客体是国家的环境保护制度。所谓环境保护制度，是指我国《环境保护法》《大气污染防治法》《水污染防治法》《海洋环境保护法》《固体废物污染环境防治法》等法律以及《放射防护条例》《农药安全使用条例》等一系列法律、法规所确立的防治污染和保护自然资源的制度。本罪的犯罪对象是有放射性的废物、含传染病病原体的废物、有毒物质或者其他有害物质。至于何为"有放射性的废物、含传染病病原体的废物、有毒物质或者其他有害物质"，相关的法律法规或司法解释都有明确规定或参照标准，例如，《传染病防治法》第3条将传染病分为甲乙丙三类。甲类传染病是指鼠疫、霍乱。乙类传染病是指病毒性肝炎、细菌性和阿米巴性痢疾、伤寒和副伤寒、艾滋病、淋病、梅毒、脊髓灰质炎、麻疹、百日咳、白喉、流行性脑脊髓膜炎、猩红热、流行性出血热、狂犬病、钩端螺旋体病、炭疽、流行性和地方性斑疹伤寒、流行性乙型脑炎、黑热病、疟疾、登革热。丙类传染病是指肺结核、血吸虫病、丝虫病、包虫病、麻风病、流行性感冒、流行性腮腺炎、风疹、新生儿破伤风、急性出血性结膜炎、除

---

① 《刑法》第339—345条所规定的环境犯罪的主体也可以是单位，为避免重复起见，下文不再援引第346条的条文。

霍乱、痢疾、伤寒和副伤寒以外的感染性腹泻病。又如，2013 年 6 月 8 日《关于办理环境污染刑事案件适用法律若干问题的解释》第 10 条对"有毒物质"做了界定。（2）本罪在客观方面表现为违反国家规定，排放、倾倒或者处置有放射性的废物、含传染病病原体的废物、有毒物质或者其他有害物质，严重污染环境的行为。具体包括：一是必须具有违反国家规定的行为。根据《刑法》第 96 条（违反国家规定之含义）之规定，本法所称违反国家规定，是指违反全国人民代表大会及其常务委员会制定的法律和决定，国务院制定的行政法规、规定的行政措施、发布的决定和命令。根据《环境保护法》第 10 条之规定，国务院环境保护行政主管部门根据法律授权制定的国家污染物排放标准和省、自治区、直辖市人民政府根据法律授权制定的污染物排放标准，也属于"国家规定"。二是必须具有排放、倾倒或者处置有放射性的废物、含传染病病原体的废物、有毒物质或者其他有害物质的行为。三是必须造成了严重污染环境的后果。本罪属于结果犯。根据 2013 年 6 月 8 日《关于办理环境污染刑事案件适用法律若干问题的解释》第 1 条之规定，实施《刑法》第 338 条规定的行为，具有下列情形之一的，应当认定为"严重污染环境"：（1）在饮用水水源一级保护区、自然保护区核心区排放、倾倒、处置有放射性的废物、含传染病病原体的废物、有毒物质的；（2）非法排放、倾倒、处置危险废物 3 吨以上的；（3）非法排放含重金属、持久性有机污染物等严重危害环境、损害人体健康的污染物超过国家污染物排放标准或者省、自治区、直辖市人民政府根据法律授权制定的污染物排放标准 3 倍以上的；（4）私设暗管或者利用渗井、渗坑、裂隙、溶洞等排放、倾倒、处置有放射性的废物、含传染病病原体的废物、有毒物质的；（5）2 年内曾因违反国家规定，排放、倾倒、处置有放射性的废物、含传染病病原体的废物、有毒物质受过 2 次以上行政处罚，又实施前列行为的；（6）致使乡镇以上集中式饮用水水源取水中断 12 小时以上的；（7）致使基本农田、防护林地、特种用途林地 5 亩以上，其他农用地 10 亩以上，其他土地 20 亩以上基本功能丧失或者遭受永久性破坏的；（8）致使森林或者其他林木死亡 50 立方米以上，或者幼树死亡 2500 株以上的；（9）致使公私财产损失 30 万元以上的；（10）致使疏散、转移群众 5000 人以上的；（11）致使 30 人以上中毒的；（12）致使 3 人以上轻伤、轻度残疾或者器官组织损伤导致一般功能障碍的；（13）致使 1 人以上重伤、中度残疾或者器官组织损伤导致严重功能障碍的；（14）其他严重污染环境的情形。根据该解释第 3 条之规定，实施《刑法》第 338 条规定的行为，具有下列情形之一的，应当认定为"后果特别严重"：（1）致使县级以上城区集中式饮用水水源取水中断 12 个小时以上的；（2）致使基本农田、防护林地、特种用途林地 15 亩以上，其他农用地 30 亩以上，其他土地 60 亩以上基本功能丧失或者遭受永久性破坏的；（3）致使森林或者其他林木死亡 150 立方米以上，或者幼树死亡 7500 株以上的；（4）致使公私财产损失 100 万元以上的；（5）致使疏散、转移群众 15,000 人以上的；（6）致使 100 人以上中毒的；（7）致使 10 人以上轻伤、轻度残疾或者器官组织损伤导致一般功能障碍的；（8）致使 3 人以上重伤、中度残疾或者器官组织损伤导致严重功能障碍的；（9）致使 1 人以上重伤、中度残疾或者器官组织损伤导致严重功能障碍，并致使 5 人以上轻伤、轻度残疾或者器官组织损伤导致一般功能障碍的；（10）致使 1 人以上死亡或者重度残疾的；（11）其他后果特别严重的情形。其中，"严重污染环境"是构成性危害结果，为构成污染环境罪所必需；"后果特别严重"属于结果加重犯的情形，系非构成性危害结果，不影响定罪，只影响量刑。（3）本罪的主体包括已满 16 周岁且具有刑事责任能力的自然人和单位，但主要是单位。根据解释第 6 条之规定，单位犯《刑法》第 338 条规定之罪的，依照本解释规定的相应个人犯罪的定罪量刑标准，对直接负责的主管人员和其他直接责任人员定罪处罚，并对单位判处罚金。（4）本罪在主观方面属于过失。所谓污染环境罪的过失，是指行为人应当预见自己排放、倾倒或者处置有害物质的行为可能发生严重污染环境的结果，因为疏忽大意而没有遇见，或者已经预见但轻信能够避免的一种心理态度。这种过失是指行为人对自己的行为造成的"严重污染环境"的危害结果所抱的心理态度，而对违反国家规定，排放、倾倒或者处置有害物质的行为而言，往往是故意的。

3. 污染环境罪的认定

（1）本罪与过失投放危险物质罪的界限

根据《刑法》第 115 条之规定，过失投放危险物质罪，是指过失投放毒害性、放射性、传染病病原体等危险物质，致人重伤、死亡或者使公私财产遭受重大损失的行为。本罪与过失投放危险物质罪的主要区别如下：①侵犯的客体不同。本罪侵犯的客体是国家环境保护制度；而过失投放危险物质罪侵犯的客体是公共安全。②犯罪的客观方面不同。本罪在客观方面表现为违反国家规定，排放、倾倒或者处置有放射性的废物、含传染病病原体的废物、有毒物质或者其他有害物质，严重污染环境的行为；而过失投放危险物质罪在客观方面表现为投放毒害性、放射性、传染病病原体等物质或者以其他危险方法致人重伤、死亡或者使公私财产遭受重大损失的行为。两罪都是结果犯，但定罪量刑的标准不完全相同。本罪的成立必须具备"严重污染环境"的结果；而过失投放危险物质罪的成立必须具备"致人重伤、死亡或者使公私财产遭受重大损失"的结果。③犯罪主体不同。本罪的主体是已满16周岁并且具有刑事责任能力的自然人和单位；而过失投放危险物质罪的主体仅为自然人。

（2）本罪与重大责任事故罪的界限

根据《刑法》第134条之规定，重大责任事故罪是指在生产、作业中违反有关安全管理的规定，因而发生重大伤亡事故或者造成其他严重后果的行为。本罪与重大责任事故罪的主要区别如下：①侵犯的客体不同。本罪属于妨害社会管理秩序罪，侵犯的客体是国家的环境保护制度；而重大责任事故罪属于危害公共安全罪，侵犯的客体是公共安全，即生产、作业的安全。②犯罪的客观方面不同。本罪在客观方面表现为违反国家规定，排放、倾倒或者处置有放射性的废物、含传染病病原体的废物、有毒物质或者其他有害物质，严重污染环境的行为；而重大责任事故罪在客观方面表现为违反有关安全管理的规定，因而发生重大伤亡事故或者造成其他严重后果的行为。③犯罪主体不同。本罪的主体既可以是自然人，也可以是单位；而重大责任事故罪的主体只能是自然人，主要是从事生产、作业的人员。

（3）本罪与危险物品肇事罪的界限

根据《刑法》第136条之规定，危险物品肇事罪，是指违反爆炸性、易燃性、放射性、毒害性、腐蚀性物品的管理规定，在生产、储存、运输、使用中发生重大事故，造成严重后果的行为。本罪与危险物品肇事罪的主要区别如下：①侵犯的客体不同。本罪侵犯的客体是国家的环境保护制度；而危险物品肇事罪属于危害公共安全罪，侵犯的客体是公共安全，即侵犯的是危险物品在生产、储存、运输、使用中的安全。②犯罪的客观方面不同。本罪在客观方面表现为违反国家规定，排放、倾倒或者处置有放射性的废物、含传染病病原体的废物、有毒物质或者其他有害物质，严重污染环境的行为；而危险物品肇事罪在客观方面表现为违反危险物品的管理规定，致使在危险物品的生产、储存、运输、使用中发生重大事故的行为。两罪都属于结果犯，但定罪量刑的标准不同。本罪的成立要求造成"严重污染环境"的后果；而危险物品肇事罪的成立要求"发生重大事故，造成严重后果"。具体标准依照相关司法解释的规定。③犯罪的主体不同。本罪的主体是年满16周岁并且具有刑事责任能力的自然人和单位；而危险物品肇事罪的主体只能是自然人。

（4）认定本罪应当注意的其他问题

第一，根据2013年6月8日《关于办理环境污染刑事案件适用法律若干问题的解释》第4条之规定，实施《刑法》第338条规定的犯罪行为，阻挠环境监督检查或者突发环境事件调查的，构成妨害公务罪的，以污染环境罪与妨害公务罪数罪并罚。《刑法》第277条（妨害公务罪）规定："以暴力、威胁方法阻碍国家机关工作人员依法执行职务的，处三年以下有期徒刑、拘役、管制或者罚金。以暴力、威胁方法阻碍全国人民代表大会和地方各级人民代表大会代表依法执行代表职务的，依照前款的规定处罚。在自然灾害和突发事件中，以暴力、威胁方法阻碍红十字会工作人员依法履行职责的，依照第一款的规定处罚。故意阻碍国家安全机关、公安机关依法执行国家安全工作任务，未使用暴力、威胁方法，造成严重后果的，依照第一款的规定处罚。"据此，行为人实施了污染环境罪，又实施了阻挠环保部门、水利部门、海洋行政主管部门等具有环境监管职责的单位进行环境监督检查或者突发环境事件调查的行为，构成妨害公务罪的，以污染环境罪与妨害公务罪实行数罪并罚。

第二，根据该解释第7条之规定，行为人明知他人无经营许可证或者超出经营许可范围，向其提供或者委托其收集、贮存、利用、处置危险废物，严重污染环境的，以污染环境罪的共同犯罪论处。不过，此处在理论上产生了悖论。根据我国刑法理论和刑事立法，共同犯罪是指二人以上共同故意犯罪。但污染环境罪是过失犯罪，二人以上共同过失犯罪，不构成共同犯罪，即二人以上共同实施污染环境罪，不构成污染环境罪的共同犯罪。因而，解释第 7 条应当解释为，行为人明知他人无经营许可证或者超出经营许可范围，向其提供或者委托其收集、贮存、利用、处置危险废物，严重污染环境的，以投放危险物质罪的共同犯罪论处。但是，如此解释，将会使故意实施污染环境犯罪的单位逍遥于刑法之外，得不到应有的刑罚处罚。因为根据现行刑法的规定，投放危险物质罪的主体是自然人，不包括单位。

第三，根据该解释第 8 条之规定，违反国家规定，排放、倾倒、处置含有毒害性、放射性、传染病病原体等物质的污染物，同时构成污染环境罪、非法处置进口的固体废物罪、投放危险物质罪等犯罪的，依照处罚较重的犯罪定罪处罚。根据《刑法》第 339 条第 1 款（非法处置进口的固体废物罪）之规定，违反国家规定，将境外的固体废物进境倾倒、堆放、处置的，处 5 年以下有期徒刑或者拘役，并处罚金；造成重大环境污染事故，致使公私财产遭受重大损失或者严重危害人体健康的，处 5 年以上 10 年以下有期徒刑，并处罚金；后果特别严重的，处 10 年以上有期徒刑，并处罚金。根据《刑法》第 114 条（投放危险物质罪等）、第 115 条（投放危险物质罪等）之规定，投放毒害性、放射性、传染病病原体等物质危害公共安全，尚未造成严重后果的，处 3 年以上 10 年以下有期徒刑；投放毒害性、放射性、传染病病原体等物质致人重伤、死亡或者使公私财产遭受重大损失的，处 10 年以上有期徒刑、无期徒刑或者死刑。通过比较污染环境罪、非法处置进口的固体废物罪、投放危险物质罪三个罪名的法定刑，便可得知，投放危险物质罪的法定刑最重。根据解释第 8 条之规定，择一重罪论处的罪名应当是投放危险物质罪。因此，对于违反国家规定，排放、倾倒、处置含有毒害性、放射性、传染病病原体等物质的污染物，同时构成污染环境罪、非法处置进口的固体废物罪、投放危险物质罪等犯罪的，应当依照投放危险物质罪定罪处罚。

4. 污染环境罪的刑事责任

根据《刑法》第 338 条、第 346 条之规定，犯污染环境罪的，处 3 年以下有期徒刑或者拘役，并处或者单处罚金；后果特别严重的，处 3 年以上 7 年以下有期徒刑，并处罚金。单位犯污染环境罪的，对单位判处罚金，并对其直接负责的主管人员和其他直接责任人员，依照《刑法》第 338 条之规定处罚。①

根据 2013 年 6 月 8 日通过的《关于办理环境污染刑事案件适用法律若干问题的解释》第 4 条之规定，实施《刑法》第 338 条规定的犯罪行为，具有下列情形之一的，应当酌情从重处罚：（1）阻挠环境监督检查或者突发环境事件调查的；（2）闲置、拆除污染防治设施或者使污染防治设施不正常运行的；（3）在医院、学校、居民区等人口集中地区及其附近，违反国家规定排放、倾倒、处置有放射性的废物、含传染病病原体的废物、有毒物质或者其他有害物质的；（4）在限期整改期间，违反国家规定排放、倾倒、处置有放射性的废物、含传染病病原体的废物、有毒物质或者其他有害物质的。根据该解释第 5 条之规定，实施《刑法》第 338 条规定的犯罪行为，但及时采取措施，防止损失扩大、消除污染，积极赔偿损失的，可以酌情从宽处罚。

（二）非法处置进口的固体废物罪

1. 非法处置进口的固体废物罪的刑法条文

《刑法》第 339 条第 1 款规定"违反国家规定，将境外的固体废物进境倾倒、堆放、处置的，处五年以下有期徒刑或者拘役，并处罚金；造成重大环境污染事故，致使公私财产遭受重大损失或者严重危害人体健康的，处五年以上十年以下有期徒刑，并处罚金；后果特别严重的，处十年以上有期徒刑，并处罚金。"

2. 非法处置进口的固体废物罪的概念和构成要件

非法处置进口的固体废物罪是指违反国家规定，将境外的固体废物进境倾倒、堆放、处置的行为。

非法处置进口的固体废物罪的构成要件包括：（1）本罪侵犯的客体是国

---

① 徐有等 3 人污染环境案（最高人民检察院发布的 15 起生态环境领域犯罪典型案例之二）：2013 年 1 月，徐有、徐彬、程万永（均系江苏省宿迁市人）为牟取不法利益，先后 12 次将宿迁市永盛化工厂的强腐蚀性化工废水运至江苏省新沂市骆马湖岸边水塘或低洼处倾倒，总计约 96 吨。倾倒废水数量大、浓度高，不仅严重污染周边土壤，对居民饮水安全也造成了直接威胁。经鉴定，此次污染的土壤处置价格共计人民币 430 余万元。新沂市公安局于 2013 年 2 月 7 日立案侦查本案。新沂市检察院于 3 月 15 日作出批准逮捕的决定，9 月 14 日提起公诉。同年 11 月 18 日，新沂市法院以污染环境罪判处徐有有期徒刑三年零六个月，并处罚金 2 万元；判处徐彬有期徒刑二年，并处罚金 1 万元；判处程万永有期徒刑三年，并处罚金 1.5 万元。参见最高人民检察院网站：http://www.spp.gov.cn/tt/201406/t20140613 _74588. shtml？COLLCC = 2135610053&，最后访问时间为 2014 年 6 月 23 日。

家对进口固体废物的管理制度。本罪的犯罪对象是固体废物。根据1996年4月1日实施的《固体废物污染环境防治法》（2004年修订）第88条之规定，固体废物，是指在生产、生活和其他活动中产生的丧失原有利用价值或者虽未丧失利用价值但被抛弃或者放弃的固态、半固态和置于容器中的气态的物品、物质以及法律、行政法规规定纳入固体废物管理的物品、物质。（2）本罪在客观方面表现为违反国家规定，将境外的固体废物进境倾倒、堆放、处置的行为。"违反国家规定"，主要是指违反了《固体废物污染环境防治法》。该法规定："禁止中华人民共和国境外的固体废物进境倾倒、堆放、处置"；"国家禁止进口不能用作原料的固体废物；限制进口可以用做原料的固体废物"。本罪属于行为犯，即行为人只要实施了将境外的固体废物进境倾倒、堆放、处置的行为，即构成犯罪既遂，并不要求有危害结果发生。如果导致严重危害结果发生，即"造成重大环境污染事故，致使公私财产遭受重大损失或者严重危害人体健康的"或者"后果特别严重的"，则判处较重的法定刑。根据2013年6月8日《关于办理环境污染刑事案件适用法律若干问题的解释》第1条、第2条之规定，实施《刑法》第339条规定的行为，具有下列情形之一的，应当认定为"致使公私财产遭受重大损失或者严重危害人体健康"：致使乡镇以上集中式饮用水水源取水中断12小时以上的；致使基本农田、防护林地、特种用途林地5亩以上，其他农用地10亩以上，其他土地20亩以上基本功能丧失或者遭受永久性破坏的；致使森林或者其他林木死亡50立方米以上，或者幼树死亡2500株以上的；致使公私财产损失30万元以上的；致使疏散、转移群众5000人以上的；致使30人以上中毒的；致使3人以上轻伤、轻度残疾或者器官组织损伤导致一般功能障碍的；致使1人以上重伤、中度残疾或者器官组织损伤导致严重功能障碍的。根据该解释第9条之规定，此处的"公私财产损失"，包括污染环境行为直接造成财产损毁、减少的实际价值，以及为防止污染扩大、消除污染而采取必要合理措施所产生的费用。根据该解释第3条之规定，实施《刑法》第339条规定的行为，具有下列情形之一的，应当认定为"后果特别严重"：致使县级以上城区集中式饮用水水源取水中断12个小时以上的；致使基本农田、防护林地、特种用途林地15亩以上，其他农用地30亩以上，其他土地60亩以上基本功能丧失或者遭受永久性破坏的；致使森林或者其他林木死亡150立方米以上，或者幼树死亡 7500 株以上的；使公私财产损失 100 万元以上的；致使疏散、转移群众 15,000 人以上的；致使 100 人以上中毒的；致使 10 人以上轻伤、轻度残疾或者器官组织损伤导致一般功能障碍的；致使 3 人以上重伤、中度残疾或者器官组织损伤导致严重功能障碍的；致使 1 人以上重伤、中度残疾或者器官组织损伤导致严重功能障碍，并致使 5 人以上轻伤、轻度残疾或者器官组织损伤导致一般功能障碍的；致使 1 人以上死亡或者重度残疾的；其他后果特别严重的情形。（3）本罪的主体是一般主体，既可以是自然人，也可以是单位。（4）本罪在主观方面是故意。

3. 非法处置进口的固体废物罪的认定

根据 2013 年 6 月 8 日《关于办理环境污染刑事案件适用法律若干问题的解释》第 4 条之规定，实施《刑法》第 339 条规定的犯罪行为，并且阻挠环境监督检查或者突发环境事件调查的，构成妨害公务罪的，以污染环境罪与妨害公务罪数罪并罚。

4. 非法处置进口的固体废物罪的刑事责任

根据《刑法》第 339 条第 1 款、第 346 条之规定，犯非法处置进口的固体废物罪的，处 5 年以下有期徒刑或者拘役，并处罚金；造成重大环境污染事故，致使公私财产遭受重大损失或者严重危害人体健康的，处 5 年以上 10 年以下有期徒刑，并处罚金；后果特别严重的，处 10 年以上有期徒刑，并处罚金。单位犯非法处置进口的固体废物罪的，对单位判处罚金，并对其直接负责的主管人员和其他直接责任人员，依照《刑法》第 339 条第 1 款之规定处罚。根据该解释第 4 条之规定，实施《刑法》第 339 条规定的犯罪行为，具有下列情形之一的，应当酌情从重处罚：（1）阻挠环境监督检查或者突发环境事件调查的；（2）闲置、拆除污染防治设施或者使污染防治设施不正常运行的；（3）在医院、学校、居民区等人口集中地区及其附近，违反国家规定排放、倾倒、处置有放射性的废物、含传染病病原体的废物、有毒物质或者其他有害物质的；（4）在限期整改期间，违反国家规定排放、倾倒、处置有放射性的废物、含传染病病原体的废物、有毒物质或者其他有害物质的。根据该解释第 5 条之规定，实施《刑法》第 339 条规定的犯罪行为，但及时采取措施，防止损失扩大、消除污染，积极赔偿损失的，可以酌情从宽处罚。

（三）擅自进口固体废物罪

1. 擅自进口固体废物罪的刑法条文

《刑法》第339条第2款规定："未经国务院有关主管部门许可，擅自进口固体废物用作原料，造成重大环境污染事故，致使公私财产遭受重大损失或者严重危害人体健康的，处五年以下有期徒刑或者拘役，并处罚金；后果特别严重的，处五年以上十年以下有期徒刑，并处罚金。"《刑法》第339条第3款规定："以原料利用为名，进口不能用作原料的固体废物、液态废物和气态废物的，依照本法第一百五十二条第二款、第三款的规定定罪处罚。"

2. 擅自进口固体废物罪的概念和构成要件

擅自进口固体废物罪是指未经国务院有关主管部门许可，擅自进口固体废物用作原料，造成重大环境污染事故，致使公私财产遭受重大损失或者严重危害人体健康的行为。

擅自进口固体废物罪的构成要件包括：（1）本罪侵犯的客体是国家对进口固体废物的管理制度。（2）本罪在客观方面表现为经国务院有关主管部门许可，擅自进口固体废物用作原料，造成重大环境污染事故，致使公私财产遭受重大损失或者严重危害人体健康的行为。本罪属于结果犯，即行为人擅自进口固体废物用作原料的行为，必须"造成重大环境污染事故，致使公私财产遭受重大损失或者严重危害人体健康"，犯罪才能成立。根据2013年6月8日《关于办理环境污染刑事案件适用法律若干问题的解释》第1条、第2条之规定，实施《刑法》第339条规定的行为，具有下列情形之一的，应当认定为"致使公私财产遭受重大损失或者严重危害人体健康"：致使乡镇以上集中式饮用水水源取水中断12小时以上的；致使基本农田、防护林地、特种用途林地5亩以上，其他农用地10亩以上，其他土地20亩以上基本功能丧失或者遭受永久性破坏的；致使森林或者其他林木死亡50立方米以上，或者幼树死亡2500株以上的；致使公私财产损失30万元以上的；致使疏散、转移群众5000人以上的；致使30人以上中毒的；致使3人以上轻伤、轻度残疾或者器官组织损伤导致一般功能障碍的；致使1人以上重伤、中度残疾或者器官组织损伤导致严重功能障碍的。如果行为人擅自进口固体废物用作原料的行为致使"后果特别严重"的，适用较重的法定刑。根据该解释第3条之规定，实施《刑法》第339条规定的行为，具有下列情形之一的，应当认定为

"后果特别严重"：致使县级以上城区集中式饮用水水源取水中断 12 个小时以上的；致使基本农田、防护林地、特种用途林地 15 亩以上，其他农用地 30 亩以上，其他土地 60 亩以上基本功能丧失或者遭受永久性破坏的；致使森林或者其他林木死亡 150 立方米以上，或者幼树死亡 7500 株以上的；致使公私财产损失 100 万元以上的；致使疏散、转移群众 15,000 人以上的；致使 100 人以上中毒的；致使 10 人以上轻伤、轻度残疾或者器官组织损伤导致一般功能障碍的；致使 3 人以上重伤、中度残疾或者器官组织损伤导致严重功能障碍的；致使 1 人以上重伤、中度残疾或者器官组织损伤导致严重功能障碍，并致使 5 人以上轻伤、轻度残疾或者器官组织损伤导致一般功能障碍的；致使 1 人以上死亡或者重度残疾的；其他后果特别严重的情形。（3）本罪的主体是一般主体，既可以是自然人，也可以是单位。（4）本罪在主观方面是故意。

3. 擅自进口固体废物罪的刑事责任

根据《刑法》第 339 条第 2 款、第 346 条之规定，犯擅自进口固体废物罪的，处 5 年以下有期徒刑或者拘役，并处罚金；后果特别严重的，处 5 年以上 10 年以下有期徒刑，并处罚金。单位犯擅自进口固体废物罪的，对单位判处罚金，并对其直接负责的主管人员和其他直接责任人员，依照《刑法》第 339 条第 2 款之规定处罚。

根据《刑法》第 339 条第 3 款之规定，以原料利用为名，进口不能用作原料的固体废物、液态废物和气态废物的，依照《刑法》第 152 条第 2 款、第 3 款的规定，以走私废物罪定罪处罚。

（四）非法捕捞水产品罪

1. 非法捕捞水产品罪的刑法条文

《刑法》第 340 条规定："违反保护水产资源法规，在禁渔区、禁渔期或者使用禁用的工具、方法捕捞水产品，情节严重的，处三年以下有期徒刑、拘役、管制或者罚金。"

2. 非法捕捞水产品罪的概念和构成要件

非法捕捞水产品罪是指违反保护水产资源法规，在禁渔区、禁渔期或者使用禁用的工具、方法捕捞水产品，情节严重的行为。非法捕捞水产品罪的构成要件包括：（1）本罪侵犯的客体是国家对水资源的保护制度。本罪的犯罪对象是"水产品"。"水产品"是指自然野生的水产品，不包括人工养殖的水产品。（2）本罪在客观方面表现为违反保护水产资源法规，在禁渔区、禁渔期或者使用禁用的工具、方法捕捞水产品，情节严重的行为。根据 2008 年 6 月 25 日最高人民检察院、公安部《关于公安机关管辖的刑事案件立案追诉标准的规定（一）》第 63 条的规定，违反保护水产资源法规，在禁渔区、禁渔期或者使用禁用的工具、方法捕捞水产品，涉嫌下列情形之一的，应予立案追诉：①在内陆水域非法捕捞水产品 500 公斤以上或者价值 5000 元以上的，或者在海洋水域非法捕捞水产品 2000 公斤以上或者价值 20,000 元以上的；②非法捕捞有重要经济价值的水生动物苗种、怀卵亲体或者在水产种质资源保护区内捕捞水产品，在内陆水域 50 公斤以上或者价值 500 元以上，或者在海洋水域 200 公斤以上或者价值 2000 元以上的；③在禁渔区内使用禁用的工具或者禁用的方法捕捞的；④在禁渔期内使用禁用的工具或者禁用的方法捕捞的；⑤在公海使用禁用渔具从事捕捞作业，造成严重影响的；⑥其他情节严重的情形。（3）本罪的主体是一般主体，既可以是自然人，也可以是单位。（4）本罪在主观方面表现为故意。

3. 非法捕捞水产品罪的刑事责任

根据《刑法》第 340 条、第 346 条之规定，犯非法捕捞水产品罪的，处 3 年以下有期徒刑、拘役、管制或者罚金。单位犯非法捕捞水产品罪的，对单位判处罚金，并对其直接负责的主管人员和其他直接责任人员，依照《刑法》第 340 条之规定处罚。

（五）非法猎捕、杀害珍贵、濒危野生动物罪

1. 非法猎捕、杀害珍贵、濒危野生动物罪的刑法条文

《刑法》第 341 条第 1 款规定："非法猎捕、杀害国家重点保护的珍贵、濒危野生动物的，或者非法收购、运输、出售国家重点保护的珍贵、濒危野生动物及其制品的，处五年以下有期徒刑或者拘役，并处罚金；情节严重的，处五年以上十年以下有期徒刑，并处罚金；情节特别严重的，处十年以上有期徒刑，并处罚金或者没收财产。"

2. 非法猎捕、杀害珍贵、濒危野生动物罪的概念和构成要件

非法猎捕、杀害珍贵、濒危野生动物罪是指非法猎捕、杀害国家重点保护的珍贵、濒危野生动物的行为。非法猎捕、杀害国家重点保护的珍贵、濒

危野生动物的构成要件包括：（1）本罪侵犯的客体是国家对珍贵、濒危野生动物的保护制度。本罪的犯罪对象是国家重点保护的珍贵、濒危野生动物。根据 2000 年 11 月 17 日最高人民法院通过的《关于审理破坏野生动物资源刑事案件具体应用法律若干问题的解释》（自 2000 年 12 月 11 日起施行）第 1 条之规定，《刑法》第 341 条第 1 款规定的"珍贵、濒危野生动物"，包括列入国家重点保护野生动物名录的国家一、二级保护野生动物、列入《濒危野生动植物种国际贸易公约》附录一、二的野生动物以及驯养繁殖的上述物种。（2）本罪在客观方面表现为非法猎捕、杀害国家重点保护的珍贵、濒危野生动物的行为。本罪属于选择性罪名，行为人只要实施了非法猎捕、杀害国家重点保护的珍贵、濒危野生动物行为中的任何一种行为，即可构成犯罪；实施了两种行为的，仍然构成一罪，不实行数罪并罚。本罪是行为犯，行为人只要实施了非法猎捕、杀害国家重点保护的珍贵、濒危野生动物的行为，即可构成犯罪。对"情节严重"或者"情节特别严重"的，适用较重的法定刑。《关于审理破坏野生动物资源刑事案件具体应用法律若干问题的解释》对于"情节严重"和"情节特别严重"的认定标准，分两种情形作了规定。一种是应当认定的情形。根据该解释第 3 条第 1 款之规定，非法猎捕、杀害、收购、运输、出售珍贵、濒危野生动物具有下列情形之一的，属于"情节严重"：①达到本解释附表所列相应数量标准的；②非法猎捕、杀害、收购、运输、出售不同种类的珍贵、濒危野生动物，其中两种以上分别达到附表所列"情节严重"数量标准一半以上的。根据该解释第 3 条第 2 款之规定，非法猎捕、杀害、收购、运输、出售珍贵、濒危野生动物具有下列情形之一的，属于"情节特别严重"：①达到本解释附表所列相应数量标准的；②非法猎捕、杀害、收购、运输、出售不同种类的珍贵、濒危野生动物，其中两种以上分别达到附表所列"情节特别严重"数量标准一半以上的。另一种是可以认定的情形。根据该解释第 4 条之规定，非法猎捕、杀害、收购、运输、出售珍贵、濒危野生动物构成犯罪，具有下列情形之一的，可以认定为"情节严重"；非法猎捕、杀害、收购、运输、出售珍贵、濒危野生动物符合本解释第 3 条第 1 款的规定，并具有下列情形之一的，可以认定为"情节特别严重"：①犯罪集团的首要分子；②严重影响对野生动物的科研、养殖等工作顺利进行的；③以武装掩护方法实施犯罪的；④使用特种车、军用车等交通工具实施犯罪的；⑤造成其他重大损失的。此外，根据该解释第 10 条之规定，非法猎捕、杀害、收购、运输、出售《濒危野生动植物种国际贸易公约》附录一、附录二所列的非原产于我国的野生动物"情节严重"、"情节特别严重"的认定标准，参照本解释第 3 条、第 4 条以及附表所列与其同属的国家一、二级保护野生动物的认定标准执行；没有与其同属的国家一、二级保护野生动物的，参照与其同科的国家一、二级保护野生动物的认定标准执行。（3）本罪的主体是一般主体，既可以是自然人，也可以是单位。（4）本罪在主观方面是故意。

3. 非法猎捕、杀害珍贵、濒危野生动物罪的认定

根据《关于审理破坏野生动物资源刑事案件具体应用法律若干问题的解释》第 7 条之规定，使用爆炸、投毒、设置电网等危险方法破坏野生动物资源，构成非法猎捕、杀害珍贵、濒危野生动物罪或者非法狩猎罪，同时构成《刑法》第 114 条（放火罪、决水罪、爆炸罪、投放危险物质罪、以危险方法危害公共安全罪之一）或者第 115 条（放火罪、决水罪、爆炸罪、投放危险物质罪、以危险方法危害公共安全罪之二）规定之罪的，依照处罚较重的规定定罪处罚。根据该解释第 8 条之规定，实施《刑法》第 341 条规定的犯罪，又以暴力、威胁方法抗拒查处，构成其他犯罪的，依照数罪并罚的规定处罚，即以非法猎捕、杀害珍贵、濒危野生动物罪和妨害公务罪进行数罪并罚。根据该解释第 9 条第 1 款之规定，伪造、变造、买卖国家机关颁发的野生动物允许进出口证明书、特许猎捕证、狩猎证、驯养繁殖许可证等公文、证件构成犯罪的，依照《刑法》第 280 条第 1 款的规定以伪造、变造、买卖国家机关公文、证件罪定罪处罚。根据该解释第 9 条第 2 款之规定，实施上述行为构成犯罪，同时构成《刑法》第 225 条第 2 项规定的非法经营罪的，依照处罚较重的规定定罪处罚。

4. 非法猎捕、杀害珍贵、濒危野生动物罪的刑事责任

根据《刑法》第 341 条第 1 款、第 346 条之规定，犯非法猎捕、杀害珍贵、濒危野生动物罪的，处 5 年以下有期徒刑或者拘役，并处罚金；情节严重的，处 5 年以上 10 年以下有期徒刑，并处罚金；情节特别严重的，处 10 年以上有期徒刑，并处罚金或者没收财产。单位犯非法猎捕、杀害珍贵、濒危野生动物罪的，对单位判处罚金，并对其直接负责的主管人员和其他直接责

任人员，依照《刑法》第341条第1款之规定处罚。①

（六）非法收购、运输、出售珍贵、濒危野生动物、珍贵、濒危野生动物制品罪

1. 非法收购、运输、出售珍贵、濒危野生动物、珍贵、濒危野生动物制品罪的刑法条文

《刑法》第341条第1款规定"非法猎捕、杀害国家重点保护的珍贵、濒危野生动物的，或者非法收购、运输、出售国家重点保护的珍贵、濒危野生动物及其制品的，处五年以下有期徒刑或者拘役，并处罚金；情节严重的，处五年以上十年以下有期徒刑，并处罚金；情节特别严重的，处十年以上有期徒刑，并处罚金或者没收财产"。

2. 非法收购、运输、出售珍贵、濒危野生动物、珍贵、濒危野生动物制品罪的概念和构成要件

非法收购、运输、出售珍贵、濒危野生动物、珍贵、濒危野生动物制品罪是指非法收购、运输、出售国家重点保护的珍贵、濒危野生动物及其制品的行为。

非法收购、运输、出售珍贵、濒危野生动物、珍贵、濒危野生动物制品罪的构成要件包括：（1）本罪侵犯的客体是国家对珍贵、濒危野生动物的保护制度。本罪的犯罪对象是国家重点保护的珍贵、濒危野生动物及其制品。根据《关于审理破坏野生动物资源刑事案件具体应用法律若干问题的解释》第1条之规定，《刑法》第341条第1款规定的"珍贵、濒危野生动物"，包括列入国家重点保护野生动物名录的国家一、二级保护野生动物、列入《濒危野生动植物种国际贸易公约》附录一、二的野生动物以及驯养繁殖的上述物种。（2）本罪在客观方面表现为非法收购、运输、出售国家重点保护的珍贵、濒危野生动物

---

① 易元良、田华虎非法猎捕、杀害珍贵、濒危野生动物案（最高人民检察院发布的15起生态环境领域犯罪典型案例之三）：2013年8月底，易元良、田华虎经事先预谋，在四川省道孚县，使用钢丝绳套猎野生动物19只，宰杀后存储于易元亮家中的冰柜内，后被丹巴县森林公安查获。经鉴定，猎捕的19只野生动物为：国家一级重点保护动物林麝2只，国家二级重点保护动物斑羚8只，四川省重点保护动物毛冠鹿9只。2014年2月28日，四川省丹巴县法院以非法猎捕、杀害珍贵、濒危野生动物罪，判处易元良有期徒刑十一年，并处罚金3000元；判处田华虎有期徒刑八年，并处罚金2000元。此判决为生效判决。参见最高人民检察院网站：http：//www.spp.gov.cn/tt/201406/t20140613＿74588.shtml？COLLCC＝2135610053&，最后访问时间为2014年6月23日。

及其制品的行为。根据该解释第 2 条之规定，《刑法》第 341 条第 1 款规定的"收购"，① 包括以营利、自用等为目的的购买行为；"运输"，包括采用携带、邮寄、利用他人、使用交通工具等方法进行运送的行为；"出售"，包括出卖和以营利为目的的加工利用行为。本罪是行为犯，只要行为人实施了非法收购、运输、出售珍贵、濒危野生动物、珍贵、濒危野生动物制品的行为，即可构成犯罪。如果具有"情节严重"或者"情节特别严重"的情形，则适用较重的法定刑。《关于审理破坏野生动物资源刑事案件具体应用法律若干问题的解释》对于非法收购、运输、出售珍贵、濒危野生动物、珍贵、濒危野生动物制品罪的"情节严重"和"情节特别严重"的认定标准，分两方面做了界定。

　　第一，对于非法收购、运输、出售珍贵、濒危野生动物罪的"情节严重"和"情节特别严重"的认定标准，分两种情形作了规定。一种是应当认定的情形。根据该解释第 3 条第 1 款之规定，非法猎捕、杀害、收购、运输、出售珍贵、濒危野生动物具有下列情形之一的，属于"情节严重"：①达到本解释附表所列相应数量标准的；②非法猎捕、杀害、收购、运输、出售不同种类的珍贵、濒危野生动物，其中两种以上分别达到附表所列"情节严重"数量标准一半以上的。根据该解释第 3 条第 2 款之规定，非法猎捕、杀害、收购、运输、出售珍贵、濒危野生动物具有下列情形之一的，属于"情节特别严重"：①达到本解释附表所列相应数量标准的；②非法猎捕、杀害、收购、运输、出售不同种类的珍贵、濒危野生动物，其中两种以上分别达到附表所列"情节特别严重"数量标准一半以上的。另一种是可以认定的情形。根据该解释第 4 条之规定，非法猎捕、杀害、收购、运输、出售珍贵、濒危野生动物构成犯罪，具有下列情形之一的，可以认定为"情节严重"；非法猎捕、杀害、收购、运输、出售珍贵、濒危野生动物符合本解释第 3 条第 1 款的规定，并具有下列情形之一的，可以认定为"情节特别严重"：①犯罪集团的首要分子；②严重影响对野生动物的科研、养殖等工作顺利进行的；③以武装

---

　　① 对于"非法收购"，立法解释做了更进一步界定，第十二届全国人民代表大会常务委员会第八次会议于 2014 年 4 月 24 日通过的《关于〈中华人民共和国刑法〉第三百四十一条、第三百一十二条的解释》规定："知道或者应当知道是国家重点保护的珍贵、濒危野生动物及其制品，为食用或者其他目的而非法购买的，属于刑法第三百四十一条第一款规定的非法收购国家重点保护的珍贵、濒危野生动物及其制品的行为。"

掩护方法实施犯罪的；④使用特种车、军用车等交通工具实施犯罪的；⑤造成其他重大损失的。此外，根据该解释第 10 条之规定，非法猎捕、杀害、收购、运输、出售《濒危野生动植物种国际贸易公约》附录一、附录二所列的非原产于我国的野生动物"情节严重""情节特别严重"的认定标准，参照本解释第 3 条、第 4 条以及附表所列与其同属的国家一、二级保护野生动物的认定标准执行；没有与其同属的国家一、二级保护野生动物的，参照与其同科的国家一、二级保护野生动物的认定标准执行。

第二，关于非法收购、运输、出售珍贵、濒危野生动物制品罪的"情节严重"和"情节特别严重"的认定标准，根据该解释第 5 条之规定，非法收购、运输、出售珍贵、濒危野生动物制品具有下列情形之一的，属于"情节严重"：①价值在 10 万元以上的；②非法获利 5 万元以上的；③具有其他严重情节的。非法收购、运输、出售珍贵、濒危野生动物制品具有下列情形之一的，属于"情节特别严重"：①价值在 20 万元以上的；②非法获利 10 万元以上的；③具有其他特别严重情节的。根据该解释第 11 条之规定，珍贵、濒危野生动物制品的价值，依照国家野生动物保护主管部门的规定核定；核定价值低于实际交易价格的，以实际交易价格认定。本罪的主体是一般主体，既可以是自然人，也可以是单位。本罪在主观方面是故意。

3. 非法收购、运输、出售珍贵、濒危野生动物、珍贵、濒危野生动物制品罪的认定

根据《关于审理破坏野生动物资源刑事案件具体应用法律若干问题的解释》第 8 条之规定，实施《刑法》第 341 条规定的犯罪，又以暴力、威胁方法抗拒查处，构成其他犯罪的，依照数罪并罚的规定处罚。

4. 非法收购、运输、出售珍贵、濒危野生动物、珍贵、濒危野生动物制品罪的刑事责任

根据《刑法》第 341 条第 2 款、第 346 条之规定，犯非法收购、运输、出售珍贵、濒危野生动物、珍贵、濒危野生动物制品罪的，处 5 年以下有期徒刑或者拘役，并处罚金；情节严重的，处 5 年以上 10 年以下有期徒刑，并处罚金；情节特别严重的，处 10 年以上有期徒刑，并处罚金或者没收财产。单位犯非法收购、运输、出售珍贵、濒危野生动物、珍贵、濒危野生动物制品罪的，对单位判处罚金，并对其直接负责的主管人员和其他直接责任人员，

依照《刑法》第 341 条第 1 款之规定处罚。①

（七）非法狩猎罪

1. 非法狩猎罪的刑法条文

《刑法》第 341 条第 2 款规定："违反狩猎法规，在禁猎区、禁猎期或者使用禁用的工具、方法进行狩猎，破坏野生动物资源，情节严重的，处三年以下有期徒刑、拘役、管制或者罚金。"②

2. 非法狩猎罪的概念和构成要件

非法狩猎罪是违反狩猎法规，在禁猎区、禁猎期或者使用禁用的工具、方法进行狩猎，破坏野生动物资源，情节严重的行为。

非法狩猎罪的构成要件包括：（1）本罪侵犯的客体是根据对野生动物的保护制度。本罪的犯罪对象是珍贵、濒危野生动物之外的其他野生动物。（2）本罪在客观方面表现为违反狩猎法规，在禁猎区、禁猎期或者使用禁用的工具、方法进行狩猎，破坏野生动物资源，情节严重的行为。根据《刑法》第 341 条第 2 款之规定，非法狩猎的行为，必须达到"情节严重"的程度，才能构成犯罪。根据《关于审理破坏野生动物资源刑事案件具体应用法律若

---

① 于亮等 5 人非法猎捕珍贵、濒危野生动物，非法收购、运输、出售珍贵、濒危野生动物案（最高人民检察院发布的 15 起生态环境领域犯罪典型案例之四）：2012 年 5—7 月，于磊联系王顺康，欲收购猕猴。王顺康遂联系杨正华，后杨正华先后在四川省金川县内非法猎捕猕猴 19 只。12 月 2 日，王顺康以 1.08 万元的价格从杨正华处购得猕猴 19 只，后以 3 万元的价格出售给于磊的弟弟于亮。于亮与其妻卓娟在运输猕猴途经汶川县时，被森林公安查获。经鉴定，涉案的 19 只动物均为国家二级保护动物猕猴。2013 年 10 月 16 日，汶川县法院以非法收购、运输、出售珍贵、濒危野生动物罪，判处王顺康有期徒刑十年零二个月，并处罚金 1 万元；以非法收购、运输珍贵、濒危野生动物罪，判处于亮有期徒刑十年，并处罚金 1 万元；以非法猎捕珍贵、濒危野生动物罪，判处杨正华有期徒刑六年，并处罚金 8000 元；以包庇罪判处于磊有期徒刑一年，缓刑两年；卓娟免予刑事处罚。此判决为生效判决。参见最高人民检察院网站：http：//www. spp. gov. cn/tt/201406/t20140613 __74588. shtml？COLLCC = 2135610053&，最后访问时间为 2014 年 6 月 23 日。

② 2014 年 4 月 24 日第十二届全国人民代表大会常务委员会第八次会议通过的《关于〈中华人民共和国刑法〉第三百四十一条、第三百一十二条的解释》规定："知道或者应当知道是刑法第三百四十一条第二款规定的非法狩猎的野生动物而购买的，属于刑法第三百一十二条第 1 款规定的明知是犯罪所得而收购的行为。"《刑法》第 312 条（掩饰、隐瞒犯罪所得、犯罪所得收益罪）第 1 款规定："明知是犯罪所得及其产生的收益而予以窝藏、转移、收购、代为销售或者以其他方法掩饰、隐瞒的，处三年以下有期徒刑、拘役或者管制，并处或者单处罚金；情节严重的，处三年以上七年以下有期徒刑，并处罚金。"该条第 2 款规定："单位犯前款罪的，对单位判处罚金，并对其直接负责的主管人员和其他直接责任人员，依照前款的规定处罚。"全国人大常委会关于《刑法》第 312 条第 1 款规定的立法解释，能够间接防止非法狩猎罪的实施。

干问题的解释》第 6 条之规定，违反狩猎法规，在禁猎区、禁猎期或者使用禁用的工具、方法狩猎，具有下列情形之一的，属于非法狩猎"情节严重"：①非法狩猎野生动物 20 只以上的；②违反狩猎法规，在禁猎区或者禁猎期使用禁用的工具、方法狩猎的；③具有其他严重情节的。本罪的主体是一般主体，既可以是自然人，也可以是单位。本罪在主观方面是故意。

3. 非法狩猎罪的认定

根据《关于审理破坏野生动物资源刑事案件具体应用法律若干问题的解释》第 7 条之规定，使用爆炸、投毒、设置电网等危险方法破坏野生动物资源，构成非法猎捕、杀害珍贵、濒危野生动物罪或者非法狩猎罪，同时构成《刑法》第 114 条（放火罪、决水罪、爆炸罪、投放危险物质罪、以危险方法危害公共安全罪之一）或者第 115 条（放火罪、决水罪、爆炸罪、投放危险物质罪、以危险方法危害公共安全罪之二）规定之罪的，依照实行较重的规定定罪处罚。根据该解释第 8 条之规定，实施《刑法》第 341 条规定的犯罪，又以暴力、威胁方法抗拒查处，构成其他犯罪的，依照数罪并罚的规定处罚。

4. 非法狩猎罪的刑事责任

根据《刑法》第 341 条第 2 款、第 346 条之规定，犯非法狩猎罪的，处 3 年以下有期徒刑、拘役、管制或者罚金。单位犯非法狩猎罪的，对单位判处罚金，并对其直接负责的主管人员和其他直接责任人员，依照《刑法》第 341 条第 2 款之规定处罚。

（八）非法占用农用地罪

1. 非法占用农用地罪的刑法条文

《刑法》第 342 条规定："违反土地管理法规，非法占用耕地、林地等农用地，改变被占用土地用途，数量较大，造成耕地、林地等农用地大量毁坏的，处五年以下有期徒刑或者拘役，并处或者单处罚金。"

2. 非法占用农用地罪的概念和构成要件

非法占用农用地罪是指违反土地管理法规，非法占用耕地、林地等农用地，改变被占用土地用途，数量较大，造成耕地、林地等农用地大量毁坏的行为。

非法占用农用地罪的构成要件包括：（1）本罪侵犯的客体是国家的土地管理制度。本罪的犯罪对象是农用地。（2）本罪在客观方面表现为违反土地管理法规，非法占用耕地、林地等农用地，改变被占用土地用途，数量较大，造成耕地、林地等农用地大量毁坏的行为。根据全国人民代表大会常务委员会2009年8月27日通过的《关于〈中华人民共和国刑法〉第二百二十八条、第三百四十二条、第四百一十条的解释》的规定，《刑法》第228条、第342条、第410条规定的"违反土地管理法规"是指违反土地管理法、森林法、草原法等法律以及有关行政法规中关于土地管理的规定。本罪属于结果犯，非法占用耕地、林地等农用地，改变被占用土地用途的行为必须造成"数量较大，造成耕地、林地等农用地大量毁坏"的结果，犯罪才能成立。根据2000年6月16日最高人民法院通过的《关于审理破坏土地资源刑事案件具体应用法律若干问题的解释》第3条之规定，非法占用耕地"数量较大"，是指非法占用基本农田5亩以上或者非法占用基本农田以外的耕地10亩以上；非法占用耕地"造成耕地大量毁坏"，是指行为人非法占用耕地建窑、建坟、建房、挖沙、采石、采矿、取土、堆放固体废弃物或者进行其他非农业建设，造成基本农田5亩以上或者基本农田以外的耕地10亩以上种植条件严重毁坏或者严重污染。根据2005年12月19日最高人民法院通过的《关于审理破坏林地资源刑事案件具体应用法律若干问题的解释》第1条之规定，违反土地管理法规，非法占用林地，改变被占用林地用途，在非法占用的林地上实施建窑、建坟、建房、挖沙、采石、采矿、取土、种植农作物、堆放或排泄废弃物等行为或者进行其他非林业生产、建设，造成林地的原有植被或林业种植条件严重毁坏或者严重污染，并具有下列情形之一的，属于《中华人民共和国刑法修正案（二）》规定的"数量较大，造成林地大量毁坏"，[①]应当以非法占用农用地罪判处5年以下有期徒刑或者拘役，并处或者单处罚金：①非法占用并毁坏防护林地、特种用途林地数量分别或者合计达到5亩以上；②非法占用并毁坏其他林地数量达到10亩以上；③非法占用并毁坏本条第①项、第②项规定的林地，数量分别达到相应规定的数量标准的50%以上；非法占用并毁坏本条第①项、第②项规定的林地，其中一项数量达到相应规定的数量标准的50%以上，且两项数量合计达到该项规定的数量标准。（3）本罪的主体是一般主体，既可以是自然人，也可以是单位。（4）本罪在主观方面是故意。

---

① 《刑法》第342条经第九届全国人民代表大会常务委员会第二十三次会议于2001年8月31日通过的《中华人民共和国刑法修正案（二）》修订。

3. 非法占用农用地罪的刑事责任

根据《刑法》第342条、第346条之规定，犯非法占用农用地罪的，处5年以下有期徒刑或者拘役，并处或者单处罚金。单位犯非法占用农用地罪的，对单位判处罚金，并对其直接负责的主管人员和其他直接责任人员，依照《刑法》第342条之规定处罚。

（九）非法采矿罪

1. 非法采矿罪的刑法条文

《刑法》第343条第1款规定"违反矿产资源法的规定，未取得采矿许可证擅自采矿，擅自进入国家规划矿区、对国民经济具有重要价值的矿区和他人矿区范围采矿，或者擅自开采国家规定实行保护性开采的特定矿种，情节严重的，处三年以下有期徒刑、拘役或者管制，并处或者单处罚金；情节特别严重的，处三年以上七年以下有期徒刑，并处罚金"。

2. 非法采矿罪的概念和构成要件

非法采矿罪是指违反矿产资源法的规定，未取得采矿许可证擅自采矿，擅自进入国家规划矿区、对国民经济具有重要价值的矿区和他人矿区范围采矿，或者擅自开采国家规定实行保护性开采的特定矿种，情节严重的行为。

非法采矿罪的构成要件包括：（1）本罪侵犯的客体是国家的矿产资源保护制度。本罪的犯罪对象是矿产资源。（2）本罪在客观方面表现为违反矿产资源法的规定，未取得采矿许可证擅自采矿，擅自进入国家规划矿区、对国民经济具有重要价值的矿区和他人矿区范围采矿，或者擅自开采国家规定实行保护性开采的特定矿种，情节严重的行为。根据2003年5月16日最高人民法院通过的《关于审理非法采矿、破坏性采矿刑事案件具体应用法律若干问题的解释》第2条之规定，具有下列情形之一的，属于"未取得采矿许可证擅自采矿"：①无采矿许可证开采矿产资源的；②采矿许可证被注销、吊销后继续开采矿产资源的；③超越采矿许可证规定的矿区范围开采矿产资源的；④未按采矿许可证规定的矿种开采矿产资源的（共生、伴生矿种除外）；⑤其他未取得采矿许可证开采矿产资源的情形。根据2007年2月26日、27日最高人民法院、最高人民检察院通过的《关于办理危害矿山生产安全刑事案件具体应用法律若干问题的解释》（自2007年3月1日起实施）第8条第1款之规定，在采矿许可证被依法暂扣期间擅自开采的，视为《刑法》第343条第 1 款规定的"未取得采矿许可证擅自采矿"。（3）本罪的主体是一般主体，既可以是自然人，也可以是单位。（4）本罪在主观方面是故意。

3. 非法采矿罪的认定

根据《关于办理危害矿山生产安全刑事案件具体应用法律若干问题的解释》第 8 条第 21 款之规定，违反矿产资源法的规定，非法采矿或者采取破坏性的开采方法开采矿产资源，造成重大伤亡事故或者其他严重后果，同时构成《刑法》第 343 条规定的犯罪和《刑法》第 134 条（重大责任事故罪；强令违章冒险作业罪）或者第 135 条（重大劳动安全事故罪；大型群众性活动重大安全事故罪）规定的犯罪的，依照数罪并罚的规定处罚。根据《关于办理盗窃油气、破坏油气设备等刑事案件具体应用法律若干问题的解释》（2006 年 11 月 20 日由最高人民法院、2006 年 12 月 11 日由最高人民检察院通过，自 2007 年 1 月 19 日起施行）。第 6 条之规定，违反矿产资源法的规定，非法开采或者破坏性开采石油、天然气资源的，依照《刑法》第 343 条以及最高人民法院《关于审理非法采矿、破坏性采矿刑事案件具体应用法律若干问题的解释》的规定追究刑事责任。

4. 非法采矿罪的刑事责任

根据《刑法》第 343 条第 1 款、第 346 条之规定，犯非法采矿罪的，处 3 年以下有期徒刑、拘役或者管制，并处或者单处罚金；情节特别严重的，处 3 年以上 7 年以下有期徒刑，并处罚金。单位犯非法采矿罪的，对单位判处罚金，并对其直接负责的主管人员和其他直接责任人员，依照《刑法》第 343 条第 1 款之规定处罚。①

---

① 何某某等 5 人非法采矿案（最高人民检察院发布的 15 起生态环境领域犯罪典型案例之七）：2012 年 6—11 月，冯某某接受何某某的雇用，在四川省邻水县高滩镇保家村六五界区"白岩湾"处负责原煤开采现场的管理，非法开采原煤 1300 余吨；2013 年 1 月，冯某某接受何某、漆某某的雇用，在保家村六五界区"碑石岩"处负责原煤开采现场的管理，非法开采原煤 500 余吨。2013 年 1—3 月，李某、冯某某雇用贺某某帮助管理，先后三次在"白岩湾"处非法开采原煤 600 余吨，并将其中的 300 余吨出售，获利 9 万余元。经鉴定，"白岩湾"非法采矿造成的矿产资源破坏价值为 100.56 万元；"碑石岩"非法采矿造成的矿产资源破坏价值为 94.608 万元。2013 年 10 月 15 日，四川省邻水县检察院提起公诉。2014 年 4 月 4 日，邻水县法院以非法采矿罪，判处李某有期徒刑三年，并处罚金 2 万元；判处冯某某有期徒刑三年，并处罚金 2 万元；判处何某某有期徒刑三年，并处罚金 2 万元；判处漆某某有期徒刑二年，缓刑三年，并处罚金 6000 元；判处贺某某有期徒刑一年，缓刑两年，并处罚金 5000 元。李某、何某某、冯某某提起上诉，目前二审尚未判决。参见最高人民检察院网站：http：//www.spp.gov.cn/tt/201406/t20140613_74588.shtml? COLLCC=2135610053&，最后访问时间为 2014 年 6 月 23 日。

（十）破坏性采矿罪

1. 破坏性采矿罪的刑法条文

《刑法》第 343 条第 2 款规定："违反矿产资源法的规定，采取破坏性的开采方法开采矿产资源，造成矿产资源严重破坏的，处五年以下有期徒刑或者拘役，并处罚金。"

2. 破坏性采矿罪的概念和构成要件

破坏性采矿罪是指违反矿产资源法的规定，采取破坏性的开采方法开采矿产资源，造成矿产资源严重破坏的行为。

破坏性采矿罪的构成要件包括：（1）本罪的客体是国家的矿产资源保护制度。本罪的犯罪对象是矿产资源。（2）本罪在客观方面表现为违反矿产资源法的规定，采取破坏性的开采方法开采矿产资源，造成矿产资源严重破坏的行为。根据《关于审理非法采矿、破坏性采矿刑事案件具体应用法律若干问题的解释》第 4 条之规定，《刑法》第 343 条第 2 款规定的破坏性采矿罪中"采取破坏性的开采方法开采矿产资源"，是指行为人违反地质矿产主管部门审查批准的矿产资源开发利用方案开采矿产资源，并造成矿产资源严重破坏的行为。根据该解释第 5 条之规定，破坏性采矿造成矿产资源破坏的价值，数额在 30 万元以上的，属于《刑法》第 343 条第 2 款规定的"造成矿产资源严重破坏"。（3）本罪的主体是一般主体，既可以是自然人，也可以是单位。（4）本罪在主观方面是故意。

3. 破坏性采矿罪的认定

根据《关于办理盗窃油气、破坏油气设备等刑事案件具体应用法律若干问题的解释》第 6 条之规定，违反矿产资源法的规定，非法开采或者破坏性开采石油、天然气资源的，依照《刑法》第 343 条以及最高人民法院《关于审理非法采矿、破坏性采矿刑事案件具体应用法律若干问题的解释》的规定追究刑事责任。根据《关于办理危害矿山生产安全刑事案件具体应用法律若干问题的解释》第 8 条第 2 款之规定，违反矿产资源法的规定，非法采矿或者采取破坏性的开采方法开采矿产资源，造成重大伤亡事故或者其他严重后果，同时构成《刑法》第 343 条规定的犯罪和《刑法》第 134 条（重大责任事故罪；强令违章冒险作业罪）或者第 135 条（重大劳动安全事故罪；大型群众性活动重大安全事故罪）规定的犯罪的，依照数罪并罚的规定处罚。

4. 破坏性采矿罪的刑事责任

根据《刑法》第343条第2款、第346条之规定，犯破坏性采矿罪的，处5年以下有期徒刑或者拘役，并处罚金。单位犯破坏性采矿罪的，对单位判处罚金，并对其直接负责的主管人员和其他直接责任人员，依照《刑法》第343条第2款之规定处罚。

（十一）非法采伐、毁坏国家重点保护植物罪

1. 非法采伐、毁坏国家重点保护植物罪的刑法条文

《刑法》第344条规定："违反国家规定，非法采伐、毁坏珍贵树木或者国家重点保护的其他植物的，或者非法收购、运输、加工、出售珍贵树木或者国家重点保护的其他植物及其制品的，处三年以下有期徒刑、拘役或者管制，并处罚金；情节严重的，处三年以上七年以下有期徒刑，并处罚金。"

2. 非法采伐、毁坏国家重点保护植物罪的概念和构成要件

非法采伐、毁坏国家重点保护植物罪是指违反国家规定，非法采伐、毁坏珍贵树木或者国家重点保护的其他植物的行为。非法采伐、毁坏国家重点保护植物罪的构成要件包括：（1）本罪侵犯的客体是国家对重点植物的保护制度。本罪的犯罪对象是珍贵树木或者国家重点保护的其他植物。根据2000年11月17日最高人民法院通过的《关于审理破坏森林资源刑事案件具体应用法律若干问题的解释》（自2000年12月11日起施行）第1条之规定，《刑法》第344条规定的"珍贵树木"，包括由省级以上林业主管部门或者其他部门确定的具有重大历史纪念意义、科学研究价值或者年代久远的古树名木，国家禁止、限制出口的珍贵树木以及列入国家重点保护野生植物名录的树木。（2）本罪在客观方面表现为违反国家规定，非法采伐、毁坏珍贵树木或者国家重点保护的其他植物的行为。"违反国家规定"是指行为人违反《森林法》以及有关植物保护的法律法规的行为。"非法采伐"是指行为人没有取得采伐许可证而进行采伐或者违反许可证规定的面积、株数、树种进行采伐的行为。"非法毁坏"是指行为人违反国家规定，采取剥皮、砍枝、取脂等方式，造成珍贵树木或者国家重点保护的其他植物死亡或者影响其正常生长的行为。本罪属于行为犯，根据2008年6月25日最高人民检察院、公安部公布施行的《关于公安机关管辖的刑事案件立案追诉标准的规定（一）》第70条规定：

"违反国家规定，非法采伐、毁坏珍贵树木或者国家重点保护的其他植物的，应予立案追诉。"如果非法采伐、毁坏珍贵树木或者国家重点保护的其他植物的行为达到"情节严重"的程度，就适用较重的法定刑。根据《关于审理破坏森林资源刑事案件具体应用法律若干问题的解释》第2条之规定，具有下列情形之一的，属于非法采伐、毁坏珍贵树木行为"情节严重"：①非法采伐珍贵树木2株以上或者毁坏珍贵树木致使珍贵树木死亡3株以上的；②非法采伐珍贵树木2立方米以上的；③为首组织、策划、指挥非法采伐或者毁坏珍贵树木的；④其他情节严重的情形。（3）本罪的主体是一般主体，既可以是自然人，也可以是单位。（4）本罪在主观方面是故意。

3. 非法采伐、毁坏国家重点保护植物罪的认定

根据《关于审理破坏森林资源刑事案件具体应用法律若干问题的解释》第15条之规定，非法实施采种、采脂、挖笋、掘根、剥树皮等行为，牟取经济利益数额较大的，依照《刑法》第264条的规定，以盗窃罪定罪处罚。同时构成其他犯罪的，依照处罚较重的规定定罪处罚。

4. 非法采伐、毁坏国家重点保护植物罪的刑事责任

根据《刑法》第344条、第346条之规定，犯非法采伐、毁坏国家重点保护植物罪的，处3年以下有期徒刑、拘役或者管制，并处罚金；情节严重的，处3年以上7年以下有期徒刑，并处罚金。单位犯非法采伐、毁坏国家重点保护植物罪的，对单位判处罚金，并对其直接负责的主管人员和其他直接责任人员，依照《刑法》第344条之规定处罚。①

---

① 杨福成非法采伐国家重点保护植物案（最高人民检察院发布的15起生态环境领域犯罪典型案例之六）：2014年2月24日、25日，杨福成携带锄头、柴刀等工具先后来到江西省铜鼓县大沩山林场高桥工区"笼子坑"和"河排上"山场，私自采挖南方红豆杉2株，并砍去红豆杉树尾和树枝，移栽至自家门前。经鉴定，该2株树木均为国家重点保护植物野生南方红豆杉，径级分别为14厘米、18厘米。2014年3月7日，江西省铜鼓县检察院接匿名电话举报，称在高桥乡白石村村民杨福成家门前移栽了红豆杉。3月10日，该院调查核实后向铜鼓县森林公安局移送案件线索。3月12日，铜鼓县森林公安局立案侦查。5月14日，铜鼓县检察院提起公诉。铜鼓县法院以非法采伐国家重点保护植物罪判处杨福成有期徒刑一年零六个月，缓刑三年，并处罚金人民币5000元。参见最高人民检察院网站：http://www. spp. gov. cn/tt/201406/t20140613 _74588. shtml? COLLCC=2135610053&，最后访问时间为2014年6月23日。

（十二）非法收购、运输、加工、出售国家重点保护植物、国家重点保护植物制品罪

1. 非法收购、运输、加工、出售国家重点保护植物、国家重点保护植物制品罪的刑法条文

《刑法》第 344 条规定："违反国家规定，非法采伐、毁坏珍贵树木或者国家重点保护的其他植物的，或者非法收购、运输、加工、出售珍贵树木或者国家重点保护的其他植物及其制品的，处三年以下有期徒刑、拘役或者管制，并处罚金；情节严重的，处三年以上七年以下有期徒刑，并处罚金。"

2. 非法收购、运输、加工、出售国家重点保护植物、国家重点保护植物制品罪的概念和构成要件

非法收购、运输、加工、出售国家重点保护植物、国家重点保护植物制品罪是指违反国家规定，非法收购、运输、加工、出售珍贵树木或者国家重点保护的其他植物及其制品的行为。非法收购、运输、加工、出售国家重点保护植物、国家重点保护植物制品罪的构成要件包括：（1）本罪侵犯的客体是国家对重点保护植物及其制品的保护制度。本罪的犯罪对象是国家重点保护植物、国家重点保护植物制品。（2）本罪在客观方面表现为违反国家规定，非法收购、运输、加工、出售珍贵树木或者国家重点保护的其他植物及其制品的行为。本罪属于行为犯，根据《关于公安机关管辖的刑事案件立案追诉标准的规定（一）》第 71 条规定："违反国家规定，非法收购、运输、加工、出售珍贵树木或者国家重点保护的其他植物及其制品的，应予立案追诉。"如果非法采伐、毁坏珍贵树木或者国家重点保护的其他植物的行为达到"情节严重"的程度，就适用较重的法定刑。（3）本罪的主体是一般主体，既可以是自然人，也可以是单位。（4）本罪在主观方面是故意。

3. 非法收购、运输、加工、出售国家重点保护植物、国家重点保护植物制品罪的刑事责任

根据《刑法》第 344 条、第 346 条之规定，犯非法收购、运输、加工、出售国家重点保护植物、国家重点保护植物制品罪的，处 3 年以下有期徒刑、拘役或者管制，并处罚金；情节严重的，处 3 年以上 7 年以下有期徒刑，并处罚金。单位犯非法收购、运输、加工、出售国家重点保护植物、国家重点保护植物制品罪的，对单位判处罚金，并对其直接负责的主管人员和其他直

接责任人员，依照《刑法》第 344 条之规定处罚。[①]

（十三）盗伐林木罪

1. 盗伐林木罪的刑法条文

《刑法》第 345 条第 1 款规定："盗伐森林或者其他林木，数量较大的，处三年以下有期徒刑、拘役或者管制，并处或者单处罚金；数量巨大的，处三年以上七年以下有期徒刑，并处罚金；数量特别巨大的，处七年以上有期徒刑，并处罚金。"《刑法》第 345 条第 4 款规定："盗伐、滥伐国家级自然保护区内的森林或者其他林木的，从重处罚。"

2. 盗伐林木罪的概念和构成要件

盗伐林木罪是指盗伐森林或者其他林木，数量较大的行为。

盗伐林木罪的构成要件包括：（1）本罪侵犯的客体是国家对林业资源的保护制度。本罪的犯罪对象是森林和其他林木。（2）本罪在客观方面表现为盗伐森林或者其他林木，数量较大的行为。根据《关于审理破坏森林资源刑事案件具体应用法律若干问题的解释》第 3 条之规定，以非法占有为目的，具有下列情形之一，数量较大的，依照《刑法》第 345 条第 1 款的规定，以盗伐林木罪定罪处罚：①擅自砍伐国家、集体、他人所有或者他人承包经营管理的森林或者其他林木的；②擅自砍伐本单位或者本人承包经营管理的森林或者其他林木的；③在林木采伐许可证规定的地点以外采伐国家、集体、他人所有或者他人承包经营管理的森林或者其他林木的。根据该解释第 4 条之规定，盗伐林木"数量较大"，以 2—5 立方米或者幼树 100—200 株为起点。根据该解释第 17 条之规定，所谓"幼树"是指胸径 5 厘米以下的树木。

---

① 陈会江等 3 人非法收购国家重点保护植物案（最高人民检察院发布的 15 起生态环境领域犯罪典型案例之五）：2010 年下半年至 2012 年 2 月，陈会江、邓军、殷建芬在未办理木材经营加工许可证的情况下，大肆收购无合法来源的国家重点保护植物桢楠，并囤积于四川省崇州市羊马镇木材市场内。经查明，涉案桢楠原木材积 2290 立方米，折合立木蓄积 3810.12 立方米，价值达数千万元。2012 年 5 月 25 日、7 月 28 日，四川省检察院分别批准逮捕邓军及陈会江、殷建芬；2012 年 7 月，四川省检察院将案件指定自贡市沿滩区检察院审查起诉。同年 12 月 31 日，沿滩区法院以非法收购国家重点保护植物罪，判处陈会江有期徒刑五年，并处罚金 13 万元；判处邓军有期徒刑四年，并处罚金 12 万元；判处殷建芬有期徒刑三年，并处罚金 10 万元。三人上诉后，二审法院裁定驳回上诉，维持原判。本案是新中国成立以来全国最大的一起非法收购国家重点保护植物案。参见最高人民检察院网站：http://www.spp.gov.cn/tt/201406/t20140613_74588.shtml? COLLCC=2135610053&，最后访问时间为 2014 年 6 月 23 日。

根据该解释第 7 条之规定，对于 1 年内多次盗伐少量林木未经处罚的，累计其盗伐林木的数量，构成犯罪的，依法追究刑事责任。如果盗伐林木没有达到"数量较大"的标准，则不构成犯罪。如果盗伐林木达到"数量巨大""数量特别巨大"的程度，则适用较重的法定刑。根据该解释第 4 条之规定，盗伐林木"数量巨大"，以 20—50 立方米或者幼树 1000—2000 株为起点；盗伐林木"数量特别巨大"，以 100—200 立方米或者幼树 5000—10,000 株为起点。（3）本罪的主体是一般主体，既可以是自然人，也可以是单位。（4）本罪在主观方面是故意。

3. 盗伐林木罪的认定

根据《关于审理破坏森林资源刑事案件具体应用法律若干问题的解释》第 8 条之规定，盗伐、滥伐珍贵树木，同时触犯《刑法》第 344 条（非法采伐、毁坏国家重点保护植物罪；非法收购、运输、加工、出售国家重点保护植物、国家重点保护植物制品罪）、第 345 条规定的，依照处罚较重的规定定罪处罚。根据该解释第 9 条之规定，将国家、集体、他人所有并已经伐倒的树木窃为己有，以及偷砍他人房前屋后、自留地种植的零星树木，数额较大的，依照《刑法》第 264 条的规定，以盗窃罪定罪处罚。

4. 盗伐林木罪的刑事责任

根据《刑法》第 345 条第 1 款和第 4 款、第 346 条之规定，犯盗伐林木罪的，处 3 年以下有期徒刑、拘役或者管制，并处或者单处罚金；数量巨大的，处 3 年以上 7 年以下有期徒刑，并处罚金；数量特别巨大的，处 7 年以上有期徒刑，并处罚金。盗伐、滥伐国家级自然保护区内的森林或者其他林木的，从重处罚。单位犯盗伐林木罪的，对单位判处罚金，并对其直接负责的主管人员和其他直接责任人员，依照《刑法》第 345 条第 1 款和第 4 款之规定处罚。①

---

① 汪友才盗伐林木案（最高人民检察院发布的 15 起生态环境领域犯罪典型案例之一）：2009 年 7 月—2011 年 5 月，汪友才先后取得四川省小金县文体局灾后重建文物维修用材等 4 笔采伐指标，共计材积 4100 余立方米。2009—2012 年，除 1 笔 2900 余立方米的采伐指标在指定地点采伐，汪友才以其余采伐指标的名义，采取分包的方式，在采伐许可证以外的地点大肆盗伐林木，共计折合立木蓄积 9075.6 立方米。为使盗伐的林木顺利外运，汪友才还向汶川县卡口民警江俊、王兴健分别行贿 3.3 万元和 1.7 万元。2013 年 2 月 5 日，四川省阿坝州检察院作出批准逮捕决定；同年 12 月 16 日提起公诉。2014 年 3 月 13 日，四川省小金县法院以盗伐林木罪判处汪友才有期徒刑十五年，并处罚金 10 万元；以行贿罪判处其有期徒刑五年；数罪并罚，决定执行有期徒刑十九年，并处罚金 10 万元。

（十四）滥伐林木罪

1. 滥伐林木罪的刑法条文

《刑法》第 345 条第 2 款规定："违反森林法的规定，滥伐森林或者其他林木，数量较大的，处三年以下有期徒刑、拘役或者管制，并处或者单处罚金；数量巨大的，处三年以上七年以下有期徒刑，并处罚金。"

2. 滥伐林木罪的概念和构成要件

滥伐林木罪是指违反森林法的规定，滥伐森林或者其他林木，数量较大的行为。滥伐林木罪的构成要件包括：（1）本罪侵犯的客体是国家对森林资源的保护制度。本罪的犯罪对象是森林和其他林木。（2）本罪在客观方面表现为违反森林法的规定，滥伐森林或者其他林木，数量较大的行为。根据《关于审理破坏森林资源刑事案件具体应用法律若干问题的解释》第 5 条之规定，违反森林法的规定，具有下列情形之一，数量较大的，依照《刑法》第 345 条第 2 款的规定，以滥伐林木罪定罪处罚：①未经林业行政主管部门及法律规定的其他主管部门批准并核发林木采伐许可证，或者虽持有林木采伐许可证，但违反林木采伐许可证规定的时间、数量、树种或者方式，任意采伐本单位所有或者本人所有的森林或者其他林木的；②超过林木采伐许可证规定的数量采伐他人所有的森林或者其他林木的。林木权属争议一方在林木权属确权之前，擅自砍伐森林或者其他林木，数量较大的，以滥伐林木罪论处。行为人滥伐森林或者其他林木的行为，必须达到"数量较大"的标准，犯罪才能成立。根据该解释第 6 条之规定，滥伐林木"数量较大"，以 10—20 立方米或者幼树 500—1000 株为起点。如果滥伐林木达到"数量巨大"的程度，则适用较重的法定刑。根据该解释第 6 条之规定，滥伐林木"数量巨大"，以 50—100 立方米或者幼树 2500—5000 株为起点。根据该解释第 17 条之规定，

马振方盗伐林木案（最高人民检察院发布的 15 起生态环境领域犯罪典型案例之八）：2014 年 1 月 13—21 日间，马振方在未办理合法采伐手续的情况下，雇用多个伐木工人盗伐了新疆生产建设兵团某部 1 号地至 8 号地的国有杨树 173 株，随后又将其盗伐的杨树拉运至"森达木材厂"变卖。经新疆农林牧司法鉴定中心鉴定，马振方盗伐的 173 株杨树立木蓄积 72.701 立方米，价值 65,431 元。霍城垦区公安局于 2014 年 1 月 23 日立案侦查。霍城垦区检察院及时派员介入侦查、引导取证，于 1 月 25 日作出逮捕决定。5 月 8 日，霍城垦区法院以马振方犯盗伐林木罪，依法判处其有期徒刑三年，缓刑四年，并处罚金 1.5 万元。参见最高人民检察院网站：http：//www.spp.gov.cn/tt/201406/t20140613＿74588.shtml？COLLCC＝2135610053＆，最后访问时间为 2014 年 6 月 23 日。

所谓"幼树"是指胸径5厘米以下的树木。根据该解释第7条之规定，对于1年内多次盗伐、滥伐少量林木未经处罚的，累计其盗伐、滥伐林木的数量，构成犯罪的，依法追究刑事责任。（3）本罪的主体是一般主体，既可以是自然人，也可以是单位。（4）本罪在主观方面是故意。

3. 滥伐林木罪的认定

根据《关于审理破坏森林资源刑事案件具体应用法律若干问题的解释》第8条之规定，盗伐、滥伐珍贵树木，同时触犯《刑法》第344条（非法采伐、毁坏国家重点保护植物罪；非法收购、运输、加工、出售国家重点保护植物、国家重点保护植物制品罪）、第345条规定的，依照处罚较重的规定定罪处罚。

4. 滥伐林木罪的刑事责任

根据《刑法》第345条第2款和第4款、第346条之规定，犯滥伐林木罪的，处3年以下有期徒刑、拘役或者管制，并处或者单处罚金；数量巨大的，处3年以上7年以下有期徒刑，并处罚金。盗伐、滥伐国家级自然保护区内的森林或者其他林木的，从重处罚。单位犯滥伐林木罪的，对单位判处罚金，并对其直接负责的主管人员和其他直接责任人员，依照《刑法》第345条第2款和第4款之规定处罚。

（十五）非法收购、运输盗伐、滥伐的林木罪

1. 非法收购、运输盗伐、滥伐的林木罪的刑法条文

《刑法》第345条第3款规定："非法收购、运输明知是盗伐、滥伐的林木，情节严重的，处三年以下有期徒刑、拘役或者管制，并处或者单处罚金；情节特别严重的，处三年以上七年以下有期徒刑，并处罚金。"

2. 非法收购、运输盗伐、滥伐的林木罪的概念和构成要件

非法收购、运输盗伐、滥伐的林木罪，是指非法收购、运输明知是盗伐、滥伐的林木，情节严重的行为。非法收购、运输盗伐、滥伐的林木罪的构成要件包括：（1）本罪侵犯的客体是国家对森林资源的保护制度。（2）本罪在客观方面表现为非法收购、运输明知是盗伐、滥伐的林木，情节严重的行为。行为人非法收购、运输明知是盗伐、滥伐的林木的行为必须达到"情节严重"的程度，犯罪才能成立。（3）本罪的主体是一般主体，既可以是自然人，也可以是单位。（4）本罪在主观方面是故意。根据《关于审理破坏森林资源刑

事案件具体应用法律若干问题的解释》第 10 条之规定，《刑法》第 345 条规定的"非法收购明知是盗伐、滥伐的林木"中的"明知"，是指知道或者应当知道。具有下列情形之一的，可以视为应当知道，但是有证据证明确属被蒙骗的除外：①在非法的木材交易场所或者销售单位收购木材的；②收购以明显低于市场价格出售的木材的；③收购违反规定出售的木材的。

3. 非法收购盗伐、滥伐的林木罪的刑事责任

根据《刑法》第 345 条第 3 款、第 346 条之规定，犯非法收购盗伐、滥伐的林木罪的，处 3 年以下有期徒刑、拘役或者管制，并处或者单处罚金；情节特别严重的，处 3 年以上 7 年以下有期徒刑，并处罚金。单位犯非法收购盗伐、滥伐的林木罪的，对单位判处罚金，并对其直接负责的主管人员和其他直接责任人员，依照《刑法》第 345 条第 3 款之规定处罚。

二、《刑法》分则第二章"危害公共安全罪"中涉及环境的罪名

《刑法》分则第二章"危害公共安全罪"中涉及环境的罪名主要包括：放火罪、决水罪、爆炸罪、投放危险物质罪和以危险方法危害公共安全罪（第 114 条和第 115 条）、重大责任事故罪（第 134 条第 1 款）、强令违章冒险作业罪（第 134 条第 2 款）、重大劳动安全事故罪（第 135 条）、危险物品肇事罪（第 136 条）。

（一）放火罪

1. 放火罪的刑法条文

《刑法》第 114 条规定："放火、决水、爆炸以及投放毒害性、放射性、传染病病原体等物质或者以其他危险方法危害公共安全，尚未造成严重后果的，处三年以上十年以下有期徒刑。"《刑法》第 115 条规定："放火、决水、爆炸以及投放毒害性、放射性、传染病病原体等物质或者以其他危险方法致人重伤、死亡或者使公私财产遭受重大损失的，处十年以上有期徒刑、无期徒刑或者死刑。"

2. 放火罪的概念和构成要件

放火罪是指故意放火焚烧公私财物，危害公共安全的行为。

放火罪的构成要件包括：（1）本罪侵犯的客体是公共安全。（2）本罪在客观方面表现为实施了危害公共安全的放火行为。本罪是危险犯，只要实施

了危害公共安全的放火行为，即可成立犯罪。根据 2001 年 5 月 9 日国家林业局、公安部发布的《关于森林和陆生野生动物刑事案件管辖及立案标准》第 2 条第 6 项之规定，凡故意放火造成森林或者其他林木火灾的都应当立案。如果行为人的放火行为造成了危害结果，则适用较重的法定刑。（3）本罪的主体是一般主体。根据《刑法》第 17 条第 2 款之规定，已满 14 周岁不满 16 周岁的人，犯放火罪的，应当负刑事责任。（4）本罪在主观方面是故意，既可以是直接故意，也可以是间接故意。

3. 放火罪的刑事责任

根据《刑法》第 114 条、第 115 条之规定，犯放火罪，尚未造成严重后果的，处 3 年以上 10 年以下有期徒刑；犯放火罪，致人重伤、死亡或者使公私财产遭受重大损失的，处 10 年以上有期徒刑、无期徒刑或者死刑。

（二）决水罪

1. 决水罪的刑法条文

《刑法》第 114 条规定："放火、决水、爆炸以及投放毒害性、放射性、传染病病原体等物质或者以其他危险方法危害公共安全，尚未造成严重后果的，处三年以上十年以下有期徒刑。"《刑法》第 115 条规定："放火、决水、爆炸以及投放毒害性、放射性、传染病病原体等物质或者以其他危险方法致人重伤、死亡或者使公私财产遭受重大损失的，处十年以上有期徒刑、无期徒刑或者死刑。"

2. 决水罪的概念和构成要件

决水罪是指故意破坏堤防、水坝、防水、排水等水利设施，制造水患，危害公共安全的行为。决水罪的构成要件包括：（1）本罪侵犯的客体是公共安全。（2）本罪在客观方面表现为实施危害公共安全的决水行为，既可以是作为，也可以是不作为。（3）本罪的主体是一般主体，即年满 16 周岁且具有刑事责任能力的自然人。（4）本罪在主观方面是故意，既可以是直接故意，也可以是间接故意。

3. 决水罪的刑事责任

根据《刑法》第 114 条、第 115 条之规定，犯决水罪，尚未造成严重后果的，处 3 年以上 10 年以下有期徒刑；犯决水罪，致人重伤、死亡或者使公私财产遭受重大损失的，处 10 年以上有期徒刑、无期徒刑或者死刑。

（三）爆炸罪

1. 爆炸罪的刑法条文

《刑法》第 114 条规定："放火、决水、爆炸以及投放毒害性、放射性、传染病病原体等物质或者以其他危险方法危害公共安全，尚未造成严重后果的，处三年以上十年以下有期徒刑。"《刑法》第 115 条规定："放火、决水、爆炸以及投放毒害性、放射性、传染病病原体等物质或者以其他危险方法致人重伤、死亡或者使公私财产遭受重大损失的，处十年以上有期徒刑、无期徒刑或者死刑。"

2. 爆炸罪的概念和构成要件

爆炸罪是指故意引发爆炸物，危害公共安全的行为。

爆炸罪的构成要件包括：（1）本罪侵犯的客体是公共安全。（2）本罪在客观方面表现为引发爆炸物，危害公共安全的行为。引发爆炸物的行为既可以是作为，也可以是不作为。从司法实践看，使用的爆炸物品包括炸弹、手榴弹、地雷、炸药（包括黄色炸药、黑色炸药和化学炸药）、雷管、导火索等起爆器材和各种自制的爆炸装置（如炸药包、炸药瓶等）。至于以何种方法引发爆炸物，不影响本罪的成立。（3）本罪的主体是一般主体。根据《刑法》第 17 条第 2 款之规定，已满 14 周岁不满 16 周岁的人，犯爆炸罪的，应当负刑事责任。（4）本罪在主观方面是故意，既可以是直接故意，也可以是间接故意。

3. 爆炸罪的认定

根据《关于审理破坏野生动物资源刑事案件具体应用法律若干问题的解释》第 7 条之规定，使用爆炸、投毒、设置电网等危险方法破坏野生动物资源，构成非法猎捕、杀害珍贵、濒危野生动物罪或者非法狩猎罪，同时构成《刑法》第 114 条或者第 115 条规定之罪的，依照处罚较重的规定定罪处罚。

4. 爆炸罪的刑事责任

根据《刑法》第 114 条、第 115 条之规定，犯爆炸罪，尚未造成严重后果的，处 3 年以上 10 年以下有期徒刑；犯爆炸罪，致人重伤、死亡或者使公私财产遭受重大损失的，处 10 年以上有期徒刑、无期徒刑或者死刑。

（四）投放危险物质罪

1. 投放危险物质罪的刑法条文

《刑法》第 114 条规定："放火、决水、爆炸以及投放毒害性、放射性、传染病病原体等物质或者以其他危险方法危害公共安全，尚未造成严重后果的，处三年以上十年以下有期徒刑。"《刑法》第 115 条规定："放火、决水、爆炸以及投放毒害性、放射性、传染病病原体等物质或者以其他危险方法致人重伤、死亡或者使公私财产遭受重大损失的，处十年以上有期徒刑、无期徒刑或者死刑。"

2. 投放危险物质罪的概念和构成要件

投放危险物质罪是指故意投放毒害性、放射性、传染病病原体等物质，危害公共安全的行为。投放危险物质罪的构成要件包括：（1）本罪侵犯的客体是公共安全，即不特定多数人的生命、健康安全或者重大公私财产的安全。（2）本罪在客观方面表现为故意投放毒害性、放射性、传染病病原体等物质，危害公共安全的行为。（3）本罪的主体是一般主体。根据《刑法》第 17 条第 2 款之规定，已满 14 周岁不满 16 周岁的人，犯投放危险物质罪的，应当负刑事责任。（4）本罪在主观方面是故意。即行为人明知其投放危险物质的行为会危害公共安全，引起不特定多数人中毒或者使公私财产遭受重大损失，并且希望或者放任这种危害结果发生。至于投放危险物质的动机如何，不影响本罪的成立。

3. 投放危险物质罪的认定

第一，本罪与污染环境罪的界限。

根据《刑法》第 338 条之规定，污染环境罪是指违反国家规定，排放、倾倒或者处置有放射性的废物、含传染病病原体的废物、有毒物质或者其他有害物质，严重污染环境的行为。本罪与污染环境罪的区别包括：①侵犯的客体不同。本罪侵犯的客体是公共安全；而污染环境罪侵犯的客体是国家的环境保护制度。②犯罪的客观方面不同。本罪在客观方面表现为故意投放毒害性、放射性、传染病病原体等物质，危害公共安全的行为；而污染环境罪在客观方面表现为违反国家规定，排放、倾倒或者处置有放射性的废物、含传染病病原体的废物、有毒物质或者其他有害物质，严重污染环境的行为。本罪属于危险犯；而污染环境罪属于结果犯。③犯罪的主体不同。本罪的主体是已满 14 周岁且具有刑事责任能力的自然人；而污染环境罪的主体是单位和年满 16 周岁且具有刑事责任能力的自然人。④犯罪的主观方面不同。本罪在主观方面是故意；而污染环境罪在主观方面是过失。如果行为人违反国家规定，故意实施了排放、倾倒或者处置有放射性的废物、含传染病病原体的废物、有毒物质或者其他有害物质，危害公共安全的行为，则构成投放危险物质罪。

第二，认定投放危险物质罪应当注意的其他问题。

根据《关于审理破坏野生动物资源刑事案件具体应用法律若干问题的解释》第7条之规定，使用爆炸、投毒、设置电网等危险方法破坏野生动物资源，构成非法猎捕、杀害珍贵、濒危野生动物罪或者非法狩猎罪，同时构成《刑法》第114条或者第115条规定之罪的，依照处罚较重的规定定罪处罚。

4. 投放危险物质罪的刑事责任

根据《刑法》第114条、第115条之规定，犯投放危险物质罪，尚未造成严重后果的，处3年以上10年以下有期徒刑；犯投放危险物质罪，致人重伤、死亡或者使公私财产遭受重大损失的，处10年以上有期徒刑、无期徒刑或者死刑。

（五）以危险方法危害公共安全罪

1. 以危险方法危害公共安全罪的刑法条文

《刑法》第114条规定："放火、决水、爆炸以及投放毒害性、放射性、传染病病原体等物质或者以其他危险方法危害公共安全，尚未造成严重后果的，处三年以上十年以下有期徒刑。"《刑法》第115条规定："放火、决水、爆炸以及投放毒害性、放射性、传染病病原体等物质或者以其他危险方法致人重伤、死亡或者使公私财产遭受重大损失的，处十年以上有期徒刑、无期徒刑或者死刑。"

2. 以危险方法危害公共安全罪的概念和构成要件

以危险方法危害公共安全罪是指使用除放火、决水、爆炸以及投放危险物质以外的其他危险方法，危害公共安全的行为。

以危险方法危害公共安全罪的构成要件包括：（1）本罪侵犯的客体是公共安全，即不特定多数人的生命、健康安全或者重大公私财产的安全。（2）本罪在客观方面表现为使用除放火、决水、爆炸、投放危险物质以外的其他危险方法危害公共安全的行为。所谓"其他危险方法"是指除放火、决水、爆炸、投放危险物质以外的与放火、决水、爆炸、投放危险物质的危险性相当的方法，如驾车冲撞人群、私设电网等。（3）本罪的主体是一般主体，即已满 16 周岁且具有刑事责任能力的自然人。（4）本罪在主观方面是故意。

3. 以危险方法危害公共安全罪的认定

根据《关于审理破坏野生动物资源刑事案件具体应用法律若干问题的解释》第 7 条之规定，使用爆炸、投毒、设置电网等危险方法破坏野生动物资源，构成非法猎捕、杀害珍贵、濒危野生动物罪或者非法狩猎罪，同时构成《刑法》第 114 条或者第 115 条规定之罪的，依照处罚较重的规定定罪处罚。

4. 以危险方法危害公共安全罪的刑事责任

根据《刑法》第 114 条、第 115 条之规定，犯以危险方法危害公共安全罪，尚未造成严重后果的，处 3 年以上 10 年以下有期徒刑；犯以危险方法危害公共安全罪，致人重伤、死亡或者使公私财产遭受重大损失的，处 10 年以上有期徒刑、无期徒刑或者死刑。

（六）重大责任事故罪

1. 重大责任事故罪的刑法条文

《刑法》第 134 条第 1 款规定"在生产、作业中违反有关安全管理的规定，因而发生重大伤亡事故或者造成其他严重后果的，处三年以下有期徒刑或者拘役；情节特别恶劣的，处三年以上七年以下有期徒刑"。

2. 重大责任事故罪的概念和构成要件

重大责任事故罪是指在生产、作业中违反有关安全管理的规定，因而发生重大伤亡事故或者造成其他严重后果的行为。

重大责任事故罪的构成要件包括：（1）本罪侵犯的客体是公共安全，即生产、作业安全，亦即从事生产、作业的不特定多数人的生命、健康安全和重大公私财产的安全。（2）本罪在客观方面表现为在生产、作业中违反有关安全管理的规定，因而发生重大伤亡事故或者造成其他严重后果的行为。"有关安全管理的规定"包括三个方面：一是国家颁布的各种有关安全生产、作业的法律法规；二是企事业单位、上级管理机关制定的有关安全生产作业的规则、章程、规程；三是反映生产、科研、设计、施工中安全操作的客观规律的为职工所公认的正确的操作习惯和惯例。本罪属于结果犯，行为人在生产、作业中违反有关安全管理规定的行为，必须导致"发生重大伤亡事故或者造成其他严重后果"的损害结果，犯罪才能成立。否则，仅属于一般责任事故，不构成犯罪。根据《关于办理危害矿山生产安全刑事案件具体应用法律若干问题的解释》第4条第1款之规定，发生矿山生产安全事故，具有下列情形之一的，应当认定为《刑法》第134条、第135条规定的"重大伤亡事故或者其他严重后果"：①造成死亡1人以上，或者重伤3人以上的；②造成直接经济损失100万元以上的；③造成其他严重后果的情形。根据该解释第4条第2款之规定，具有下列情形之一的，应当认定为《刑法》第134条、第135条规定的"情节特别恶劣"：①造成死亡3人以上，或者重伤10人以上的；②造成直接经济损失300万元以上的；③其他特别恶劣的情节。根据《关于公安机关管辖的刑事案件立案追诉标准的规定（一）》第8条［重大责任事故案（《刑法》第134条第1款）］之规定，在生产、作业中违反有关安全管理的规定，涉嫌下列情形之一的，应予立案追诉：①造成死亡1人以上，或者重伤3人以上；②造成直接经济损失50万元以上的；③发生矿山生产安全事故，造成直接经济损失100万元以上的；④其他造成严重后果的情形。（3）本罪的主体为一般主体，主要是从事生产、作业的人员。根据《关于办理危害矿山生产安全刑事案件具体应用法律若干问题的解释》第1条之规定，《刑法》第134条第1款规定的犯罪主体，包括对矿山生产、作业负有组织、指挥或者管理职责的负责人、管理人员、实际控制人、投资人等人员，以及直接从事矿山生产、作业的人员。本罪的主体只能是自然人，单位不能成为本罪的主体。（4）本罪在主观方面是过失，既可以是疏忽大意的过失，也可以是过于自信的过失。在本罪中，虽然行为人在生产、作业中违反有关安全管理规定的行为，有可能是出于故意，但对其行为引起的"重大伤亡事故或者其他严重后果"而言，则是出于过失，即行为人应当预见自己的行为可能发生危害社会的严重结果，因为疏忽大意而没有预见，或者已经预见而轻信能够避免，结果导致了重大事故的发生。对于过失犯罪而言，行为人并不希望或者放任危害结果的发生，危害结果的发生是违背行为人本意的。

3. 重大责任事故罪的认定

根据《关于办理危害矿山生产安全刑事案件具体应用法律若干问题的解释》第8条第1款之规定，在采矿许可证被依法暂扣期间擅自开采的，视为《刑法》第343条第1款规定的"未取得采矿许可证擅自采矿"。依据该规定，行为人的行为应当以非法采矿罪论处。根据该解释第8条第2款之规定，违反矿产资源法的规定，非法采矿或者采取破坏性的开采方法开采矿产资源，造成重大伤亡事故或者其他严重后果，同时构成《刑法》第 343 条规定的犯罪和《刑法》第 134 条或者第 135 条规定的犯罪的，依照数罪并罚的规定处罚。也就是行为人违反矿产资源法的规定，实施非法采矿或者破坏性采矿的行为，造成重大伤亡事故或者其他严重后果，同时构成《刑法》第 343 条规定的非法采矿罪和《刑法》第 134 条规定的重大责任事故罪、强令违章冒险作业罪或者《刑法》第 135 条规定的重大劳动安全事故罪的，应当依照数罪并罚的规定处罚。

4. 重大责任事故罪的刑事责任

根据《刑法》第 134 条第 1 款之规定，犯重大责任事故罪的，处 3 年以下有期徒刑或者拘役；情节特别恶劣的，处 3 年以上 7 年以下有期徒刑。根据《关于办理危害矿山生产安全刑事案件具体应用法律若干问题的解释》第 12 条之规定，危害矿山生产安全构成犯罪的人，在矿山生产安全事故发生后，积极组织、参与事故抢救的，可以酌情从轻处罚。

（七）强令违章冒险作业罪

1. 强令违章冒险作业罪的刑法条文

《刑法》第 134 条第 2 款规定："强令他人违章冒险作业，因而发生重大伤亡事故或者造成其他严重后果的，处五年以下有期徒刑或者拘役；情节特别恶劣的，处五年以上有期徒刑。"

2. 强令违章冒险作业罪的概念和构成要件

强令违章冒险作业罪是指行为人强令他人违章冒险作业，因而发生重大伤亡事故或者造成其他严重后果的行为。

强令违章冒险作业罪的构成要件包括：（1）本罪侵犯的客体是公共安全，即生产、作业安全，亦即从事生产、作业的不特定多数人的生命、健康安全和重大公私财产的安全。（2）本罪在客观方面表现为行为人强令他人违章冒险作业，因而发生重大伤亡事故或者造成其他严重后果的行为。所谓"强令他人违章冒险作业"是指负责生产、作业等工作的管理人员，知道或者应当知道生产、作业中存在事故隐患，却违反安全生产、作业的规章制度，强行命令他人冒险作业的行为。本罪属于结果犯，行为人强令他人违章冒险作业的行为必须导致"发生重大伤亡事故或者造成其他严重后果"，犯罪才能成立。否则，不构成犯罪。如果具有"情节特别恶劣"的情形，则适用较重的法定刑。根据《关于办理危害矿山生产安全刑事案件具体应用法律若干问题的解释》第 4 条第 1 款之规定，发生矿山生产安全事故，具有下列情形之一的，应当认定为《刑法》第 134 条、第 135 条规定的"重大伤亡事故或者其他严重后果"：①造成死亡 1 人以上，或者重伤 3 人以上的；②造成直接经济损失 100 万元以上的；③造成其他严重后果的情形。根据该解释第 4 条第 2 款之规定，具有下列情形之一的，应当认定为《刑法》第 134 条、第 135 条规定的"情节特别恶劣"：①造成死亡 3 人以上，或者重伤 10 人以上的；②造成直接经济损失 300 万元以上的；③其他特别恶劣的情节。根据《关于公安机关管辖的刑事案件立案追诉标准的规定（一）》第 9 条 ［强令违章冒险作业案（《刑法》第 134 条第 2 款）］之规定，强令他人违章冒险作业，涉嫌下列情形之一的，应予立案追诉：①造成死亡 1 人以上，或者重伤 3 人以上；②造成直接经济损失 50 万元以上的；③发生矿山生产安全事故，造成直接经济损失 100 万元以上的；④其他造成严重后果的情形。（3）本罪的主体是一般主体。根据《关于办理危害矿山生产安全刑事案件具体应用法律若干问题的解释》第 2 条之规定，《刑法》第 134 条第 2 款规定的犯罪主体，包括对矿山生产、作业负有组织、指挥或者管理职责的负责人、管理人员、实际控制人、投资人等人员。(4) 本罪在主观方面是过失，既可以是疏忽大意的过失，也可以是过于自信的过失。但主要是过于自信的过失。

3. 强令违章冒险作业罪的认定

根据《关于办理危害矿山生产安全刑事案件具体应用法律若干问题的解释》第 8 条第 1 款之规定，在采矿许可证被依法暂扣期间擅自开采的，视为《刑法》第 343 条第 1 款规定的"未取得采矿许可证擅自采矿"。依据该规定，行为人的行为应当以非法采矿罪论处。根据该解释第 8 条第 2 款之规定，违反矿产资源法的规定，非法采矿或者采取破坏性的开采方法开采矿产资源，造成重大伤亡事故或者其他严重后果，同时构成《刑法》第 343 条规定的犯罪和《刑法》第 134 条或者第 135 条规定的犯罪的，依照数罪并罚的规定处罚。亦即行为人违反矿产资源法的规定，实施非法采矿或者破坏性采矿的行为，造成重大伤亡事故或者其他严重后果，同时构成《刑法》第 343 条规定的非法采矿罪和《刑法》第 134 条规定的重大责任事故罪、强令违章冒险作业罪或者《刑法》第 135 条规定的重大劳动安全事故罪的，应当依照数罪并罚的规定处罚。

4. 强令违章冒险作业罪的刑事责任

根据《刑法》第 134 条第 2 款之规定，犯强令违章冒险作业罪的，处 5 年以下有期徒刑或者拘役；情节特别恶劣的，处 5 年以上有期徒刑。根据《关于办理危害矿山生产安全刑事案件具体应用法律若干问题的解释》第 12 条之规定，危害矿山生产安全构成犯罪的人，在矿山生产安全事故发生后，积极组织、参与事故抢救的，可以酌情从轻处罚。根据该解释第 11 条之规定，国家工作人员违反规定投资入股矿山生产经营，构成本罪的，作为从重情节依法处罚。

（八）重大劳动安全事故罪

1. 重大劳动安全事故罪的刑法条文

《刑法》第 135 条第 1 款规定："安全生产设施或者安全生产条件不符合国家规定，因而发生重大伤亡事故或者造成其他严重后果的，对直接负责的主管人员和其他直接责任人员，处三年以下有期徒刑或者拘役；情节特别恶劣的，处三年以上七年以下有期徒刑。"

2. 重大劳动安全事故罪的概念和构成要件

重大劳动安全事故罪是指安全生产设施或者安全生产条件不符合国家规定，因而发生重大伤亡事故或者造成其他严重后果的行为。重大劳动安全事故罪的构成要件包括：（1）本罪侵犯的客体是公共安全，即生产、作业安全，也就是不特定多数人的生命、健康安全和重大公私财产的安全。（2）本罪在客观方面表现为安全生产设施或者安全生产条件不符合国家规定，因而发生重大伤亡事故或者造成其他严重后果的行为。本罪属于结果犯，行为人的行为必须导致"发生重大伤亡事故或者造成其他严重后果"，犯罪才能成立。否则，不构成犯罪。如果具有"情节特别恶劣"的情形，则适用较重的法定刑。根据《关于办理危害矿山生产安全刑事案件具体应用法律若干问题的解释》第 4 条第 1 款之规定，发生矿山生产安全事故，具有下列情形之一的，应当认定为《刑法》第 134 条、第 135 条规定的"重大伤亡事故或者其他严重后果"：①造成死亡 1 人以上，或者重伤 3 人以上的；②造成直接经济损失 100 万元以上的；③造成其他严重后果的情形。根据该解释第 4 条第 2 款之规定，具有下列情形之一的，应当认定为《刑法》第 134 条、第 135 条规定的"情节特别恶劣"：①造成死亡 3 人以上，或者重伤 10 人以上的；②造成直接经济损失 300 万元以上的；③其他特别恶劣的情节。根据《关于公安机关管辖的刑事案件立案追诉标准的规定（一）》第 10 条［重大劳动安全事故案（《刑法》第 135 条）］之规定，安全生产设施或者安全生产条件不符合国家规定，涉嫌下列情形之一的，应予立案追诉：①造成死亡 1 人以上，或者重伤 3 人以上；②造成直接经济损失 50 万元以上的；③发生矿山生产安全事故，造成直接经济损失 100 万元以上的；④其他造成严重后果的情形。（3）本罪的主体是一般主体。根据《刑法》第 135 条之规定，本罪的主体是"直接负责的主管人员和其他直接责任人员"。根据《关于办理危害矿山生产安全刑事案件具体应用法律若干问题的解释》第 3 条之规定，《刑法》第 135 条规定的"直接负责的主管人员和其他直接责任人员"是指对矿山安全生产设施或者安全生产条件不符合国家规定负有直接责任的矿山生产经营单位负责人、管理人员、实际控制人、投资人，以及对安全生产设施或者安全生产条件负有管理、维护职责的电工、瓦斯检查工等人员。（4）本罪在主观方面是过失。即行为人应当预见安全生产设施或者安全生产条件不符合国家规定，可能"发生重大伤亡事故或者造成其他严重后果"的危害结果，因为疏忽大意而没有预见，或者已经预见而轻信能够避免，结果导致了重大事故的发生。对于过失犯罪而言，行为人并不希望或者放任危害结果的发生，危害结果的发生是违背行为人本意的。至于就行为人对安全生产设施或者安全生产条件不符合国家规定而未采取改进措施的情形而言，有可能是出于故意。

3. 重大劳动安全事故罪的认定

根据《关于办理危害矿山生产安全刑事案件具体应用法律若干问题的解释》第 8 条第 1 款之规定，在采矿许可证被依法暂扣期间擅自开采的，视为《刑法》第 343 条第 1 款规定的"未取得采矿许可证擅自采矿"。依据该规定，行为人的行为应当以非法采矿罪论处。根据该解释第 8 条第 2 款之规定，违反矿产资源法的规定，非法采矿或者采取破坏性的开采方法开采矿产资源，造成重大伤亡事故或者其他严重后果，同时构成《刑法》第 343 条规定的犯罪和《刑法》第 134 条或者第 135 条规定的犯罪的，依照数罪并罚的规定处罚。也就是行为人违反矿产资源法的规定，实施非法采矿或者破坏性采矿的行为，造成重大伤亡事故或者其他严重后果，同时构成《刑法》第 343 条规定的非法采矿罪和《刑法》第 134 条规定的重大责任事故罪、强令违章冒险作业罪或者《刑法》第 135 条规定的重大劳动安全事故罪的，应当依照数罪并罚的规定处罚。

4. 重大劳动安全事故罪的刑事责任

根据《刑法》第 135 条第 1 款之规定，犯重大劳动安全事故罪的，对直接负责的主管人员和其他直接责任人员，处 3 年以下有期徒刑或者拘役；情节特别恶劣的，处 3 年以上 7 年以下有期徒刑。根据《关于办理危害矿山生产安全刑事案件具体应用法律若干问题的解释》第 12 条之规定，危害矿山生产安全构成犯罪的人，在矿山生产安全事故发生后，积极组织、参与事故抢救的，可以酌情从轻处罚。根据该解释第 11 条之规定，国家工作人员违反规定投资入股矿山生产经营，构成本罪的作为从重情节依法处罚。

（九）危险物品肇事罪

1. 危险物品肇事罪的刑法条文

《刑法》第 136 条规定："违反爆炸性、易燃性、放射性、毒害性、腐蚀性物品的管理规定，在生产、储存、运输、使用中发生重大事故，造成严重后果的，处三年以下有期徒刑或者拘役；后果特别严重的，处三年以上七年以下有期徒刑。"

2. 危险物品肇事罪的概念和构成要件

危险物品肇事罪是指违反爆炸性、易燃性、放射性、毒害性、腐蚀性物品的管理规定，在生产、储存、运输、使用中发生重大事故，造成严重后果的行为。危险物品肇事罪的构成要件包括：（1）本罪侵犯的客体是公共安全，即危险物品在生产、储存、运输、使用中的安全。本罪的犯罪对象是危险物品，即爆炸性、易燃性、放射性、毒害性、腐蚀性物品。根据 1993 年 10 月 11 日最高人民法院发布的《关于执行〈中华人民共和国铁路法〉中刑事罚则若干问题的解释》的规定，"危险品"，是指具有爆炸、易燃、放射、毒害、腐蚀等性质，在运输、装卸和储存、保管过程中，容易造成人身伤亡和财产毁损而需要特别防护的物品，其具体范围，按国务院及国务院主管部门的规定认定。本罪中的"爆炸性物品"包括各种引爆器材、引爆药和炸药；"易燃性物品"包括汽油、酒精、液化石油气、胶片等；"放射性物品"是指具有放射性能的铀、镭等；"毒害性物品"是指对人体或者动物具有毒害性作用的敌敌畏、敌百虫、砒霜等；"腐蚀性物品"是指对人体或者其他物品具有腐蚀作用的硫酸、硝酸等。（2）本罪在客观方面表现为违反爆炸性、易燃性、放射性、毒害性、腐蚀性物品的管理规定，在生产、储存、运输、使用中发生重大事故，造成严重后果的行为。所谓"违反爆炸性、易燃性、放射性、毒害性、腐蚀性物品的管理规定"是指违反了《民用爆炸物品管理条例》《化学危险物品管理条例》等关于危险物品的管理规定。本罪属于结果犯，行为人的行为必须导致发生重大事故，造成严重后果，犯罪才能成立。根据《关于公安机关管辖的刑事案件立案追诉标准的规定（一）》第12条关于危险物品肇事案（《刑法》第136条）立案标准之规定，违反爆炸性、易燃性、放射性、毒害性、腐蚀性物品的管理规定，在生产、储存、运输、使用中发生重大事故，涉嫌下列情形之一的，应予立案追诉：①造成死亡1人以上，或者重伤3人以上；②造成直接经济损失50万元以上的；③其他造成严重后果的情形。（3）本罪的主体是一般主体。在实践中主要是从事危险物品生产、储存、运输、使用的人员或者随身携带危险物品乘坐公共交通工具的乘客。（4）本罪在主观方面是过失。即行为人应当预见违反危险物品管理规定，从事危险物品生产、储存、运输、使用或者随身携带危险物品乘坐公共交通工具，可能"发生重大事故，造成严重后果"的危害结果，因为疏忽大意而没有预见，或者已经预见而轻信能够避免，结果导致了重大事故的发生。至于就行为人违反危险物品管理规定的情形而言，有可能是出于故意。

3. 危险物品肇事罪的刑事责任

根据《刑法》第136条之规定，犯危险物品肇事罪的，处3年以下有期徒刑或者拘役；后果特别严重的，处3年以上7年以下有期徒刑。

三、《刑法》分则第三章"破坏社会主义市场经济秩序罪"中涉及环境的罪名

《刑法》分则第三章"破坏社会主义市场经济秩序罪"中涉及环境的罪名主要包括：走私核材料罪（第151条第1款），走私文物罪（第151条第2款），走私珍贵动物、珍贵动物制品罪（第151条第2款），走私废物罪（第152条第2款），走私国家禁止进出口的货物、物品罪（第151条第3款），非法转让、倒卖土地使用权罪（第228条）。

（一）走私核材料罪

1. 走私核材料罪的刑法条文

《刑法》第 151 条规定："走私武器、弹药、核材料或者伪造的货币的，处七年以上有期徒刑，并处罚金或者没收财产；情节特别严重的，处无期徒刑或者死刑，并处没收财产；情节较轻的，处三年以上七年以下有期徒刑，并处罚金。

走私国家禁止出口的文物、黄金、白银和其他贵重金属或者国家禁止进出口的珍贵动物及其制品的，处五年以上十年以下有期徒刑，并处罚金；情节特别严重的，处十年以上有期徒刑或者无期徒刑，并处没收财产；情节较轻的，处五年以下有期徒刑，并处罚金。

走私珍稀植物及其制品等国家禁止进出口的其他货物、物品的，处五年以下有期徒刑或者拘役，并处或者单处罚金；情节严重的，处五年以上有期徒刑，并处罚金。

单位犯本条规定之罪的，对单位判处罚金，并对其直接负责的主管人员和其他直接责任人员，依照本条各款的规定处罚。"

《刑法》第 155 条（间接走私行为以相应走私犯罪论处的规定）规定："下列行为，以走私罪论处，依照本节的有关规定处罚：

（一）直接向走私人非法收购国家禁止进口物品的，或者直接向走私人非法收购走私进口的其他货物、物品，数额较大的；

（二）在内海、领海、界河、界湖运输、收购、贩卖国家禁止进出口物品的，或者运输、收购、贩卖国家限制进出口货物、物品，数额较大，没有合法证明的。"

《刑法》第 156 条（走私共犯）规定："与走私罪犯通谋，为其提供贷款、资金、账号、发票、证明，或者为其提供运输、保管、邮寄或者其他方便的，以走私罪的共犯论处。"

《刑法》第 157 条（武装掩护走私、抗拒缉私的处罚规定）规定："武装掩护走私的，依照本法第一百五十一条第一款的规定从重处罚。

以暴力、威胁方法抗拒缉私的，以走私罪和本法第二百七十七条规定的阻碍国家机关工作人员依法执行职务罪，依照数罪并罚的规定处罚。"

2. 走私核材料罪的概念和构成要件

走私核材料罪是指违反海关法规，逃避海关监管，运输、携带、邮寄核材料进出国（边）境的行为。走私核材料罪的构成要件包括：（1）本罪侵犯的客体是国家海关监管制度中关于核材料进出国（边）境的管理制度。本罪的犯罪对象是核材料。根据《核材料实物保护公约》之规定，"核材料"是指："钚，但钚－238 同位素含量超过 80% 者除外；铀－233；同位素 235 或 233 浓缩的铀；非矿石或矿渣形式的含天然存在的同位素混合物的铀；任何含有上述一种或多种成分的材料。"根据 1987 年 6 月 15 日国务院颁布的《中华人民共和国核材料管制条例》第 2 条之规定，核材料包括："铀－235，含铀－235 的材料和制品；铀－233，含铀－233 的材料和制品；钚－239，含钚－239 的材料和制品；氚，含氚的材料和制品；锂－6，含锂－6 的材料和制品；其他需要管制的核材料。"（2）本罪在客观方面表现为违反海关法规，逃避海关监管，运输、携带、邮寄核材料进出国（边）境的行为。（3）本罪的主体是一般主体，既可以是自然人，也可以是单位。（4）本罪在主观方面是故意。

3. 走私核材料罪的认定

根据《刑法》第 155 条之规定，行为人直接向走私人非法收购核材料的，或者在内海、领海、界河、界湖非法运输、收购、贩卖核材料的，也应当以走私核材料罪论处。根据 2000 年 9 月 20 日最高人民法院通过的《关于审理走私刑事案件具体应用法律若干问题的解释》第 8 条第 4 款之规定，《刑法》第 155 条第 2 项规定的"内海"，包括内河的入海口水域。根据《刑法》第 156 条之规定，与走私核材料的罪犯通谋，为其提供贷款、资金、账号、发票、证明，或者为其提供运输、保管、邮寄或者其他方便的，以走私核材料罪的共犯论处。根据《刑法》第 157 条第 2 款之规定，以暴力、威胁方法抗拒缉私的，以走私核材料罪和《刑法》第 277 条规定的妨害公务罪，依照数罪并罚的规定处罚。据此，如果走私行为尚不足以构成犯罪，以暴力、威胁方法抗拒缉私的，以《刑法》第 277 条规定的妨害公务罪论处。根据 2006 年 7 月 31 日最高人民法院通过的《关于审理走私刑事案件具体应用法律若干问题的解释（二）》（自 2006 年 11 月 16 日起施行）第 5 条的规定，对在走私的普通货物、物品或者废物中藏匿《刑法》第 151 条、第 152 条、第 347 条、

第 350 条规定的货物、物品,① 构成犯罪的,以实际走私的货物、物品定罪处罚;构成数罪的,实行数罪并罚。

4. 走私核材料罪的刑事责任

根据《刑法》第 151 条第 1 款之规定,犯走私核材料罪的,处 7 年以上有期徒刑,并处罚金或者没收财产;情节特别严重的,处无期徒刑或者死刑,并处没收财产。根据该条第 4 款之规定,单位犯走私核材料罪的,对单位判处罚金,并对其直接负责的主管人员和其他直接责任人员,依照《刑法》第 151 条第 1 款之规定处罚。根据《刑法》第 157 条第 1 款之规定,武装掩护走私核材料的,依照《刑法》第 151 条第 1 款之规定从重处罚。

(二) 走私文物罪

1. 走私文物罪的刑法条文

《刑法》第 151 条规定:"走私武器、弹药、核材料或者伪造的货币的,处七年以上有期徒刑,并处罚金或者没收财产;情节特别严重的,处无期徒刑或者死刑,并处没收财产;情节较轻的,处三年以上七年以下有期徒刑,并处罚金。

走私国家禁止出口的文物、黄金、白银和其他贵重金属或者国家禁止进出口的珍贵动物及其制品的,处五年以上十年以下有期徒刑,并处罚金;情节特别严重的,处十年以上有期徒刑或者无期徒刑,并处没收财产;情节较轻的,处五年以下有期徒刑,并处罚金。

走私珍稀植物及其制品等国家禁止进出口的其他货物、物品的,处五年以下有期徒刑或者拘役,并处或者单处罚金;情节严重的,处五年以上有期徒刑,并处罚金。

单位犯本条规定之罪的,对单位判处罚金,并对其直接负责的主管人员和其他直接责任人员,依照本条各款的规定处罚。"

《刑法》第 155 条 (间接走私行为以相应走私犯罪论处的规定) 规定:"下列行为,以走私罪论处,依照本节的有关规定处罚:

(一) 直接向走私人非法收购国家禁止进口物品的,或者直接向走私人非

---

① 《刑法》第 152 条规定的犯罪是走私淫秽物品罪和走私废物罪;第 347 条规定的犯罪是走私、贩卖、运输、制造毒品罪;第 350 条规定的犯罪是走私制毒物品罪和非法买卖制毒物品罪。

法收购走私进口的其他货物、物品，数额较大的；

（二）在内海、领海、界河、界湖运输、收购、贩卖国家禁止进出口物品的，或者运输、收购、贩卖国家限制进出口货物、物品，数额较大，没有合法证明的。"

《刑法》第156条（走私共犯）规定："与走私罪犯通谋，为其提供贷款、资金、账号、发票、证明，或者为其提供运输、保管、邮寄或者其他方便的，以走私罪的共犯论处。"

《刑法》第157条（武装掩护走私、抗拒缉私的处罚规定）规定："武装掩护走私的，依照本法第一百五十一条第一款的规定从重处罚。以暴力、威胁方法抗拒缉私的，以走私罪和本法第二百七十七条规定的阻碍国家机关工作人员依法执行职务罪，依照数罪并罚的规定处罚。"

2. 走私文物罪的概念和构成要件

走私文物罪是指违反海关法规，逃避海关监管，运输、携带、邮寄禁止出口的文物出国（边）境的行为。走私文物罪的构成要件包括：（1）本罪侵犯的客体是国家的文物出口管理制度。本罪的犯罪对象是国家禁止出口的文物。根据《中华人民共和国文物保护法》第28条之规定，具有重要历史、艺术、科学价值的文物，除经国务院批准运往国外展览的以外，一律禁止出境。（2）本罪在客观方面表现为违反海关法规，逃避海关监管，运输、携带、邮寄禁止出口的文物出国（边）境的行为。本罪的行为方式，只限于出口，不包括进口。1991年6月29日全国人大常委会通过的《关于修改〈中华人民共和国文物保护法〉第三十条第三十一条的决定》将《文物保护法》第31条第3款"将私人收藏的珍贵文物私自卖给外国人的，以盗运珍贵文物出口论处"修改为"任何组织或者个人将收藏的国家禁止出口的珍贵文物私自出售或者私自赠送给外国人的，以走私论处"。据此，任何组织或者个人在境内将收藏的国家禁止出口的珍贵文物私自出售或者赠送给外国人的行为，也应当以走私文物罪论处。（3）本罪的主体是一般主体，既可以是自然人，也可以是单位。（4）本罪在主观方面是故意。

3. 走私文物罪的认定

根据1987年11月27日最高人民法院、最高人民检察院发布的《关于办理盗窃、盗掘、非法经营和走私文物的案件具体应用法律的若干问题的解释》

第 5 条第 2 项之规定，具有下列行为之一的，属于走私文物罪：（1）以走私出口为目的而收购珍贵文物的；（2）明知他人走私珍贵文物出口，而向其出卖珍贵文物的，或者为其介绍收购珍贵文物的，或者为其偷运、偷带、偷寄珍贵文物的，或者为其提供中转场所的。根据《刑法》第 155 条之规定，行为人直接向走私人非法收购国家禁止出口的文物的，或者在内海、领海、界河、界湖非法运输、收购、贩卖国家禁止出口的文物的，也应当以走私文物罪论处。根据 2000 年 9 月 20 日最高人民法院通过的《关于审理走私刑事案件具体应用法律若干问题的解释》第 8 条第 4 款之规定，《刑法》第 155 条第 2 项规定的"内海"，包括内河的入海口水域。根据《刑法》第 156 条之规定，与走私文物的罪犯通谋，为其提供贷款、资金、账号、发票、证明，或者为其提供运输、保管、邮寄或者其他方便的，以走私文物罪的共犯论处。根据《刑法》第 157 条第 2 款之规定，以暴力、威胁方法抗拒缉私的，以走私文物罪和《刑法》第 277 条规定的妨害公务罪，依照数罪并罚的规定处罚。据此，如果走私行为尚不足以构成犯罪，以暴力、威胁方法抗拒缉私的，以《刑法》第 277 条规定的妨害公务罪论处。根据《关于审理走私刑事案件具体应用法律若干问题的解释（二）》第 5 条的规定，对在走私的普通货物、物品或者废物中藏匿《刑法》第 151 条、第 152 条、第 347 条、第 350 条规定的货物、物品，构成犯罪的，以实际走私的货物、物品定罪处罚；构成数罪的，实行数罪并罚。

4. 走私文物罪的刑事责任

根据《刑法》第 151 条第 2 款、第 4 款之规定，犯走私文物罪的，处 5 年以上 10 年以下有期徒刑，并处罚金；情节特别严重的，处 10 年以上有期徒刑或者无期徒刑，并处没收财产；情节较轻的，处 5 年以下有期徒刑，并处罚金。单位犯走私文物罪的，对单位判处罚金，并对其直接负责的主管人员和其他直接责任人员，依照第 151 条第 2 款之规定处罚。

根据 2000 年 9 月 20 日最高人民法院通过的《关于审理走私刑事案件具体应用法律的若干问题的解释》（自 2000 年 10 月 8 日起施行）第 3 条第 1 款之规定，走私国家禁止出口的三级文物 2 件以下的，属于走私文物罪"情节较轻"，处 5 年以下有期徒刑，并处罚金。

根据该解释第 3 条第 2 款之规定，走私文物，具有下列情节之一的，处 5

年以上有期徒刑，并处罚金：（1）走私国家禁止出口的二级文物2件以下或者三级文物3件以上8件以下的；（2）走私国家禁止出口的文物达到本条第1款规定的数量标准，并具有造成该文物严重毁损或者无法追回等恶劣情节的。

根据该解释第3条第3款之规定，具有下列情节之一的，属于走私文物罪"情节特别严重"：（1）走私国家禁止出口的一级文物1件以上或者二级文物3件以上或者三级文物9件以上的；（2）走私国家禁止出口的文物达到本条第2款规定的数量标准，并造成该文物严重毁损或者无法追回的；（3）走私国家禁止出口的文物达到本条第2款规定的数量标准，并具有是犯罪集团的首要分子或者使用特种车进行走私等严重情节的。

根据《刑法》第157条第1款之规定，武装掩护走私国家禁止出口的文物的，依照《刑法》第151条第1款的规定从重处罚。

（三）走私珍贵动物、珍贵动物制品罪

1. 走私珍贵动物、珍贵动物制品罪的刑法条文

《刑法》第151条规定："走私武器、弹药、核材料或者伪造的货币的，处七年以上有期徒刑，并处罚金或者没收财产；情节特别严重的，处无期徒刑或者死刑，并处没收财产；情节较轻的，处三年以上七年以下有期徒刑，并处罚金。

走私国家禁止出口的文物、黄金、白银和其他贵重金属或者国家禁止进出口的珍贵动物及其制品的，处五年以上十年以下有期徒刑，并处罚金；情节特别严重的，处十年以上有期徒刑或者无期徒刑，并处没收财产；情节较轻的，处五年以下有期徒刑，并处罚金。

走私珍稀植物及其制品等国家禁止进出口的其他货物、物品的，处五年以下有期徒刑或者拘役，并处或者单处罚金；情节严重的，处五年以上有期徒刑，并处罚金。

单位犯本条规定之罪的，对单位判处罚金，并对其直接负责的主管人员和其他直接责任人员，依照本条各款的规定处罚。"

《刑法》第155条（间接走私行为以相应走私犯罪论处的规定）规定："下列行为，以走私罪论处，依照本节的有关规定处罚：

（一）直接向走私人非法收购国家禁止进口物品的，或者直接向走私人非法收购走私进口的其他货物、物品，数额较大的；

（二）在内海、领海、界河、界湖运输、收购、贩卖国家禁止进出口物品的，或者运输、收购、贩卖国家限制进出口货物、物品，数额较大，没有合法证明的。"

《刑法》第156条（走私共犯）规定："与走私罪犯通谋，为其提供贷款、资金、账号、发票、证明，或者为其提供运输、保管、邮寄或者其他方便的，以走私罪的共犯论处。"

《刑法》第157条（武装掩护走私、抗拒缉私的处罚规定）规定："武装掩护走私的，依照本法第一百五十一条第一款的规定从重处罚。

以暴力、威胁方法抗拒缉私的，以走私罪和本法第二百七十七条规定的阻碍国家机关工作人员依法执行职务罪，依照数罪并罚的规定处罚。"

2. 走私珍贵动物、珍贵动物制品罪的概念和构成要件

走私珍贵动物、珍贵动物制品罪是指违反海关法规，逃避海关监管，运输、携带、邮寄珍贵动物、珍贵动物制品进出国（边）境的行为。走私珍贵动物、珍贵动物制品罪的构成要件包括：（1）本罪侵犯的客体是国家海关监管制度和野生动物保护制度。本罪的犯罪对象是珍贵动物、珍贵动物制品。根据《关于审理走私刑事案件具体应用法律若干问题的解释》第4条之规定，《刑法》第151条第2款规定的"珍贵动物"是指列入《国家重点保护野生动物名录》中的国家一、二级保护野生动物和列入《濒危野生动植物种国际贸易公约》附录一、二中的野生动物以及驯养繁殖的上述物种。1988年12月10日国务院公布施行的《国家重点保护野生动物名录》规定了389种国家重点保护的珍贵、濒危野生动物。"珍贵动物制品"是指珍贵动物的皮、毛、肉、骨等的制成品。（2）本罪在客观方面表现为违反海关法规，逃避海关监管，运输、携带、邮寄珍贵动物、珍贵动物制品进出国（边）境的行为。（3）本罪的主体是一般主体，既可以是自然人，也可以是单位。（4）本罪在主观方面是故意。

3. 走私珍贵动物、珍贵动物制品罪的认定

根据《刑法》第155条之规定，行为人直接向走私人非法收购珍贵动物、珍贵动物制品的，或者在内海、领海、界河、界湖非法运输、收购、贩卖珍贵动物、珍贵动物制品的，也应当以走私珍贵动物、珍贵动物制品罪论处。根据《关于审理走私刑事案件具体应用法律若干问题的解释》第8条第4款

之规定，《刑法》第 155 条第 2 项规定的"内海"，包括内河的入海口水域。根据《刑法》第 156 条之规定，与走私珍贵动物、珍贵动物制品的罪犯通谋，为其提供贷款、资金、账号、发票、证明，或者为其提供运输、保管、邮寄或者其他方便的，以走私珍贵动物、珍贵动物制品罪的共犯论处。根据《刑法》第 157 条第 2 款之规定，以暴力、威胁方法抗拒缉私的，以走私珍贵动物、珍贵动物制品罪和《刑法》第 277 条规定的妨害公务罪，依照数罪并罚的规定处罚。据此，如果走私行为尚不足以构成犯罪，以暴力、威胁方法抗拒缉私的，以《刑法》第 277 条规定的妨害公务罪论处。根据《关于审理走私刑事案件具体应用法律若干问题的解释（二）》第 5 条的规定，对在走私的普通货物、物品或者废物中藏匿《刑法》第 151 条、第 152 条、第 347 条、第 350 条规定的货物、物品，构成犯罪的，以实际走私的货物、物品定罪处罚；构成数罪的，实行数罪并罚。

4. 走私珍贵动物、珍贵动物制品罪的刑事责任

根据《刑法》第 151 条第 2 款、第 4 款之规定，走私珍贵动物、珍贵动物制品罪的，处 5 年以上 10 年以下有期徒刑，并处罚金；情节特别严重的，处 10 年以上有期徒刑或者无期徒刑，并处没收财产；情节较轻的，处 5 年以下有期徒刑，并处罚金。单位犯走私珍贵动物、珍贵动物制品罪的，对单位判处罚金，并对其直接负责的主管人员和其他直接责任人员，依照《刑法》第 151 条第 2 款之规定处罚。

根据《关于审理走私刑事案件具体应用法律若干问题的解释》（以下简称《解释》）第 4 条第 2 款之规定，走私国家二级保护动物未达到本解释附表中（一）规定的数量标准或者走私珍贵动物制品价值 10 万元以下的，属于走私珍贵动物、珍贵动物制品罪"情节较轻"，处 5 年以下有期徒刑，并处罚金。

根据该《解释》第 4 条第 3 款之规定，走私珍贵动物及其制品，具有下列情节之一的，处 5 年以上有期徒刑，并处罚金：走私国家一、二级保护动物达到本解释附表中（一）规定的数量标准的；走私珍贵动物制品价值 10 万元以上不满 20 万元的；走私国家一、二级保护动物虽未达到本款规定的数量标准，但具有造成该珍贵动物死亡或者无法追回等恶劣情节的。

根据该《解释》第 4 条第 4 款之规定，具有下列情形之一的，属于走私珍贵动物、珍贵动物制品罪"情节特别严重"，处无期徒刑或者死刑，并处没

收财产：走私国家一、二级保护动物达到本解释附表中（二）规定的数量标准的；走私珍贵动物制品价值20万元以上的；走私国家一、二级保护动物达到本解释附表中（一）规定的数量标准，并造成该珍贵动物死亡或者无法追回的；④走私国家一、二级保护动物达到本解释附表中（一）规定的数量标准，并具有是犯罪集团的首要分子或者使用特种车进行走私等严重情节的。根据该《解释》第4条第5款之规定，走私《濒危动植物种国际贸易公约》附录一、附录二中的动物及其制品的，参照本解释附表中规定的同属或者同科动物的定罪量刑标准执行。

根据《刑法》第157条第1款之规定，武装掩护走私珍贵动物、珍贵动物制品的，依照《刑法》第151条第1款的规定从重处罚。

（四）走私国家禁止进出口的货物、物品罪

1. 走私国家禁止进出口的货物、物品罪的刑法条文

《刑法》第151条规定："走私武器、弹药、核材料或者伪造的货币的，处七年以上有期徒刑，并处罚金或者没收财产；情节特别严重的，处无期徒刑或者死刑，并处没收财产；情节较轻的，处三年以上七年以下有期徒刑，并处罚金。

走私国家禁止出口的文物、黄金、白银和其他贵重金属或者国家禁止进出口的珍贵动物及其制品的，处五年以上十年以下有期徒刑，并处罚金；情节特别严重的，处十年以上有期徒刑或者无期徒刑，并处没收财产；情节较轻的，处五年以下有期徒刑，并处罚金。

走私珍稀植物及其制品等国家禁止进出口的其他货物、物品的，处五年以下有期徒刑或者拘役，并处或者单处罚金；情节严重的，处五年以上有期徒刑，并处罚金。

单位犯本条规定之罪的，对单位判处罚金，并对其直接负责的主管人员和其他直接责任人员，依照本条各款的规定处罚。"

《刑法》第155条（间接走私行为以相应走私犯罪论处的规定）规定："下列行为，以走私罪论处，依照本节的有关规定处罚：

（一）直接向走私人非法收购国家禁止进口物品的，或者直接向走私人非法收购走私进口的其他货物、物品，数额较大的；

（二）在内海、领海、界河、界湖运输、收购、贩卖国家禁止进出口物品

的，或者运输、收购、贩卖国家限制进出口货物、物品，数额较大，没有合法证明的。"

《刑法》第156条（走私共犯）规定："与走私罪犯通谋，为其提供贷款、资金、账号、发票、证明，或者为其提供运输、保管、邮寄或者其他方便的，以走私罪的共犯论处。"

《刑法》第157条（武装掩护走私、抗拒缉私的处罚规定）规定："武装掩护走私的，依照本法第一百五十一条第一款的规定从重处罚。

以暴力、威胁方法抗拒缉私的，以走私罪和本法第二百七十七条规定的阻碍国家机关工作人员依法执行职务罪，依照数罪并罚的规定处罚。"

2. 走私国家禁止进出口的货物、物品罪的概念和构成要件

走私国家禁止进出口的货物、物品罪是指违反海关法规，逃避海关监管，非法运输、携带、邮寄珍稀植物及其制品等国家禁止进出口的其他货物、物品进出国（边）境的行为。

走私国家禁止进出口的货物、物品罪的构成要件包括：（1）本罪侵犯的客体是国家的海关监管制度和国家对珍稀植物及其制品等国家禁止进出口的货物、物品的保护制度。本罪的犯罪对象是珍稀植物及其制品等国家禁止进出口的货物、物品。根据1984年环境保护委员会公布的《珍贵濒危保护植物名录》之规定，国家一级保护植物8种；国家二级保护植物143种；国家三级保护植物203种。"珍稀植物制品"是指利用珍稀植物加工制作的标本、药材及其他制成品。《禁止进出境物品表》《限制进出境物品表》《禁止进口货物目录》《禁止出口货物目录》等文件对国家禁止进出口的货物、物品有明确规定。（2）本罪在客观方面表现为违反海关法规，逃避海关监管，非法运输、携带、邮寄珍稀植物及其制品等国家禁止进出口的其他货物、物品进出国（边）境的行为。（3）本罪的主体是一般主体，既可以是自然人，也可以是单位。（4）本罪在主观方面是故意。

3. 走私国家禁止进出口的货物、物品罪的认定

根据《刑法》第155条之规定，行为人直接向走私人非法收购走私国家禁止进出口的货物、物品的，或者在内海、领海、界河、界湖非法运输、收购、贩卖走私国家禁止进出口的货物、物品的，也应当以走私国家禁止进出口的货物、物品罪论处。根据《关于审理走私刑事案件具体应用法律若干问

题的解释》第8条第4款之规定，《刑法》第155条第2项规定的"内海"，包括内河的入海口水域。根据《刑法》第156条之规定，与走私国家禁止进出口的货物、物品的罪犯通谋，为其提供贷款、资金、账号、发票、证明，或者为其提供运输、保管、邮寄或者其他方便的，以走私国家禁止进出口的货物、物品罪的共犯论处。根据《刑法》第157条第2款之规定，以暴力、威胁方法抗拒缉私的，以走私国家禁止进出口的货物、物品罪和《刑法》第277条规定的妨害公务罪，依照数罪并罚的规定处罚。据此，如果走私行为尚不足以构成犯罪，以暴力、威胁方法抗拒缉私的，以《刑法》第277条规定的妨害公务罪论处。根据《关于审理走私刑事案件具体应用法律若干问题的解释（二）》第5条的规定，对在走私的普通货物、物品或者废物中藏匿《刑法》第151条、第152条、第347条、第350条规定的货物、物品，构成犯罪的，以实际走私的货物、物品定罪处罚；构成数罪的，实行数罪并罚。

4. 走私国家禁止进出口的货物、物品罪的刑事责任

根据《刑法》第152条第3款、第4款之规定，犯走私国家禁止进出口的货物、物品罪的，处5年以下有期徒刑或者拘役，并处或者单处罚金；情节严重的，处5年以上有期徒刑，并处罚金。单位犯走私国家禁止进出口的货物、物品罪的，对单位判处罚金，并对其直接负责的主管人员和其他直接责任人员，依照《刑法》第151条第3款之规定处罚。

根据《关于审理走私刑事案件具体应用法律若干问题的解释》第4条第5款之规定，走私《濒危动植物种国际贸易公约》附录一、二中的动物及其制品的，参照本解释附表中规定的同属或者同科动物的定罪量刑标准执行。

根据《刑法》第157条第1款之规定，武装掩护走私国家禁止进出口的货物、物品的，依照《刑法》第151条第1款的规定从重处罚。

（五）走私废物罪

1. 走私废物罪的刑法条文

《刑法》第152条（走私淫秽物品罪、走私废物罪）规定："以牟利或者传播为目的，走私淫秽的影片、录像带、录音带、图片、书刊或者其他淫秽物品的，处三年以上十年以下有期徒刑，并处罚金；情节严重的，处十年以

上有期徒刑或者无期徒刑，并处罚金或者没收财产；情节较轻的，处三年以下有期徒刑、拘役或者管制，并处罚金。

逃避海关监管将境外固体废物、液态废物和气态废物运输进境，情节严重的，处五年以下有期徒刑，并处或者单处罚金；情节特别严重的，处五年以上有期徒刑，并处罚金。

单位犯前两款罪的，对单位判处罚金，并对其直接负责的主管人员和其他直接责任人员，依照前两款的规定处罚。"

《刑法》第155条（间接走私行为以相应走私犯罪论处的规定）规定："下列行为，以走私罪论处，依照本节的有关规定处罚：

（一）直接向走私人非法收购国家禁止进口物品的，或者直接向走私人非法收购走私进口的其他货物、物品，数额较大的；

（二）在内海、领海、界河、界湖运输、收购、贩卖国家禁止进出口物品的，或者运输、收购、贩卖国家限制进出口货物、物品，数额较大，没有合法证明的。"

《刑法》第156条（走私共犯）规定："与走私罪犯通谋，为其提供贷款、资金、账号、发票、证明，或者为其提供运输、保管、邮寄或者其他方便的，以走私罪的共犯论处。"

《刑法》第157条（武装掩护走私、抗拒缉私的处罚规定）规定："武装掩护走私的，依照本法第一百五十一条第一款的规定从重处罚。

以暴力、威胁方法抗拒缉私的，以走私罪和本法第二百七十七条规定的阻碍国家机关工作人员依法执行职务罪，依照数罪并罚的规定处罚。"

2. 走私废物罪的概念和构成要件

走私废物罪是指违反海关法规，逃避海关监管，将境外固体废物、液态废物和气态废物运输进境，情节严重的行为。

走私废物罪的构成要件包括：（1）本罪侵犯的客体是国家的海关监管制度和国家禁止境外固体废物、液态废物和气态废物运输进境的管理制度。根据《关于审理走私刑事案件具体应用法律若干问题的解释（二）》（以下简称《解释（二）》）第2条第1款之规定，走私各种弹药的弹头、弹壳，构成犯罪的，依照《刑法》第151条第1款之规定，以走私弹药罪定罪处罚。根据该《解释（二）》第2条第2款之规定，走私报废或者无法组装并使用的各种弹药的弹头、弹壳,① 构成犯罪的,以走私普通货物、物品罪定罪处罚;经国家有关技术部门鉴定为废物的,以走私废物罪定罪处罚。(2)本罪在客观方面表现为违反海关法规,逃避海关监管,将境外固体废物、液态废物和气态废物运输进境,情节严重的行为。如果行为人的行为具备"情节严重"的情形,犯罪即可成立;如果具备"情节特别严重"的情形,则适用较重的法定刑。(3)本罪的主体是一般主体,既可以是自然人,也可以是单位。(4)本罪在主观方面是故意。

3. 走私废物罪的认定

根据《刑法》第 155 条之规定,行为人直接向走私人非法收购废物的,或者在内海、领海、界河、界湖非法运输、收购、贩卖废物的,也应当以走私废物罪论处。根据《关于审理走私刑事案件具体应用法律若干问题的解释》第 8 条第 4 款之规定,《刑法》第 155 条第 2 项规定的"内海",包括内河的入海口水域。根据《刑法》第 156 条之规定,与走私废物的罪犯通谋,为其提供贷款、资金、账号、发票、证明,或者为其提供运输、保管、邮寄或者其他方便的,以走私废物罪的共犯论处。根据《刑法》第 157 条第 2 款之规定,以暴力、威胁方法抗拒缉私的,以走私废物罪和《刑法》第 277 条规定的妨害公务罪,依照数罪并罚的规定处罚。据此,如果走私行为尚不足以构成犯罪,以暴力、威胁方法抗拒缉私的,以《刑法》第 277 条规定的妨害公务罪论处。根据《关于审理走私刑事案件具体应用法律若干问题的解释(二)》(以下简称《解释(二)》)第 5 条的规定,对在走私的普通货物、物品或者废物中藏匿《刑法》第 151 条、第 152 条、第 347 条、第 350 条规定的货物、物品,构成犯罪的,以实际走私的货物、物品定罪处罚;构成数罪的,实行数罪并罚。根据该《解释(二)》第 8 条第 1 款之规定,经许可进口国家限制进口的可用作原料的废物时,偷逃应缴税额,构成犯罪的,应当依照《刑法》第 153 条之规定,以走私普通货物罪定罪处罚;既未经许可,又偷逃应缴税额,同时构成走私废物罪和走私普通货物罪的,应当按照刑法处

---

① 根据《关于审理走私刑事案件具体应用法律若干问题的解释(二)》第 2 条第 3 款之规定,对走私的各种弹药的弹头、弹壳是否属于"报废或者无法组装并使用"的,可由国家有关技术部门进行鉴定。

罚较重的规定定罪处罚。根据该《解释（二）》第8条第2款之规定，虽经许可，但超过许可数量进口国家限制进口的可用作原料的废物，超过部分以未经许可论。

4. 走私废物罪的刑事责任

根据《刑法》第152条第2款之规定，犯走私废物罪的，处5年以下有期徒刑，并处或者单处罚金；情节特别严重的，处5年以上有期徒刑，并处罚金。单位犯走私废物罪的，对单位判处罚金，并对其直接负责的主管人员和其他直接责任人员，依照《刑法》第152条第2款之规定处罚。

根据《解释（二）》第6条之规定，逃避海关监管，走私国家禁止进口的废物或者国家限制进口的可用作原料的废物，具有下列情形之一的，属于《刑法》第152条第2款规定的"情节严重"，以走私废物罪判处5年以下有期徒刑，并处或者单处罚金：①走私国家禁止进口的非危险性固体废物、液态废物分别或者合计达到1吨以上不满5吨的；②走私国家禁止进口的非危险性固体废物、液态废物分别或者合计达到5吨以上不满25吨的；③未经许可，走私国家限制进口的可用作原料的固体废物、液态废物分别或者合计达到20吨以上不满100吨的；④走私国家禁止进口的废物并造成重大环境污染事故。根据该《解释（二）》第7条之规定，走私国家禁止进口的废物或者国家限制进口的可用作原料的废物的数量，超过本解释第6条规定的数量标准，或者达到了规定的数量标准并造成重大环境污染事故，或者虽未达到规定的数量标准但造成重大环境污染事故且后果特别严重的，属于《刑法》第152条第2款规定的"情节特别严重"，以走私废物罪判处5年以上有期徒刑，并处罚金。

根据该《解释（二）》第9条第2款之规定，国家限制进口的可用作原料的废物的具体种类，按照国家有关部门规定执行。根据《刑法》第157条第1款之规定，武装掩护走私国家禁止进口的废物或者国家限制进口的可用作原料的废物的，依照《刑法》第151条第1款的规定从重处罚。

（六）非法转让、倒卖土地使用权罪

1. 非法转让、倒卖土地使用权罪的刑法条文

《刑法》第228条规定："以牟利为目的，违反土地管理法规，非法转让、倒卖土地使用权，情节严重的，处三年以下有期徒刑或者拘役，并处或者单处非法转让、倒卖土地使用权价额百分之五以上百分之二十以下罚金；情节

特别严重的，处三年以上七年以下有期徒刑，并处非法转让、倒卖土地使用权价额百分之五以上百分之二十以下罚金。"

《刑法》第 231 条（单位犯扰乱市场秩序罪的处罚规定）规定："单位犯本节第二百二十一条至第二百三十条规定之罪的，对单位判处罚金，并对其直接负责的主管人员和其他直接责任人员，依照本节各该条的规定处罚。"

全国人民代表大会常务委员会 2001 年 8 月 31 日通过的《关于〈中华人民共和国刑法〉第二百二十八条、第三百四十二条、第四百一十条的解释》规定："全国人民代表大会常务委员会讨论了刑法第二百二十八条、第三百四十二条、第四百一十条规定的'违反土地管理法规'和第四百一十条规定的'非法批准征用、占用土地'的含义问题，解释如下：

刑法第二百二十八条、第三百四十二条、第四百一十条规定的'违反土地管理法规'是指违反土地管理法、森林法、草原法等法律以及有关行政法规中关于土地管理的规定。

刑法第四百一十条规定的'非法批准征用、占用土地'是指非法批准征用、占用耕地、林地等农用地以及其他土地。"

2. 非法转让、倒卖土地使用权罪的概念和构成要件

非法转让、倒卖土地使用权罪是指以牟利为目的，违反土地管理法规，非法转让、倒卖土地使用权，情节严重的行为。

非法转让、倒卖土地使用权罪的构成要件包括：（1）本罪侵犯的客体是国家的土地使用权管理制度。（2）本罪在客观方面表现为违反土地管理法规，非法转让、倒卖土地使用权，情节严重的行为。根据全国人民代表大会常务委员会《关于〈中华人民共和国刑法〉第二百二十八条、第三百四十二条、第四百一十条的解释》之规定，"违反土地管理法规"是指违反土地管理法、森林法、草原法等法律以及有关行政法规中关于土地管理的规定。土地管理法，主要是指《土地管理法》及其实施细则；"非法转让土地使用权"是指未经主管部门批准，私自将土地使用权转让给他人的行为；"非法倒卖土地使用权"是指将自己使用的土地或者低价征用的土地非法转手卖给他人，从中牟利的行为。构成本罪，必须具有"情节严重"的情形，否则，犯罪不能成立；如果具有"情节特别严重"的情形，则适用较重的法定刑。根据《最高人民法院关于审理破坏土地资源刑事案件具体应用法律若干问题的解释》第 1

条之规定，以牟利为目的，违反土地管理法规，非法转让、倒卖土地使用权，具有下列情形之一的，属于非法转让、倒卖土地使用权"情节严重"，依照《刑法》第 228 条的规定，以非法转让、倒卖土地使用权罪定罪处罚：①非法转让、倒卖基本农田 5 亩以上的；②非法转让、倒卖基本农田以外的耕地 10 亩以上的；③非法转让、倒卖其他土地 20 亩以上的；④非法获利 50 万元以上的；⑤非法转让、倒卖土地接近上述数量标准并具有其他恶劣情节的，如曾因非法转让、倒卖土地使用权受过行政处罚或者造成严重后果等。根据该解释第 2 条之规定，实施第 1 条规定的行为，具有下列情形之一的，属于非法转让、倒卖土地使用权"情节特别严重"：①非法转让、倒卖基本农田 10 亩以上的；②非法转让、倒卖基本农田以外的耕地 20 亩以上的；③非法转让、倒卖其他土地 40 亩以上的；④非法获利 100 万元以上的；⑤非法转让、倒卖土地接近上述数量标准并具有其他恶劣情节，如造成严重后果等。根据该解释第 8 条之规定，单位犯非法转让、倒卖土地使用权罪、非法占有耕地罪的定罪量刑标准，依照本解释第 1 条、第 2 条、第 3 条的规定执行。① 根据该解释第 9 条之规定，多次实施本解释规定的行为依法应当追诉的，或者 1 年内多次实施本解释规定的行为未经处理的，按照累计的数量、数额处罚。根据 2010 年 5 月 7 日最高人民检察院、公安部发布的《关于公安机关管辖的刑事案件立案追诉标准的规定（二）》第 80 条之规定，以牟利为目的，违反土地管理法规，非法转让、倒卖土地使用权，具有下列情形之一的，应予立案追诉：①非法转让、倒卖基本农田 5 亩以上的；②非法转让、倒卖基本农田以外的耕地 10 亩以上的；③非法转让、倒卖其他土地 20 亩以上的；④违法所得数额在 50 万元以上的；⑤虽未达到上述数额标准，但因非法转让、倒卖土地使用权受过行政处罚，又非法转让、倒卖土地的；⑥其他情节严重的情形。（3）本罪的主体是一般主体，既可以是自然人，也可以是单位。（4）本罪在主观方面是故意，并以牟利为目的。"以牟利为目的"是犯罪构成的必要条件。

3. 非法转让、倒卖土地使用权罪的刑事责任

根据《刑法》第 228 条、第 231 条之规定，犯非法转让、倒卖土地使用

---

① 该解释第 3 条是关于非法占用农用地罪的规定。

权罪的，处 3 年以下有期徒刑或者拘役，并处或者单处非法转让、倒卖土地使用权价额 5% 以上 20% 以下罚金；情节特别严重的，处 3 年以上 7 年以下有期徒刑，并处非法转让、倒卖土地使用权价额 5% 以上 20% 以下以下罚金。单位犯非法转让、倒卖土地使用权罪的，对单位判处罚金，并对其直接负责的主管人员和其他直接责任人员，依照《刑法》第 228 条之规定处罚。

四、《刑法》分则第九章"渎职罪"中涉及环境的罪名

《刑法》分则第九章"渎职罪"中直接或者间接涉及环境的罪名包括：滥用职权罪、玩忽职守罪（第 397 条），违反规定发放林木采伐许可证罪（第 407 条），环境监管失职罪（第 408 条），非法批准征用、占用土地罪（第 410 条），非法低价出让国有土地使用权罪（第 410 条）等。

（一）滥用职权罪

1. 滥用职权罪的刑法条文

《刑法》第 397 条规定："国家机关工作人员滥用职权或者玩忽职守，致使公共财产、国家和人民利益遭受重大损失的，处三年以下有期徒刑或者拘役；情节特别严重的，处三年以上七年以下有期徒刑。本法另有规定的，依照规定。

国家机关工作人员徇私舞弊，犯前款罪的，处五年以下有期徒刑或者拘役；情节特别严重的，处五年以上十年以下有期徒刑。本法另有规定的，依照规定。"

全国人民代表大会常务委员会 2002 年 12 月 28 日《关于〈中华人民共和国刑法〉第九章渎职罪主体适用问题的解释》规定："全国人大常委会根据司法实践中遇到的情况，讨论了刑法第九章渎职罪主体的适用问题，解释如下：

在依照法律、法规规定行使国家行政管理职权的组织中从事公务的人员，或者在受国家机关委托代表国家机关行使职权的组织中从事公务的人员，或者虽未列入国家机关人员编制但在国家机关中从事公务的人员，在代表国家机关行使职权时，有渎职行为，构成犯罪的，依照刑法关于渎职罪的规定追究刑事责任。"

2. 滥用职权罪的概念和构成要件

根据 2005 年 12 月 29 日最高人民检察院通过的《关于渎职侵权犯罪案件

立案标准的规定》（2006 年 7 月 26 日公布施行）第 1 项［滥用职权案（第 397 条）］之规定，滥用职权罪，是指国家机关工作人员超越职权，违法决定、处理其无权决定、处理的事项，或者违反规定处理公务，致使公共财产、国家和人民利益遭受重大损失的行为。

滥用职权罪的构成要件包括：（1）本罪侵犯的客体是国家机关的正常管理活动。（2）本罪在客观上表现为国家机关工作人员超越职权，违法决定、处理其无权决定、处理的事项，或者违反规定处理公务，致使公共财产、国家和人民利益遭受重大损失的行为。滥用职权的行为方式，因具体案件的不同而不同。例如，根据《关于办理危害矿山生产安全刑事案件具体应用法律若干问题的解释》第 9 条之规定，国家机关工作人员滥用职权或者玩忽职守，危害矿山生产安全，具有下列情形之一，致使公共财产、国家和人民利益遭受重大损失的，依照《刑法》第 397 条的规定定罪处罚：①对不符合矿山法定安全生产条件的事项予以批准或者验收通过的；②对于未依法取得批准、验收的矿山生产经营单位擅自从事生产经营活动不依法予以处理的；③对于已经依法取得批准的矿山生产经营单位不再具备安全生产条件而不撤销原批准或者发现违反安全生产法律法规的行为不予查处的；④强令审核、验收部门及其工作人员实施本条第①项行为，或者实施其他阻碍下级部门及其工作人员依法履行矿山安全生产监督管理职责行为的；⑤在矿山生产安全事故发生后，负有报告职责的国家机关工作人员不报或者谎报事故情况，贻误事故抢救的；⑥其他滥用职权或者玩忽职守的行为。根据《关于办理盗窃油气、破坏油气设备等刑事案件具体应用法律若干问题的解释》第 7 条之规定，国家机关工作人员滥用职权或者玩忽职守，实施下列行为之一，致使公共财产、国家和人民利益遭受重大损失的，依照《刑法》第 397 条的规定，以滥用职权罪或者玩忽职守罪定罪处罚：①超越职权范围，批准发放石油、天然气勘查、开采、加工、经营等许可证的；②违反国家规定，给不符合法定条件的单位、个人发放石油、天然气勘查、开采、加工、经营等许可证的；③违反《石油天然气管道保护条例》等国家规定，在油气设备安全保护范围内批准建设项目的；④对发现或者经举报查实的未经依法批准、许可擅自从事石油、天然气勘查、开采、加工、经营等违法活动不予查封、取缔的。此外，其他相关的司法解释对滥用职权行为的表现形式都作了详细解释。

行为人滥用职权的行为必须"致使公共财产、国家和人民利益遭受重大损失"，犯罪才能成立，否则，犯罪不能成立。根据《关于办理渎职刑事案件适用法律若干问题的解释（一）》（2012 年 7 月 9 日由最高人民法院、2012 年 9 月 12 日由最高人民检察院通过，自 2013 年 1 月 9 日起施行）第 1 条第 1 款之规定，国家机关工作人员滥用职权或者玩忽职守，具有下列情形之一的，应当认定为《刑法》第 397 条规定的"致使公共财产、国家和人民利益遭受重大损失"：①造成死亡 1 人以上，或者重伤 3 人以上，或者轻伤 9 人以上，或者重伤 2 人、轻伤 3 人以上，或者重伤 1 人、轻伤 6 人以上的；②造成经济损失 30 万元以上的；③造成恶劣社会影响的；④其他致使公共财产、国家和人民利益遭受重大损失的情形。根据该解释第 1 条第 2 款之规定，具有下列情形之一的，应当认定为《刑法》第 397 条规定的"情节特别严重"：①造成伤亡达到前款第①项规定人数 3 倍以上的；②造成经济损失 150 万元以上的；③造成前款规定的损失后果，不报、迟报、谎报或者授意、指使、强令他人不报、迟报、谎报事故情况，致使损失后果持续、扩大或者抢救工作延误的；④造成特别恶劣社会影响的；⑤其他特别严重的情节。（3）本罪的主体是特殊主体，即国家机关工作人员。全国人大常务委员会 2002 年 12 月 28 日通过的《关于〈中华人民共和国刑法〉第九章渎职罪主体适用问题的解释》规定："在依照法律、法规规定行使国家行政管理职权的组织中从事公务的人员，或者在受国家机关委托代表国家机关行使职权的组织中从事公务的人员，或者虽未列入国家机关人员编制但在国家机关中从事公务的人员，在代表国家机关行使职权时，有渎职行为，构成犯罪的，依照刑法关于渎职罪的规定追究刑事责任。"根据最高人民检察院 2005 年 12 月 29 日通过的《关于渎职侵权犯罪案件立案标准的规定》附则部分第 3 条之规定，"国家机关工作人员"是指在国家机关中从事公务的人员，包括在各级国家权力机关、行政机关、司法机关和军事机关中从事公务的人员。在依照法律、法规规定行使国家行政管理职权的组织中从事公务的人员，或者在受国家机关委托代表国家行使职权的组织中从事公务的人员，或者虽未列入国家机关人员编制但在国家机关中从事公务的人员，在代表国家机关行使职权时，视为国家机关工作人员。在乡（镇）以上中国共产党机关、人民政协机关中从事公务的人员，视为国家机关工作人员。（4）本罪在主观方面是故意，即行为人明知自己滥用职权的行为会对公共财产、国家和人民利益造成重大损失，并且希望或者放任这一危害结果发生的心理态度。

3. 滥用职权罪的认定

根据《关于办理渎职刑事案件适用法律若干问题的解释（一）》（以下简称《解释（一）》）第3条之规定，国家机关工作人员实施渎职犯罪并收受贿赂，同时构成受贿罪的，除刑法另有规定外，以渎职犯罪和受贿罪数罪并罚。根据该《解释（一）》第4条第2款之规定，国家机关工作人员与他人共谋，利用其职务行为帮助他人实施其他犯罪行为，同时构成渎职犯罪和共谋实施的其他犯罪共犯的，依照处罚较重的规定定罪处罚。根据该《解释（一）》第4条第3款之规定 国家机关工作人员与他人共谋，既利用其职务行为帮助他人实施其他犯罪，又以非职务行为与他人共同实施该其他犯罪行为，同时构成渎职犯罪和其他犯罪的共犯的，依照数罪并罚的规定定罪处罚。根据该《解释（一）》第5条第1款之规定，国家机关负责人员违法决定，或者指使、授意、强令其他国家机关工作人员违法履行职务或者不履行职务，构成滥用职权罪的，应当依法追究刑事责任。根据该《解释（一）》第5条第2款之规定以"集体研究"形式实施的渎职犯罪，应当依照刑法分则第九章的规定追究国家机关负有责任的人员的刑事责任。

4. 滥用职权罪的刑事责任

根据《刑法》第397条第1款之规定，犯本罪的，处3年以下有期徒刑或者拘役；情节特别严重的，处3年以上7年以下有期徒刑。根据《刑法》第397条第2款之规定，国家机关工作人员徇私舞弊，犯本罪的，处5年以下有期徒刑或者拘役；情节特别严重的，处5年以上10年以下有期徒刑。

根据该《关于办理渎职刑事案件适用法律若干问题的解释（一）》第8条第3款之规定，渎职犯罪或者与渎职犯罪相关联的犯罪立案后，犯罪分子及其亲友自行挽回的经济损失，司法机关或者犯罪分子所在单位及其上级主管部门挽回的经济损失，或者因客观原因减少的经济损失，不予扣减，但可以作为酌定从轻处罚的情节。

（二）玩忽职守罪

1. 玩忽职守罪的刑法条文

《刑法》第397条规定："国家机关工作人员滥用职权或者玩忽职守，致使公共财产、国家和人民利益遭受重大损失的，处三年以下有期徒刑或者拘役；情节特别严重的，处三年以上七年以下有期徒刑。本法另有规定的，依照规定。

国家机关工作人员徇私舞弊，犯前款罪的，处五年以下有期徒刑或者拘役；情节特别严重的，处五年以上十年以下有期徒刑。本法另有规定的，依照规定。"

2. 玩忽职守罪的概念和构成要件

玩忽职守罪是指国家机关工作人员者玩忽职守，致使公共财产、国家和人民利益遭受重大损失的行为。玩忽职守罪的构成要件包括：（1）本罪侵犯的客体是国家机关的正常管理活动。（2）本罪在客观方面表现为国家机关工作人员者玩忽职守，致使公共财产、国家和人民利益遭受重大损失的行为。本罪中，玩忽职守行为的方式因具体案件的不同而不同。相关的司法解释对具体案件的行为方式有明确规定。构成本罪，行为人玩忽职守的行为必须"致使公共财产、国家和人民利益遭受重大损失"，否则，犯罪不能成立。根据《关于办理渎职刑事案件适用法律若干问题的解释（一）》第1条第1款之规定，国家机关工作人员滥用职权或者玩忽职守，具有下列情形之一的，应当认定为《刑法》第397条规定的"致使公共财产、国家和人民利益遭受重大损失"：①造成死亡1人以上，或者重伤3人以上，或者轻伤9人以上，或者重伤2人、轻伤3人以上，或者重伤1人、轻伤6人以上的；②造成经济损失30万元以上的；③造成恶劣社会影响的；④其他致使公共财产、国家和人民利益遭受重大损失的情形。根据该解释第1条第2款之规定，具有下列情形之一的，应当认定为《刑法》第397条规定的"情节特别严重"：①造成伤亡达到前款第①项规定人数3倍以上的；②造成经济损失150万元以上的；③造成前款规定的损失后果，不报、迟报、谎报或者授意、指使、强令他人不报、迟报、谎报事故情况，致使损失后果持续、扩大或者抢救工作延误的；④造成特别恶劣社会影响的；⑤其他特别严重的情节。（3）本罪的主体是特殊主体，即国家机关工作人员。全国人大常务委员会2002年12月28日通过的《关于〈中华人民共和国刑法〉第九章渎职罪主体适用问题的解释》规定："在依照法律、法规规定行使国家行政管理职权的组织中从事公务的人员，或者在受国家机关委托代表国家机关行使职权的组织中从事公务的人员，或者虽未列入国家机关人员编制但在国家机关中从事公务的人员，在代表国家机关行使职权时，有渎职行为，构成犯罪的，依照刑法关于渎职罪的规定追究刑事责任。"根据最高人民检察院 2005 年 12 月 29 日通过的《关于渎职侵权犯罪案件立案标准的规定》附则部分第 3 条之规定，"国家机关工作人员"是指在国家机关中从事公务的人员，包括在各级国家权力机关、行政机关、司法机关和军事机关中从事公务的人员。在依照法律、法规规定行使国家行政管理职权的组织中从事公务的人员，或者在受国家机关委托代表国家行使职权的组织中从事公务的人员，或者虽未列入国家机关人员编制但在国家机关中从事公务的人员，在代表国家机关行使职权时，视为国家机关工作人员。在乡（镇）以上中国共产党机关、人民政协机关中从事公务的人员，视为国家机关工作人员。（4）本罪在主观方面是过失，即行为人应当预见自己玩忽职守的行为会致使公私财产、国家和人民利益遭受重大损失，因为疏忽大意而没有预见，或者已经预见而轻信能够避免的心理态度。

3. 玩忽职守罪的认定

根据《关于办理渎职刑事案件适用法律若干问题的解释（一）》（以下简称《解释（一）》）第 3 条之规定，国家机关工作人员实施渎职犯罪并收受贿赂，同时构成受贿罪的，除刑法另有规定外，以渎职犯罪和受贿罪数罪并罚。根据该《解释（一）》第 4 条第 2 款之规定，国家机关工作人员与他人共谋，利用其职务行为帮助他人实施其他犯罪行为，同时构成渎职犯罪和共谋实施的其他犯罪共犯的，依照处罚较重的规定定罪处罚。根据该《解释（一）》第 4 条第 3 款之规定，国家机关工作人员与他人共谋，既利用其职务行为帮助他人实施其他犯罪，又以非职务行为与他人共同实施该其他犯罪行为，同时构成渎职犯罪和其他犯罪的共犯的，依照数罪并罚的规定定罪处罚。根据该《解释（一）》第 5 条第 1 款之规定，国家机关负责人员违法决定，或者指使、授意、强令其他国家机关工作人员违法履行职务或者不履行职务，构成刑法分则第九章规定的渎职犯罪的，应当依法追究刑事责任。根据该《解释（一）》第 5 条第 2 款之规定以"集体研究"形式实施的渎职犯罪，应当依照刑法分则第九章的规定追究国家机关负有责任的人员的刑事责任。

4. 玩忽职守罪的刑事责任

根据《刑法》第 397 条第 1 款之规定，犯本罪的，处 3 年以下有期徒刑或者拘役；情节特别严重的，处 3 年以上 7 年以下有期徒刑。根据《刑法》第 397 条第 2 款之规定，国家机关工作人员徇私舞弊，犯本罪的，处 5 年以下有期徒刑或者拘役；情节特别严重的，处 5 年以上 10 年以下有期徒刑。①

---

① 1. 李明坤玩忽职守案（最高人民检察院发布的 15 起生态环境领域犯罪典型案例之十二）：2009 年 6—2013 年 2 月，李明坤任云南省昆明市东川区环境监察大队大队长，在管理辖区内的排污企业向小江排污过程中，没有认真履行环境监督管理的职责，对东川区汤丹片区部分选矿企业违法排污、违法生产行为监管不力，致使部分选矿企业尾矿水、尾矿渣违法外排，流入小江，造成环境污染，小江变白，导致东川"牛奶河"事件的发生。云南省昆明市东川区检察院于 2013 年 5 月 23 日对李明坤以涉嫌玩忽职守罪立案侦查，6 月 5 日对李明坤采取取保候审措施，8 月 19 日侦查终结。同年 9 月 30 日，东川区检察院向东川区法院提起公诉。2013 年 12 月 13 日，东川区法院判处李明坤玩忽职守罪，免予刑事处罚。2. 谢云东、孙普伟玩忽职守案（最高人民检察院发布的 15 起生态环境领域犯罪典型案例之十三）：谢云东、孙普伟分别系河南省洛阳市环保局西工环保分局环境监察科正副科长。二被告人在日常环境监管过程中，不认真履行职责，致使卫纪良（另案处理）在辖区内非法开设的塑料厂长期违规经营。直至 2011 年 12 月 12 日，该厂在加工处理一批红色染料的塑料包装袋过程中，"红水"顺雨水管网流入涧河，涧河一夜之间被染成红色，酿成"红河谷"事件。河南省洛阳市涧西区检察院于 2012 年 6 月 25 日对谢云东、孙普伟以涉嫌玩忽职守罪立案侦查，同日取保候审。同年 10 月 9 日，涧西区检察院向涧西区法院提起公诉。2013 年 5 月 21 日，涧西区法院判处谢云东玩忽职守罪，免予刑事处罚，判处孙普伟玩忽职守罪，免予刑事处罚。3. 杜立新玩忽职守、受贿案（最高人民检察院发布的 15 起生态环境领域犯罪典型案例之十四）：2010 年 8 月—2011 年 7 月间，时任广州市公安局交通警察支队黄埔大队副大队长的杜立新，在负责协助广州市环境监测中心检测机动车尾气超标工作过程中，因收受杨建波（另案处理）给予的好处费，遂不认真履行职责，致使杨建波与广州市环境监测中心工作人员、黄埔交警等相互勾结，利用黄埔区毛岗路的机动车尾气监测点，要求尾气超标的货车司机到指定的汽修厂进行"检修"，实际不对车辆作任何修理，在对截查的 1000 多台车辆收取 300—650 元不等的费用后放行，从中牟取暴利，导致大量尾气超标的机动车在未经检修的情况下上路通行，造成严重的环境污染，引发恶劣的社会影响。另外，杜立新利用职务上的便利，多次收受他人的好处费共计人民币 28.2 万元，涉嫌受贿罪。广东省广州市荔湾区检察院于 2012 年 8 月 7 日对杜立新以涉嫌玩忽职守罪、受贿罪立案侦查，同年 8 月 8 日刑事拘留，8 月 21 日执行逮捕，9 月 29 日侦查终结并移送审查起诉。2012 年 11 月 8 日，荔湾区检察院向荔湾区法院提起公诉。同年 12 月 18 日，荔湾区法院以玩忽职守罪判处杜立新有期徒刑九个月，以受贿罪判处其五年零三个月，并处没收财产 5 万元，决定执行有期徒刑五年零六个月，并处没收财产 5 万元。4. 郭新春、提辽别克·吾马尔别克玩忽职守案（最高人民检察院发布的 15 起生态环境领域犯罪典型案例之十五）：郭新春系新疆维吾尔自治区沙湾县林业局项目办原主任。2006 年年初，负责勘查沙湾县四道河子镇下八家户村村民马金洲（已判刑）以村委会名义申请的 6 万亩土地开发项目用地。其间，未认真履行职责，错误地认为从玛河大桥至古新线 26 公里处隶属于沙湾县管辖，提出了"对 50 亩以上的白板滩地可由下八家户村进行草场改良"的建议，并以沙湾县林业局名义起草了《关于四道河子镇下八家户村开发我县与 150 团交界处荒漠林区的意见》，将玛纳斯县的部分重点公益林划入沙湾县的项目用地范围内。沙湾县畜牧局和县政府先后对该文进行了批示，时任草原监理所所长的被告人提辽别克·吾马尔别克根据批示到现场实地调查，现场勘查过程中，未认真履行职责，仅进行简单目测后，便按照马金洲的要求，确定了四至界限和面积。2006 年 3 月 17 日，被告人提辽别克·吾马尔别克安排本所工作人员为马金洲办理了下八户村的草原使用证，并签订了《草场使用合同书》，据此，马金洲联合本村 11 户农民于当年 6 月即开始对该地进行了非法开垦，用于种植农作物。经鉴定：马金洲等 12 户毁林开荒总面积 7784.7 亩，均属于国家重点公益林，毁坏梭梭等林木总计 179,289 株，直接经济损失 96.5 万元，间接经济损失 3180 余万元。

根据《关于办理渎职刑事案件适用法律若干问题的解释（一）》第8条第3款之规定，渎职犯罪或者与渎职犯罪相关联的犯罪立案后，犯罪分子及其亲友自行挽回的经济损失，司法机关或者犯罪分子所在单位及其上级主管部门挽回的经济损失，或者因客观原因减少的经济损失，不予扣减，但可以作为酌定从轻处罚的情节。

（三）违法发放林木采伐许可证罪

1. 违法发放林木采伐许可证罪的刑法条文

《刑法》第407条规定："林业主管部门的工作人员违反森林法的规定，超过批准的年采伐限额发放林木采伐许可证或者违反规定滥发林木采伐许可证，情节严重，致使森林遭受严重破坏的，处三年以下有期徒刑或者拘役。"

2. 违法发放林木采伐许可证罪的概念和构成要件

违法发放林木采伐许可证罪是指林业主管部门的工作人员违反森林法的规定，超过批准的年采伐限额发放林木采伐许可证或者违反规定滥发林木采伐许可证，情节严重，致使森林遭受严重破坏的行为。违法发放林木采伐许可证罪的构成要件包括：（1）本罪侵犯的客体是国家对林业资源的管理制度。（2）本罪在客观方面表现为林业主管部门的工作人员违反森林法的规定，超过批准的年采伐限额发放林木采伐许可证或者违反规定滥发林木采伐许可证，情节严重，致使森林遭受严重破坏的行为。构成本罪，必须具有"情节严重，致使森林遭受严重破坏"的情形。根据2005年12月29日最高人民检察院通过的《关于渎职侵权犯罪案件立案标准的规定》第一部分第18项〔违法发放林木采伐许可证案（第四百零七条）〕第2款之规定，涉嫌下列情形之一的，应予立案：①发放林木采伐许可证允许采伐数量累计超过批准的年采伐限额，导致林木被超限额采伐10立方米以上的；②滥发林木采伐许可证，导致林木被滥伐20立方米以上，或者导致幼树被滥伐1000株以上的；③滥

新疆维吾尔自治区玛纳斯县检察院于2011年1月5日对郭新春、提辽别克·吾马尔别克以涉嫌玩忽职守罪立案侦查，同年1月10日对其刑事拘留，1月14日取保候审，同年4月22日经昌吉州检察院决定逮捕，5月19日取保候审。2011年10月9日，玛纳斯县检察院向玛纳斯县法院提起公诉。2011年11月11日，玛纳斯县法院以玩忽职守罪判处郭新春有期徒刑六个月，缓刑一年；以玩忽职守罪判处提辽别克·吾马尔别克有期徒刑六个月，缓刑一年。参见最高人民检察院网站：http://www.spp.gov.cn/tt/201406/t20140613 _74588.shtml? COLLCC=2135610053&，最后访问时间为2014年6月23日。

发林木采伐许可证，导致防护林、特种用途林被滥伐 5 立方米以上，或者幼树被滥伐 200 株以上的；④滥发林木采伐许可证，导致珍贵树木或者国家重点保护的其他树木被滥伐的；⑤滥发林木采伐许可证，导致国家禁止采伐的林木被采伐的；⑥其他情节严重，致使森林遭受严重破坏的情形。根据第 18 项第 3 款之规定，林业主管部门工作人员之外的国家机关工作人员，违反森林法的规定，滥用职权或者玩忽职守，致使林木被滥伐 40 立方米以上或者幼树被滥伐 2000 株以上，或者致使防护林、特种用途林被滥伐 10 立方米以上或者幼树被滥伐 400 株以上，或者致使珍贵树木被采伐、毁坏 4 立方米或者 4 株以上，或者致使国家重点保护的其他植物被采伐、毁坏后果严重的，或者致使国家严禁采伐的林木被采伐、毁坏情节恶劣的，按照《刑法》第 397 条的规定以滥用职权罪或者玩忽职守罪追究刑事责任。（3）本罪的主体是特殊主体，即林业主管部门工作人员。（4）本罪在主观方面是故意，主要是间接故意。

3. 违法发放林木采伐许可证罪的认定

根据 2007 年 5 月 14 日最高人民检察院通过的《关于对林业主管部门工作人员在发放林木采伐许可证之外滥用职权玩忽职守致使森林遭受严重破坏的行为适用法律问题的批复》之规定，林业主管部门工作人员违法发放林木采伐许可证，致使森林遭受严重破坏的，依照《刑法》第 407 条的规定，以违法发放林木采伐许可证罪追究刑事责任；以其他方式滥用职权或者玩忽职守，致使森林遭受严重破坏的，依照《刑法》第 397 条的规定，以滥用职权罪或者玩忽职守罪追究刑事责任，立案标准依照《最高人民检察院关于渎职侵权犯罪案件立案标准的规定》第一部分渎职犯罪案件第 18 条第 3 款的规定执行。

根据《解释（一）》第 3 条之规定，国家机关工作人员实施渎职犯罪并收受贿赂，同时构成受贿罪的，除刑法另有规定外，以渎职犯罪和受贿罪数罪并罚。根据该《解释（一）》第 4 条第 2 款之规定，国家机关工作人员与他人共谋，利用其职务行为帮助他人实施其他犯罪行为，同时构成渎职犯罪和共谋实施的其他犯罪共犯的，依照处罚较重的规定定罪处罚。根据该《解释（一）》第 4 条第 3 款之规定，国家机关工作人员与他人共谋，既利用其职务行为帮助他人实施其他犯罪，又以非职务行为与他人共同实施该其他犯罪行为，同时构成渎职犯罪和其他犯罪的共犯的，依照数罪并罚的规定定罪处罚。根据该《解释（一）》第5条第1款之规定，国家机关负责人员违法决定，或者指使、授意、强令其他国家机关工作人员违法履行职务或者不履行职务，构成《刑法》分则第九章规定的渎职犯罪的，应当依法追究刑事责任。根据该《解释（一）》第5条第2款之规定以"集体研究"形式实施的渎职犯罪，应当依照《刑法》分则第九章的规定追究国家机关负有责任的人员的刑事责任。

4. 违法发放林木采伐许可证罪的刑事责任

根据《刑法》第407条之规定，犯本罪的，处3年以下有期徒刑或者拘役。

（四）环境监管失职罪

1. 环境监管失职罪的刑法条文

《刑法》第408条规定："负有环境保护监督管理职责的国家机关工作人员严重不负责任，导致发生重大环境污染事故，致使公私财产遭受重大损失或者造成人身伤亡的严重后果的，处三年以下有期徒刑或者拘役。"

2. 环境监管失职罪的概念和构成要件

环境监管失职罪是指负有环境保护监督管理职责的国家机关工作人员严重不负责任，不履行或者不认真履行环境保护监管职责，导致发生重大环境污染事故，致使公私财产遭受重大损失或者造成人身伤亡的严重后果的行为。

环境监管失职罪的构成要件包括：（1）本罪侵犯的客体是国家的环境保护监管制度。（2）本罪在客观方面表现为负有环境保护监督管理职责的国家机关工作人员严重不负责任，导致发生重大环境污染事故，致使公私财产遭受重大损失或者造成人身伤亡的严重后果的行为。本罪是结果犯。环境监管失职行为必须"导致发生重大环境污染事故，致使公私财产遭受重大损失或者造成人身伤亡的严重后果"，方能构成犯罪，否则，犯罪不能成立。根据2013年6月8日最高人民法院、最高人民检察院通过的《关于办理环境污染刑事案件适用法律若干问题的解释》第2条之规定，实施《刑法》第408条规定的行为，具有本解释第1条第6项至第13项规定情形之一的，应当认定为"致使公私财产遭受重大损失或者造成人身伤亡的严重后果"。该《解释

（一）》第 1 条第 6 项至第 13 项规定的情形包括：①致使乡镇以上集中式饮用水水源取水中断 12 小时以上的；②致使基本农田、防护林地、特种用途林地 5 亩以上，其他农用地 10 亩以上，其他土地 20 亩以上基本功能丧失或者遭受永久性破坏的；③致使森林或者其他林木死亡 50 立方米以上，或者幼树死亡 2500 株以上的；④致使公私财产损失 30 万元以上的；⑤致使疏散、转移群众 5000 人以上的；⑥致使 30 人以上中毒的；⑦致使 3 人以上轻伤、轻度残疾或者器官组织损伤导致一般功能障碍的；⑧致使 1 人以上重伤、中度残疾或者器官组织损伤导致严重功能障碍的。（3）本罪的主体是特殊主体，即负有环境保护监督管理职责的国家机关工作人员。（4）本罪在主观方面是过失，既可以是疏忽大意的过失，也可以是过于自信的过失，也就是行为人应当预见自己严重不负责任的行为可能会导致发生重大环境污染事故，致使公私财产遭受重大损失或者造成人身伤亡的严重后果，因为疏忽大意而没有预见，或者已经预见而轻信能够避免的心理态度。

3. 环境监管失职罪的认定

根据《解释（一）》第 3 条之规定，国家机关工作人员实施渎职犯罪并收受贿赂，同时构成受贿罪的，除刑法另有规定外，以渎职犯罪和受贿罪数罪并罚。根据该《解释（一）》第 4 条第 2 款之规定，国家机关工作人员与他人共谋，利用其职务行为帮助他人实施其他犯罪行为，同时构成渎职犯罪和共谋实施的其他犯罪共犯的，依照处罚较重的规定定罪处罚。根据该《解释（一）》第 4 条第 3 款之规定，国家机关工作人员与他人共谋，既利用其职务行为帮助他人实施其他犯罪，又以非职务行为与他人共同实施该其他犯罪行为，同时构成渎职犯罪和其他犯罪的共犯的，依照数罪并罚的规定定罪处罚。根据该《解释（一）》第 5 条第 1 款之规定，国家机关负责人员违法决定，或者指使、授意、强令其他国家机关工作人员违法履行职务或者不履行职务，构成刑法分则第九章规定的渎职犯罪的，应当依法追究刑事责任。根据该《解释（一）》第 5 条第 2 款之规定以"集体研究"形式实施的渎职犯罪，应当依照刑法分则第九章的规定追究国家机关负有责任的人员的刑事责任。

4. 环境监管失职罪的刑事责任

根据《刑法》第 408 条之规定，犯环境监管失职罪的，处 3 年以下有期徒刑或者拘役。①

（五）非法批准征用、占用土地罪

1. 非法批准征用、占用土地罪的刑法条文

《刑法》第410条规定："国家机关工作人员徇私舞弊，违反土地管理法

---

① 1. 陈军安、蓝勇环境监管失职、贪污、受贿、私分国有资产案（最高人民检察院发布的15起生态环境领域犯罪典型案例之十）：2004年1月—2010年7月间，时任福建省龙岩市上杭县环保局局长陈军安、副局长蓝勇对省控重点污染企业紫金山金铜矿的日常环保监管工作流于形式，对紫金山金铜矿铜湿法厂擅自将各溶液池加高增容、擅自将6号观测井与排洪涵洞打通等违法行为未加以制止，且在省环保厅发文要求督促落实整改的情况下，未按要求对整改情况进行跟踪落实和有效监管，致使整改不到位，埋下严重安全隐患。2010年7月3日，紫金山金铜矿铜湿法厂污水溶液池防渗膜因超负荷运行破裂，致使汀江水域水质受到严重污染，造成上杭县城区部分自来水厂停止供水1天，养殖鱼类死亡370.1万斤，损失达2220.6万元。事故发生后，陈军安还组织上杭县环保局相关人员配合紫金山环境监理站工作人员制作虚假的检查笔录应付调查。2005—2010年间，陈军安利用职务之便索取或非法收受他人贿赂共计62.825万元，其中索贿3万元；蓝勇利用职务之便非法收受他人贿赂6.55万元。2008—2010年间，陈军安、蓝勇利用职务之便，采取骗取、侵吞等手段单独或共同非法占有公款，其中被告人陈军安共同贪污28万元，单独贪污18万元，个人得款35.2万元；蓝勇共同贪污28万元，个人得款8.3万元。2009—2010年间，陈军安违反规定，决定以发放职工福利的名义，将从紫金集团收取的22万余元环境监测费予以集体私分，陈军安个人分得2.82万元。福建省龙岩市上杭县检察院分别于2010年8月2日和9月13日以涉嫌环境监管失职罪和环境监管失职、贪污罪对蓝勇、陈军安立案侦查，同年12月13日侦查终结并移送审查起诉。2011年4月29日，龙岩市武平县检察院向武平县法院提起公诉。2011年7月3日，武平县法院以环境监管失职罪判处蓝勇有期徒刑一年，以贪污罪判处其有期徒刑六年，并处没收财产1万元，以受贿罪判处其有期徒刑三年零六个月，数罪并罚，决定执行有期徒刑九年，并处没收个人财产1万元；以环境监管失职罪判处陈军安有期徒刑九个月，以贪污罪判处其有期徒刑十一年零六个月，并处没收财产7万元，以受贿罪判处其有期徒刑十二年零三个月，并处没收财产9万元，以私分国有资产罪判处其有期徒刑九个月，并处罚金1万元，数罪并罚，决定执行有期徒刑十九年零六个月，并处罚金1万元，没收个人财产16万元。被告人提出上诉，2011年9月23日，龙岩市中级法院二审维持原判。2. 曾觉发环境监管失职、受贿案（最高人民检察院发布的15起生态环境领域犯罪典型案例之十一）：2010年6月，时任广西壮族自治区河池市环保局副局长的曾觉发对广西金河矿业股份有限公司（简称金河公司）进行检查时，发现金河公司下属冶化厂（简称金河冶化厂）长期大规模露天堆放废渣，金河公司"清污分流系统"不完善，渣场未采取"防水、防渗透、防流失"措施，废渣的渗滤液及厂区雨水镉浓度严重超标，存在环境污染隐患问题，但其仅口头提出整改意见，并没有采取有力措施督促该厂及时消除隐患。河池市政府发布的文件要求对重点污染源企业现场监察每月不少于2次，但市环境监察大队并未对该厂进行有效监管，曾觉发对此不闻不问。2012年1月，广西龙江河发生重大镉污染事件，经广西环保厅专家组认定：金河冶化厂与龙江河镉污染事件有直接因果关系，是此次龙江河突发环境事件的责任污染源之一。河池市人民政府直接投入防止污染事态扩大的资金达2300万余元。另外，曾觉发还利用职务之便，先后收受他人贿赂共计45,000元，涉嫌受贿罪。广西壮族自治区河池市检察院于2012年2月9日对曾觉发以涉嫌环境监管失职罪立案侦查，同年2月10日对其刑事拘留，2月24日将其逮捕。2012年11月6日，大化瑶族自治县检察院向该县法院提起公诉。2013年7月13日，大化瑶族自治县法院以环境监管失职罪判处被告人曾觉发有期徒刑二年，以受贿罪判处其有期徒刑三年，决定执行有期徒刑四年零六个月。参见最高人民检察院网站：http://www.spp.gov.cn/tt/201406/t20140613＿74588.shtml? COLLCC = 2135610053&，最后访问时间为2014年6月23日。

规，滥用职权，非法批准征用、占用土地，或者非法低价出让国有土地使用权，情节严重的，处三年以下有期徒刑或者拘役；致使国家或者集体利益遭受特别重大损失的，处三年以上七年以下有期徒刑。"

全国人民代表大会常务委员会 2001 年 8 月 31 日通过的《关于〈中华人民共和国刑法〉第二百二十八条、第三百四十二条、第四百一十条的解释》规定："全国人民代表大会常务委员会讨论了刑法第二百二十八条、第三百四十二条、第四百一十条规定的'违反土地管理法规'和第四百一十条规定的'非法批准征用、占用土地'的含义问题，解释如下：

刑法第二百二十八条、第三百四十二条、第四百一十条规定的'违反土地管理法规'是指违反土地管理法、森林法、草原法等法律以及有关行政法规中关于土地管理的规定。

刑法第四百一十条规定的'非法批准征用、占用土地'是指非法批准征用、占用耕地、林地等农用地以及其他土地。"

2. 非法批准征用、占用土地罪的概念和构成要件

非法批准征用、占用土地罪是指国家机关工作人员徇私舞弊，违反土地管理法规，滥用职权，非法批准征用、占用土地，情节严重的行为。

非法批准征用、占用土地罪的构成要件包括：（1）本罪侵犯的客体是国家的土地管理制度。（2）本罪在客观方面表现为国家机关工作人员徇私舞弊，违反土地管理法、森林法、草原法等法律以及有关行政法规中关于土地管理的规定，滥用职权，非法批准征用、占用耕地、林地等农用地以及其他土地，情节严重的行为。"违反土地管理法规"是指违反土地管理法、森林法、草原法等法律以及有关行政法规中关于土地管理的规定。"非法批准征用、占用土地"是指非法批准征用、占用耕地、林地等农用地以及其他土地。"徇私舞弊"是指国家机关工作人员为徇私情、私利，故意违背事实和法律，伪造材料，隐瞒情况，弄虚作假的行为。本罪的成立，要求具有"情节严重"的情形，否则，犯罪不能成立。如果具有"致使国家或者集体利益遭受特别重大损失"的情形，则适用较重的法定刑。根据 2005 年 12 月 29 日最高人民检察院通过的《关于渎职侵权犯罪案件立案标准的规定》第一部分第 21 条 [非法批准征用、占用土地案（第四百一十条）] 第 2 款之规定，涉嫌下列情形之一的，应予立案：①非法批准征用、占用基本农田 10 亩以上的；②非法批准征

用、占用基本农田以外的耕地 30 亩以上的；③非法批准征用、占用其他土地 50 亩以上的；④虽未达到上述数量标准，但造成有关单位、个人直接经济损失 30 万元以上，或者造成耕地大量毁坏或者植被遭到严重破坏的；⑤非法批准征用、占用土地，影响群众生产、生活，引起纠纷，造成恶劣影响或者其他严重后果的；⑥非法批准征用、占用防护林地、特种用途林地分别或者合计 10 亩以上的；⑦非法批准征用、占用其他林地 20 亩以上的；⑧非法批准征用、占用林地造成直接经济损失 30 万元以上，或者造成防护林地、特种用途林地分别或者合计 5 亩以上或者其他林地 10 亩以上毁坏的；⑨其他情节严重的情形。根据 2012 年 10 月 22 日最高人民法院通过的《关于审理破坏草原资源刑事案件应用法律若干问题的解释》（自 2012 年 11 月 22 日起施行）第 3 条第 1 款之规定，国家机关工作人员徇私舞弊，违反草原法等土地管理法规，具有下列情形之一的，应当认定为《刑法》第 410 条规定的"情节严重"：①非法批准征收、征用、占用草原 40 亩以上的；②非法批准征收、征用、占用草原，造成 20 亩以上草原被毁坏的；③非法批准征收、征用、占用草原，造成直接经济损失 30 万元以上，或者具有其他恶劣情节的。根据该《解释（一）》第 3 条第 2 款之规定，具有下列情形之一，应当认定为《刑法》第 410 条规定的"致使国家或者集体利益遭受特别重大损失"：①非法批准征收、征用、占用草原 80 亩以上的；②非法批准征收、征用、占用草原，造成 40 亩以上草原被毁坏的；③非法批准征收、征用、占用草原，造成直接经济损失 60 万元以上，或者具有其他特别恶劣情节的。此外，《关于审理破坏林地资源刑事案件具体应用法律若干问题的解释》对《刑法》第 410 条规定的"情节严重"和"致使国家或者集体利益遭受特别重大损失"的标准作了具体规定。（3）本罪的主体是特殊主体，即国家土地管理部门的工作人员。（4）本罪在主观方面是故意，并且行为人必须具有徇私情、私利的动机。

　　3. 非法批准征用、占用土地罪的认定

　　根据《解释（一）》第 3 条之规定，国家机关工作人员实施渎职犯罪并收受贿赂，同时构成受贿罪的，除刑法另有规定外，以渎职犯罪和受贿罪数罪并罚。根据该《解释（一）》第 4 条第 2 款之规定，国家机关工作人员与他人共谋，利用其职务行为帮助他人实施其他犯罪行为，同时构成渎职犯罪和共谋实施的其他犯罪共犯的，依照处罚较重的规定定罪处罚。根据该《解释

（一）》第4条第3款之规定，国家机关工作人员与他人共谋，既利用其职务行为帮助他人实施其他犯罪，又以非职务行为与他人共同实施该其他犯罪行为，同时构成渎职犯罪和其他犯罪的共犯的，依照数罪并罚的规定定罪处罚。根据该《解释（一）》第5条第1款之规定，国家机关负责人员违法决定，或者指使、授意、强令其他国家机关工作人员违法履行职务或者不履行职务，构成《刑法》分则第九章规定的渎职犯罪的，应当依法追究刑事责任。根据该《解释（一）》第5条第2款之规定以"集体研究"形式实施的渎职犯罪，应当依照《刑法》分则第九章的规定追究国家机关负有责任的人员的刑事责任。

4. 非法批准征用、占用土地罪的刑事责任

根据《刑法》第410条之规定，犯非法批准征用、占用土地罪的，处3年以下有期徒刑或者拘役；致使国家或者集体利益遭受特别重大损失的，处3年以上7年以下有期徒刑。

（六）非法低价出让国有土地使用权罪

1. 非法低价出让国有土地使用权罪的刑法条文

《刑法》第410条规定："国家机关工作人员徇私舞弊，违反土地管理法规，滥用职权，非法批准征用、占用土地，或者非法低价出让国有土地使用权，情节严重的，处三年以下有期徒刑或者拘役；致使国家或者集体利益遭受特别重大损失的，处三年以上七年以下有期徒刑。"

2. 非法低价出让国有土地使用权罪的概念和构成要件

非法低价出让国有土地使用权罪是指国家机关工作人员徇私舞弊，违反土地管理法规，滥用职权，非法低价出让国有土地使用权，情节严重的行为。

非法低价出让国有土地使用权罪的构成要件包括：（1）本罪侵犯的客体是国家的土地管理制度。（2）本罪在客观方面表现为徇私舞弊，违反土地管理法规，滥用职权，非法低价出让国有土地使用权，情节严重的行为。"违反土地管理法规"是指违反土地管理法、森林法、草原法等法律以及有关行政法规中关于土地管理的规定。"徇私舞弊"是指国家机关工作人员为徇私情、私利，故意违背事实和法律，伪造材料，隐瞒情况，弄虚作假的行为。本罪的成立要求具有"情节严重"的情形，否则，犯罪不能成立。根据2005年12

月 29 日最高人民检察院通过的《关于渎职侵权犯罪案件立案标准的规定》第一部分第 22 条［非法低价出让国有土地使用权案（第四百一十条）］第 2 款之规定，涉嫌下列情形之一的，应予立案：①非法低价出让国有土地 30 亩以上，并且出让价额低于国家规定的最低价额标准的 60% 的；②造成国有土地资产流失价额 30 万元以上的；③非法低价出让国有土地使用权，影响群众生产、生活，引起纠纷，造成恶劣影响或者其他严重后果的；④非法低价出让林地合计 30 亩以上，并且出让价额低于国家规定的最低价额标准的 60% 的；⑤造成国有资产流失 30 万元以上的；⑥其他情节严重的情形。（3）本罪的主体是特殊主体，即国家土地管理部门的工作人员。（4）本罪在主观方面是故意，并且行为人必须具有徇私情、私利的动机。

3. 非法低价出让国有土地使用权罪的认定

根据《解释（一）》第 3 条之规定，国家机关工作人员实施渎职犯罪并收受贿赂，同时构成受贿罪的，除《刑法》另有规定外，以渎职犯罪和受贿罪数罪并罚。根据该《解释（一）》第 4 条第 2 款之规定，国家机关工作人员与他人共谋，利用其职务行为帮助他人实施其他犯罪行为，同时构成渎职犯罪和共谋实施的其他犯罪共犯的，依照处罚较重的规定定罪处罚。根据该《解释（一）》第 4 条第 3 款之规定，国家机关工作人员与他人共谋，既利用其职务行为帮助他人实施其他犯罪，又以非职务行为与他人共同实施该其他犯罪行为，同时构成渎职犯罪和其他犯罪的共犯的，依照数罪并罚的规定定罪处罚。根据该《解释（一）》第 5 条第 1 款之规定，国家机关负责人员违法决定，或者指使、授意、强令其他国家机关工作人员违法履行职务或者不履行职务，构成《刑法》分则第九章规定的渎职犯罪的，应当依法追究刑事责任。根据该《解释（一）》第 5 条第 2 款之规定以"集体研究"形式实施的渎职犯罪，应当依照《刑法》分则第九章的规定追究国家机关负有责任的人员的刑事责任。

4. 非法低价出让国有土地使用权罪的刑事责任

根据《刑法》第 410 条之规定，犯非法低价出让国有土地使用权罪的，处 3 年以下有期徒刑或者拘役；致使国家或者集体利益遭受特别重大损失的，处 3 年以上 7 年以下有期徒刑。

第三节　中国环境刑事立法的实施

自 21 世纪初以来，重大特大环境污染事故频繁发生，国家逐渐加大了环境执法力度，制裁了一批环境违法者，但主要采用的是行政、民事制裁手段，很少采用刑事制裁手段，缺乏足够的威慑力。[①] 因此，国家逐步加大了刑法的打击力度，但由于环境刑事立法对环境犯罪的刑罚打击力度严重不足，仍然未能有效遏制环境犯罪愈演愈烈之态势。通过下述环境刑事案例，可看出环境刑事立法的先天缺陷。

一、环境污染型案件[②]

（一）紫金矿业集团股份有限公司紫金山金铜矿重大环境污染事故案[③]

1. 基本案情

自 2006 年 10 月以来，被告单位紫金矿业集团股份有限公司紫金山金铜

---

① 据统计，2002—2011 年，全国法院受理各类刑事、民事、行政环境一审案件 118,779 件，审结 116,687 件。其中，受理破坏环境资源保护刑事案件 81,761 件（根据《刑法》第六章第六节第 338 条至第 346 条规定的罪名统计），审结 81,435 件；受理环境监管失职刑事案件 83 件，审结 80 件。以上环境刑事犯罪（不含危险物品肇事罪。2002—2011 年人民法院受理危险物品肇事罪 1422 件，审结 1411 件）共受理 81,844 件，占同期刑事一审案件的 1.16%。民事环境一审案件受理 19,744 件（按照"环境污染损害赔偿纠纷"、"环境污染侵权纠纷"、"环境污染责任纠纷"三类案由统计），审结 19,450 件，占同期民事一审案件的 0.04%；受理环境行政一审案件 15,749 件，审结 15,722 件，占同期行政案件的 1.49%。从环境保护部历年的统计数字看，每年环境行政主管机关会受理大量的环境行政案件。如 2010 年全国环保系统共收到群众来信 70.1 万件，涉及环境污染和生态破坏的有 67.7 万件（其中，反映水污染的有 9.2 万件，大气污染的有 26.3 万件，固体废物污染的有 1.3 万件，噪声污染的有 26.2 万件，反映"三产"等其他污染的 4.6 万件。来信处理率 93.4%）。群众来访 3.5 万批次、6.6 万人次（其中，涉及环境污染与生态破坏的有：水污染 0.8 万批次，大气污染 1.4 万批次，固体废物污染 0.1 万批次，噪声污染 0.8 万批次，反映其他污染 0.4 万批次。来信处理率 94.8%）。全国环保系统办理环境行政处罚案件 11.7 万起，环境行政复议案件 694 起。当年作出环境行政处罚决定的案件 11.2 万起，作出环境行政复议决定的案件 598 起。2010 年人民法院审结的破坏环境资源保护罪 9985 件，其中，重大环境污染事故案仅 19 件。环境污染损害赔偿案件 2033 件，环保行政案件 1894 件。2002—2011 年一审环境案件的收案数仅占同期一审案件总数的 0.2%。近 10 年环境案件增长率为 7.66%，近 5 年的增长率为 6.24%，表明增势有所下降。同期全国法院一审案件近 10 年增长率为 4.42%，近 5 年增长率为 8.17%，表明环境案件近年来虽然绝对数量在不断增长，但相对于人民法院所有案件收案量来看是逐渐相对下降的。参见袁春湘：《2002 年—2011 年全国法院审理环境案件的情况分析》，http://www.legaldaily.com.cn/zbzk/content/2012 - 12/19/content__4069404.htm? node = 25497，最后访问时间为 2013 年 11 月 8 日。

② 环境污染型犯罪包括污染环境罪（第 338 条）、非法处置进口的固体废物罪（第 339 条第 1 款）和擅自进口固体废物罪（第 339 条第 2 款）等。

③ 参见：http://www.chinacourt.org/article/detail/2013/06/id/1014570.shtml，最后访问时间为 2013 年 10 月 30 日。

矿（以下简称"紫金山金铜矿"）所属的铜矿湿法厂清污分流涵洞存在严重的渗漏问题，虽采取了有关措施，但随着生产规模的扩大，该涵洞渗漏问题日益严重。紫金山金铜矿于 2008 年 3 月在未进行调研认证的情况下，违反规定擅自将 6 号观测井与排洪涵洞打通。在 2009 年 9 月福建省环保厅明确指出问题并要求彻底整改后，仍然没有引起足够重视，整改措施不到位、不彻底，隐患仍然存在。2010 年 6 月中下旬，上杭县降水量达 349.7 毫米。2010 年 7 月 3 日，紫金山金铜矿所属铜矿湿法厂污水池 HDPE 防渗膜破裂造成含铜酸性废水渗漏并流入 6 号观测井，再经 6 号观测井通过人为擅自打通的与排洪涵洞相连的通道进入排洪涵洞，并溢出涵洞内挡水墙后流入汀江，泄漏含铜酸性废水 9176m³，造成下游水体污染和养殖鱼类大量死亡的重大环境污染事故，上杭县城区部分自来水厂停止供水 1 天。2010 年 7 月 16 日，用于抢险的 3 号应急中转污水池又发生泄漏，泄漏含铜酸性废水 500m³，再次对汀江水质造成污染。致使汀江河局部水域受到铜、锌、铁、镉、铅、砷等的污染，造成养殖鱼类死亡达 370.1 万斤，经鉴定鱼类损失价值人民币 2220.6 万元；同时，为了网箱养殖鱼类的安全，当地政府部门采取破网措施，放生鱼类 3084.44 万斤。

2. 裁判结果

福建省龙岩市新罗区人民法院一审判决、龙岩市中级人民法院二审裁定认为：被告单位紫金山金铜矿违反国家规定，未采取有效措施解决存在的环保隐患，继而发生了危险废物泄漏至汀江，致使汀江河水域水质受到污染，后果特别严重。被告人陈家洪（2006 年 9 月—2009 年 12 月任紫金山金铜矿矿长）、黄福才（紫金山金铜矿环保安全处处长）是应对该事故直接负责的主管人员，被告人林文贤（紫金山铜矿湿法厂厂长）、王勇（紫金山铜矿湿法厂分管环保的副厂长）、刘生源（紫金山铜矿湿法厂环保车间主任）是该事故的直接责任人员，对该事故均负有直接责任，其行为均已构成重大环境污染事故罪。据此，综合考虑被告单位自首、积极赔偿受害渔民损失等情节，以重大环境污染事故罪判处被告单位紫金山金铜矿罚金人民币 3000 万元；被告人林文贤有期徒刑 3 年，并处罚金人民币 30 万元；被告人王勇有期徒刑 3 年，并处罚金人民币 30 万元；被告人刘生源有期徒刑 3 年 6 个月，并处罚金人民币 30 万元。对被告人陈家洪、黄福才宣告缓刑。

（二）云南澄江锦业工贸有限责任公司重大环境污染事故案①

1. 基本案情

2005—2008 年间，云南澄江锦业工贸有限责任公司（以下简称"锦业公司"）在生产经营过程中，长期将含砷生产废水通过明沟、暗管直接排放到厂区最低凹处没有经过防渗处理的天然水池内，并抽取该池内的含砷废水进行洗矿作业；将含砷固体废物磷石膏倾倒于厂区外未采取防渗漏、防流失措施的堆场露天堆放；雨季降水量大时直接将天然水池内的含砷废水抽排至厂外东北侧邻近阳宗海的磷石膏渣场放任自流。致使含砷废水通过地表径流和渗透随地下水进入阳宗海，造成阳宗海水体受砷污染，水质从Ⅱ类下降到劣Ⅴ类，饮用、水产品养殖等功能丧失，县级以上城镇水源地取水中断，公私财产遭受百万元以上损失的特别严重后果。

2. 裁判结果

云南省澄江县人民法院一审判决、玉溪市中级人民法院二审裁定认为：被告单位锦业公司未建设完善配套环保设施，经多次行政处罚仍未整改，致使生产区内外环境中大量富含砷的生产废水通过地下渗透随地下水以及地表径流进入阳宗海，导致该重要湖泊被砷污染，构成重大环境污染事故罪，且应当认定为"后果特别严重"。被告人李大宏作为锦业公司的董事长，被告人李耀鸿作为锦业公司的总经理（负责公司的全面工作），二人未按规范要求采取防渗措施，最终导致阳宗海被砷污染的危害后果，应当作为单位犯罪的主管人员承担相应刑事责任。被告人金大东作为锦业公司生产部部长，具体负责安全生产、环境保护和生产调度等工作，安排他人抽排含砷废水到厂区外，应作为单位犯罪的直接责任人承担相应刑事责任。案发后，锦业公司及被告人积极配合相关部门截污治污，可对其酌情从轻处罚。据此，以重大环境污染事故罪判处被告单位云南澄江锦业工贸有限责任公司罚金人民币 1600 万元；被告人李大宏有期徒刑 4 年，并处罚金人民币 30 万元；被告人李耀鸿有期徒刑 3 年，并处罚金人民币 15 万元；被告人金大东有期徒刑 3 年，并处罚金人民币 15 万元。

---

① 参见：http://www.chinacourt.org/article/detail/2013/06/id/1014573.shtml，最后访问时间为 2013 年 10 月 30 日。

（三）重庆云光化工有限公司等污染环境案①

1. 基本案情

重庆长风化学工业有限公司（以下简称"长风公司"）委托被告重庆云光化工有限公司（以下简称"云光公司"）处置其生产过程中产生的危险废物（次级苯系物有机产品）。之后，被告人蒋云川（云光公司法定代表人）将危险废物处置工作交由公司员工被告人夏勇负责。夏勇在未审查被告人张必宾是否具备危险废物处置能力的情况下，将长风公司委托处置的危险废物直接转交给张必宾处置。张必宾随后与被告人胡学辉和周刚取得联系并经实地查看，决定将危险废物运往四川省兴文县共乐镇境内的黄水沱倾倒。2011年6月12日，张必宾联系一辆罐车在长风公司装载28吨多工业废水，准备运往兴文县共乐镇境内的黄水沱倾倒。后因车辆太大而道路窄小，不能驶入黄水沱，周刚、胡学辉、张必宾等人临时决定将工业废水倾倒在大坳口公路边的荒坡处，致使当地环境受到严重污染。2011年6月14日，张必宾在长风公司装载三车铁桶装半固体状危险废物约75余吨，倾倒在黄水沱振兴硫铁矿的荒坡处，致使当地环境受到严重污染，并对当地居民的身体健康和企业的生产作业产生影响。经鉴定，黄水沱和大坳口两处危险废物的处置费、现场清理费、运输费等为918,315元。

2. 裁判结果

四川省兴文县人民法院认为，被告重庆云光化工有限公司作为专业的化工危险废物处置企业，违反国家关于化工危险废物的处置规定，将工业污泥和工业废水交给不具有化工危险废物处置资质的被告人张必宾处置，导致环境严重污染，构成污染环境罪。被告人张必宾违反国家规定，向土地倾倒危险废物，造成环境严重污染，且后果严重，构成污染环境罪。被告人周刚、胡学辉帮助被告人张必宾实施上述行为，构成污染环境罪。被告人张必宾投案自首，依法可以从轻或者减轻处罚。据此，以污染环境罪分别判处被告重庆云光化工有限公司罚金50万元；被告人夏勇有期徒刑2年，并处罚金2万元；张必宾有期徒刑1年6个月，并处罚金2万元。对蒋云川、周刚、胡学辉

---

① 参见：http://www.chinacourt.org/article/detail/2013/06/id/1014576.shtml，最后访问时间为2013年10月30日。

宣告缓刑。判决宣告后，被告单位、各被告人均未上诉，检察机关亦未抗诉。

（四）胡文标、丁月生投放危险物质案①

1. 基本案情

盐城市标新化工有限公司（以下简称"标新化工公司"）系环保部门规定的"废水不外排"企业。被告人胡文标系标新化工公司法定代表人，曾因犯虚开增值税专用发票罪于 2005 年 6 月 27 日被盐城市盐都区人民法院判处有期徒刑 2 年，缓刑 3 年。被告人丁月生系标新化工公司生产负责人。2007 年 11 月月底至 2009 年 2 月 16 日期间，被告人胡文标、丁月生在明知该公司生产过程中所产生的废水含有苯、酚类有毒物质的情况下，仍将大量废水排放至该公司北侧的五支河内，任其流经蟒蛇河污染盐城市区城西、越河自来水厂取水口，致盐城市区 20 多万居民饮用水停水长达 66 小时 40 分钟，造成直接经济损失人民币 543.21 万元。

2. 裁判结果

盐城市盐都区人民法院一审判决、盐城市中级人民法院二审裁定认为：胡文标、丁月生明知其公司在生产过程中所产生的废水含有毒害性物质，仍然直接或间接地向其公司周边的河道大量排放，放任危害不特定多数人的生命、健康和公私财产安全结果的发生，使公私财产遭受重大损失，构成投放危险物质罪，且属共同犯罪。胡文标在共同犯罪中起主要作用，是主犯；丁月生在共同犯罪中起次要作用，是从犯。胡文标系在缓刑考验期限内犯新罪，依法应当撤销缓刑，予以数罪并罚。据此，撤销对被告人胡文标的缓刑宣告；被告人胡文标犯投放危险物质罪，判处有期徒刑 10 年，与其前罪所判处的刑罚并罚，决定执行有期徒刑 11 年；被告人丁月生犯投放危险物质罪，判处有期徒刑 6 年。

（五）四川沱江特大水污染案②

1. 基本案情

2004 年 2—4 月期间，四川川化股份有限公司将工业废水排入沱江干流水

---

① 参见：http://www.chinacourt.org/article/detail/2013/06/id/1014577.shtml，最后访问时间为 2013 年 10 月 30 日。

② 参见苏俊：《四川沱江特大水污染案主要事故责任人李俭获刑》，http://gb.cri.cn/3821/2005/09/11/106@695106.htm，最后访问时间为 2013 年 11 月 3 日。

域，造成特大水污染事故，给成都、资阳等五市的工农业生产和人民生活造成了严重的影响和经济损失。经农业部长江中上游渔业生态环境监测中心评估，天然渔业资源损失达1569万余元。9月9日，成都市锦江区法院分别对涉及沱江水污染事故的被告人何立光、吴贵鑫、李俭等重大环境污染事故案和被告人宋世英、张明、张山等环境监管失职案作出一审判决。相关责任人最高获刑5年，处罚金人民币4万元。

锦江区法院经审理认为，被告人李俭身为川化股份有限公司全面负责公司各项工作的总经理，忽视环保安全，没有及时掌握和控制川化公司的排污情况，作为直接负责的主管人员，其行为已构成重大环境污染事故罪，应对川化公司的排污行为承担刑事责任；被告人吴贵鑫身为川化股份有限公司分管环保工作的副总经理，忽视环保安全，未认真履行其工作职责，没有及时掌握、控制川化公司的排污情况，作为直接负责的主管人员，其行为已构成重大环境污染事故罪，应对川化公司的排污行为承担刑事责任；被告人何立光身为川化股份有限公司环安处处长，未认真履行职责，对川化公司出现的严重超标排污情况没有主动、及时向主管领导作专门汇报，作为直接责任人员，其行为已构成重大环境污染事故罪，应对川化公司的排污行为承担刑事责任。

2. 裁判结果

法院一审以重大环境污染事故罪，判处被告人何立光有期徒刑5年，并处罚金人民币4万元；判处被告人吴贵鑫有期徒刑4年，并处罚金人民币3万元；判处被告人李俭有期徒刑3年，缓刑3年，并处罚金人民币2万元。

同日，锦江区法院经审理认为，被告人宋世英、张明、张山分别作为青白江区环保局分管环境监测、环境监理、污染管理的副局长、环境监测站站长和环境监理所所长，违反相关的职责规定，在工作中严重不负责任，未能及时有效地预防、阻止重大环境污染事故的发生，致使公私财产遭受重大损失，其行为已构成环境监管失职罪。据此，法院一审分别判处：宋世英有期徒刑2年6个月；张明有期徒刑2年6个月；张山有期徒刑1年6个月，缓刑2年。

（六）浙江东海重大环境污染事故案[①]

1. 基本案情

江苏省东海县人民法院审理查明，被告人王文荣所负责的响水亿达化工有限公司在生产医药中间体过程中产生有毒化学废弃物（主要成分为二硫化碳）。为处理该废弃物，响水亿达化工有限公司先与被告人徐宝庆原所在的连云港铃木组废弃物处理有限公司签订了委托处理废弃物的合同。后因该批废弃物不易燃烧，处理成本较高，连云港铃木组废弃物处理有限公司遂安排被告人徐宝庆通知响水亿达化工有限公司停止该笔业务。后被告人徐宝庆、茆庆书、朱子星、朱艾建为了赚取非法利润，违反国家规定，于 2008 年 5 月底，由被告人徐宝庆、茆庆书与被告人王文荣达成协议，由被告人王文荣支付 16.212 万元费用，从这家厂拉出近 90 吨有毒化工废弃物。被告人朱子星、朱艾建在未经任何处理的情况下将该批化工废弃物抛撒在东海县曲阳乡、安峰镇及沭阳县茆圩乡境内。经称量该批化工废弃物抛撒在东海县境内共计 66.33 吨，抛撒在沭阳境内共计 22.6 吨。该批化学废弃物因被及时发现并处置，未造成人身伤亡的严重后果。此案被东海警方命名"6·2"重大环境污染事故案。经价格鉴定处置此废弃物所需的合理费用为 35.572 万元。

法院认为，被告 5 人违反国家规定，向土地、水体倾倒有毒物质，造成重大环境污染事故，致使公私财产遭受重大损失，其行为已构成重大环境污染事故罪，系共同犯罪。本案虽因及时发现并处置得当而未造成人身伤亡的严重后果，但根据最高人民法院相关规定，本案为防止污染扩大及消除污染而采取的必要的、合理的措施而发生的费用损失达 30 万元以上，故应当认定被告人构成重大环境污染事故罪。

2. 裁判结果

2008 年 11 月法院依法对"6·2"重大环境污染事故案作出判决，以重大环境污染事故罪判处被告人徐宝庆拘役 4 个月，并处罚金 3 万元；判处被告人朱子星拘役 4 个月，并处罚金 3 万元；判处被告人茆庆书罚金 3 万元；判处

---

① 参见《东海法院判决重大污染事故案》，http://www.caepi.org.cn/highlights/8893.shtml，最后访问时间为 2013 年 11 月 24 日。

被告人朱艾建罚金3万元；判处被告人王文荣罚金2万元。对被告人徐宝庆、朱子星、茆庆书、朱艾建违法所得16.212万元，予以没收，上缴国库。

（七）湖南怀化砷污染事故案①

1. 基本案情

被告人侯周琪、李德玖、朱建鸿合伙组建金利化工有限公司，其经营范围为：国家政策允许的，非前置许可的化工产业投资和化工产品的生产和销售。金利公司成立后，在未进行环境评价和取得相关环保、安监证照，年产量达不到4.4万吨属关停企业，化验室的检测设备和能力极为有限，化验员未经过专业培训、未取得检测资质、废水沉淀池和防污水渠一直存在泄漏等情况下，于2006年12月22日点火开工，组织生产。2007年7月4日，公司由被告人李德玖承包经营。期间，被告人李德成在公司负总责，掌管公司的财务；被告人向先周履行厂长职务；被告人张绪锦负责生产、排污等工作。辰溪县环保局多次到该公司检查，发现该公司存在重大环境污染隐患，要求公司整改，并提出了整改意见。但该公司未进行整改，仍组织生产。2007年11月4日，排污渠发生塌陷，当时有污水流入地下。金利公司在未修复塌陷的排污渠的情况下，仍照常生产，照常排污，直至11月7日才停产修复塌陷的排污渠。2007年12月月初，金利公司未向环保部门申报，擅自改变原材料，分批从广西钦州、柳州两地购进硫铁矿38个车皮，2300余吨。该批硫铁矿生产厂家未附化验单。金利公司的化验室，对矿石的检测，只能检测含硫量和含水分情况，对矿石的其他元素不具备检测设备和检测能力；对废水的检测，只能检测二氧化硫的含量，对废水的其他有害物质不具备检测设备和检测能力。从广西购进的硫铁矿在生产过程中，经常堵塞管道，并伴有白色糯糊。出现这一异常情况，金利公司未停产化验，只是生产时多放石灰，直至将购进的原材料生产完毕。对生产该批硫铁矿排放的废水，金利公司亦未进行化验。由于金利公司的废水沉淀池、排污渠等多处泄漏，致使该批硫铁矿生产过程产生的废水外泄，渗入地下。2008年1月16日，经市、县环境监测站采样，怀化岩土矿产测试所检验，从广西购进的硫铁矿采样的矿粉砷含

---

① 参见许顺松、向征：《本案"砷中毒事件"应如何定性》，http://www.chinacourt.org/article/detail/2010/05/id/409041.shtml，最后访问时间为2013年11月24日。

量达4.21%。经怀化市环境监测站取样监测，2008年1月12日、13日、14日、15日该公司总排污口排放废水砷浓度分别为224.6mg/L（未停产）、26.12mg/L、41.8mg/L、7mg/L（均已停产），均超过《污水综合排放标准》Ⅰ级标准（标准≤0.5mg/L）。2008年1月17日、19日，分别对桠杉坡1号井和温水尾坎下生活饮用水进行监测，含砷浓度分别为6.95mg/L、4.11mg/L，超过《生活饮用水卫生标准》指标（标准≤0.01mg/L）。

辰溪县板桥乡塘里村、辰溪县孝坪煤矿的居民长期饮用桠杉坡一号井矿井水，辰溪县板桥乡中溪村居民长期饮用杉木溪矿井水，自2008年1月先后不同程度地出现头晕、口渴、恶心、四肢乏力等症状并入院治疗。经卫生部门专家组鉴定，结合患者流行病史、临床症状和尿砷检查，确认有90人为砷中毒。中毒事件发生后，2008年1月16日，怀化市环保局作出了《关于辰溪县板桥乡地下水受污染导致村民砷中毒事件污染源确认报告》，其分析结论为，金利公司自2007年12月2日至2008年1月9日期间，从柳州市分批购入硫铁矿用于生产，经监测化验，样品矿粉的砷含量达4.21%。金利公司既未对购入矿石砷含量进行分析化验，也未正常使用污染防治设施，任由大量含砷废水排入外环境。经取样监测，金利公司总排污口排放废水砷浓度超过《废水综合排放标准》Ⅰ级标准。含砷废水通过排污渠道地质塌陷区裂缝进入地下水系，导致本次砷中毒事件发生。辰溪县公安局委托湖南地勘局407队等专家组鉴定，其分析结论为：从大量实验证明本次急性砷中毒事故是村民饮用水源被砷元素污染所致，并确认污染源是硫酸厂非法排放含砷元素严重超标的废水。由于区内断层发育，相互切割或相交，各断层破碎带之间构成了网络状连通性十分良好的地下水通道，使其他地下水水力联系十分密切，形成同一个统一完整的含水体。当该区地下水被污染后，如抽出地面做生活饮用水就会引起中毒。一旦区内某处抽排地下水，周围被污染的地下水就会向该抽水点补给。充分资料说明，金利公司的废水排放与发漏区居民生活饮用水源有十分密切的联系。

中毒事件发生后，辰溪县人民政府积极采取补救措施，对事故现场进行紧急处理，对中毒人员进行紧急救治。造成经济损失共计714.6万元。被告人候周琪、李德玖、朱建鸿积极采取补救措施，为患者治疗和事故处理共支付各项费用428.6万元。

辰溪县人民检察院起诉指控被告人怀化金利化工有限公司、李德成、向先周、张绪锦、候周琪、李德玖、朱建鸿犯重大环境污染事故罪，于 2008 年 10 月 20 日向辰溪县人民法院提起公诉。

2. 裁判结果

湖南省辰溪县人民法院审理认为，被告人怀化金利化工有限公司在未办理安监、环保手续的情况下违法组织生产，对原材料中所含的有毒物质和废水中的有毒物质未进行检测，致使含砷废水排出后渗入地下，污染了地下水源，违反国家《污水综合排放标准》Ⅰ级标准，造成重大环境污染事故，致使公私财产遭受重大损失，他人身体受到危害，其行为构成重大环境污染事故罪。《中华人民共和国刑法》第 31 条规定："单位犯罪的，对单位判处罚金，并对其直接负责的主管人员和其他直接责任人员判处刑罚。"该条文规定对单位犯罪依法实行双罚制的处罚原则。本案中，被告人候周琪、朱建鸿系被告人金利公司的股东，为对被告人金利公司的犯罪活动负有直接责任的主管人员；被告人李德成、向先周、张绪锦、李德玖系被告人金利公司生产经营过程中的管理者或承包人，为单位犯罪行为的直接实施者，属直接责任人员，对直接负责的主管人员和其他直接责任人员，应当依照刑法的规定追究刑事责任。案发后，被告人候周琪、李德玖、朱建鸿为患者治疗和事故处理积极交纳赔偿款，且认罪态度较好，故对其适用缓刑确实不致再危害社会。据此，依照《中华人民共和国刑法》第 338 条、第 346 条、第 30 条、第 31 条、第 72 条、第 73 条、第 52 条、第 53 条之规定，判决如下：一、被告人怀化金利化工有限公司犯重大环境污染事故罪，判处罚金人民币 60 万元；二、被告人李德成犯重大环境污染事故罪，判处有期徒刑 6 年，并处罚金人民币 5 万元；三、被告人向先周犯重大环境污染事故罪，判处有期徒刑 3 年，并处罚金人民币 3 万元；四、被告人张绪锦犯重大环境污染事故罪，判处有期徒刑 3 年，并处罚金人民币 3 万元；五、被告人候周琪犯重大环境污染事故罪，判处有期徒刑 3 年，缓刑 3 年，并处罚金人民币 5 万元；六、被告人李德玖犯重大环境污染事故罪，判处有期徒刑 3 年，缓刑 3 年，并处罚金人民币 5 万元；七、被告人朱建鸿犯重大环境污染事故罪，判处有期徒刑 3 年，缓刑 3 年，并处罚金人民币 5 万元。

（八）浙江台州血铅超标案①

1. 基本案情

2011 年 3 月中旬以来，台州路桥区峰江街道上陶村等 3 个村部分村民体检时发现血铅超标。后共有 658 名村民进行了血铅检测，查出 168 人血铅含量超标，其中包括 53 名儿童。经法院审理查明，台州市速起蓄电池有限公司在董事长应建国的决策和管理下，生产过程中长期违反有关环保规定和路桥环保分局的项目批准要求，在铅蓄电池项目卫生防护距离不达标的情况下，生产铅酸蓄电池，私自增加铅粉生产线制造铅粉，加大铅烟、铅尘等废气的排放量，并使用高度不达标的废气排放烟囱向大气排放废气，造成公司周边的农田土壤、空气严重污染，致使附近居住的民众 168 人血铅超标，公司东边 4377.03 平方米的农田因土壤中铅含量超标而土壤功能等级下降。经鉴定，为消除土壤铅污染的相关费用需人民币 41.36 万元。

法院审理后认为，台州市速起蓄电池有限公司行为已构成重大环境污染事故罪；被告人应建国是直接负责的主管人员，依法应按重大环境污染事故罪处罚。

2. 裁判结果

2011 年 9 月 28 日，浙江省台州市路桥区人民法院对台州血铅事件责任人重大环境污染事故罪一案作出一审判决，依法判处被告单位台州市速起蓄电池有限公司罚金人民币 10 万元，被告人应建国（公司法定代理人兼董事长）有期徒刑 1 年 3 个月，并处罚金人民币 5 万元。

（九）广西龙江河镉污染案②

1. 基本案情

法院经审理查明，2008 年 7 月 10 日黄志伟投资成立位于河池市金城区东江填水康村境内的河池市金城区鸿泉立德粉材料厂（以下简称"立德粉厂"），经营范围及方式为立德粉、七水硫酸锌生产销售。2008 年因产品质量未达标无销售，2009 年处于停产状态，无产值。黄志伟于 2009 年 8 月 22 日

---

① 参见《台州血铅污染案作出一审判决企业责任人被判刑》，http：//www.zhb.gov.cn/zhxx/hjyw/201109/t20110930_217910.htm，最后访问时间为 2013 年 11 月 24 日。

② 参见王川：《广西龙江河镉污染事件一审宣判鸿泉立德粉厂相关责任人被判刑》，http：//www.chinacourt.org/article/detail/2013/07/id/1026435.shtml，最后访问时间为 2013 年 11 月 24 日。

将立德粉厂转租给被告人曾宜，租赁期5年，即2009年9月1日至2014年8月31日，年租赁租金15万元。曾宜租用立德粉厂后，仍然使用立德粉厂证照，但不进行立德粉、七水硫酸锌生产，而是采用湿法提铟生产工艺非法生产铟、碳酸锌等产品，并聘请被告人杨远管理立德粉厂财务。2010年11月至2011年4月，李四军、毛文明入股该厂。两人分别占30%、24%的股份。随后，该厂聘请被告人潘国强管理资金、发放工资及记录开支情况，协助管理部分生产，杨远改为负责设备配件采购，高景礼负责管理厂内的生产及工人工作安排。该厂仍然采用湿法提铟生产工艺非法生产铟、碳酸锌等产品，生产过程中产生的废液含镉浓度极高，而该厂既没有萃取余液重金属回收装置，也没有废水处理设施。覃里强在生产管理人员的指示下，负责或安排其他工人将该厂生产废液用水泵抽入厂区内的溶洞中直接排入龙江河。

2012年1月12—15日，高景礼指挥全厂工人进行厂区内年前的卫生大清理，所清洗厂内设备、地板及水池的污水及1号池的废水经厂区里的水沟直接排放到龙江河内。1号池的废水也抽排入厂区内的溶洞中排放到龙江河内。

2012年1月13日在河池市龙江河段的拉浪电站坝首前200m至怀远大桥发生水体重金属污染事件，拉浪电站坝首前200m的水体重金属镉含量严重超标。河流沿岸群众饮用水受到严重影响。为此广西壮族自治区环保厅于2012年1月22日以桂环函〔2012〕108号文启动了突发环境事件应急预案，并成立了自治区龙江河突发环境事件应急指挥部。自治区环保厅决定启动突发环境事件Ⅱ级响应。并责成有关部门对鸿泉立德粉材料厂进行相关检查监测。经河池市环境保护局对鸿泉立德粉材料厂监测，该厂储水罐溶液含镉浓度最高达40,200mg/L，超过《铅锌工业污染物排放标准》（GB25466—2010）80,399倍，超过《地表水环境质量标准》（GB3838—2002）803,990倍；直接排放的废水镉浓度最高达1690mg/L，超过《铅锌工业污染物排放标准》（GB25466—2010）33,799倍，超过《地表水环境质量标准》（GB3838—2002）337,990倍；厂区地面积水中镉浓度为240mg/L，超过《铅锌工业污染物排放标准》（GB25466—2010）4799倍，超过《地表水环境质量标准》（GB3838—2002）47,990倍。该厂厂区内1—9号水池的废水的pH值，锌、砷、镉含量均超标。经专家组认定：河池市金城江区鸿泉立德粉材料厂无任何污染防治设施，私设暗管、私建偷排竖井，并利用暗管将高浓度含镉废水偷排入厂区内私建的竖井，是造成 2012 年 1 月龙江河宜州段重金属镉超标的污染源之一。

另查明，由于流入龙江河段的重金属镉数量较大，龙江河污染形势严峻，为确保河流沿岸饮用水安全。自治区龙江河突发环境事件应急指挥部组织对受污染河段的水质进行了处理，截至 2012 年 3 月 28 日，共投入的物资曾总计人民币 24,501,408.8 元。

2. 裁判结果

2013 年 7 月 16 日，广西河池市金城江区人民法院对 2012 广西龙江河镉污染案作出一审判决，判处曾宜犯污染环境罪，有期徒刑 5 年，并处罚金人民币 10 万元；李四军、毛文明犯污染环境罪，判处有期徒刑 4 年，并处罚金人民币 8 万元；高景礼、潘国强犯污染环境罪，判处有期徒刑 3 年，并处罚金人民币 4 万元；杨远犯污染环境罪，判处有期徒刑 3 年，缓刑 4 年，并处罚金人民币 3 万元；覃里强犯污染环境罪，判处有期徒刑 3 年，缓刑 3 年 6 个月，并处罚金人民币 2 万元。

一审判决作出后，蓝群峰、韦毅不服判决提起上诉。柳州市中级人民法院公开开庭审理了蓝群峰、韦毅环境监管失职、受贿上诉案，并作出了终审判决。①

蓝群峰、韦毅及二人的辩护人均辩称，导致龙江河镉污染事件发生的河池市金城江区鸿泉立德粉材料厂（以下简称鸿泉厂，经营范围为立德粉、七水硫酸锌的生产、销售）并非重点污染源企业，二人没有严重不负责任，应构成环境监管失职的自首；二人坚称自己收受企业财物系人情往来，依法不构成受贿罪。蓝群峰及其辩护人请求二审法院从轻判处，并适用缓刑；韦毅及其辩护人则希望从轻判处。

二审法院审理查明，身为河池市金城江区环境监察大队大队长的蓝群峰、副大队长的韦毅在职期间对辖区内所监管的重点污染源企业鸿泉厂未认真执行环境保护的相关法律法规，致使鸿泉厂常年逃避环保监管。从 2011 年 4 月

---

① 参见孙涛：《龙江河镉污染事件终审宣判 2 涉案官员获刑》，http://www.chinacourt.org/article/detail/2013/10/id/1109016.shtml，最后访问时间为 2013 年 11 月 24 日。

起，鸿泉厂超出其在工商部门登记的生产范围，违法进行重金属铟的生产，并在没有建设相应排污设施的情况下，将生产铟所产生的大量高浓度含镉废水，通过管道排放到厂区内的溶洞竖井处，使高浓度含镉废水流入龙江河中。

2012 年 1 月中旬，广西河池市龙江河宜州河段水质出现异常，河池市环保局在调查监测中发现龙江河拉浪电站坝前 200m 处，水体镉含量超过《地表水环境质量标准》Ⅲ类标准约 80 倍。经调查认定：鸿泉厂与本次龙江河镉污染事件有直接因果关系，是本次龙江河突发环境事件的责任污染源之一。

据统计，河池市环保局在处置此次事件中，共支付龙江河事件应急经费人民币 28,161,510.83 元。事件处置结束后，剩余应急物资价值人民币 3,660,102 元。

2012 年春节前，被告人蓝群峰利用其担任广西河池市金城江区环境监察大队大队长的职务之便，多次收受其监管辖区内的一些污染源企业所送财物价值共计人民币 20,500 元；2011 年中秋节至 2012 年春节前，被告人韦毅利用其担任广西河池市金城江区环境监察大队副大队长的职务之便，多次收受其监管辖区内的一些污染源企业所送财物价值共计人民币 2 万元。

庭审中，被告人蓝群峰的辩护人提交了三份相关证据欲证明上诉人蓝群峰在环境监管失职罪中责任较轻，不构成受贿罪，符合缓刑条件等。但该三份证据因来源不明、和本案无关联、蓝群峰不符合缓刑条件等原因而被当庭驳回。

二审法院认为，原判认定上诉人蓝群峰身为河池市金城江区环境监察大队大队长，上诉人韦毅身为河池市金城江区环境监察大队副大队长，在工作中严重不负责任，不认真履行监督管理职责，导致发生重大环境污染事故，致使公私财产遭受重大损失，其行为构成环境监管失职罪；上诉人蓝群峰、韦毅利用职务上的便利，非法收受所监管企业给予的财物，为所监管企业谋取利益，其行为又构成受贿罪的事实清楚，证据确实、充分，定罪准确，原判根据上诉人蓝群峰、韦毅一人犯数罪，如实供述环境监管失职罪的罪行，系受贿自首，退赔所得赃款等具体情节，在法定刑幅度内对二人予以从轻处罚，量刑适当。关于上诉人蓝群峰、韦毅及其辩护人提出的相关上诉理由和辩护意见与查明的事实不符，且于法无据，蓝群峰不符合缓刑条件，二审法院均不予支持。柳州市人民检察院提出驳回上诉、维持原判的意见正确。

综上，二审法院当庭作出了驳回上诉、维持原判的终审裁定。

（十）南京荣欣化工有限公司污染环境案①

1. 基本案情

2010 年 5 月月初，南京荣欣化工有限公司生产助理、总经理助理娄敬明让徐长福将含有化工精馏或蒸馏残液的污水送相关单位处置，因污水超标被退回。两人遂商议以每吨 500 元的低价交由不具备污水处理资质的徐长福处理。随即，娄敬明报请公司总经理林毓勇同意；徐长福亦将此事告知潘林春并得到支持。随后，徐长福与杨建忠等人违法向六合区滁洪河排放超标污水 1600 余吨，致使沿河企事业单位 13 名员工身体不适而入院治疗。事后，环保部门从河中检出的丙醛、2－甲基戊醛、2－甲基－2－戊烯醛与被告单位废液罐、排放地水池、排污罐车提取物检出的特征因子一致，属有毒危险废物。相关部门花费治污费 31 万余元。

徐长福、潘林春、杨建忠为便于与南京荣欣化工有限公司开票、结算，注册成立了一家公司。三人为取得超标污水处理权以谋取不正当利益，先后给予娄敬明好处费计 99,500 元。其中，杨建忠参与行贿 65,000 元。案发后，娄敬明的家属代为退出赃款 10 万元。

江苏南京六合区人民法院审理认为，南京荣欣化工有限公司及徐长福、潘林春、杨建忠违反国家规定，处置、排放有毒物质，严重污染环境，其行为均已构成污染环境罪，系共同犯罪。林毓勇、娄敬明共同决定，并由娄敬明直接参与上述处置行为，两人系单位犯罪中的直接负责的主管人员。徐长福、潘林春、杨建忠给娄敬明好处费的行为构成对非国家工作人员行贿罪；娄敬明身为公司工作人员，利用职务便利，非法收受他人财物并为其谋利，数额较大，构成非国家工作人员受贿罪。

2. 裁判结果

六合区人民法院于 2013 年 8 月 9 日对南京荣欣化工有限公司违法处置、排放超标污水，污染河流作出一审判决：南京荣欣化工有限公司犯污染环境罪，判处罚金 500 万元；林毓勇犯污染环境罪，判处有期徒刑 2 年，并处罚

---

① 参见赵兴武、成媛：《南京宣判一起企业污染环境刑事案》，http：//www.chinacourt.org/article/detail/2013/08/id/1046180.shtml，最后访问时间为 2013 年 11 月 12 日。

金 5 万元；娄敬明犯污染环境罪、非国家工作人员受贿罪，数罪并罚，决定执行有期徒刑 5 年，并处罚金 6 万元；徐长福、潘林春、杨建忠犯污染环境罪、对非国家工作人员行贿罪，数罪并罚，分别决定执行有期徒刑 3 年 6 个月、3 年和 2 年 6 个月，并各处相应罚金。

这是南京在判决此类案件中罚金最高的一次，也是《中华人民共和国刑法修正案（八）》实施后，南京宣判的首起污染环境刑事案件。

二、资源破坏型案件①

（一）江西省新建县李贤伟盗伐林木案②

1. 基本案情

2006 年 12 月上旬的一天，李贤伟在本乡社山村李家自然村的李某某介绍下，与新建县望城镇小桥村的王某某（在逃）谈好，将其承包看管的岗背村李家自然村"樟上山"的油茶林、杉树林中的松树以每棵 10 元的价格卖给王某某。李贤伟未征得岗背村同意，也明知王某某未取得林木采伐许可证，仍收取了王某某的 50 元押金。次日，王某某雇请民工到岗背村"樟上山"山上砍伐松树。被砍伐的松树被锯成小段堆放在山上，被石埠乡林管站发现并收缴。经县林业局技术人员测量，"樟上山"被砍伐马尾松面积为 60 亩，砍伐体积 66.132 立方米，出材量为 44.31 立方米。

另查明，李贤伟于 1988 年与岗背村签订了承包看管"樟上山"的协议，合同规定："樟上山"的油茶、杂柴归李贤伟所有，村里不付报酬。合同签订期为 5 年，期满后未续签合同，但村里和李贤伟对"樟上山"管理仍按以前的做法进行。

---

① 资源破坏型犯罪包括非法捕捞水产品罪（第 340 条），非法猎捕、杀害珍贵、濒危野生动物罪（第 341 条第 1 款），非法收购、运输、出售珍贵、濒危野生动物、珍贵、濒危野生动物制品罪（第 341 条第 1 款），非法狩猎罪（第 341 条第 2 款），非法占用农用地罪（第 342 条），非法采矿罪（第 343 条第 1 款），破坏性采矿罪（第 343 条第 2 款），非法采伐、毁坏国家重点保护植物罪（第 344 条）、非法收购、运输、加工、出售国家重点保护植物、国家重点保护植物制品罪（第 344 条）、盗伐林木罪（第 345 条第 1 款），滥伐林木罪（第 345 条第 2 款），非法收购、运输盗伐、滥伐的林木罪（第 345 条第 3 款）等。

② 参见罗建安：《新建县法院首次在刑事案件的量刑中探索适用"矫正刑"》，http://www. nc-zy. china. court. org/public/detail. php? id = 1295，最后访问时间为 2013 年 11 月 24 日。

2. 裁判结果

2007 年 7 月新建县法院对李贤伟盗伐林木案作出一审判决，以盗伐林木罪判处其有期徒刑 3 年，缓刑 5 年，并处罚金 1 万元。为探索适用"矫正刑"，另判决其在 2008 年 4 月之前在盗伐林木的山上植松树 1 万株。庭审中，李贤伟表示其释放后，将义务植树 1 万棵来将功补过。为使此"矫正刑"得以执行，该院已将判决书及执行建议送达林业部门。

（二）厦门林主恩盗伐林木案①

1. 基本案情

厦门市同安区人民检察院指控，被告人林主恩未经林业主管部门审批，于 2012 年 5 月 13、14 日，雇请詹某秋、詹某出等 4 人擅自砍伐位于同安区莲花镇白沙仑农场林岭头一带属该农场所有的相思树。2012 年 5 月 14 日下午，詹某秋等人将林木装载欲运走时，被公安人员发现。经鉴定：詹某秋等人共采伐林木 343 株，立木材积为 6.5383 立方米，价值人民币 1754.9 元。

2012 年 5 月 14 日，被告人林主恩主动向厦门市森林公安派出所投案。归案后，林主恩对上述犯罪事实供认不讳。归还被砍伐的林木。

公诉机关认为被告人林主恩的行为已构成盗伐林木罪，具有自首情节，提请本院依照《中华人民共和国刑法》第 345 条第 1 款、第 67 条第 1 款之规定予以惩处。

案件审理期间，经本院委托厦门市同安区司法局进行审前社会调查，同安区司法局经调查评估认为被告人林主恩具备实施社区矫正的条件。

福建省厦门市同安区人民法院认为，被告人林主恩盗伐林木，数量较大，其行为已构成盗伐林木罪，公诉机关指控的罪名成立。被告人林主恩具有以下量刑情节：（1）有盗伐林木罪的犯罪前科，可酌情从重处罚；（2）案发后主动投案并如实供述自己的犯罪事实，当庭自愿认罪，系自首，依法可以从轻或减轻处罚；（3）所盗伐的林木已被收缴并发还被害单位，可酌情从轻处罚。综合本案的具体情节及厦门市同安区司法局出具的审前社会调查评估意见，对被告人林主恩适用缓刑不会对所居住社区造成重大不良影响，符合法

---

① 参见：http://www.xmcourt.gov.cn/Pages/ShowCPWS.aspx? ID = 14454，最后访问时间为 2013 年 11 月 24 日。

律规定的条件，本院决定对其从轻处罚并适用缓刑。

2. 裁判结果

法院依照《中华人民共和国刑法》第 345 条第 1 款、第 67 条第 1 款、第 72 条、第 73 条第 2 款和第 3 款以及《最高人民法院、最高人民检察院、司法部关于适用简易程序审理公诉案件的若干意见》第 9 条之规定，判决如下：被告人林主恩犯盗伐林木罪，判处有期徒刑 1 年，缓刑 1 年 6 个月，并处罚金人民币 2000 元。

（三）河南省中牟县邢拴对等人滥伐林木案①

1. 基本案情

2011 年 3 月 25—26 日，被告人邢拴对、邢红松、邢书民、邢书记在未办理林木采伐许可证的情况下，用被告人邢红松的油锯擅自将四被告人合伙购买的，位于中牟县万滩镇杨岗村东马书军养鸡厂南侧的 55 棵杨树进行采伐。经鉴定，被伐杨树活立木蓄积 19.2418 立方米。2011 年 3 月 27 日，被告人邢拴对、邢红松、邢书民主动到公安机关投案。

中牟县人民法院认为，被告人邢拴对、邢红松、邢书民、邢书记等违反森林法的规定，在未办理林木采伐许可证的情况下，擅自采伐其购买的树木，数量较大，其行为已构成滥伐林木罪。公诉机关指控四被告人犯滥伐林木罪一案的案件事实清楚、证据充分，本院予以支持。根据刑法的规定，对四被告人应在"三年以下有期徒刑、拘役或者管制，并处或者单处罚金"的量刑幅度内判处刑罚。

被告人邢拴对、邢红松、邢书民、邢书记系共同犯罪，且均系主犯。被告人邢拴对、邢红松、邢书民能够主动投案，并如实供述自己的罪行，构成自首，依法可以从轻处罚。被告人邢书记能够如实供述自己的罪行，依法可以从轻处罚。四被告人犯罪情节较轻，确有悔罪表现，没有再犯罪的危险，且对其宣告缓刑对其所居住社区没有重大不良影响，故依法对其宣告缓刑。

2. 裁判结果

法院依照《中华人民共和国刑法》第 345 条第 2 款、第 67 条第 1 款和第 3 款、第 72 条第 1 款和第 3 款、第 73 条第 2 款和第 3 款、第 52 条、第 53 条、

---

① 参见：http://cpws.flssw.com/info/42171107/，最后访问时间为 2013 年 11 月 24 日。

第 64 条、第 12 条第 1 款之规定，判决如下：一、被告人邢拴对犯滥伐林木罪，判处有期徒刑 7 个月，缓刑 1 年，并处罚金 5000 元。二、被告人邢红松犯滥伐林木罪，判处有期徒刑 7 个月，缓刑 1 年，并处罚金 5000 元。三、被告人邢书民犯滥伐林木罪，判处有期徒刑 7 个月，缓刑 1 年，并处罚金 5000 元。四、被告人邢书记犯滥伐林木罪，判处有期徒刑 1 年，缓刑 1 年，并处罚金 8000 元。

三、环境监管渎职型案件[①]

（一）阳城县环保局原局长赵璋信等人环境监管失职案[②]

1. 基本案情

终审法院查明：阳城县东辰公司与美达装潢公司相邻，同处史山河上游，距污染事故地东峪庄 300m 处。1998 年 5 月初，东辰公司向阳城县环保局递交了《关于成立中外合资山西新联友化学工业有限公司生产化工产品硫氰化物的可行性报告》，申请对该项目进行选址审批和立项审查。该报告称：新联友化工公司生产场地有偿使用紧邻美达装潢公司的闲置厂房，工艺过程无废渣、无废水、无废气排放，确保了工艺上不产生任何废弃物。5 月 26 日，分管开发管理股的阳城县环保局副局长赵余库带领开发管理股工作人员到东辰公司查看拟选场址，初步同意了选址意见。5 月 28 日，阳城县环保局局长赵璋信在可行性报告上签注了"余库局长，此件由管理股阅存。认真审核该项目环保设施及工艺流程，提出我们对项目的意见"的阅批意见。6 月 8 日，赵璋信、赵余库二人带人对拟选场址进行了第二次查看，并在选址勘查记录上签署了"同意扩建"的意见。6 月 29 日，赵余库在该公司建设项目环境保护审批表上签批了同意新建的意见，并由开发管理股收取了 3000 元选址监测费。同年 8 月市计委召开新联友项目论证会，批准了该建设项目。

新联友化工公司项目经批准后，进入建设阶段。期间，该公司在合成车

---

① 环境监管渎职型犯罪包括《刑法》分则第九章"渎职罪"中的滥用职权罪（第 397 条），玩忽职守罪（第 397 条），违法发放林木采伐许可证罪（第 407 条），环境监管失职罪（第 408 条），非法批准征用、占用土地罪（第 410 条），非法低价出让国有土地使用权罪（第 410 条）等。

② 参见黄丹凤：《环境监管失职环保局长入狱——全国第一起环境监管失职犯罪案及其警示》，《沿海环境》2003 年第 1 期。

间与结晶车间内建成一条纵贯两车间的下水道，直通史山河。1999 年 12 月，该公司主体工程建设完成时，按该项目设计要求应当同时建成的尾气焚烧炉、事故应急处理池，均未按照环境保护"三同时"制度要求同时建成；对车间通向史山河的废水管道，该公司也未采取防渗漏措施。

1999 年 3 月，新联友化工公司未经检查同意，擅自开始试生产。1999 年 6 月 15 日和 12 月 7 日，副局长赵余库两次到该公司进行检查，并在检查中发现了该公司未经同意擅自试生产及车间内下水道直排史山河的情况，但未提出处理意见。

2000 年 4 月下旬，东峪庄村发生村民集体中毒现象。5 月初，阳城县环保局对新联友化工公司排放废水取样监测，查明废水 COD 超标，下令该公司停产整顿。中毒事件中共有 79 人出现中毒症状，先后有 49 人住院诊治，造成直接经济损失 1,472,119.92 元。2000 年 5 月 4 日，卫生部门对这一中毒事件作出了"隐匿性化学中毒"的结论。经国家卫生部和省卫生厅组织专家进行调查分析，东峪庄村民中毒事件系因东峪庄饮用水源被化学物污染引起的中毒事件，致病毒物为硫氰酸盐。

事故发生后，省、市环境保护部门联合组成了污染事故调查领导组，并成立了由省、市环保局有关人员组成的事故调查行政组和由省、市两级环境监测站有关人员组成的技术组，对事故原因进行了调查。事故调查报告认定：经对东峪庄饮用水井监测，其主要污染物与卫生部门对中毒病人化验致病物质相符。经对新联友化工公司排污口、东峪庄饮用水井和史山河道 14 个钻孔的水监测结果及对新联友化工公司现场调查分析，东峪庄村民饮用水井被污染是由于新联友化工公司生产废水排放所致。调查结果认定：东峪庄村民中毒事件是一起重大水污染事故。

2. 裁判结果

（1）一审法院裁判结果

赵余库和赵璋信二人因涉嫌犯环境监管失职罪分别于 2000 年 11 月 9 日和 2001 年 9 月 29 日被取保候审。2001 年 12 月 31 日，阳城县人民法院对阳城县人民检察院指控赵余库、赵璋信二人犯环境监管失职罪一案作出一审刑事判决，认为新联友化工公司在生产中造成东峪庄饮用水污染，并致多人中毒事件，作为环保部门负有监管不力的责任，但赵璋信、赵余库尚不属严重不负责任，构不成环境监管失职罪。据此，阳城县人民法院一审判决：被告人赵余库、赵璋信无罪。

阳城县人民法院一审判决作出后，阳城县人民检察院对此不服，依法提起抗诉，认为赵余库、赵璋信从新联友化工公司项目选址审批到施工建设，再到试生产的整个阶段，未认真履行环境监管职责，防止事故发生，失职行为严重，并导致了重大事故发生，其行为构成环境监管失职罪，原判判决两被告人无罪，属裁判错误，故提请晋城中级法院撤销一审判决。

（2）二审法院终审裁判结果

晋城中级法院受理检察院抗诉后，依法公开审理。通过审理，晋城中级法院认为：①关于项目选址，两被告同意将厂址建在饮用水源不远处的河道上游，违反了《水污染防治法》关于饮用水源保护的规定，显然未能认真履行职责。建设项目可行性研究阶段的环保审批权依法属于环保部门，故所谓选址权在市计委，其不应承担选址不当责任的辩护理由不成立。②在项目施工建设期间，副局长赵余库未按规定履行相应的现场督查职责，以保证环境保护"三同时"制度的落实；局长赵璋信则既未安排，也未过问落实。正是由于两被告的严重不负责任，致使项目"三同时"未能落实。③试生产必须经过环保部门同意。对违反规定的行为，环保部门依法有权责令限期整改，但赵余库在试生产期间，两次到公司检查，并发现擅自试生产和污水直排情况，却未按职责提出处理意见。④关于两位局领导的责任问题。重大污染事故的发生，与被告赵余库副局长在选址审批、施工建设、试生产、验收等环节未尽职责，以及局长赵璋信对环保工作领导不力有直接关系，二人应承担相应责任。环保局开发管理股等职能机构未按职能要求对公司执行环保设施"三同时"情况进行有效的现场检查监督，未能及时组织环保验收，存在监管失职，但内设职能机构的失职不能成为赵余库的免责理由，相反，赵余库作为分管开发管理股的副局长负有责任。检察院抗诉理由成立，予以采纳。

晋城中级法院因此认定：赵璋信、赵余库二人在新联友化工公司项目从选址审批、开工建设，到试生产一年后发生污染事故的整个过程中，不认真履行职责，对新联友化工公司存在的拟定选址不当、执行环保设施"三同时"制度不严格、违法试生产、违规排放废水等违法违规情形，未严格审批把关和依法及时进行处理，导致重大污染事故发生，其行为已构成环境监管失职罪，依法应负刑事责任。鉴于局长赵璋信犯罪情节轻微，认罪态度较好，可以适用缓刑。

2002 年 4 月 9 日，晋城中级法院依照《刑法》第 408 条等规定，作出终审判决：①撤销阳城县法院关于两被告无罪的一审判决。②被告人赵余库（原副局长）犯环境监管失职罪，判处有期徒刑 8 个月。③被告人赵璋信（原局长）犯环境监管失职罪，判处有期徒刑 6 个月，缓刑 1 年。

该案是自 1997 年《刑法》实施之后的全国首例关于环境监管失职的犯罪案件。

（二）窦立田犯受贿罪、非法低价出让国有土地使用权案①

1. 基本案情

徐州市铜山县人民法院审理查明：2003 年 5—8 月，被告人窦立田担任铜山县国土资源局副局长并分管开发区分局期间，在收受徐州市新苑房地产开发有限公司（后改名为徐州市宏宇房地产开发有限公司，以下简称为新苑公司）的贿赂后，明知新苑公司与中煤建安第六工程处（以下简称为中煤六处）是以集资建房的名义搞商品房开发，骗取国家的优惠政策，故意违反土地管理法规有关国有土地使用权出让的规定，授意新苑公司法定代表人肖平等人，让新苑公司与中煤六处签订中煤六处同意办理将土地使用权出让给新苑公司的《补充协议》，并违规审批，以协议出让的方式，将位于铜山新区学苑路北、上海路东土地面积为 14,256.71 平方米的国有土地使用权低价出让给中煤六处，又由中煤六处转让给新苑公司；又以协议出让的方式，将位于铜山新区学苑路北、上海路东、西土地面积为 54,340.09 平方米的国有土地使用权低价出让给新苑公司，帮助新苑公司非法低价取得国有土地使用权，并获得违法利益 33,450,569 元，致使国家遭受 33,450,569 元土地出让金收益的特别重大损失。

2. 裁判结果

徐州市铜山县人民法院于 2009 年 12 月 10 日对窦立田犯受贿罪、非法低

---

① 参见《窦立田犯受贿罪、非法低价出让国有土地使用权罪一案》，来源于江苏省铜山县人民法院（2009）铜刑初字第 194 号刑事判决书，http://cpws.flssw.com/info/41670547/，最后访问时间为 2014 年 6 月 22 日。

价出让国有土地使用权罪一案判决如下：①被告人窦立田犯受贿罪，判处有期徒刑 12 年，并处没收财产人民币 200,000 元；犯非法低价出让国有土地使用权罪，判处有期徒刑 5 年，数罪并罚，决定执行有期徒刑 16 年，并处没收财产人民币 200,000 元（于判决生效后 10 日内缴纳）。（刑期从判决执行之日起计算。判决执行以前先行羁押的，羁押一日折抵刑期一日。即自 2008 年 9 月 17 日起至 2024 年 9 月 16 日止）。②赃款、赃物及违法所得予以追缴，不足部分，责令退赔，上缴国库。

上述 15 起环境犯罪案件包括 10 起环境污染型案件、3 起资源破坏型案件和 2 起环境监管渎职型案件。通过分析上述 15 起环境犯罪案件，可以得出如下结论：①在实践中，环境犯罪的主体主要是单位，各种生产经营单位才是破坏环境的罪魁祸首。但对实施环境犯罪的单位及其直接负责的主管人员和其他直接责任人员判处的刑罚过轻，表现为罚金数额过小，对单位直接负责的主管人员和其他直接责任人员判处的刑罚主要是 3 年以下有期徒刑，并且通常适用缓刑。更有甚者，被判入狱的往往不是真正的决策者。②对实施环境犯罪的自然人判处的刑罚畸轻，表现为刑期过短，并且通常适用缓刑，罚金数额大多为区区数万元或数千元。这样的刑罚与环境犯罪严重的社会危害性极不相称。因此，刑法对实施环境犯罪的单位和个人均缺乏应有的威慑力。① 刑事立法滞后，刑罚处罚力度不足，是助长环境犯罪的主要因素。

第四节　中国环境刑事立法的走向

虽然，经过 1997 年对 1979 年《刑法》的重大修订，配合一系列刑法修正案、环境单行法中的刑事责任条款和司法解释的出台，我国环境刑事立法成绩斐然，但仍然不能有效防止和惩治破坏环境的行为，证明刑法仍然存在纰漏，亟待进一步完善。

若要完善环境刑事立法，必须首先解决环境刑事立法的价值定位问题，

---

① 其他事例也足以证明这一点。2011 年至 2013 年 7 月，海南三级法院审理破坏生态资源犯罪案 160 件。海南高级人民法院法官王荔枝说："在上述 160 宗案件中……刑罚处罚也偏轻，90% 被判处 3 年以下有期徒刑、拘役或管制，起不到惩治和威慑作用。"邢东伟等：《处罚轻监管弱助长涉环境犯罪》，《法制日报》2013 年 9 月 3 日。

以便能够正确运用刑罚手段达到防止和惩治破坏环境的恶行。环境刑事立法的价值定位问题取决于如何认识环境保护和经济发展的关系问题。关于环境保护和经济发展的关系，国际上有两种不同的主张：一种主张是"先污染后治理、先破坏后恢复"；另一种主张是"停止发展论"，又称"零增长论"。①著名代表是罗马俱乐部于 1972 年发表的研究报告《增长的极限》。该报告认为，人类社会的发展由人口激增、加速发展的工业生产、农业生产、资源消耗和环境恶化五种互相制约的因素构成。这五种因素都按一定的指数增长。五种增长的启动因素是人口的增长。人口增长要求提供更多的粮食和工业品，进而使耕地和工业产量也以指数增长，工业增长使资源的消耗量越来越大，排入环境的废弃物也越来越多。它们是人口增长和工业增长的双重产物，因而其增长速度比人口增长和工业增长更快。当时通过计算机模拟，五种增长趋势到 21 世纪会达到极限。由于人类与环境系统存在着发展的无限性和地球的有限性这一基本的矛盾，如果增长不停止而达到极限时，便会导致全球性危机和人类社会的突然瓦解。因而，他们提出"必须把经济增长限制到零"，即所谓"零增长论"。②"零增长论"认为，环境破坏既然是经济发展造成的，那么解决环境问题的办法就是停止发展。前述两种主张，反映到环境立法中，就是"经济优先论"与"环境优先论"的对立；反映到环境刑事立法的价值理念上，就是"人类中心主义"的立法价值观（传统法益保护观念）与"生态中心主义"的立法价值观（环境法益保护观念）之间的对立。③

从我国当前的大环境看，由于各种因素的制约，在环境保护与经济发展的关系问题上，仍然受制于"人类中心主义"价值观的支配。"我国的经济发展方式并没有发生根本性转变，仍然在拼资源、拼环境，以牺牲环境为代价拼 GDP 增长。在一些地方，哪怕拼出来的是'黑色的 GDP'、'有毒的 GDP'，依然可以成为地方政府的政绩和官员升迁的资本。"④"在这种粗放的发展方式下，环境保护与 GDP 增长之间是存在某种矛盾的，保护环境往往会在客观

---

① 贾济东：《环境犯罪立法理念之演进》，《人民检察》2010 年第 9 期。
② 同上。
③ 参见贾济东：《环境犯罪立法理念之演进》，《人民检察》2010 年第 9 期。
④ 浦江潮：《环保部门的尴尬从何而来》，http://www.qstheory.cn/zl/bkjx/201307/t20130711_248151.htm，最后访问时间为 2013 年 12 月 11 日。

上妨碍 GDP 增长。当地方主政者将获取 GDP 政绩放在第一位时，环保部门就得作出让步，甚至唯主政者的意志行事，美其名曰'配合中心工作'、'服务发展大局'。"① 在各种因素的影响下，我国环境刑事立法在价值定位上仍然受制于"人类中心主义"价值观的支配，在立法理念上，重经济发展，轻环境保护，打击环境犯罪的直接目的是维护社会秩序、保护人身财产法益。在实现环境刑事立法直接目的的同时，间接保护了环境。纵观我国环境刑事立法，从立法体例、罪名设置、犯罪构成要件、刑罚设置，到追诉时效，再到司法实践，② 无不贯穿着"人类中心主义"的立法价值观。在这种立法价值观的支配下，财产利益、经济利益受到重视，生态利益备受挤压，最终导致生态恶化，无法遏制。若要完善环境刑事立法，必须首先树立"生态中心主义"的立法价值观，才能发挥刑法保护环境的功能和作用。

一、中国环境犯罪的立法体例

（一）《刑法》关于环境犯罪立法体例的设置

在《刑法》分则中，按照犯罪的同类客体对犯罪进行分类，按照犯罪的主要客体对具有复杂客体的犯罪进行归类，将《刑法》规定的各种具体犯罪分为 10 大类。对这 10 大类犯罪，又按照各类犯罪的社会危害性和各类犯罪之间的相互关系由重到轻进行排列。具体包括：第一章"危害国家安全罪"、

---

① 浦江潮：《环保部门的尴尬从何而来》，http://www.qstheory.cn/zl/bkjx/201307/t20130711_248151.htm，最后访问时间为 2013 年 12 月 11 日。

② 如最高人民法院、最高人民检察院颁布的《关于办理环境污染刑事案件适用法律若干问题的解释》规定："本解释所称'公私财产损失'，包括污染环境行为直接造成财产损毁、减少的实际价值，以及为防止污染扩大、消除污染而采取必要合理措施所产生的费用。"此处环境污染造成的损失仅指经济价值，不包括生态价值。司法判决可以说明"公私财产损失"的含义。湖南怀化市中级人民法院对怀化砷污染案的终审判决认定，本次重大环境污染事故共造成经济损失 700 多万元。包括以下几个方面的内容：（1）因环境污染造成的直接损失 2,536,509.84 元，即 A. 辰溪县中医院住院费用 547,634.06 元；B. 辰溪县人民医院住院费用 535,145.78 元；C. 辰溪县人民医院门诊复查费用 145,570 元；D. 怀化市疾病控制中心尿砷检测费用 504,160 元；E. 政府药品采购费用 367,000 元；F. 住院病人误工费及生活补助费用 437,000 元；（2）为防止污染扩大、减少污染造成损毁而采取必要的、合理的措施发生的费用 639,000 元。即 A. 处置车间内残留危险物费用 40,000 元；B. 清理废渣、废池费用 180,000 元；C. 应急监测费用 50,000 元；D. 检测设备费用 284,000 元；E. 群众用水保障 85,000 元；（3）清除污染采取措施费用 1,700,000 元。即 A. 环保治理费用 1,380,000 元；B. 清除污染费用 320,000 元；（4）改水、引水工程所花资金 2,860,000 元。参见 http://www.envir.gov.cn/info/2013/7/722534.htm，最后访问时间为 2013 年 10 月 29 日。

第二章"危害公共安全罪"、第三章"破坏社会主义市场经济秩序罪"、第四章"侵犯公民人身权利、民主权利罪"、第五章"侵犯财产罪"、第六章"妨害社会管理秩序罪"、第七章"危害国防利益罪"、第八章"贪污贿赂罪"、第九章"渎职罪"、第十章"军人违反职责罪"。其中,第六章"妨害社会管理秩序罪"之下设置了第六节"破坏环境资源保护罪"。"破坏环境资源保护罪"属于"亚类罪名",隶属于"妨害社会管理秩序罪"这一"类罪名"。其他相关罪名散见于《刑法》分则其他章节中。

(二) 学界关于环境犯罪立法体例的论争

从实质上讲,环境犯罪侵犯的直接利益是生态环境,财产损失或人身伤亡只是环境犯罪的间接结果。《刑法》将绝大部分环境犯罪设置于"妨害社会管理秩序罪"中,这种体例安排掩盖了环境犯罪的特质,忽视了生态环境的重要价值,降低了环境利益的地位,引起众多学者的争鸣与探讨。如有人认为,我国环境犯罪的立法模式主要存在以下问题:①没有明确环境犯罪的侵害法益。我国现行的环境犯罪被规定在"破坏环境资源保护罪"一节中,属于"妨害社会管理秩序罪"的一个亚类罪。按照我国传统的刑法理论,环境犯罪侵犯的客体应当是社会管理秩序,这与环境犯罪应当保护的生态安全相去甚远。②不能体现环境犯罪的立法价值。生态安全是人类生存的基本条件,与国家安全、公共安全、生命和财产安全等法益相比,生态安全居于基础地位,是"底座安全"。现行刑法将环境犯罪仅作为一个亚类罪,规定在妨害社会管理秩序罪一章的一节之下,不能体现环境犯罪的立法价值。①

关于我国环境刑事立法体例的走向,学术界有两种基本观点。第一种观点认为,应当在刑法典之外制定特别刑法。如有学者认为,由于环境犯罪的特殊性质和采取的特别惩治措施,很难在刑法中一并规定,而应系统地制定一部惩治环境犯罪的综合单行法,并且已经起草了一部《中华人民共和国惩治环境犯罪条例》(研究草案稿),在国内尚属创造性成果。② 第二种观点认为,应当在刑法典之内设立专章。例如,有些学者主张在刑法典中对环境犯罪以专章设置,不赞成采用特别环境刑事立法的模式。其理由是,"我国刑事

① 参见姜俊山、马晓晖:《环境犯罪立法模式:比较与选择》,《辽宁警专学报》2010年第3期。
② 参见付立忠:《环境刑事立法之我见》,《政法论坛》1995年第5期。

法治尚处起步阶段，维护刑事立法的统一性和集约性是走向刑事法治的不二选择，如果允许环境刑法游离于刑法典之外独立行走，那么更具必要性的军事刑法、经济刑法必然也会趁势登场，最终难免会形成刑法典被肢解的格局"①。有些学者认为，在刑法典中增设危害环境罪专章，将已有的和新增设的环境犯罪罪名都纳入该章。这虽然只是法律规范的形式问题，但其意义却不仅止于形式。设立危害环境罪专章，环境被列入刑法的保护对象更加突出、明确，这对于强化人们的环境意识，增强环境法制观念，也有其积极意义。②绝大多数人持第二种主张。

持第二种主张者对独立成章之后的环境犯罪的排序问题，又有不同观点：第一种观点认为，应设立危害生态安全罪一章，将其设置于刑法分则第二章"危害公共安全罪"之后，第三章"破坏社会主义市场经济秩序罪"之前。③第二种观点认为，应将刑法分则第六章第六节规定的环境犯罪罪名从该章中独立出来，单独成立一章，并将分散在刑法各章节中有关环境犯罪的规定纳入其中，章名可称为"侵害环境罪"，位序排在现行《刑法》分则第五章"侵犯财产罪"之后、第六章"妨害社会管理秩序罪"之前。④

（三）国外关于环境犯罪立法体例的设置

其他国家环境犯罪的立法体例主要有以下几种：①特别立法模式。例如，1970年日本的《关于危害人体健康的公害犯罪制裁法》、1978年西德的《环境犯罪惩治法案》、1989年澳大利亚新南威尔士州的《环境犯罪与惩治法》、1998年巴西的《环境犯罪法》是典型的特别环境刑事立法。②法典模式。例如，1998年德国的《刑法典》第29章为"危害环境罪"，该章对环境犯罪做了全面规定；1996年俄罗斯的《联邦刑法典》第26章为"生态犯罪"，该章全面规定了环境犯罪；芬兰的《刑法典》第48章为"环境犯罪"。③附属刑法模式。英美法系国家大多采用这种模式，将环境犯罪规定在行政法中。例

---

① 高铭暄、徐宏：《环境犯罪应当走上刑法"前台"——我国环境刑法立法体例之思考》，《中国检察官》2010年第2期。

② 参见李建明：《论我国环境保护中的刑法机制》，《南京大学法学评论》1996年春季号。

③ 参见姜俊山、马晓晖：《环境犯罪立法模式：比较与选择》，《辽宁警专学报》2010年第3期。

④ 参见赵秉志、陈璐：《当代中国环境犯罪刑事立法及其完善研究》，《现代法学》2011年第6期；王珂：《论我国环境刑法的立法完善——以可持续发展为视角》，《科教文汇》2008年第7期（下旬刊）。

如，英国 1991 年的《水资源法》和 1993 年的《清洁空气法》中含有污染环境犯罪的刑事责任条款；美国 1972 年的《联邦环境杀虫剂管理法》中含有刑事责任条款。④苏联模式，即类推适用模式，《刑法》不直接规定环境犯罪，依据其他法律中的刑事责任条款，采用刑法中最相类似的条款，追究刑事责任。①

（四）我国环境犯罪立法体例的走向

关于我国环境刑事立法体例的走向问题，笔者持前述第二种观点，主张将环境犯罪归类为一章，名称为"危害环境罪"，以便突出环境资源的生态功能和生态价值。环境犯罪不宜设置在《刑法》分则规定类罪名的其他章节中，其他各类犯罪危害的法益都各不相同，"危害国家安全罪"危害的是我国的国家安全，即危害了我国的国家主权、领土完整、国家统一、国家政权和社会主义制度等国家根本利益；"危害公共安全罪"危害的是社会的公共安全，即危害了不特定多数人的生命、健康或者重大公私财产的安全；"破坏社会主义市场经济秩序罪"破坏的是国家对市场经济的管理秩序；"侵犯公民人身权利、民主权利罪"侵犯的是公民的人身权利、民主权利以及与人身直接相关的其他权利；"侵犯财产罪"侵犯的是公私财产所有权；"妨害社会管理秩序罪"妨害的是国家对社会的管理秩序；"危害国防利益罪"危害的是国家的国防建设、军队建设、军事设施等国防利益；"贪污贿赂罪"危害的是国家的廉政建设制度；"渎职罪"破坏的是国家机关的正常管理活动；"军人违反职责罪"危害的是国家的军事利益。《刑法》将"破坏环境资源保护罪"置于分则第六章"妨害社会管理秩序罪"的类罪名下，与"扰乱公共秩序罪"、"妨害司法罪"、"妨害国（边）境管理罪"、"妨害文物管理罪"、"危害公共卫生罪"、"走私、贩卖、运输、制造毒品罪"、"组织、强迫、引诱、容留、介绍卖淫罪"、"制作、贩卖、传播淫秽物品罪"8 个亚类罪名同归于"妨害社会管理秩序罪"。这种体例安排，掩盖了环境犯罪所侵犯的法益。环境犯罪直接危害的是社会的环境安全，环境安全不仅关乎当代人的生存与发展，而且关乎子孙后代的生存与发展；环境犯罪不仅侵犯了人身、财产权益，而且破坏

---

① 参见邵道萍：《中国环境犯罪立法模式之构想》，《广西政法干部管理学院学报》2004 年第 2 期；王珂：《论我国环境刑法的立法完善——以可持续发展为视角》，《科教文汇》2008 年第 7 期（下旬刊）。

了栖息地等生态功能和生态价值，还损害了给予子孙后代的遗赠价值。因此，应将环境犯罪独立设为一章，以突出环境犯罪的特点，以加强对环境犯罪的打击力度。至于独立成章之后的位次问题，从生态功能和生态利益的重大价值考虑，将其置于《刑法》分则第一章"危害国家安全罪"之后，第二章"危害公共安全罪"之前，较为合理。

二、中国环境犯罪的罪名设置

《环境保护法》第 2 条规定："本法所称环境，是指影响人类生存和发展的各种天然的和经过人工改造的自然因素的总体，包括大气、水、海洋、土地、矿藏、森林、草原、湿地、野生生物、自然遗迹、人文遗迹、自然保护区、风景名胜区、城市和乡村等。"所有污染和破坏上述环境要素的行为，都应当受到刑事法律的制裁，但我国环境犯罪只涉及部分环境要素，其他环境要素成为环境刑事立法的盲点。如《刑法》分则第六章第六节"破坏环境资源保护罪"规定的环境犯罪包括两大类：第一类是污染环境的犯罪，如污染环境罪；非法处置进口的固体废物罪；擅自进口固体废物罪；走私废物罪。第二类是破坏自然资源的犯罪，如非法捕捞水产品罪；非法猎捕、杀害珍贵、濒危野生动物罪；非法收购、运输、出售珍贵、濒危野生动物、珍贵、濒危野生动物制品罪；非法狩猎罪；非法占用耕地罪；非法采矿罪；破坏性采矿罪；非法采伐、毁坏珍贵树木罪；盗伐林木罪；滥伐林木罪；非法收购盗伐、滥伐的林木罪。可见，前述规定重视保护资源，轻视环境污染，并且未能涵盖所有的环境要素。为了弥补环境犯罪罪名设置的缺陷，有学者提出建议，危害环境各罪应当包括：污染空气罪；污染水体罪；发放噪声及振动罪；发放恶臭罪；污染土壤罪；破坏名胜古迹罪；破坏自然保护区罪；破坏特定景观罪；破坏水产资源罪；非法使用、处置放射性物品罪；污染食品罪；采用严重危害环境的设施与设备罪等。国外的相关立法也可以借鉴，如 1998 年的《德国刑法典》第 29 章规定了危害环境罪，用 7 个条文（第 324—330 条），规定了 9 个罪名，具体包括：污染水域罪（第 324 条），污染土壤罪（第 324条 a），污染空气罪（第 325 条），制造噪声、震动、非粒子辐射罪（第 325条 a），未经许可处理垃圾罪（第 326 条），未经许可开动核设备罪（第 327条），未经许可交易放射性物质及其他危险物品罪（第 328 条），侵害保护区罪（第329条），释放毒物造成严重危害罪（第330条a）等。

笔者认为，为了完善我国环境犯罪罪名条款，应当增设大量污染环境的罪名和一部分破坏资源的罪名，以扩大刑法保护的环境要素的范围。在将来修订刑法时可以考虑设置以下罪名：污染大气罪、污染水体罪、污染海洋罪、污染土壤罪、制造噪声罪、破坏草原罪、破坏湿地罪、破坏水资源罪、破坏自然保护区罪、破坏风景名胜区罪、非法引进外来物种罪、非法研制转基因生物罪等。此外，还有必要设立抗拒环境监管罪。近年来，环境执法面临着前所未有的挑战，据2004年对山西、河南等12个省份的不完全统计，发生环境执法受阻事件4400多起，其中暴力抗法事件就有120多起。[①] 此罪的设立，是国家环境执法活动顺利进行的重要保证，也是打击环境违法犯罪行为的有力武器。

三、中国环境犯罪的构成要件

关于环境犯罪构成要件的争议，主要包括以下几个方面：

（一）关于环境犯罪的客体

关于环境犯罪的客体，我国刑法学界有以下主张：[②] ①"关系说"，认为环境犯罪的客体是环境法律关系；②"制度说"，认为环境犯罪的客体是国家的环境保护管理制度；③"秩序说"，认为环境犯罪的客体是国家的环境管理秩序；④"安全说"，其中又有公共安全说和生态安全说，前者认为环境犯罪的客体是环境影响所及的不特定多数人的生命健康安全，后者认为环境犯罪的客体是生态环境自身的安全；⑤"权利说"，认为环境犯罪的客体是财产所有权、人身权、环境权等；⑥"利益说"，认为环境犯罪的客体是环境或者生态利益。高铭暄教授认为，根据1997年刑法环境犯罪的体系归属来看，第三种观点无疑是最符合立法旨趣的，既然环境犯罪被置于妨害社会管理秩序罪之中，其立法保护法益解读为环境管理秩序似乎是顺理成章的。但是，我们认为，从可持续发展理念和生态文明伦理出发，应当充分尊重生态环境的独

---

① 参见《依法打击环境犯罪行为》，《中国环境报》2006年8月3日。

② 参见高铭暄、徐宏：《环境犯罪应当走上刑法"前台"——我国环境刑事立法体例之思考》，《中国检察官》2010年第2期；朱弘：《论环境的刑法保护》，《法学》1996年第9期。

立价值。从这一见地出发，环境犯罪的客体与其说是环境管理秩序，还不如说是环境生态利益。环境管理秩序体现的是权力本位和人本主义的价值理念，而严重忽视了生态主义的价值理念。故环境犯罪不应当屈从于妨害社会管理秩序罪，应将环境犯罪剥离出来，设专章予以规定。① 另有学者持类似观点，认为应将环境犯罪的客体确定为"环境权益"，不受制于是否"妨害环境管理秩序"，有利于环境刑事犯罪包括环境污染型犯罪、资源破坏型犯罪和生态损害型犯罪。② 环境犯罪的客体应当定位于环境利益，以体现环境犯罪的特点、体现生态环境的固有价值、贯彻可持续发展的理念，从而更进一步推进生态文明建设。

（二）关于环境犯罪的客观方面

就环境犯罪的客观方面而言，本书着重论证设立环境犯罪危险犯的必要性问题。

按照刑法对犯罪既遂规定的不同的行为状态划分，可以将犯罪形态分为行为犯、实害犯、危险犯。环境犯罪的行为犯是指违反环境行政管理规定，情节严重，不以发生危害后果为条件，即可构成犯罪既遂的行为。③ 简言之，环境犯罪的行为犯意味着仅具备危害环境的行为即可成立犯罪既遂。环境犯罪的实害犯是指违反环境行政管理规定，向环境中排放污染物质或攫取自然资源，致使人身、财产或环境本身遭受重大实际损害，才能构成犯罪既遂的行为。④ 简言之，环境犯罪的实害犯意味着必须有危害结果的发生才能成立犯罪既遂。实害犯也就是结果犯。环境犯罪的危险犯是指违反环境行政管理规定，向环境中排放污染物质或攫取自然资源，对人身、财产或环境本身构成重大现实危险，就构成犯罪既遂的行为。⑤ 简言之，环境犯罪的危险犯意味着行为人的行为产生法定的危险状态即成立犯罪既遂。从危险犯的特征看，危险犯的既遂，要求行为人实施的刑法分则规定的某种犯罪行为，只要构成足

① 参见高铭暄、徐宏：《环境犯罪应当走上刑法"前台"——我国环境刑事立法体例之思考》，《中国检察官》2010 年第 2 期。

② 参见肖爱、吴正鼎：《〈论刑法修正案（八）〉第 46 条之完善》，《时代法学》2011 年第 2 期。

③ 参见张梓太：《环境法律责任研究》，商务印书馆 2004 年版，第 288 页。

④ 同上。

⑤ 同上。

以发生严重后果的危险状态即为既遂，而不以严重后果的发生作为认定犯罪既遂的标准。①

《刑法》分则第六章第六节"破坏环境资源保护罪"下的 15 个罪名中，非法处置进口的固体废物罪（第 339 条第 1 款），非法猎捕、杀害珍贵、濒危野生动物罪（第 341 条第 1 款），非法收购、运输、出售珍贵、濒危野生动物、珍贵、濒危野生动物制品罪（第 341 条第 1 款），非法采伐、毁坏国家重点保护植物罪（第 344 条），非法收购、运输、加工、出售国家重点保护植物、国家重点保护植物制品罪（第 344 条）5 种犯罪是行为犯，其他 10 种犯罪都是结果犯。非法捕捞水产品罪（第 340 条）、非法狩猎罪（第 341 条第 2 款）、非法采矿罪（第 343 条第 1 款）3 种犯罪，将"情节严重"作为定罪的客观依据，只有情节严重的情况下才能构成犯罪，情节轻微的行为不构成犯罪。"情节严重"实际上是一种结果犯，司法解释将"情节严重"作了"量化"解释。而污染环境罪（第 338 条），擅自进口固体废物罪（第 339 条第 2 款），走私废物罪（第 339 条第 3 款），非法占用农用地罪（第 342 条），破坏性采矿罪（第 343 条第 2 款），盗伐林木罪（第 345 条第 1 款），滥伐林木罪（第 345 条第 2 款），非法收购、运输盗伐、滥伐的林木罪（第 345 条第 3 款）都是纯粹的结果犯。例如第 338 条（污染环境罪）规定"严重污染环境"，才能构成犯罪；第 339 条第 2 款（擅自进口固体废物罪）规定"造成重大环境污染事故，致使公私财产遭受重大损失或者严重危害人体健康的"，才能构成犯罪，这意味着污染环境的行为必须造成人员伤亡、财产的重大损失，才能构成犯罪。结果犯意味着以实际危害后果的发生作为定罪的客观依据，如果危害后果没有出现，无论行为多么危险，也不能定罪。有些环境犯罪不但要求实际危害后果发生，而且还要求危害后果严重，才能定罪；如果危害后果不严重，就不能定罪。

综上所述，《刑法》规定的环境犯罪主要是结果犯，绝大多数环境犯罪的构成都必须具备"严重污染环境""数量较大""数量巨大""后果严重""后果特别严重""致使公私财产遭受重大损失或者严重危害人体健康"等条件。根据司法解释，只有危害结果达到一定程度，才能追究刑事责任。

---

① 参见孙玉杰：《环境犯罪刑事立法应补充危险犯条款》，《检察日报》2009 年 3 月 16 日。

我国学界对环境犯罪应当设置为危险犯还是结果犯，主要存在两种主张：一种主张认为，危害环境的行为足以对人类及社会产生现实或潜在的重大影响，社会危害性应同危害公共安全罪和妨害社会管理秩序罪等量齐观，故无需等危害结果发生。另一种主张认为，破坏环境犯罪在客观上必须有严重污染和破坏环境、给人民生命健康和公私财产造成重大损失的行为，且有现实的危害结果。如果不具有这种结果，可以采取其他方法予以制止或防治，但不能予以刑事处罚。①

基于环境犯罪的特点，世界上其他国家的刑事立法规定了环境犯罪的危险犯，只要行为人实施了危害环境的行为，足以使环境或人身、财产面临遭受危害的危险状态中，即使危害结果尚未发生，行为人就要承担刑事责任。例如，日本在1970年通过了《关于处罚损害人身健康公害犯罪的法律》。该法第2条规定："对于伴随工厂、车间的事业活动，排除致使损害人身健康的物质，致使公众生命或者身体发生危险的，处3年以下惩役或者300万日元以下罚金"；"犯前款的罪行致人死伤的，处5年以下惩役或者500万日元以下罚金"。《德国刑法典》第325条规定："违反行政法义务，在设备、工厂、机器的运转过程中，有下列行为之一的，处五年以下自由刑或罚金：改变空气的自然组织成分，尤其是泄放尘埃、毒气、蒸汽或其他有气味物品，足以危害属于设备范围以外的人、动物、植物或其他贵重物的健康的，或产生足以危害属于设备范围以外他人的健康的。"②《西班牙刑法典》第325条规定：违反法律或者环境保护条例的相关规定，直接或间接向太空、地面、地下、地表流水、海洋，地下水或者严重影响生态系统平衡的国境或者水流汇集区域实施或者试图实施释放、倾倒、辐射、开采、挖掘、掩埋、摧毁、排放、注入或者沉淀、排放行为的，处6个月以上4年以下徒刑，并处8—24个月罚金，同时给予剥夺行使其职业或者职位1—3年的权利。③ 美国《清洁空气法》规定，故意违反国家关于有害物质的排放标准及《清洁空气法》的其他标准或规定，处每天2.5万美元罚金或不到5年的监禁；情节严重或使他人的身

---

① 参见吴献萍：《论我国环境犯罪刑事立法的完善》，《昆明理工大学学报》2008年第5期。
② 冯军、李永伟：《破坏环境资源保护罪研究》，科学出版社2012年版，第191页。
③ 同上。

体严重损害或生命有死亡危险的，处不到 15 年的监禁或罚金，对法人可处 100 万美元罚金。[①] 2003 年修订的芬兰《刑法典》第 48 章第 1 条规定，（1）故意或者由于重大过失……（iii）无视废物法或者基于废物法的特殊规定，或者像废物法第 45 条第 1 款所指的那样以废物装运管理规定第 26 条第 1 款所指的方式，进口或者出口废物，或者通过芬兰领土运输废物……以致该行为将会造成污染或者破坏环境的危险，或者对健康造成危险，应当因为损害环境被判处罚金或者最高 2 年有期监禁。[②] 奥地利的《刑法典》第 180 条规定，违反法律规定或者当局的委托，故意污染水域，或以其他方式影响水域，或污染土地或空气，可能危及不特定多数人的身体或生命的，或者危及较大范围内的动物或植物生存的，处 3 年以下自由刑，或 360 单位以下日额金的罚金刑。[③] 挪威的《一般公民刑法典》第 152 条 b 规定，蓄意或者严重过失实施下列行为的，处 10 年以下监禁：1. ……污染水……对该地区的环境造成损害或者损害危险的。因此造成死亡、人体健康严重伤害的，处 15 年以下监禁。[④] 挪威的《刑法》既惩治环境犯罪的结果犯，又惩治环境犯罪的危险犯；既惩治故意实施的环境犯罪的危险犯，又惩治过失实施的环境犯罪的危险犯。《澳门刑法典》第 268 条规定，（1）违反法律或规章之规定，又或者违反法律或规章所作之限制，作出下列行为，因而对他人生命造成危险，对他人身体完整性造成严重危险，或对属巨额之他人财产造成危险者，处 1 年至 8 年徒刑：（a）污染水或土壤，或以任何方式使其品质降低。……（2）如因过失而造成上款所指之危险，行为人处最高 5 年徒刑。（3）如因过失而作出第 1 款所指之行为，行为人处最高 3 年徒刑或科罚金。[⑤] 该条是关于惩治水污染犯罪中的危险犯的规定。我国台湾地区的《刑法》第 177 条（漏逸或间隔气体罪）规定：（1）漏逸或间隔蒸汽、电气、煤气或其他气体，致生公共危险者，处 3 年以下有期徒刑、拘役或 300 元新台币以下罚金。（2）因而置人于死者，

---

① 参见冯军：《全球性环境危机与中国重大环境污染事故罪的立法完善》，《河北大学学报》2010 年第 2 期。

② 参见杨兴、谭涌涛：《环境犯罪专论》，知识产权出版社 2007 年版，第 137 页。

③ 参见刘斌斌、李清宇：《环境犯罪基本问题研究》，中国社会科学出版社 2012 年版，第 101 页。

④ 参见杨兴、谭涌涛：《环境犯罪专论》，知识产权出版社 2007 年版，第 102 页。

⑤ 同上书，第 107 页。

处无期徒刑或 7 年以上有期徒刑；致重伤者，处 3 年以上 10 年以下有期徒刑。[①] 上述各国的环境犯罪条款都为环境犯罪设置了危险犯。其中，芬兰刑法和挪威刑法既惩治环境犯罪的结果犯，又惩治环境犯罪的危险犯；既惩治故意实施的环境犯罪的危险犯，又惩治过失实施的环境犯罪的危险犯。

我国环境刑事立法仍然秉承了传统的人本主义思想，以保护人身、财产安全为主要目的，如果人身、财产利益没有受到损害或威胁，即使对环境造成了严重威胁或破坏，也不构成犯罪。在传统的人本主义思想支配下，将绝大多数环境犯罪规定为结果犯，只有行为人的行为造成公私财产的重大损失或人身伤亡的严重后果，或者使自然资源受到严重破坏时，才能构成犯罪。如果破坏环境的行为没有直接造成公私财产的重大损失、人身伤亡的严重后果或者自然资源的严重破坏，即使给环境造成重大威胁，也不会构成犯罪。对于经济犯罪或财产犯罪而言，以实际危害结果发生与否作为定罪的客观依据是合理的，但对于环境犯罪而言，如果仅以实际危害结果作为定罪量刑的标准，则忽视了环境犯罪的特点，忽视了环境犯罪对生态功能和生态价值的破坏性，忽视了环境犯罪的现实危险性和后果的巨大悲剧性。首先，环境犯罪对生态环境的功能和价值具有破坏性。环境资源对自然生态环境具有调节、平衡、优化功能，其生态价值远远大于其经济价值。国外发达国家评价森林价值时，认为森林的木材价值（经济价值）只占全部森林价值的 10% 左右，而公益性价值（生态价值）则在 90% 以上。印度加尔各答农业大学德斯教授对一棵树的生态价值进行了计算：一棵 50 年树龄的树，以累计计算，产生氧气的价值约 31,200 美元；吸收有毒气体、防止大气污染价值约 62,500 美元；增加土壤肥力价值约 31,200 美元；涵养水源价值 37,500 美元；为鸟类及其他动物提供繁衍场所价值 31,250 美元；产生蛋白质价值 2500 美元。除去花、果实和木材价值，总计创值约 196,000 美元。[②] 现实中人们往往重视的是自然资源直观的财产价值，而意识不到其生态功能、生态价值和对后代的遗赠价值。其次，环境犯罪（或环境事故）造成的危害具有广泛性、潜伏性、长期性和巨大悲剧性。例如，1986 年发生的苏联切尔诺贝利核泄漏事故，直接经济损

---

①　参见杨兴、谭涌涛：《环境犯罪专论》，知识产权出版社 2007 年版，第 67 页。

②　参见王树义：《环境法系列专题研究》，科学出版社 2006 年版，第 148 页。

失约120亿美元。这次事故使白俄罗斯共和国损失了20%的农业用地，220万人居住的土地遭到污染。距离核电站7公里内的松树、云杉凋萎，1000公顷森林逐渐死亡。30公里以外的"安全区"，癌症患者、儿童甲状腺患者和畸形家畜急剧增加。这次历史上最严重的核事故使500万人遭受核辐射，21人当场死亡。专家认为，切尔诺贝利事故的后果将延续100年。① 又如，据我国权威资料显示，全国700余条河流约10万公里河长，46.5%受到污染，10.6%严重污染，水体已丧失使用价值。初步摸底调查显示，我国有3亿多人饮水不安全，其中有1.9亿人饮用水有害物质含量超标。② 水源中的各种有毒物质在人体中不易分解、不易排出、长期滞留、缓慢积累，直至发病。水源中的有毒物质对人体健康具有严重危害，亚硝酸化合物、三氯甲烷可致癌，工业废水及农药所含的毒性有机物、重金属等可致肝病，高硬度的地下水可致结石病，高含量的无机盐可致心血管疾病，金属铝等可致痴呆症，重金属镉可致骨骼病，重金属可导致造血系统疾病，毒性有机物、高含量的无机盐、重金属等可致内分泌紊乱。③ 再次，环境犯罪具有现实危险性。近10年来发生的一系列重大特大环境污染事件，动辄造成多人死亡、成百上千人健康受损，财产损失数以亿计，动植物死亡不计其数，治理费用高达千万甚至百亿，对生态安全的破坏无法以金钱计算。例如，2004年四川沱江特大水污染事件造成直接经济损失达2.19亿元、2006年甘肃徽县铅中毒事件导致数百人血铅超标、2008年湖南省怀化市辰溪县砷中毒事件导致90人砷中毒，造成直接经济损失428.6万元；2008年云南省阳宗海砷污染事件导致10万群众饮水困难，阳宗海水污染的治理费用需要几十亿。

正因为环境犯罪具有不同于其他犯罪的特点，设置危险犯十分必要，况且，在理论上和立法上具有可行性。我国刑法中并不缺乏关于危险犯的规定，《刑法》第114条规定的放火罪、决水罪、爆炸罪、投放危险物质罪和以其他方法危害公共安全罪，第116条规定的破坏交通工具罪，第117条规定的破坏交通设施罪，第118条规定的破坏电力设备罪和破坏易燃易爆设备罪，第

---

① 参见刘斌斌、李清宇：《环境犯罪基本问题研究》，中国社会科学出版社2012年版，第97页。
② 参见《松花江水污染暴露什么》，《苏州日报》2005年11月27日。
③ 参见苏培科：《吉化爆炸引发多米诺骨牌危机》，《中国经济时报》2006年1月25日。

123 条规定的劫持航空器罪等，都是典型的危险犯实例。这一部分犯罪的成立不要求造成实际危害结果，只要求具有足以引起危害结果发生的可能性即可。之所以将危险状态作为定罪的客观依据，是因为行为人的行为方式极其危险，其危害结果一旦发生，损失十分惨重，并且往往无可挽回。环境犯罪更是如此，环境犯罪后患无穷，很难消除，甚至永远无力回天。因此，为环境犯罪设置危险犯，既有必要性，又有可行性。

环境刑事立法不仅应当严厉制裁已经对环境造成严重后果的行为，还应当严厉制裁那些对环境孕育着危险的行为；环境刑事立法不仅应当对故意实施的环境犯罪设立危险犯，而且应当对过失实施的环境犯罪设立危险犯。这样，不仅能够打击已造成实际损害结果的环境犯罪，还能够打击使环境利益处于危险状态的环境犯罪，有助于防患于未然。

（三）关于环境犯罪的主观方面

关于环境犯罪主观要件的最大争议在于是否将"严格责任"引入环境刑事立法。所谓"严格责任"，即无过错责任，是指行为人只要实施了法律禁止的危害环境的行为或造成环境污染和破坏、人身及财产损害的结果，即使主观上无罪过，也要承担相应的刑事责任。[①]"无过错责任原则"是我国民法规定的追究民事责任的一项普遍适用的归责原则，对是否将其引入刑法存在不同主张。不少学者主张借鉴国外环境刑事立法经验，将这一责任形式引入我国环境刑事立法，主要理由如下：①符合罪刑相适应的原则，可以将某些难以认定主观要件的危害环境行为纳入刑法调整范围。②有助于加强排污者的责任感。③符合刑罚一般预防的目的。[②] 反对者认为，在我国刑法中引入"严格责任"制并不适宜，主要理由如下：①我国刑法犯罪构成理论尤其法学理论的科学依据，其主观方面的故意和过失是犯罪不可缺少的要件之一，引入"无过错责任"意味着否定传统罪过形式，打破这一刑法科学体系。②容易混淆民事责任和刑事责任的界限，不利于司法人员在审理危害环境罪案件时准确划分罪与非罪。③刑法一旦在危害环境罪中适用这一原则，其他与之类似

---

① 参见朱弘：《论环境的刑法保护》，《法学》1996 年第 9 期。

② 参见李莎莎、姚兵：《环境犯罪立法模式分析》，《刑法论丛》2011 年第 3 卷；朱弘：《论环境的刑法保护》，《法学》1996 年第 9 期。

的犯罪是否亦应采纳这一原则，若不采纳，不尽合理，若采纳，究竟适用于哪些犯罪，难以确定。④在借鉴国外刑事立法经验时，应充分考虑我国国情和实际情况，在我国环境执法水平还不甚高的情况下，引入这一制度弊大于利。①

英美法系国家的环境立法中采用了此种责任形式，如美国《资源回收法》规定，凡法人成员排放危险物或在未经许可的场所处理危险物未报告有关主管机关的，不论该法人领导是否知道，均应负刑事责任。②

是否将"严格责任"引入环境刑事立法的问题，不但关涉刑法学的基础理论问题，而且关涉刑法的关键问题。一方面，我国占主流地位的刑法学理论认为，根据我国刑法，任何一种犯罪的成立都必须具备四个方面的构成要件，即犯罪客体、犯罪客观方面、犯罪主体、犯罪主观方面。其中，犯罪的主观方面是指犯罪主体对自己的行为及其危害社会的结果所抱的心理态度。它包括罪过（即犯罪的故意或者犯罪的过失）以及犯罪的目的和动机这几种因素。而行为人的罪过即犯罪的故意或者过失心态是一切犯罪都必须具备的主观要件之要素；犯罪目的只是某些犯罪构成所必备的主观要件之要素，所以也称之为选择性主观要件；犯罪动机不是犯罪构成必备的主观要件之要素，它一般不影响定罪，而只影响量刑。③另一方面，从我国现行刑法看，无论是总则还是分则，都规定行为人的主观过错即故意或过失是构成犯罪的必要条件，否则，犯罪不成立。从刑法总则看，《刑法》第 14 条规定："明知自己的行为会发生危害社会的结果，并且希望或者放任这种结果发生，因而构成犯罪的，是故意犯罪。故意犯罪，应当负刑事责任。"《刑法》第 15 条规定："应当预见自己的行为可能发生危害社会的结果，因为疏忽大意而没有预见，或者已经预见而轻信能够避免，以致发生这种结果的，是过失犯罪。过失犯罪，法律有规定的才负刑事责任。"《刑法》第 16 条规定："行为在客观上虽然造成了损害结果，但是不是出于故意或者过失，而是由于不能抗拒或者不能预见的原因所引起的，不是犯罪。"根据《刑法》第 14 条、第 15 条之规

---

① 参见朱弘：《论环境的刑法保护》，《法学》1996 年第 9 期。

② 参见蔡秉坤、李清宇：《两大法系环境刑法重大问题的比较与借鉴》，《兰州交通大学学报》2009 年第 2 期。

③ 参见高铭暄、马克昌：《刑法学》（第五版），北京大学出版社 2011 年版，第 103 页。

定，各种犯罪都必须具备犯罪的故意或者犯罪的过失心态之要素；《刑法》第16条又从反面强调，行为虽然在客观上造成了损害结果，但不是出于故意或者过失心理态度的，就不构成犯罪。从而在法律上确认，犯罪的故意或过失是认定行为人构成犯罪和应对犯罪负刑事责任的主观根据。从刑法分则看，所有罪名的构成都要具备主观罪过，要么是故意，要么是过失，否则，犯罪不成立。这意味着，缺失了主观过错，就失去了追究行为人刑事责任的主观根据。

在环境刑事立法中，如果要引入"严格责任"原则，虽然有利于打击环境犯罪，但要解决诸多问题，既要革新刑法学的基础理论，又要对现行刑法作重大修改，牵一发而动全身，不是一蹴而就之事。因此，如果要将"严格责任"原则引入环境刑事立法，需要作充分探讨和论证。

四、中国环境犯罪的刑罚设置

（一）中国现行刑法规定的刑罚种类

我国刑罚包括主刑和附加刑两大类。其中，主刑包括管制、拘役、有期徒刑、无期徒刑和死刑。附加刑包括罚金、剥夺政治权利和没收财产。除刑罚之外，《刑法》还规定了非刑罚处罚方法。根据《刑法》第36条、第37条之规定，针对案件的不同情况，还可以对犯罪人采取非刑罚性处置措施，包括训诫或者责令具结悔过、赔礼道歉、判处赔偿损失或者责令赔偿损失、或者由主管部门予以行政处罚或者行政处分。

1. 主刑

（1）管制

管制是指对犯罪人依法实行社区矫正的一种刑罚方法。管制主要适用于罪行较轻、没有人身危险性的犯罪人。管制的期限，为3个月以上2年以下，数罪并罚最高不能超过3年。管制的刑期，从判决执行之日起计算，判决以前先行羁押的，羁押1日折抵刑期2日。对判处管制的犯罪人可以发布禁止令，即可以根据犯罪情况，同时禁止犯罪人在执行期间从事特定活动，进入特定区域、场所，接触特定的人。如果犯罪人违反了禁止令，由公安机关依照《治安管理处罚法》的规定处罚。对判处管制的犯罪人，依法实行社区矫正。被判处管制的犯罪人，在执行期间，应当遵守法律、行政法规，服从监督；未经执行机关批准，不得行使言论、出版、集会、结社、游行、示威自由的权利；按照执行机关规定报告自己的活动情况；遵守执行机关关于会客的规定；离开所居住的市、县或者迁居，应当报经执行机关批准。对于被判处管制的犯罪人，在劳动中应当同工同酬。被判处管制的犯罪人，管制期满，执行机关应立即向本人和其所在单位或者居住地的群众宣布解除管制。

根据 2011 年 4 月 28 日最高人民法院、最高人民检察院、公安部、司法部颁布的《关于对被判处管制、宣告缓刑的犯罪分子适用禁止令有关问题的规定（试行）》（以下简称《规定》）第 1 条之规定，对判处管制的犯罪分子，人民法院根据犯罪情况，认为从促进犯罪分子教育矫正、有效维护社会秩序的需要出发，确有必要禁止其在管制执行期间从事特定活动，进入特定区域、场所，接触特定人的，可以根据《刑法》第 38 条第 2 款的规定，同时宣告禁止令。根据该《规定》第 2 条之规定，人民法院宣告禁止令，应当根据犯罪分子的犯罪原因、犯罪性质、犯罪手段、犯罪后的悔罪表现、个人一贯表现等情况，充分考虑与犯罪分子所犯罪行的关联程度，有针对性地决定禁止其在管制执行期间"从事特定活动，进入特定区域、场所，接触特定的人"的一项或者几项内容。根据该《规定》第 3 条之规定，人民法院可以根据犯罪情况，禁止判处管制的犯罪分子在管制执行期间从事以下一项或者几项活动：①个人为进行违法犯罪活动而设立公司、企业、事业单位或者在设立公司、企业、事业单位后以实施犯罪为主要活动的，禁止设立公司、企业、事业单位；②实施证券犯罪、贷款犯罪、票据犯罪、信用卡犯罪等金融犯罪的，禁止从事证券交易、申领贷款、使用票据或者申领、使用信用卡等金融活动；③利用从事特定生产经营活动实施犯罪的，禁止从事相关生产经营活动；④附带民事赔偿义务未履行完毕，违法所得未追缴、退赔到位，或者罚金尚未足额缴纳的，禁止从事高消费活动；⑤其他确有必要禁止从事的活动。根据该《规定》第 4 条之规定，人民法院可以根据犯罪情况，禁止判处管制的犯罪分子在管制执行期间进入以下一类或者几类区域、场所：①禁止进入夜总会、酒吧、迪厅、网吧等娱乐场所；②未经执行机关批准，禁止进入举办大型群众性活动的场所；③禁止进入中小学校区、幼儿园园区及周边地区，确因本人就学、居住等原因，经执行机关批准的除外；④其他确有必要禁止进入的区域、场所。根据该《规定》第 5 条之规定，人民法院可以根据犯罪情况，禁止判处管制的犯罪分子在管制执行期间接触以下一类或者几类人员：

①未经对方同意，禁止接触被害人及其法定代理人、近亲属；②未经对方同意，禁止接触证人及其法定代理人、近亲属；③未经对方同意，禁止接触控告人、批评人、举报人及其法定代理人、近亲属；④禁止接触同案犯；⑤禁止接触其他可能遭受其侵害、滋扰的人或者可能诱发其再次危害社会的人。根据该《规定》第6条第1款之规定，禁止令的期限，既可以与管制执行的期限相同，也可以短于管制执行的期限，但判处管制的，禁止令的期限不得少于3个月。根据第6条第2款之规定，判处管制的犯罪分子在判决执行以前先行羁押以致管制执行的期限少于3个月的，禁止令的期限不受前款规定的最短期限的限制。根据第6条第3款之规定，禁止令的执行期限，从管制执行之日起计算。根据该《规定》第7条第1款之规定，人民检察院在提起公诉时，对可能判处管制的被告人可以提出宣告禁止令的建议。当事人、辩护人、诉讼代理人可以就应否对被告人宣告禁止令提出意见，并说明理由。根据第7条第2款之规定，公安机关在移送审查起诉时，可以根据犯罪嫌疑人涉嫌犯罪的情况，就应否宣告禁止令及宣告何种禁止令，向人民检察院提出意见。根据该《规定》第8条之规定，人民法院对判处管制的被告人宣告禁止令的，应当在裁判文书主文部分单独作为一项予以宣告。根据该《规定》第9条之规定，禁止令由司法行政机关指导管理的社区矫正机构负责执行。根据该《规定》第10条之规定，人民检察院对社区矫正机构执行禁止令的活动实行监督。发现有违反法律规定的情况，应当通知社区矫正机构纠正。根据该《规定》第11条之规定，判处管制的犯罪分子违反禁止令的，由负责执行禁止令的社区矫正机构所在地的公安机关依照《中华人民共和国治安管理处罚法》第60条的规定处罚。根据该《规定》第13条之规定，被宣告禁止令的犯罪分子被依法减刑时，禁止令的期限可以相应缩短，由人民法院在减刑裁定中确定新的禁止令期限。

（2）拘役

拘役是指短期剥夺犯罪人的人身自由，就近实行教育改造的刑罚方法。拘役主要适用于罪行较轻且有必要关押的犯罪分子。拘役的期限，为1个月以上6个月以下，数罪并罚最高不能超过1年。拘役的刑期，从判决执行之日起计算，判决以前先行羁押的，羁押1日折抵刑期1日。被判处拘役的犯罪分子，由公安机关就近执行。在执行期间，被判处拘役的犯罪分子每月可以回家1—2天，参加劳动的可以酌量发给报酬。

根据《刑法》第72条第1款之规定，对于被判处拘役、3年以下有期徒刑的犯罪分子，同时符合下列条件的，可以宣告缓刑，对其中不满18周岁的人、怀孕的妇女和已满75周岁的人，应当宣告缓刑：①犯罪情节较轻；②有悔罪表现；③没有再犯罪的危险；④宣告缓刑对所居住社区没有重大不良影响。根据第72条第2款之规定，宣告缓刑，可以根据犯罪情况，同时禁止犯罪分子在缓刑考验期限内从事特定活动，进入特定区域、场所，接触特定的人。根据第72条第3款之规定，被宣告缓刑的犯罪分子，如果被判处附加刑，附加刑仍须执行。根据《刑法》第73条之规定，拘役的缓刑考验期限为原判刑期以上1年以下，但是不能少于2个月。有期徒刑的缓刑考验期限为原判刑期以上5年以下，但是不能少于1年。缓刑考验期限，从判决确定之日起计算。根据《刑法》第74条之规定，对于累犯和犯罪集团的首要分子，不适用缓刑。根据《刑法》第76条之规定，对宣告缓刑的犯罪分子，在缓刑考验期限内，依法实行社区矫正，如果没有本法第77条规定的情形，缓刑考验期满，原判的刑罚就不再执行，并公开予以宣告。①

（3）有期徒刑

有期徒刑是通过监狱或其他执行场所剥夺犯罪分子一定期限的人身自由，实行强制劳动与教育改造的刑罚方法。根据《刑法》第45条之规定，有期徒刑的期限为6个月以上15年以下。根据《刑法》第69条之规定，数罪并罚时，有期徒刑总和刑期不满35年的，最高不能超过20年，总和刑期在35年以上的，最高不能超过25年。数刑中有附加刑的，附加刑仍须执行，其中附加刑种类相同的，合并执行，种类不同的，分别执行。根据《刑法》第72条之规定，对于被判处3年以下有期徒刑的犯罪分子，如果犯罪情节轻微，并有悔罪表现，在适用缓刑不致危害社会的情况下，可以适用缓刑。有期徒刑的缓刑考验期为原判刑罚以上5年以下，最低不能少于1年。有期徒刑的刑

---

① 《刑法》第77条规定："被宣告缓刑的犯罪分子，在缓刑考验期限内犯新罪或者发现判决宣告以前还有其他罪没有判决的，应当撤销缓刑，对新犯的罪或者新发现的罪作出判决，把前罪和后罪所判处的刑罚，依照本法第六十九条的规定，决定执行的刑罚。被宣告缓刑的犯罪分子，在缓刑考验期限内，违反法律、行政法规或者国务院有关部门关于缓刑的监督管理规定，或者违反人民法院判决中的禁止令，情节严重的，应当撤销缓刑，执行原判刑罚。"

期，从判决执行之日起计算；判决执行以前先行羁押的，羁押 1 日折抵刑期 1
日。根据《刑法》第 46 条之规定，被判处有期徒刑的犯罪分子，凡有劳动能
力的，都应当参加劳动，接受教育和改造。

（4）无期徒刑

无期徒刑是剥夺犯罪人的终身自由，并对其实行强制劳动和教育改造的
刑罚方法。无期徒刑的执行以强制犯罪人劳动和进行教育改造为基本内容。
对于被判处无期徒刑的犯罪分子，必须附加剥夺政治权利终身。

（5）死刑

死刑，又称生命刑或者极刑，是剥夺犯罪人生命的刑罚方法。死刑只适
用于罪行极其严重的犯罪分子。除个别分则条文外，死刑都是与无期徒刑、
有期徒刑等刑罚方法共同构成一个量刑幅度，即死刑是作为选择刑来规定的。
犯罪的时候不满 18 周岁的人和审判的时候怀孕的妇女，不适用死刑；审判的
时候已满 75 周岁的人，不适用死刑，但以特别残忍手段致人死亡的除外。死
刑的执行方式包括立即执行和缓期执行两种。对于应当判处死刑的犯罪分子，
如果不是必须立即执行的，可以判处死刑同时宣告缓期 2 年执行。根据死刑
缓期执行期间死缓犯的不同表现，对死缓犯有 3 种处理结果：判处死刑缓期
执行的，在死刑缓期执行期间，如果没有故意犯罪，2 年期满以后，减为无期
徒刑；如果确有重大立功表现，2 年期满以后，减为 25 年有期徒刑；如果故
意犯罪，查证属实的，由最高人民法院核准，执行死刑。但刑法同时规定，
对被判处死刑缓期执行的累犯以及因故意杀人、强奸、抢劫、绑架、放火、
爆炸、投放危险物质或者有组织的暴力性犯罪被判处死刑缓期执行的犯罪分
子，人民法院根据犯罪情节、人身危险性等情况，可以在作出裁判的同时决
定对其限制减刑。根据《刑法》第 78 条第 2 款之规定，人民法院依照本法第
50 条第 2 款规定限制减刑的死刑缓期执行的犯罪分子，缓期执行期满后依法
减为无期徒刑的，不能少于 25 年，缓期执行期满后依法减为 25 年有期徒刑
的，不能少于 20 年。①

---

① 《刑法》第 50 条第 2 款规定："对被判处死刑缓期执行的累犯以及因故意杀人、强奸、抢劫、
绑架、放火、爆炸、投放危险物质或者有组织的暴力性犯罪被判处死刑缓期执行的犯罪分子，人民法
院根据犯罪情节等情况可以同时决定对其限制减刑。"

2. 附加刑

（1）罚金

罚金是指人民法院判处犯罪人向国家缴纳一定数额金钱的刑罚方法。罚金刑的适用对象主要是破坏社会主义市场经济秩序罪、侵犯财产罪、妨害社会管理秩序罪和贪污贿赂罪。此外，危害公共安全罪、侵犯公民人身权利、民主权利罪、危害国防利益罪中也有个别犯罪属于罚金刑的适用对象。根据《刑法》分则的规定，罚金的适用方式包括四种：选处罚金、单处罚金、并处罚金、并处或单处罚金。判处罚金，应当根据犯罪情节决定罚金数额。《刑法》分则关于罚金数额之规定，有以下几种做法：①比例制。即不规定具体的罚金数额，而是根据犯罪数额一定比例确定罚金的数额。如《刑法》第158条规定，对犯虚报注册资本罪的，并处或者单处虚报注册资本金额1%以上5%以下的罚金。②倍数制。即不规定具体的罚金数额，而是根据犯罪数额的一定倍数确定罚金的数额。如根据《刑法》第225条之规定，对犯非法经营罪的，并处或者单处违法所得1倍以上5倍以下罚金。③比例兼倍数制。即不规定具体的罚金数额，而是根据犯罪数额的一定比例和倍数确定罚金的数额。如根据《刑法》第140条之规定，对犯生产、销售伪劣产品罪的，并处或者单处、并处销售金额50%以上2倍以下罚金。④特定数额制。即明确规定罚金的数额。如根据《刑法》第161条之规定，对犯违规披露、不披露重要信息罪的，并处或单处2万元以上20万元以下罚金。⑤抽象罚金制。即只抽象地规定判处罚金，没有规定任何计算罚金数额的参照依据。如根据《刑法》第338条之规定，对犯污染环境罪的，处3年以下有期徒刑或者拘役，并处或者单处罚金；后果特别严重的，处3年以上7年以下有期徒刑，并处罚金。根据《刑法》第53条之规定，罚金的执行方式包括一次缴纳、分期缴纳、强制缴纳、随时追缴和减免缴纳。

（2）剥夺政治权利

根据《刑法》第54条之规定，剥夺政治权利，是指剥夺犯罪人以下权利：①选举权和被选举权；②言论、出版、集会、结社、游行、示威自由的权利；③担任国家机关职务的权利；④担任国有公司、企业、事业单位和人民团体领导职务的权利。根据《刑法》第56条之规定，对于危害国家安全的犯罪分子，应当附加剥夺政治权利。对于被判处死刑、无期徒刑的犯罪分子，应当附加剥夺政治权利。对于故意杀人、强奸、放火、爆炸、投毒、抢劫等严重破坏社会秩序的犯罪分子，可以附加剥夺政治权利。此外，《刑法》分则第一章"危害公共安全罪"、第四章"侵犯公民人身权利、民主权利罪"、第六章"妨害社会管理秩序罪"、第七章"危害国防利益罪"中有剥夺政治权利的规定。根据《刑法》的规定，剥夺政治权利的适用方式包括：应当附加适用、可以附加适用、独立适用。根据《刑法》第55条、第57条、第58条等条款之规定，剥夺政治权利在期限上分为四种情况：①独立适用剥夺政治权利的，或者主刑是有期徒刑、拘役附加剥夺政治权利的，期限为1年以上5年以下；②判处管制剥夺政治权利的，剥夺政治权利的期限与管制的期限相等；③对于被判处死刑、无期徒刑的犯罪分子，应当剥夺政治权利终身；④死刑缓期执行减为有期徒刑或者无期徒刑减为有期徒刑的时候，应当将附加剥夺政治权利的期限改为3年以上10年以下。剥夺政治权利的刑期，从徒刑、拘役执行完毕之日或者从假释之日起计算。剥夺政治权利的效力施行于主刑执行期间。

（3）没收财产

没收财产是指将犯罪人所有财产的部分或全部强制无偿地收归国有的刑罚方法。从刑法分则看，没收财产的适用对象范围包括危害国家安全罪、破坏社会主义市场经济秩序罪、侵犯公民人身权利、民主权利罪、侵犯财产罪、妨害社会管理秩序罪、贪污贿赂罪中的一些具体犯罪。其中，除危害国家安全罪之外，没收财产的适用对象大部分为贪利性或财产性犯罪。没收财产的适用方式包括并处没收财产；可以并处没收财产；并处罚金或没收财产。根据《刑法》第59条之规定，没收财产的范围只限于没收财产是没收犯罪分子个人所有财产的一部或者全部。没收全部财产的，应当对犯罪分子个人及其抚养的家属保留必需的生活费用。在判处没收财产的时候，不得没收属于犯罪分子家属所有或者应有的财产。根据《刑法》第60条之规定，没收财产以前犯罪分子所负的正当债务，需要以没收的财产偿还的，经债权人请求，应当偿还。没收财产的判决由人民法院执行，必要时可以会同公安机关执行。

除上述刑罚之外，我国刑法还对犯罪分子规定了非刑罚处罚方法。根据《刑法》第36条之规定，由于犯罪行为而使被害人遭受经济损失的，对犯罪分子除依法给予刑事处罚外，并应根据情况判处赔偿经济损失。根据《刑法》

第 37 条之规定，对于犯罪情节轻微不需要判处刑罚的，可以免予刑事处罚，而根据案件的不同情况，采取非刑罚性处置措施，包括训诫或者责令具结悔过、赔礼道歉、责令赔偿损失或者由主管部门予以行政处罚或者行政处分。责令赔偿经济损失，是指法院根据被告人的犯罪行为对被害人造成损失的情况，责令被判处免予刑事处罚的犯罪人给予被害人一定经济赔偿的处理方法。

第一，训诫是人民法院对犯罪人批评教育，责令其改过自新，不再犯罪的教育方法。最高人民法院 1964 年 1 月 18 日在《关于训诫的批复》中指出：人民法院对于情节轻微的犯罪分子，认为不需要判处刑罚，而应予以裁判的，应当用口头的方式进行训诫。

第二，具结悔过是指人民法院责令犯罪情节轻微，不需要判刑的犯罪人以书面方式保证悔改，以后不再重新犯罪的教育方法。

第三，赔礼道歉是指人民法院责令犯罪情节轻微，不需要判刑的人公开向被害人当面承认错误，表示歉意的教育方法。

第四，由主管部门予以行政处罚或者行政处分是指人民法院根据案件具体情况，向主管部门提出对被免予刑事处罚的犯罪人予以一定行政处罚或者行政处分的司法建议，并由其主管部门具体确定采取何种行政处罚或者行政处分的处理方法。行政处罚是对违反行政管理法规的一种行政责任。行政处罚包括治安管理处罚、财政金融管理处罚、工商行政管理处罚、环境管理处罚等。行政处罚措施包括警告、罚款、拘留、没收、停止营业等。行政处分是国家机关工作人员、职员、工人违反行政法规和劳动纪律，由主管机关依法给予的一种纪律责任。行政处分包括警告、记过、记大过、降级、撤职、留用察看或开除公职。

(二) 中国环境犯罪的刑罚种类

在"破坏环境资源保护罪"中，非法捕捞水产罪（第 340 条）和非法狩猎罪（第 341 条第 2 款）的法定刑幅度为管制、拘役至 3 年有期徒刑。非法占用农用地罪（第 342 条）和破坏性采矿罪（第 343 条第 2 款）的法定刑幅度为拘役至 5 年有期徒刑。污染环境罪（第 338 条）的法定刑幅度为拘役至 7 年有期徒刑。非法采矿罪（第 343 条第 1 款），非法采伐、毁坏国家重点保护植物罪（第 344 条），非法收购、运输、加工、出售国家重点保护植物、国家重点保护植物制品罪（第 344 条），滥伐林木罪（第 345 第 2 款）和非法收购、运输盗伐、滥伐的林木罪（第 345 第 3 款）的法定刑幅度为管制、拘役至 7 年有期徒刑。擅自进口固体废物罪（第 339 条第 2 款）的法定刑幅度为拘役至 10 年有期徒刑。非法处置进口的固体废物罪（第 339 条第 1 款）的法定刑幅度为拘役至 15 年有期徒刑。非法猎捕、杀害珍贵、濒危野生动物罪（第 341 条第 1 款）和非法收购、运输、出售珍贵濒危野生动物、珍贵、濒危野生动物制品罪（第 341 条第 1 款）的法定刑幅度为拘役、6 个月有期徒刑至 15 年有期徒刑。盗伐林木罪（第 345 第 1 款）法定刑幅度为管制、拘役至 15 年有期徒刑。在上述 15 个罪名中，8 个罪名的法定最低刑是管制，7 个罪名的法定最低刑是拘役。就法定最高刑而言，2 个罪名的法定最高刑为 3 年有期徒刑；2 个罪名的法定最高刑为 5 年有期徒刑；6 个罪名的法定最高刑为 7 年有期徒刑；1 个罪名的法定最高刑为 10 年有期徒刑；4 个罪名的法定最高刑为 15 年有期徒刑。该 15 个罪名的附加刑都包括罚金，在非法猎捕、杀害珍贵、濒危野生动物罪（第 341 条第 1 款）和非法收购、运输、出售珍贵濒危野生动物、珍贵、濒危野生动物制品罪（第 341 条第 1 款）具备情节特别严重的条件下可以并处没收财产，但所有 15 个罪名都没有资格刑。可见，这 15 个罪名的刑罚种类包括管制、拘役、有期徒刑三种主刑和罚金、没收财产两种附加刑。适用于单位犯罪的刑罚只有罚金，而且刑法对上述所有犯罪的罚金刑的具体数额没有限制，具体判多少由法官自由斟酌。有期徒刑的刑期普遍较短，根据《刑法》第 69 条之规定，数罪并罚时有期徒刑总和刑期不满 35 年的，最后决定执行的刑期最高不能超过 20 年，总和刑期在 35 年以上的，决定执行的刑期最高不能超过 25 年。

综上所述，我国环境犯罪的刑罚过于轻缓，无法发挥刑罚的惩罚功能和威慑功能。《刑法》分则第六章第六节"破坏环境资源保护罪"中未设置无期徒刑和死刑；未设定罚金刑的数额，在实践中由法官酌定；未设置资格刑。此外，较之于其他犯罪，环境犯罪的刑罚力度太小。大多数环境犯罪的刑罚甚至轻于财产性犯罪。例如，按照《刑法》第 345 条之规定，盗伐林木，"数额特别巨大的"，"处七年以上有期徒刑，并处罚金"。而根据《刑法》第 264 条之规定，盗窃公私财产，数额特别巨大的，"处十年以上有期徒刑或者无期徒刑，并处罚金或者没收财产"。盗伐林木罪的法定最高刑为 15 年有期徒刑，而盗窃罪的法定最高刑为无期徒刑。盗伐林木的行为会破坏环境资源的生态功能和生态价值，而盗窃普通财产，则没有这种后果。环境犯罪的社会危害性远胜于故意杀人罪、故意伤害罪、投放危险物质罪等犯罪，一次重大环境污染事件的发生，往往导致数千人、数万人甚至几十万人或上百万人直接受害，直接经济损失甚至高达数千亿元，间接损失和对后代造成的损失更是无法估量，远远超过了同一时间段内其他各种犯罪给社会造成的全部损失。因此，如果环境犯罪的刑罚畸轻，则不符合罪刑相适应的刑法原则，难以发挥刑罚的震慑功能。

由于环境刑事立法对环境犯罪的刑罚设置畸轻，加之对部分条款的理解有争议，导致司法实践中不能严惩环境犯罪。在1997年《刑法》实施之前，对重大环境污染事件往往以"投毒罪"（2001年12月29日《刑法修正案（三）》第1条、第2条将"投毒罪"修改为"投放危险物质罪"）定罪量刑。根据1979年《刑法》第105条之规定，以投毒的方法危害公共安全，尚未造成严重后果的，处3年以上10年以下有期徒刑；根据1979年《刑法》第106条之规定，以投毒的方法危害公共安全，致人重伤、死亡或者使公私财产遭受重大损失的，处10年以上有期徒刑、无期徒刑或者死刑。1991年曹保章环境污染事故案便是典型事例。1992年8月17日，上海市中级人民法院以投毒罪判处曹保章死刑，同时宣告缓期2年执行，剥夺政治权利终身。在1997年《刑法》实施之后，由于新《刑法》第338条规定了"重大环境污染事故罪"（2011年2月25日《刑法修正案（八）》第46条修改为"污染环境罪"），对部分类似的案件以"重大环境污染事故罪"定罪处罚。根据该条之规定，排放危险废物，"造成重大环境污染事故，致使公私财产遭受重大损失或者人身伤亡的严重后果的"，处3年以下有期徒刑或者拘役，并处或者单处罚金；后果特别严重的，处3年以上7年以下有期徒刑，并处罚金。"重大环境污染事故罪"的法定刑远远轻于"投放危险物质罪"的法定刑。2004年四川沱江特大水污染事件就是典型事例。2005年9月9日，成都市锦江区法院一审以重大环境污染事故罪，判处被告人何立光有期徒刑5年，并处罚金人民币4万元；判处被告人吴贵鑫有期徒刑4年，并处罚金人民币3万元；判处被告人李俭有期徒刑3年，缓刑3年，并处罚金人民币2万元。同日，锦江区法院经审理认为，被告人宋世英、张明、张山分别作为青白江区环保局分管环境监测、环境监理、污染管理的副局长、环境监测站站长和环境监理所所长，违反相关的职责规定，在工作中严重不负责任，未能及时有效地预防、阻止重大环境污染事故的发生，致使公私财产遭受重大损失，其行为已构成环境监管失职罪。据此，法院一审分别判处：宋世英有期徒刑 2 年 6 个月；张明有期徒刑 2 年 6 个月；张山有期徒刑 1 年 6 个月，缓刑 2 年。① 本案中，对构成重大环境污染事故罪的 3 名被告分别判处 5 年、4 年、3 年有期徒刑，对其中 1 人适用了缓刑；对该 3 名被告判处的罚金分别是 4 万元、3 万元、2 万元。对构成环境监管失职罪的 3 名被告分别判处 2 年 6 个月、2 年 6 个月、1 年 6 个月有期徒刑，对其中 1 人适用了缓刑。其他被追究了刑事责任的环境案件的判决结果与此案相类似。如在紫金矿业集团股份有限公司紫金山金铜矿重大环境污染事故案中，福建省龙岩市新罗区人民法院以重大环境污染事故罪判处被告单位紫金山金铜矿罚金人民币 3000 万元；被告人林文贤有期徒刑 3 年，并处罚金人民币 30 万元；被告人王勇有期徒刑 3 年，并处罚金人民币 30 万元；被告人刘生源有期徒刑 3 年 6 个月，并处罚金人民币 30 万元。对被告人陈家洪、黄福才宣告缓刑。在云南澄江锦业工贸有限责任公司重大环境污染事故案中，云南省澄江县人民法院以重大环境污染事故罪判处被告单位云南澄江锦业工贸有限责任公司罚金人民币 1600 万元；被告人李大宏有期徒刑 4 年，并处罚金人民币 30 万元；被告人李耀鸿有期徒刑 3 年，并处罚金人民币 15 万元；被告人金大东有期徒刑 3 年，并处罚金人民币 15 万元。在重庆云光化工有限公司污染环境案中，四川省兴文县人民法院以污染环境罪分别判处被告重庆云光化工有限公司罚金 50 万元；被告人夏勇有期徒刑 2 年，并处罚金 2 万元；张必宾有期徒刑 1 年 6 个月，并处罚金 2 万元。对蒋云川、周刚、胡学辉宣告缓刑。在浙江东海重大环境污染事故案中，江苏省东海县人民法院 2008 年 11 月以重大环境污染事故罪判处被告人徐宝庆拘役 4 个月，并处罚金 3 万元；判处被告人朱子星拘役 4 个月，并处罚金 3 万元；判处被告人茆庆书罚金 3 万元；判处被告人朱艾建罚金 3 万元；判处被告人王文荣罚金 2 万元。对被告人徐宝庆、朱子星、茆庆书、朱艾建违法所得 16.212 万元，予以没收，上缴国库。在湖南怀化的砷污染事故案中，湖南省辰溪县人民法院

---

① 参见苏俊：《四川沱江特大水污染案主要事故责任人李剑获刑》，http://gb. cri. cn/3821/2005/09/11/106/@695106. htm，最后访问时间为 2013 年 11 月 3 日。

判决如下：①被告人怀化金利化工有限公司犯重大环境污染事故罪，判处罚金人民币60万元；②被告人李德成犯重大环境污染事故罪，判处有期徒刑6年，并处罚金人民币5万元；③被告人向先周犯重大环境污染事故罪，判处有期徒刑3年，并处罚金人民币3万元；④被告人张绪锦犯重大环境污染事故罪，判处有期徒刑3年，并处罚金人民币3万元；⑤被告人候周琪犯重大环境污染事故罪，判处有期徒刑3年，缓刑3年，并处罚金人民币5万元；⑥被告人李德玖犯重大环境污染事故罪，判处有期徒刑3年，缓刑3年，并处罚金人民币5万元；⑦被告人朱建鸿犯重大环境污染事故罪，判处有期徒刑3年，缓刑3年，并处罚金人民币5万元。在广西龙江河镉污染案中，广西河池市金城江区人民法院2013年7月16日对该案作出一审判决，判处曾宜犯污染环境罪，有期徒刑5年，并处罚金人民币10万元；李四军、毛文明犯污染环境罪，判处有期徒刑4年，并处罚金人民币8万元；高景礼、潘国强犯污染环境罪，判处有期徒刑3年，并处罚金人民币4万元；杨远犯污染环境罪，判处有期徒刑3年，缓刑4年，并处罚金人民币3万元；覃里强犯污染环境罪，判处有期徒刑3年，缓刑3年6个月，并处罚金人民币2万元。从这些案件的判决结果看，所有案件都适用了3年以下有期徒刑或者拘役，其中仅有2起案件中适用了5年以上有期徒刑，绝大多数案件都适用了缓刑。

在现实社会中，重大环境污染事故大多数是企业贪欲肆虐、无视环境安全、追求巨额利润所致，畸轻的自由刑和区区几万元的罚金刑，对实施环境犯罪者的效果无异于隔靴搔痒，缺乏威慑力，犯罪人感受不到切肤之痛。司法实践中，环境犯罪的犯罪收益远远高于犯罪成本，使刑罚的效果大打折扣。另外，即使对环境犯罪配置资格刑，剥夺环境犯罪人的政治权利，有无实际效果也值得怀疑。司法实践中采用的非刑罚处置措施的实际效果微乎其微，"训诫""责令具结悔过""赔礼道歉""行政处罚"等措施的实际效果接近于零，"行政处分"对于犯罪人的利益触动不大，"赔偿损失"对犯罪人而言也没有足够的制裁效果，如果有经济能力，就有可能赔偿，如果无法承担，就不可能赔偿。因此，完善环境犯罪的刑罚设置十分必要。

制裁环境违法犯罪行为，当用重典。关于环境犯罪的刑罚设置问题，应当从以下几个方面着手：

1. 增加刑种

《刑法》分则第六章第六节"破坏环境资源保护罪"下环境犯罪的刑罚种类中不包括无期徒刑和死刑。实际上，从环境犯罪的严重社会危害性看，为其设置无期徒刑甚至死刑也不为过。社会现实中，有些生产企业和作坊肆意大量排放有毒物质，无异于慢性谋杀、慢性伤害，并且往往是批量谋杀和批量伤害，近年来迅速出现的"癌症村"便是有力佐证。从环境犯罪影响层面的深度和广度看，其社会危害性与其他严重的犯罪行为相比，有过之而无不及。根据犯罪学者 Burns & Lynch（2004）的调查研究发现，美国过去 10 年来，平均每年约有 2 万名被害人死于谋杀事件，而死于环境生态污染的被害人却高达 16—20 万人之多，其影响层面远较传统犯罪深广，为不容忽视之新兴犯罪类型。[1] 纽约大学针对臭氧层污染问题进行研究，在追踪美国 18 岁以上的 45 万名居民的健康风险后，发现臭氧的环境污染已造成在纽约和华盛顿等大都市居民死于呼吸系统疾病（包括气喘、癌症）的风险率增加了 25%（2009）；美国癌症研究专家 Samuel Epstein 认为人类 80%—90% 的恶性肿瘤和环境污染有关，可见环境污染已成为人类未来生活中最严重的隐形杀手。[2] 20 世纪 50 年代日本的水俣病和骨痛病，从排放有毒物质到发病再到查明发病原因经历了十几年的时间过程。鉴于环境犯罪的严重危害性，国外对环境犯罪惩罚较为严厉，如罗马尼亚的《水法》规定，违反水法有关规定，危害社会集体的行为，如果造成群众性的中毒、传染病的流行，或者因水中有毒或传播病菌，造成了诸如削弱国家力量等严重后果的，依照刑法典第 161 条的规定，判处死刑并没收全部财产或者判处 15 年至 20 年有期徒刑，剥夺某些权利和没收部分财产。[3] 因此，为了严厉惩罚破坏环境的恶劣行径，我国有必要为环境犯罪设置重刑，增加无期徒刑和死刑。

2. 延长刑期

对于环境犯罪，尽可能不适用管制、拘役，而应当延长有期徒刑的刑期，可根据不同情况，在 5 年至 15 年期间配置有期徒刑。在司法实践中，将 5 年

---

[1]　参见洪圣仪等：《由环境刑法观点论台湾环保法令缺失——以环境警察队查获水污染及废弃物污染案件为例》，《台湾警察专科学校警专学报》2010 年第 4 卷第 7 期。

[2]　同上。

[3]　参见张梓太：《环境法律责任研究》，商务印书馆 2004 年版，第 347 页。

以上有期徒刑视为长刑，5 年是较长有期徒刑的起点，而 15 年是有期徒刑的上限。因此，对环境犯罪，这样配置有期徒刑是合理可行的。

3. 完善罚金刑制度

其他国家对环境犯罪的罚金刑数额都有规定。1984 年美国的《固体废物处置法》第 3008 节第 d 条刑事制裁规定：凡①故意将以被依本法规定认定并列入了名录中的有毒废弃物运至不持有据本法第 2005 节（若为州政府规定，则为第 2006 节）或《海洋保护、研究和卫生法》第一章规定颁发的许可证的设施者。②在下列每一种情况下，故意处理、储存、处置已被本法规定认定并列入了名录中的有毒废弃物者：（A）不持有依据本法第 2005 节（若为州政府规定，则为第 2006 节）或《海洋保护、研究和卫生法》第一章规定颁发的许可证；（B）故意违反许可证中规定的任何重要的限制要求或条件。③故意在申请书、标签、运单、记录、报告、许可证或应当填写、保存的其他文件或用于决定是否符合本章规定的文件中作虚假的说明或陈述者。④故意产生、储放、处理、运输、处置或采用其他方式保存任何有毒废弃物（不论该行为是在本款生效之前或生效之后发生的）和故意破坏、变更、隐匿依据局长依本章规定制定的各种条例的规定应当保留的任何记录者，将依其犯罪事实，科以每天 25,000 美元的罚金〔如犯有第 1 款或第 2 款所述犯罪行为，则科以每天 50,000 美元的罚金〕或 1 年以下的监禁；〔若犯有第 1 款或第 2 款罪行，则处以 2 年以下的监禁〕，或两者并科。若该人是首次犯有本款所述之罪后的又一次犯罪，则科以每天 50,000 美元的罚金或 2 年以下的监禁，或两者并科。① 美国的《清洁空气法》规定，故意违反国家关于有害物质的排放标准及《清洁空气法》的其他标准或规定，处每天 2.5 万美元罚金或不到 5 年的监禁；② 情节严重或使他人的身体严重损害或生命有死亡危险的，处低于 15 年的监禁或罚金，对法人可处 100 万美元罚金。刑罚相对比较严厉。③ 西

---

① 参见杨兴、谭涌涛：《环境犯罪专论》，知识产权出版社 2007 年版，第 132—133 页。

② 如美国杜邦公司的特氟龙事件，因为有化学物质危害人体健康，从公司知道有危害仍出售产品的那一天开始，到停止出售的那一天，每天罚 2.5 万美元，最后罚了 3.1 亿美元，沉重的罚单使得该公司不敢再违法。参见陈琼珂：《史上最严环保法：排污企业拒不改将按日计罚》，http://www.chinanews.com/fz/2014/05-19/6186425.shtml，最后访问时间为 2014 年 6 月 21 日。

③ 参见冯军、李永伟：《破坏环境资源保护罪研究》，科学出版社 2012 年版，第 193 页。

班牙的《刑法典》第 328 条规定：堆放固体、液体废品或者废弃物，对人体健康造成严重伤害或者可能严重破坏当地生态平衡的，处 18 个月至 24 个月工资的罚金，并处 12 个周末至 24 个周末监禁。[1] 俄罗斯的《刑法典》第 257 条规定：在进行木排放送，建筑桥梁和堤坝，从林木采伐区运输木材和其他林业产品，进行爆破和其他工程，以及利用引水构筑物和汲水装置时违反鱼类资源保护规则，如果这些行为导致鱼类或其他水生动物大量死亡、饵料资源大量毁灭或其他严重后果的，处数额为最低劳动报酬 200 倍至 500 倍或被判刑人 2 个月至 5 个月的工资或其他收入的罚金，或处 3 年以下剥夺担任一定职务或从事某种活动的权利，或处 2 年以下的劳动改造。[2] 该条是关于违反鱼类资源保护规则犯罪的规定。2002 年修订的奥地利的《刑法典》第 181 条 b 款为"故意危害环境的垃圾处理和运输罪"。该条规定，①违反法律规定或当局的委托，处理、存放、堆放、排放或以其他方式清除垃圾，产生第 180 条第 1 款规定种类和范围的污染或影响的危险，或产生严重的、持久的大范围污染，或产生对水域、土地或空气其他影响的危险的，处 2 年以下自由刑，或 360 单位以下日额金的罚金刑。②违反法律规定或当局的委托，根据其种类、特点或数量，为避免本条第 1 款所述危险，将按规定处理实属必要的垃圾，输入国内、从国内输出或通过国内输出的，处与本条第 1 款相同之刑罚。[3] 奥地利的《刑法典》第 181 条 c 款规定了"过失危害环境的垃圾处理罪"。该条规定，过失违反法律规定或当局的委托，实施第 181 条 b 第 1 款规定的应受刑罚处罚的行为的，处 6 个月以下自由刑，或 360 单位以下日额金的罚金刑。[4] 越南的《刑法典》第 190 条规定：①任何人违法猎捕、杀害、运输、买卖政府禁止的野生动物或者违法买卖、运输上述野生珍稀动物制品的，处 500 万盾以上 5000 万盾以下罚金，或者处 6 个月以上 3 年以下有期徒刑。②有下列情形之一的，处 2 年以上 7 年以下有期徒刑：有组织的；利用职权的；使用禁止的工具或者设备的；在禁猎区或者禁猎期为之的；造成很严重或者特别严重后果的。③对犯罪人还可以处 200 万盾以上 2000 万盾以下罚

---

① 参见杨兴、谭涌涛：《环境犯罪专论》，知识产权出版社 2007 年版，第 136 页。
② 同上书，第 169 页。
③ 同上书，第 136—137 页。
④ 同上书，第 137 页。

金、在1年至5年内禁止担任一定的职务、从事一定的行业或者工作。① 该条是关于违反保护野生珍稀动物规定罪的规定。日本的《森林法》第198条规定："森林盗窃为在保安林区域内所犯者时，处5年以下有期徒刑或20万日元以下罚金。"②

国外关于环境犯罪罚金数额的确定，主要采用以下几种方式：③ ①限额罚金制。即规定了罚金的上限与下限，对环境犯罪判处的罚金数额不能超出限额。世界上大多数国家都采用限额罚金制。②倍比罚金制。即以与犯罪有关的某一个数额为参照点，再根据犯罪的具体情节判处犯罪人该参照数额的倍数或者一定比例的罚金。③日额罚金制。亦称日付罚金制，是指确定一定的期限和金额，在期限内按照具体天数和每日应当缴纳的数额，逐日缴纳罚金。

此外，其他国家普遍适用罚金易科制度。所谓罚金易科制度是指在执行罚金刑有困难或无法执行罚金刑时，用其他刑罚方法或者司法强制措施代替已经确定的罚金刑。适用罚金易科制度是针对罚金刑执行难的问题所采取的有效救济措施，具体包括以下几种方式：④ ①以自由刑代替罚金刑。在犯罪人无法缴纳应缴纳的罚金时，可对其施以自由刑。如德国的《刑法》第43条规定：不能追缴之罚金，以自由刑代之。一单位日额金相当于一日自由刑，代替的自由刑以一日为其最低度。②以劳役代替罚金刑。对不能缴纳罚金的犯罪人施以不剥夺自由的劳动改造，以劳动代替罚金。如日本的《刑法》第18条中规定以劳役刑留置作为罚金刑的易科。③以自由劳动代替罚金刑。如瑞士的《刑法》第49条规定：主管官署得允许受罚人分期缴纳罚金，并依受刑人的情状决定分期缴纳期间和数额。主管官署亦得允许受罚人对国家和地方社区提供自由劳动以抵充罚金，并得同时延长上列之期限。

关于罚金刑的完善，可以从以下几个方面考虑：

①设定高于环境行政罚款最高限额的相对确定的罚金幅度，同时规定，可以实行"按日计罚"制，对连续或持续危害环境的单位或者个人按日计算

---

① 参见杨兴、谭涌涛：《环境犯罪专论》，知识产权出版社2007年版，第181页。

② 同上书，第216页。

③ 参见魏建斌、黄雯：《论我国环境刑法中罚金刑的适用》，《山东省农业管理干部学院学报》2012年第4期。

④ 同上。

罚金，使违法犯罪的成本远远高于环保生产经营或者守法的成本，让犯罪分子感到切肤之痛，以加大罚金刑的威慑力。根据第十二届全国人大常委会第八次会议于 2014 年 4 月 24 日审议通过的修订后的《环境保护法》（于 2015 年 1 月 1 日起实行）第六章"法律责任"第 59 条之规定，企业事业单位和其他生产经营者违法排放污染物，受到罚款处罚，被责令改正，拒不改正的，依法作出处罚决定的行政机关可以自责令更改之日的次日起，按照原处罚数额按日连续处罚。据此，对污染环境的行为人适用行政罚款措施处罚的，可以实行"按日计罚"制。① 对环境犯罪适用罚金刑时，其数额的计算办法应当与作为行政处罚措施的罚款的计算办法对接，应当实行"按日计罚"制。依照"按日计罚"制计算的罚金数额应当高于新修订的《环保法》第 59 条规定的"按日计罚"制计算出的行政罚款的数额，以体现罚金刑的严厉性。②设定高于环境行政罚款最高限额的罚金数额起点，而不设定最高限，以便为法官留有根据经济社会发展状况和案件具体情况自由斟酌罚金数量的余地。③可行时采纳罚金刑易科制度。

五、中国环境犯罪的追诉时效

追诉时效是指刑法规定的、对犯罪人追究刑事责任的有效期限。在追诉时效内，司法机关有权追究犯罪人的刑事责任；超过追诉时效，司法机关就不能再追究刑事责任。② 根据《刑法》第 87 条之规定，犯罪经过下列期限不再追诉：法定最高刑为不满 5 年有期徒刑的，经过 5 年；法定最高刑为 5 年以上不满 10 年有期徒刑的，经过 10 年；法定最高刑为 10 年以上有期徒刑的，经过 15 年；法定最高刑为无期徒刑、死刑的，经过 20 年。如果 20 年以后认为必须追诉的，须报请最高人民检察院核准。根据《刑法》第 88 条之规定，在人民检察院、公安机关、国家安全机关立案侦查或者在人民法院受理案件

---

① 在地方立法实践中，重庆、深圳、北京等地已尝试规定了"按日计罚"制，主要是针对普遍的、持续性的超标排污等环境违法行为。如深圳 2009 年修订的《深圳经济特区环境保护条例》规定：经环保部门处罚后，不停止违法行为或者逾期不改的，环保部门应当对该违法行为实施按日计罚。按日计罚的每日罚款额度为 1 万元，计罚期间自环保部门作出责令停止违法行为决定之日或者责令限期改正的期限届满之日起至环保部门查验之日止。

② 参见高铭暄、马克昌：《刑法学》（第五版），北京大学出版社 2011 年版，第 310 页。

以后，逃避侦查或者审判的，不受追诉期限的限制；被害人在追诉期限内提出控告，人民法院、人民检察院、公安机关应当立案而不予立案的，不受追诉期限的限制。

根据《刑法》第 89 条之规定，追诉期限从犯罪之日起计算；犯罪行为有连续或者继续状态的，从犯罪行为终了之日起计算；在追诉期限以内又犯罪的，前罪追诉的期限从犯后罪之日起计算。根据该条之规定，追诉时效的计算分两种情况：①如果犯罪属于即成犯，则追诉时效从犯罪之日起计算；②如果犯罪属于连续犯或继续犯，则追诉时效从犯罪行为终了之日起计算。

我国刑法关于追诉时效制度的规定，同样适用于环境犯罪追诉时效的计算，但这并不完全符合环境犯罪的特点。环境犯罪，尤其是污染型环境犯罪的危害结果并非立竿见影，具有滞后性、潜伏性，需要几年、十几年、几十年后才会被发现或查明，而我国大部分环境犯罪的追诉时效为 5 年或者 10 年，这样，即使发现了环境犯罪，但有可能因为超过追诉时效而无法追究。

针对环境犯罪追诉时效制度的不足，学界提出大致三条完善的途径：一是直接延长环境犯罪的追诉时效。至于延长的方式，主要有两种观点：第一种观点认为，应当直接修改《刑法》关于追诉时效的规定。对于延长的时间界限，有以下不同认识：①认为一般性质的破坏类环境犯罪的追诉期限应为 10 年；特殊性质的破坏类环境犯罪和一般性质的污染类环境犯罪的追诉时效应为 20 年。②认为破坏环境类犯罪案件的追诉时效应为 10 年；复杂的破坏环境的案件、污染环境类的犯罪案件的追诉时效应为 20 年。③认为污染型环境犯罪的追诉时效应为 30 年或者更长。① ④第二种观点认为，应当通过特别环境刑事立法专门规定环境犯罪的追诉时效。付立忠教授起草的《中华人民共和国惩治环境犯罪条例》（研究草案稿）中写道：环境犯罪的追诉时效为 20 年；特殊情况下，经最高人民检察院批准可不受此限。② 他认为，鉴于有些环境犯罪具有潜在的危害后果，其发案经历几十年，甚至上百年才发现，追诉时效不宜太短，因此才做了上述设定。③ 二是通过报经最高人民检察院批

---

① 参见蒋兰香：《时效制度适用于污染型环境犯罪中的漏洞与弥补》，《法学论坛》2012 年第 5 期。

② 参见付立忠：《环境刑事立法之我见》，《政法论坛》1995 年第 5 期。

③ 同上。

准的方式延长环境犯罪的追诉时效。该观点是根据《刑法》第 87 条第 4 项之规定提出的。《刑法》第 87 条第 4 项规定："法定最高刑为无期徒刑、死刑的，经过 20 年。如果 20 年以后认为必须追诉的，须报请最高人民检察院核准。"该条款是关于超期追诉制度的规定。据此，有学者建议将"如果 20 年以后认为必须追诉的，须报请最高人民检察院核准"设置为第 87 条第 5 项，同时增加污染型环境犯罪须报经最高人民检察院核准追诉时效的内容"应当被判处无期徒刑、死刑的案件，如果 20 年后认为必须追诉的，或者污染型环境犯罪危害结果迟滞出现，已过时效期限但认为必须追诉的，须报请最高人民检察院核准"。其认为这样修改，既无伤刑法基本时效制度的精髓，也弥补了污染型环境犯罪时效适用中存在的漏洞和瑕疵。① 三是对污染型环境犯罪规定专门的时效计算方法。根据《刑法》第 88 条、第 89 条之规定，犯罪的追诉期限从犯罪之日起计算；犯罪行为有连续或者继续状态的，从犯罪行为终了之日起计算。鉴于污染型环境犯罪的危害结果发生的滞后性，不宜适用追诉时效的一般计算方法，应当在刑法条文中专门规定污染型环境犯罪追诉时效的计算方法，即从危害结果出现或者危害结果被发现之日起计算追诉时效。②

关于环境犯罪追诉时效的问题，有两个方案可供选择：一是采纳前述学者的建议，"增加污染型环境犯罪需报经最高人民检察院核准追诉时效的内容"，即在《刑法》第 87 条中增加"污染型环境犯罪危害结果迟滞出现，已过时效期限但认为必须追诉的，须报请最高人民检察院核准"的措辞。这样，既能保证有效追究环境犯罪的刑事责任，又能保证现行追诉时效制度的稳定性。二是针对环境犯罪的特点，对环境犯罪不适用追诉时效，环境犯罪的危害结果被发现或出现的任何时候，只要有追诉的可能，就应当追究其刑事责任。至于哪种方案更有必要或更为可行，有待于进一步论证。

---

① 参见蒋兰香：《时效制度适用于污染型环境犯罪中的漏洞与弥补》，《法学论坛》2012 年第 5 期。
② 同上。

第四章

加强西部生态环境法制建设，促进西部开发战略实施 <<<<<<<<<<<<

第一节　坚持科学发展观，推动西部生态环境建设

"十二五"规划要具有战略性、前瞻性、指导性，与应对国际金融危机冲击重大部署紧密衔接，与到 2020 年实现全面建设小康社会奋斗目标紧密衔接。综合考虑未来发展趋势和条件。

一、加强生态环境建设是西部大开发的切入点

可持续发展理论的提出，源于全球性的环境危机，是人类对于环境问题认识不断深化的结果。所谓可持续发展，就是既要满足当代人的需要，又要考虑后代人的需要，并且尽可能地为后代人提供良好的发展条件。可持续发展涉及经济、生态和社会方面的协调统一，要求人类在发展中讲求经济效益、生态平衡和社会的公平、公正，达到人类生活质量的全面提高。通过科学进步，实现经济增长方式从粗放型向集约型转变，以促进经济的发展；要求实现区域经济协调发展，经济结构优化，资源合理配置；要求进行清洁生产、环保生产和文明消费，达到经济发展与自然的承载能力相协调，实现人与自然关系的平衡。西部地区

由于历史的社会的原因，生态环境比较恶劣，而日益恶化的生态环境极大地制约着西部地区的经济和社会发展，这更加重了西部大开发的难度，同时对中华民族的生存和发展也构成了严重的威胁。加强生态环境保护和建设，也就成为西部大开发中的重中之重。

"建设资源节约型、环境友好型社会"是国家在"十一五"期间实施的一项战略目标，也是西部大开发战略的一项重要内容。"十二五"规划纲要"确定了科学发展的主题和加快转变经济发展方式的主线，明确要求把建设资源节约型、环境友好型社会作为加快转变经济发展方式的重要着力点，强调要树立绿色、低碳发展理念，提高生态文明水平，走可持续发展之路"（2010年李克强在"中国环境宏观战略研究成果应用座谈会"上的讲话）。

环境保护是衡量是否从根本上转变发展方式的重要标志。环境保护贯穿经济发展和社会建设两大领域，既是发展问题，也是民生问题。随着居民收入水平的提高，群众对改善环境质量的要求越来越迫切。环境保护既是转变经济发展方式的需要，也是改善和保障民生的需要。环境安全是国家安全的重要组成部分，必须高度重视防范环境污染事件。要切实加强事前预防，突出排查风险隐患，加大整改力度，健全应急预案，充实应急装备和物资储备。

西部大开发应当是在国家宏观调控下的市场主导型开发，而不是资源主导型或资源依托型的开发。西部有着丰富的自然资源，这里占全国2/3以上的国土面积，资源蕴藏量及品种在全国享有举足轻重的地位。西部的太阳能、地热能、风能等新能源的开发潜力十分丰富；黑色金属的铬铁矿，有色金属的铝、锌、铂族金属，非金属的氧化锂、氯化镁、钾盐、石棉等都在全国有重要地位，特别是原生钛铁矿，铝、锌、铂族金属，氯化锂、氯化镁等矿种具有世界级资源优势。面对西部相对富足的资源，必须选择科学的可持续发展之路。"我们不能走先污染、后治理的老路，也不能仿效西方发达国家靠掠夺资源、转移污染来解决资源环境问题。因此，我们必须不断与时俱进，坚持不懈地打好环境保护的攻坚战和持久战"（2010年李克强在"中国环境宏观战略研究成果应用座谈会"上的讲话）。

二、西部开发必须遏制脆弱的生态环境

(一)西部的生态环境建设现状

西部地区水土资源组合不平衡,自然生态环境十分脆弱,尤其是长期以来不断加剧的人类活动,不合理的水土资源开发,大量的森林被伐,荒地被垦,草地过牧,导致西部地区森林锐减、草地退化、水土流失加剧、荒漠化趋势加重。水土流失对中国经济社会发展的影响是多方面的、全局性的和深远的,甚至是不可逆的。比如,全国水土流失面积 360 多万平方千米,西部地区约占 80%;全国沙漠化土地面积 168.9 万平方千米,西部地区约占 95%左右。全国土地沙化目前仍以平均每年 2460 平方千米的速度扩展,而沙化面积大都在西部地区,影响着全国 1/3 的国土面积和 4 亿多人口的生产、生活。国家林业局认为,我国的治沙工作存在一些需要解决的问题和困难,集中表现在我国沙化土地面积还很大。据水利部水土保持监测中心与中科院遥感所联合进行的全国第二次土壤侵蚀遥感调查,全国水蚀面积为 164.87 万平方千米,占国土总面积的 17.4%,其中西部 12 省(区、市)水蚀面积 106.84 万平方千米,中度以上水蚀面积 53.72 万平方千米,占全国中度以上水蚀面积的 65.7%。中度以上水蚀面积占本省(区、市)国土面积的比例,全国前 10 名中有 7 名在西部,依次为重庆、陕西、甘肃、宁夏、四川、贵州和云南。2009 年 4 月,水利部部长陈雷在全国水土保持工作会议上表示,目前全国有 180 多万平方公里水土流失面积亟待治理,多年平均年土壤侵蚀量高达 45 亿吨左右,有 3.6 亿亩坡耕地和 44.2 万条侵蚀沟亟待治理,东北黑土区的保护和西南石漠化地区耕地资源的抢救都十分紧迫。

土壤盐碱化及其蔓延是危害西北地区农业发展的大问题,其盐碱化面积已达 200 多万公顷,占全国盐碱化土地的 1/3 以上。新疆盐碱化土地已占总耕地面积的 44.4%。甘肃省现有耕地 348.89 万公顷,盐碱地面积已达 10.7 万公顷,还有盐渍荒地 83 万公顷。土壤次生盐渍化严重影响了农作物产量,导致土壤质量下降和土地弃荒。[①] 因此,要因地制宜,必须采取有针对性的治

---

① 参见刘国军:《开发大西北南临的资源、环境问题与对策》,《干旱区资源与环境》2000 年第 4 期。

理措施，厉行法治，依法治理西部地区长期形成的贫困化与生态环境的恶劣状况。全国风蚀面积 190.67 万平方千米，占国土总面积的 20.06%，涉及 17个省（区），其中风蚀面积占本省（区）国土面积的比例，依其大小次序全国的前 5 名为新疆、内蒙、甘肃、宁夏、青海，都在西北。西部地区已成为我国生态环境最脆弱的区域，亟须从根本上扭转这一地区生态环境恶化的状况。

（二）西部森林覆盖率低，水土流失和荒漠化严重

2009 年 10 月 6 日，第九届联合国防治沙漠化公约（UNCCD）会议在阿根廷首都布宜诺斯艾利斯举行。会议向世界各国发出警告：由于人类的过度开垦使得越来越多土地遭受到沙漠化的危机，尤其近年来气候异常，各地干旱频传、加剧，使得情况更为恶化。根据全球气候报告显示，近来的旱灾至少影响 41% 的土地，促使它们沙漠化。而自 1990 年以来，环境恶化已使受影响土地面积暴增 15%—25%。西部大部分地区森林覆盖率很低，水土流失和荒漠化十分严重，而以牺牲生态为代价人为地对矿产资源掠夺式的开伐，严重破坏了生态环境，造成了资源的巨大损毁。自然灾害和人类对环境资源的过度开发利用，危及本来就已脆弱的生态环境，严重制约着西部经济社会的发展。我国西部地区地处内陆腹地，呈现出沙漠戈壁、雪域冰川、黄土高原等雄浑壮阔的地质地貌特征，生态环境脆弱，加之千百年频繁的战乱，自然灾害和人为的破坏，生态环境不断恶化。近年来，我国西北、华北地区连续爆发严重"沙尘暴"，造成了十分严重的损失。有关统计表明，西部地区的水土流失面积已达 100 多万平方公里，仅长江流域就有 60 万平方公里的水土流失面积，每年进入长江的侵蚀物达 16 亿吨。不仅如此，西部地区的土壤荒漠化也以惊人的速度发展。

（三）西部贫困人口多，贫困面大

西部地区的贫困人口主要分布在黄土高原沟壑水土严重流失区、秦巴山区、西南科斯特高原丘陵区、横断山脉高山峡谷区以及内蒙古、新疆、青海、西藏四省区为主的西部沙漠高寒山区。我国 20 世纪 90 年代被确定为重点扶贫县的 592 个重点扶贫县，按照环境特点可分为三大类型：中部山地高原环境脆弱贫困带，包括蒙古高原东南边缘风蚀沙化贫困区、黄土高原沟壑水土严重流失贫困区、秦巴山地生态恶化贫困区、喀斯特高原丘陵环境危急贫困

区、横断山脉高山峡谷封闭型贫困区等类型；西部沙漠高寒山原环境恶劣贫困带，包括新疆、青海及西藏三省区的沙漠地区及青藏高原高寒区等类型；东部平原山丘环境危急及革命根据地孤岛型贫困带，包括东北沿边地区、华北平原低洼盐碱地区；东部岛状分布的丘陵山区革命根据地贫困区。

三、坚持科学发展观，推动西部生态环境建设

（一）控制人口增长，把扶贫开发和生态恢复结合起来，走生态扶贫的道路

急剧增长的人口及掠夺式的行为是导致西北地区资源、环境问题的主要原因。根据联合国1977年荒漠化会议提出的干旱半干旱地带人口临界指标分别不能超过7人/km² 和20人/km² 的标准来衡量，西北地区的人口严重超过了这个界限。急剧增长的人口在生产资料严重匮乏的条件下，为了生存就向自然界进行一系列掠夺式的开发和索取，造成了生态环境的严重破坏。人口增加也造成了淡水资源的严重不足。西北几座大城市淡水资源严重短缺。甘肃省石羊河流域90年代人口比50年代猛增4倍，人类活动强度加大，使民勤绿洲水量从50年代的6亿m³ 减到目前不足2亿m³，加之地下水严重超采，使30多万亩良田无法灌溉而弃耕沙化。黄河从1972—1998年中下游断流21年，从1990—1998年9月间有8年断流。人口增加还造成了草原超载，导致草场退化。

（二）依法加强对"三江源"生态环境的保护与建设

西部地区生态环境的战略地位决定着西部的环境安全，并直接影响东部和全国的环境安全。西部地区是长江、黄河、珠江三大江河的发源地，作为母亲河的长江、黄河流域的治理以及三江源头生态环境的保护与建设，更是一项迫在眉睫的工作，而对生态植被的破坏、对林木的滥伐、过度超载放牧以及牺牲生态为代价，对资源的滥开滥伐，不仅造成资源的破坏，同时也严重污染了环境，破坏了生态。2002年3月中央电视台曾报道，据统计发展中国家每年由于自然灾害而造成的死亡人数要比由于战争而死亡的人数多得多，同时，由于生态环境的破坏和自然灾害的原因，而造成的经济损失，在一个国家国民经济和社会发展中占有一定的比例。可见西部生态环境的保护与建设，不仅是国家生态环境的一项重要内容，还直接关系国民经济的有序发展，关系中华民族在21世纪生存与发展的根本利益，也是我国社会主义现代化建设的根本要求，更是我国综合国力的象征和文明发达的标志。

（三）依法保护水资源

贯彻实施现行《水法》《水资源污染防治法》《水土流失防治法》和有关流域治理与污染防治法律法规，合理开发利用和保护以水资源为核心的自然资源。巩固和发展退耕还林成果，继续推进退牧还草、天然林保护等生态工程，加强植被保护，加大荒漠化和石漠化治理力度，加强重点区域水污染防治。加强青藏高原生态安全屏障保护和建设。支持资源优势转化为产业优势，大力发展特色产业、高技术产业，加强清洁能源、优势矿产资源开发及加工，支持发展先进制造业、高技术产业及其他有优势的产业。建设和完善边境口岸设施，加强与毗邻国家的经济技术合作，发展边境贸易。

（四）依法保护西部生态刻不容缓

依法保护森林、草原，继续实施防沙治沙工程，加大对沙漠化、荒漠化防治的投入。进一步贯彻实施《森林法》《草原法》《防沙治沙法》《野生动植物保护法》《矿产资源法》等相关法律法规，完善生态与环境保护、矿产资源开发利用、生态修复与治理、矿产资源税费、生态补偿及法律责任等相关法律制度。建立和完善工程与资源开发建设影响评价制度。实施基础设施工程和资源开发建设项目的生态影响评价制度，加强生态环境监管。西部城市和工业集中地区环境污染相当严重。工业"三废"污染及农药、化肥的不合理使用对大气、土壤和水源造成污染的现象在西北地区也日益严重。尤其随着西北地区工业的发展，城市化水平的提高和地区人口的膨胀，导致农业生产压力增大，致使"三废"污染及农药化肥污染有加重之势。西部地区水资源短缺，水环境的承载能力有限，再加上城市污水处理设施建设严重滞后，流经城市的河流水污染严重。西北地区多数城市能源结构以煤为主，煤烟型污染比较突出。2000年，用空气综合污染指数衡量，全国47个环保重点城市中，按污染严重程度排序，西部有5个城市位于污染严重的前10名。

第二节　完善西部生态环境建设法律制度

一、西部生态环境建设及其成就

（一）西部大开发要树立生态文明理念

胡锦涛在宁夏考察工作时强调："西部大开发要树立生态文明理念"，强调西部大开发将成为"十二五"规划重大任务，中央将加大资金投入。在取得初步成就的同时，还应清醒地认识到根本性改变西部脆弱的生态环境，需要几十年乃至上百年几代人坚持不懈的奋斗和努力，建设山川秀美的西部，任重道远。第四次全国荒漠化和沙化监测显示，截至 2009 年年底，全国荒漠化土地面积 262.37 万平方公里，沙化土地面积 173.11 万平方公里，分别占国土总面积的 27.33% 和 18.03%。在加大治理保护的 5 年间，全国荒漠化土地面积年均减少 2491 平方公里，沙化土地面积年均减少 1717 平方公里。

（二）西部生态环境建设及其成就

实施西部大开发战略以来，西部在生态建设方面取得了巨大的成就，生态环境整体恶化趋势得到初步遏制，尤其是"十五"以来，国家在西部地区先后实施了退耕还林、退牧还草、天然林保护、京津风沙源等生态建设重点工程。总体看，各项重点工程进展顺利，成效明显。国家先后实施了退耕还林、退牧还草、天然林保护等重大生态工程，局部生态环境明显改善。西部地区森林面积为 11,681 万公顷，森林覆盖率达 17.1%，比 1999 年提高了 6.7 个百分点；森林蓄积量达 82.7 亿立方米，增加近 13 亿立方米。

退耕还林工程成为新中国成立以来投资规模最大、造林数量最多、涉及范围最广、效果最为显著的重大生态工程，西部地区累计营造林 1579.3 万公顷，占同期全国造林总面积的 34%。退牧还草工程累计安排西部地区草原围栏建设任务 4507 万公顷，配套安排重度退化草原补播改良任务 813.3 万公顷，工程区植被覆盖度平均增长 14 个百分点，产草量平均增长 68%。天然林资源保护工程在西部地区有效保护了 6380 万公顷天然森林资源，占全国森林总面积的 32.6%，长江上游、黄河上中游 13 个省（区、市）全面停止了天然林商品性采伐。京津风沙源治理、"三北"防护林体系建设四期、青海三江源地区、甘南黄河重要水源补给区、岩溶地区石漠化综合治理以及塔里木河、黑河、石羊河流域治理工程稳步推进。水污染防治积极推进，重点流域水质恶化趋势得到控制。化学需氧量和二氧化硫排放量明显减少。

京津风沙源治理工程。2000 年国家在北京、天津、河北、山西和内蒙古部分地区 75 个县启动实施。十年规划退耕还林和荒山造林 3943 万亩，营造林 7416 万亩，草地治理 1.6 亿亩，小流域治理 2.3 万平方公里，生态移民 18 万人，总投资 558 亿元。

二、制定《国土整治法》，改善西部生态环境状况

加强生态保护和防灾减灾体系建设。坚持保护优先和自然恢复为主，从源头上扭转生态环境恶化趋势。实施重大生态修复工程，巩固天然林保护、退耕还林还草、退牧还草等成果，推进荒漠化、石漠化综合治理，保护好草原和湿地。加快建立生态补偿机制，加强重点生态功能区保护和管理，增强涵养水源、保持水土、防风固沙能力，保护生物多样性。西部地区水土流失和荒漠化问题突出，严重制约西部地区的发展，直接影响着全国的可持续发展。高度重视并依法保护和整治国土及生态环境，事关西部地区乃至全国的长远发展，所以，在全国宏观法律调控中必须加强这方面的立法。《国土整治法》的主要内容包括：

国土整治的对象范围。这包括国土资源开发利用，基本农田保护，稳步推进"退耕还林还草"，绿化荒山荒漠、防沙治沙，天然林保护，天然草原的恢复与建设，保护以绿洲为中心的生态系统，加强水土流失的综合治理，以及对石油矿产等战略性资源实行保护性开发等。国家在"十一五"及"十二五"规划中都已明确提出，根据不同地区的资源环境承载能力，把国土空间划分为优化开发、重点开发、限制开发和禁止开发四类主体功能区域。这是优化经济布局、促进区域协调发展的战略举措，也是保护生态环境的一项重要措施。《国土整治法》就要体现纲要精神，制定相应的评价指标，明确各功能区的范围，严格规范国土空间开发秩序。

中央政府在内的各级政府的职责，国土整治的目标、任务、步骤，以及规划程序、检查监督考核办法。国土整治实施工程审核、组织以及如黄河水土保持、长江防护林、三峡库区生态环境、西北地区山川秀美工程设计实施。"十二五"规划提出实施主体功能区战略。按照全国经济合理布局的要求，规范开发秩序，控制开发强度，形成高效、协调、可持续的国土空间开发格局。对人口密集、开发强度偏高、资源环境负荷过重的部分城市化地区要优化开发。对资源环境承载能力较强、集聚人口和经济条件较好的城市化地区要重点开发。对影响全局生态安全的重点生态功能区要限制大规模、高强度的工业化城镇化开发。

国土整治、资源开发、生态建设和保护税的开征。生态工程和国土整治

与国家和公民整体利益密切相关，因而，国家应大幅度增加对西部地区国土整治及生态保护与生态建设的资金补偿和生态区治理区的利益补偿。要坚持污染者付费、利用者和受益者补偿、开发者保护、破坏者恢复的原则，并向资源开发的利用和受益者、生态建设受益区征收西部地区国土整治税，以便长期支持西部生态保护和建设工程。

国土资源、生态环境的保护。开发不是开荒，更不是单纯地开矿。西部是中国环保系统中最重要的源头。开发必须坚持环保至上。开发的目标应最具科学性、环保性和规划性。因而，对乱开滥挖矿产资源、毁林开荒、破坏植被等行为的惩处，要适当从严。应杜绝政策性造成的破坏，加大法人、团体对生态环境破坏的惩罚力度，要通过法律科学合理开发和整治国土资源，鼓励保护生态环境行为，惩罚破坏自然生态环境资源和污染环境的行为。对依法设立的各级各类自然文化资源保护区和其他需要特殊保护的区域要禁止开发。基本形成适应主体功能区要求的法律法规、政策和规划体系，完善绩效考核办法和利益补偿机制，引导各地区严格按照主体功能定位推进发展。

加强资源节约和管理。落实节约优先战略，全面实行资源利用总量控制、供需双向调节、差别化管理。加强能源和矿产资源地质勘查、保护、合理开发，形成能源和矿产资源战略接续区，建立重要矿产资源储备体系。完善土地管理制度，强化规划和年度计划管控，严格用途管制，健全节约土地标准，加强用地节地责任和考核。高度重视水安全，建设节水型社会，健全水资源配置体系，强化水资源管理和有偿使用，鼓励海水淡化，严格控制地下水开采。

三、实行优惠的土地政策和矿产资源政策

（一）实施《物权法》，保障林权制度改革成果

对西部地区荒山、荒地造林种草及坡耕地退耕还林还草，实行谁退耕、谁造林种草、谁经营、谁拥有土地使用权和林草所有权的政策。促进集体林权制度改革。据国家林业局统计，截至 2007 年退耕还林涉及全国 3200 多万农户、1.24 亿农民，中央财政已累计投入资金 1300 多亿元，退耕农民平均每户获得补助 3500 元。这些补助总体上约占退耕农民人均纯收入的 10%，西部地区高于 20%，宁夏、云南一些县达到 45% 以上。

鼓励各种经济组织和个人依法申请使用国有荒山荒地，进行恢复林草植被等生态环境保护建设，在建设投资和绿化工作到位的条件下，可以出让方式取得国有土地使用权，减免出让金，实行土地使用权50年不变，期满后可申请续期，可以继承和有偿转让，国家建设需要收回国有土地使用权的，依法给予补偿。对于享受国家粮食补贴的退耕地种植的生态林不能砍伐。对基本农田实行严格保护，实行耕地占补平衡。

（二）完善建设用地审批制度

新一轮西部大开发还将继续健全资源开发和产业发展机制，健全矿产资源有偿占用制度和矿山环境恢复补偿机制；完善土地管理体制，规范发展土地市场；由国家投资或需要国家批准或核准的重点产业项目，同等条件下优先安排在西部地区。西部大开发还将健全"以工促农、以城带乡"机制，促进农村富余劳动力就近就地转移就业，千方百计增加农民收入；加强西部地区人才队伍建设，探索建立统一规范的人力资源市场；扩大西部与周边国家的经贸往来，探索边境地区开发和对外开放的新模式进一步完善建设用地审批制度，简化程序，及时提供并保障建设用地。现有城镇建设用地的有偿使用收益，主要用于城镇基础设施建设。加大对西部地区矿产资源调查评价、勘查、开发、保护与合理利用的政策支持力度。制定促进探矿权、采矿权依法出让和转让的政策办法，培育矿业权市场。

四、加快立法步伐，完善环境法制建设

"建设资源节约型、环境友好型社会"既是今后一个历史时期内我国经济社会发展的战略目标，也是进一步加强西部开发法制建设必须遵循的立法指导思想和基本原则。深入贯彻节约资源和保护环境基本国策，节约能源，降低温室气体排放强度，发展循环经济，推广低碳技术，积极应对气候变化，促进经济社会发展与人口资源环境相协调，走可持续发展之路。面对日趋强化的资源环境约束，必须增强危机意识，树立绿色、低碳发展理念，以节能减排为重点，健全激励与约束机制，加快构建资源节约、环境友好的生产方式和消费模式。

尽快修改完善现行的《环境保护法》。尽快制定并实施《西部生态环境保护法》。实施西部大开发战略以来，无论是在国家立法层面上，还是地方立法

层面上，制定出一大批关于生态保护和环境治理的法律法规，已经发挥了十分重要的作用。由于在这些法律法规中或存在着诸如体制性、机制性的障碍，往往运行不畅；或存在着权利与义务配置不协调、不匹配，可操作性差；或存在着地方保护主义和部门利益争夺；或存在着法律责任不明确以及法律法规之间冲突、抵触等方面的问题。因此，尽快制定《西部生态环境保护法》，不仅是建设"青山、碧水、绿地、蓝天"的西部生态环境的必然要求，也是进一步完善西部大开发法制建设的一项重要内容。

应率先制定并实施《生态补偿条例》新一轮西部大开发应建立起完善的生态补偿机制，通过加大对重点生态功能区的均衡性转移支付力度，设立国家生态补偿专项资金和资源型企业可持续发展准备金制度，探索市场化生态补偿机制，率先制定并实施《生态补偿条例》，为制定《西部生态环境保护法》做好立法准备。在"十二五"期间，国家继续"加强生态环境保护，强化地质灾害防治，推进重点生态功能区建设，继续实施重点生态工程，构筑国家生态安全屏障"。从根本上解决"违法成本低、守法成本高"的问题，严格执法，做到有法必依、违法必究。要推行有利于环境保护的经济政策，建立有效的激励和约束机制，让守法的企业在经济上受益，违法的企业在经济上付出沉重代价。要深入研究并建立"谁污染、谁付费"机制，加快推进资源税费改革，健全和完善生态补偿机制，调动社会各方面力量参与环保设施建设和污染治理，形成环境保护的有利氛围和强大动力。要通过深化改革，保障人民群众的生命健康，保障我国发展的可持续性。

"实行最严格的水资源管理制度"和"加强水权制度建设"是建设节水型社会的根本途径。而"坚持最严格的耕地保护制度，划定永久基本农田，建立保护补偿机制"则是实现我国粮食安全的基本保障。进一步补充、修改和完善现行《水法》和《土地管理法》，改革现行的水资源管理体制和土地管理体制，促进水权制度和土地管理制度改革与创新，在全社会形成节约用水、节约用地的新风尚，为建设"资源节约型、环境友好型社会"提供法律保障。

"坚持保护优先和自然修复为主，加大生态保护和建设力度，从源头上扭转生态环境恶化趋势。""十二五"规划纲要提出，要通过"加强重点生态功能区保护和管理，增强涵养水源、保持水土、防风固沙能力，保护生物多样性，构建以青藏高原生态屏障、黄土高原—川滇生态屏障、东北森林带、北方防沙带和南方丘陵山地带以及大江大河重要水系为骨架，以其他国家重点生态功能区为重要支撑，以点状分布的国家禁止开发区域为重要组成的生态安全战略格局"。

《国务院办公厅支持甘肃经济社会发展的若干意见》要求甘肃"加强生态建设和环境保护，构建西北地区生态安全屏障"。"加强重点地区生态建设与环境保护，加快实施生态补偿，加大对生态功能区转移支付力度，建设生态文明示范区。"甘肃省"十二五"规划纲要把落实"构筑国家生态安全屏障"作为推动甘肃未来发展的一项重要战略目标，抓住国家推进形成主体功能区的机遇，积极构建"三屏四区"生态安全屏障，推进生态功能区建设，保障国家和区域的生态安全。具体建设甘南黄河重要水源补给生态功能区、"两江一水"流域水土保持与生物多样性保护区、祁连山冰川与水源涵养生态保护区、敦煌生态环境和文化遗产保护区、石羊河下游生态保护治理区、黄土高原丘陵沟壑水土流失防治区、北山荒漠自然保护区。建立完善生态补偿机制，促进生态修复。

甘肃省应尽快制定《甘南黄河重要水源补给生态功能区建设与保护条例》《甘肃"两江一水"流域水土保持与生物多样性保护区条例》《祁连山冰川保护条例》《西部地区国土整治法》，确保把改善生态环境作为西部大开发的切入点。西部地区水土流失和荒漠化问题突出，严重制约西部地区的发展，直接影响着全国的可持续发展。高度重视并依法保护和整治国土及生态环境，事关西部地区乃至全国的长远发展，所以在全国宏观法律调控中必须加强这方面的立法。

第三节　资源开发保护与能源战略法治建设

能源资源是人类社会赖以生存和发展不可或缺的物质资源，是关系一个国家经济命脉的重要战略物资和经济社会发展的基础。20 世纪 70 年代的两次石油危机，导致世界经济的全面衰退、通货膨胀和失业率全面上升，充分显示了能源资源在经济建设中具有举足轻重的地位。开发保护资源，构建能源安全战略机制已经成为各国重要的战略问题。

一、我国能源安全战略的选择

（一）坚持开发与节约并举、节能优先的方针

此项工作中，政府必须发挥主导作用。要对公共资源进行合理配置，有效运用经济、法律和行政力量，确保节能减排约束性指标的实现。要把节能减排指标完成情况纳入各地经济社会发展综合评价体系。继续完善相关政策措施，理顺能源产品价格，抑制能源低成本消费，将低成本使用能源的鼓励政策改为高成本使用能源的约束政策。按此要求能耗将成为我国政府核准项目的强制性门槛。同时，要积极调整和优化产业结构，加快产业升级，强制淘汰高耗低效的落后的产品；要建立节约型经济体系，发展知识密集型产业，扩大服务业和高技术产业，逐步降低能源密集型产业在国民经济中的比重；要广泛开展全民节能活动，把节能变成全民的自觉行为。

（二）开发新技术，提高石油利用率

虽然我国原油消费量逐年递增，但我国的石油利用率不高，数据显示目前我国每万美元 GDP 平均消耗石油 2.2 吨，是日本的 4 倍、美国的 2 倍以上、印度的 1.1 倍、世界平均水平的 1.8 倍。随着环保意识的不断增强，世界各国对燃料质量的要求日趋严格，满足清洁燃料在数量和质量上的增长要求已成为世界炼油工业面临的共同挑战。

我国的炼油企业应依靠先进技术，从生产环节上最大限度地挖掘资源潜力，降低能源消耗。主要措施有：一是要加速发展总体和系统用能优化技术；二是要加强现代节能理论和方法的研究，指导节能新技术和设备的开发；三是进一步发展和完善能量回收利用技术；四是推广热电联产、蒸汽压差发电、液力透平等技术和设备；五是进一步推广应用系统技术；六是加快淘汰落后的工艺技术和设备。

（三）大力开发风电能源

当前，国家正重点建设甘肃河西走廊、苏北沿海和内蒙古三个 1000 万千瓦级的大风场，大力打造"风电三峡工程"。将使中国成为世界最大的风力发展国家。

风力发电现在已成为可再生能源开发利用中技术最成熟、最具规模开发和商业化发展前景的发电方式之一，得益于其在减轻环境污染、优化能源结

构等方面的突出优势，受到世界各国重视并迅速发展。西北风能资源蕴藏量巨大，约占全国陆地风能资源的1/3，开发条件得天独厚。据悉，甘肃风能资源主要集中在河西走廊北部，技术可开发总量2700万千瓦以上，风能总储量居全国第五位。国家发改委目前已确定酒泉千万千瓦级风电基地规划方案、建设模式和总体进度，一期建设300万千瓦、二期建设700万千瓦风电场，计划于2010年、2020年以前建成投运。目前，甘肃酒泉千万千瓦级风电基地正在紧锣密鼓的规划和筹备中。

据了解，今年计划开工建设750千伏为主网架的酒泉、瓜州变电站，被业内人士称为"电力高速公路"，相当于全国普遍采用的500千伏线路的2.5倍，适合于大功率、远距离传送。加快750千伏电网建设，不仅节约占地面积，而且降低了输电价格容量比。甘肃通过双回750千伏线路加强与河西走廊的联系，以满足酒泉地区风电外送。目前世界上最大的装机是德国，达到2000万千瓦左右，中国风电规模居世界第五位。按当前的发展速度，预计今年风力发电装机可以达到1000万千瓦，2010年有望达到2000万千瓦，届时，中国将成为世界上最大的风力发展国家。

（四）努力加快生物质能源开发利用

由于国内外能源紧张程度的日益加剧和化石燃料的有限性，可再生能源的开发利用问题已得到各级政府的高度重视。生物质能作为一种可循环利用的资源，已经被各国提到了调整本国能源战略的高度。所谓生物质能，是指由植物的光合作用而固定于植物中的能量。目前，全球每年经植物光合作用产生的生物质约2200亿吨，相当于1537亿吨标准煤，是世界能源总产量10倍。而这些生物质，目前只有1.04%作为能源加以利用。生物质资源主要有农业秸秆资源、牲畜粪便资源、林业薪柴资源和能源植物资源构成。中国是一个农业大国，在稻谷、麦子、玉米、豆类、块茎作物、棉花和甘蔗等农作物生产过程中产生大量的农业废弃物。以2001年为例，农业废弃物7.15亿吨，折合能源约3.6亿吨标煤；牲畜粪便是沼气发酵的优良原料，2003年全国可收集牲畜粪便资源总量为10,453万吨标煤，如果用于沼气发酵，每年估计可产沼气530亿立方米；2010年可折合1.1亿吨标煤；2020年可折合1.2亿吨标煤；2050年可折合1.6亿吨标煤；当前我国林业薪柴资源量约8亿吨，折标煤4.5亿吨；能源作物的大量种植，也将增加我国的生物质资源总量。

通过对现有资源量及能源作物资源潜力的分析和评估，预计到 2020 年我国的生物质资源可达到约 10 亿吨标煤／年，对我国未来能源的保障供应以及构建清洁的能源结构是极为重要的战略性能源资源。

二、我国能源法治建设的构建

我国的资源开发保护与能源战略通过上述的这些措施可以很好地解决，但任何有效的措施，都需要法律制度加以保障才能得到最大的发挥。构建我国的能源法治体系成为当前我们解决资源开发与能源安全战略的主要问题。

确立可持续发展原则。能源的发展必须基于可持续发展理念。可持续发展不应仅仅作为能源发展的一项伦理原则，也不应只作为能源国际合作的一项原则，而应该作为一国国内能源法的一项基本原则而得到确立。这是因为：可持续发展奠定了解释法律、运用法律和发展法律的基调，是所有国家的关键性标准。这一基准对于能源法制亦同样适用，因而，有关能源的法制亦应贯彻这一基本理念，在能源法中确立其为一项基本原则。可持续发展，如果只是作为一项伦理原则或国际法原则而不能作为国内能源法的一项法律原则得到确立的话，那么，可持续发展就只能是一种"软约束"，缺乏法律的强制力。失去了法律原则和法律观念的支撑，可持续发展就会呈现出一种"脆弱的可持续性"，最终就会演变为不可持续发展。为保障能源的可持续发展，让政府和相关企业一起遵循，就必须将可持续发展从伦理原则转化为法律原则。

可持续能源的伦理原则。可持续能源的伦理原则有三个：一是生态可持续性原则（或称种际正义原则）。人类必须以一种不危及地球生态系统完整性的方式开发利用能源。二是社会及经济平等原则（或称代内正义原则）。个人可以在平等基础上按适当的标准获取能源，并应允许其满足能源需要。三是对后代负责的原则（或称代际正义原则）。人们必须以一种不危及后代人满足其能源需求能力的方式开发利用能源。为避免这三项原则仅局限于一种道义或停留在纸面，就需要通过立法加以明确，通过法律的规定予以具体化，从而使可持续发展的要求具有可行性和适用性。通过这些具体化的规定，诸如能源的开发利用应与环境保护相结合，能源的使用应友好于环境；应提高能源利用效率，节约使用能源，减少浪费；应积极提倡、大力发展新能源和可再生能源；应建立若干激励机制；应提高公众对能源问题的认识和参与程度；

应设置能源安全和风险防范机制；能源开发利用的法律责任机制等，从而实现可持续发展由伦理原则向法制原则的嬗变。

三、能源法制保障架构

为保障能源的稳定安全、有序健康、合理利用和可持续发展，系统而健全的能源法制必不可少。为实现"十一五"时期我国能源建设的总体安排（有序发展煤炭；加快开发石油天然气；在保护环境和做好移民工作的前提下积极开发水电，优化发展火电，推进核电建设；大力发展可再生能源），能源法制应在如下几个方面建立有效的趋利避害机制：

在能源结构方面，应实行能源多元化机制。基于中国能源储备状况和资源禀赋、现有产业与技术基础，中国能源应建立能源结构调整法制，在法制的层面上落实结构调整的方向、步骤和时段，明确各种能源开采使用的数量与程度，特别是应明确水电、核电和可再生能源开发利用的助推措施等，从而促成能源多元格局的形成。

在能源技术方面，应建立技术创新和保护机制。能源的发展和新能源与可再生能源的开发利用，技术是关键。因而，在技术法制方面，应充分支持先进技术和新技术的研究开发、推广应用。在这方面，我国技术法制的完善还具有相当大的发展空间，诸如技术研发优先领域的确定、技术强制标准的制定、技术研发的资助与奖励、技术成果的转化与采购、技术成果的保护、技术开发的合作与商业化，等等。

在能源安全方面，应建立能源安全与风险防范机制。能源安全包括两个方面：一是能源供给安全；二是能源使用安全。在能源供给安全方面，尽管是在国家战略高度加以考虑，但尚停留在政策层面，而法制方面的建设几乎处于空白。只有建立一种稳定的法律机制，方能克服能源供给面临的不稳定性和消除不可预期的风险。为保障能源的安全供给，法制应给与保障：其一，节能，大力发展节能产品，降低能耗；其二，储能，实行能源储备制度；其三，开能，即开发替代能源，加强新能源技术开发，以替代传统化石燃料能源等。在能源使用方面，则应建立有效的风险防范机制，确立各类主体的安全义务，通过事前预防、事中控制、事后救济等多种途径，防范风险的发生或使风险损害降低到最低程度。

在政府干预方面，应建立政府适当作为机制。由于能源不仅仅是一个使个人获益的私物，它还同时涉及公众事务，而且还与社会经济和环境保护问题密切相关，因而，如果采取完全放任的自由主义，就可能产生"公共地悲剧"，能源开发利用的社会成本和环境成本将外部化。但是，如果政府进行过多干预，则能源的开发利用和发展就会失去动力，就会扭曲能源市场，同样也是行不通的。因而，必须建立一种适当干预的机制，政府应在适当的领域以适当的方式干预能源产业和市场，诸如采取行政计划、行政许可、行政指导、政府补贴、税收激励、优先采购等措施。

在市场调节方面，应建立公平、有序的市场机制。能源开发利用不可能完全和永久地依靠政府和行政干预，能源的可持续发展战略主要并最终应依靠市场。在有序竞争的作用下，市场比政府能更好地配置资源。在市场机制方面，国家应通过法制，明晰能源产品的产权、确立公平的交易机制，等等。但是，由于新能源与可再生能源在开发推广的前期，其成本高昂，往往无法与常规能源站在同一起跑线上竞争，因而为了鼓励新能源与可再生能源的开发利用，就可以在立法上采取一些促其走向市场的举措，如实行可再生能源配额制、限制交易许可制等。

四、西部生态环境法治建设，任重而道远

西部大开发在取得初步成就的同时，我们还应清醒地认识到根本性改变西部脆弱的生态环境，需要几十年乃至上百年几代人坚持不懈的奋斗和努力，建设山川秀美的西部，任重道远。巩固和发展退耕还林成果，继续推进退牧还草、天然林保护等生态工程，加强植被保护，加大荒漠化和石漠化治理力度，加强重点区域水污染防治。加强青藏高原生态安全屏障保护和建设。支持资源优势转化为产业优势，大力发展特色产业、高技术产业，加强清洁能源、优势矿产资源开发及加工，支持发展先进制造业、高技术产业及其他有优势的产业。建设和完善边境口岸设施，加强与毗邻国家的经济技术合作，发展边境贸易。

厘清思路，走科学发展之路。我们应当以科学的发展观统领经济社会发展的全局，在实施西部大开发战略中，贯彻执行党的十六届四中全会、五中全会的精神，按照"十一五"规划确定的目标和要求，牢固地坚持和树立科

学的发展观，大力发展循环经济作为建设"资源节约型、环境友好型社会"、实现可持续发展的重要途径。坚持开发节约并重、节约优先，按照减量化、再利用、资源化的原则，大力推进节能节水节地节材，加强资源综合利用，完善再生资源回收利用体系，全面推行清洁生产，形成低投入、低消耗、低排放和高效率的节约型增长方式。

保护生态环境，依法治理污染。坚持加大环境保护力度。坚持预防为主、综合治理，强化从源头防治污染和保护生态的原则，坚决改变先污染后治理、边治理边污染的状况。西部地区要把保护环境作为一项重大任务抓紧抓好，采取严格有力的措施，降低污染物排放总量，切实解决影响经济社会发展特别是严重危害人民健康的突出问题。尽快改善重点流域、重点区域的环境质量，加大"三河三湖"、三峡库区、长江上游黄河中上游和南水北调水源及沿线等水污染防治力度，要加强对青藏高原生态环境的保护与建设，尤其是要加大对"三江源头"生态环境的治理，保护母亲河，造福子孙万代。综合治理大中城市环境，加强工业污染防治，加快燃煤电厂二氧化硫治理，重视控制温室气体排放，妥善处理生活垃圾和危险废物。进一步健全环境监管体制，提高环境监管能力，加大环保执法力度，实施排放总量控制、排放许可和环境影响评价制度。

维护生态，流域治理。制定西部地区跨流域跨省、区用水调水和节水法规，解决存在多年难以协调的水资源开发和利用等方面的问题。西部地区尤其西北地区干旱、水资源严重短缺，已成为影响其发展的重要因素。据统计，在近20年青海省境内的黄河入水量已减少23.2%。实施西部大开发战略，重视水资源的开发、合理利用和节水是不可缺少的重要环节。当前，西部水资源开发利用方式还存在严重不合理的问题，管理经营落后，经济用水挤占生态用水，灌溉方式不当引起土壤沙化、草场退化和土地次生盐碱化。地下水严重超采，沙漠植被大量死亡，沙尘暴天气逐年增多。开发西部，加强生态环境的保护和建设，制定专门的水资源利用调配和节约用水的法规就显得非常重要和紧迫。制定该方面的法规，其核心内容是资源的合理利用和确保生态用水。要明确规定严格限制地下水的超采，改变大水漫灌的传统农业用水方式，加强以节水为中心的农田水利建设，稳定耕地面积，大力改造中低产田，利用经济杠杆，强化流域水资源管理，建立节约用水体系，并实行多样化的利益补偿机制。调水立法主要涉及黄河、内陆河水的调配，以及南水西调工程的论证实施，问题的关键在于打破传统的地域观念、资源观念，树立全新的开发和发展意识，协调水资源合理利用，确定区域间各方的权利义务关系。

依法行政，强化环境监管。依法行政，加强西部大开发的环境监管。我国已初步建立了环境保护法律法规、制度和标准体系，基本上可以做到有法可依。西部各级环保部门要严格执行开发建设项目环境影响评价制度，认真执行生态环境保护的有关法律，努力推进特殊生态功能区、重点资源开发区、生态良好区"三区"生态环境保护战略的实施，加强执法监督工作，实现污染物排放总量控制目标，推动污染防治的跨越式发展。切实保护好自然生态。坚持保护优先、开发有序，以控制不合理的资源开发活动为重点，强化对水源、土地、森林、草原、海洋等自然资源的生态保护。继续推进天然林保护、退耕还林、退牧还草、京津风沙源治理、水土流失治理、湿地保护和荒漠化治理等生态工程，加强自然保护区、重要生态功能区和海岸带的生态保护与管理，有效保护生物多样性，促进自然生态恢复。防止外来有害物种对我国生态系统的侵害。按照谁开发谁保护、谁受益谁补偿的原则，加快建立生态补偿机制。

倡导节能低碳化生活。围绕建设"资源节约型，环境友好型社会"，倡导节能低碳化生活，形成节约能源和保护生态环境的良好意识和社会氛围。发展循环经济，保护生态环境。实施新能源战略，开发并运用风能、太阳能、地热能、生物质能和核能等新型可替代清洁能源。倡导节能低碳化生活，形成节约能源和保护生态环境的良好意识和社会氛围。坚持开发节约并重、节约优先，按照减量化、再利用、资源化的原则，在资源开采、生产消耗、废物产生、消费等环节，逐步建立健全社会的资源循环利用体系。发展农业节水，推进雨水集蓄，建设节水灌溉饲草基地，提高水的利用效率，逐步实现灌溉用水总量零增长。推进火电、冶金等高耗水行业节水技术改造。促进城市节水工作，推广实用节水设备和器具，扩大再生水利用。加强公共建筑和住宅节水设施建设。保护修复自然生态，将生态保护和建设的重点从事后治理向事前保护转变，从人工建设为主向自然恢复为主转变，从源头上扭转生态恶化趋势。在长江、黄河流域水土流失以及北方风沙等地区要继续实行退耕还林还草。

第四节　尽快制定《西部大开发中生态保护建设金融财政保障法》

完善西部大开发法律体系，需要制定《西部大开发金融财政保障法》等一系列相关的配套性法律法规，依法对西部开发中的国家重点工程建设项目、大型工程建设项目、中央政府支持的基础设施建设的规划立项、工程预算、招投标程序、资金划拨使用、政府财政转移支付等多个方面进行评估评价、审计会计、制约监督，以保障西部大开发的顺利进行。加快财税体制改革。积极构建有利于转变经济发展方式的财税体制。在合理界定事权基础上，按照财力与事权相匹配的要求，进一步理顺各级政府间财政分配关系。增加一般性转移支付规模和比例，加强县级政府提供基本公共服务财力保障。

一、金融在西部大开发中处于主导性支持地位

西部大开发是一项长期、复杂、巨大的系统工程，须有一个全方位、多层次的支持系统，国务院《关于实施西部大开发若干政策措施的通知》（国发〔2000〕33号）确定了"政策措施的适用范围"，主要包括对西部加大建设资金投入力度、优先安排建设项目、加大财政转移支付力度、加大金融信贷支持、大力改善投资软环境、实行税收优惠政策、实行土地使用优惠政策、实行矿产资源优惠政策和运用价格和收费机制进行调节、扩大外商投资领域、拓宽利用外资渠道等一系列优惠政策和措施，有力地促进并保障了西部大开发战略的实施。加强金融监管协调，建立健全系统性金融风险防范预警体系和处置机制。

依法保障金融扶持力度。"国家根据民族自治地方的经济发展特点和需要，综合运用货币市场和资本市场，加大对民族自治地方的金融扶持力度。金融机构对民族自治地方的固定资产投资项目和符合国家产业政策的企业，在开发资源、发展多种经济方面的合理资金需求，应当给予重点扶持。"[①] 西部大开发10多年来，国家把宏观政策支持和导向的重点放在发挥财政金融政策的支持力度，通过加大国家直接投资比重，加快基础设施和生态工程建设，

---

① 《中华人民共和国民族区域自治法》第56条。

促进国有经济的战略性调整和国有企业的资产重组，加大对教育科技事业的支持，极大地改变了西部的面貌。

发挥金融对西部开发支持作用，营造金融领域内外的环境，尤其要改革西部金融环境，为西部大开发提供强有力的支持作用。西部大开发10多年来，中国人民银行综合运用货币政策工具和信贷指导政策，加大对西部的资金支持。据统计，仅银行向西部再贷款限额占全国的比重由2004年的22.63%提升至2009年6月末的27.27%，总量增加到1496亿元。结合西部区域特点和产业优势，央行制定了推动经济发展的信贷政策，督促和引导金融机构加大信贷投放力度，提高金融服务水平，推动西部经济实现平稳较快增长。同时，央行对西部民族地区实行优惠货币信贷政策，支持少数民族地区经济发展。

金融扶持彰显成效。10多年来，西部地区各项贷款保持平稳增长势头，年增长速度均超过中部、东北地区。2009年西部本外币各项贷款增速高达37.8%，高于东部和中部地区；对基础设施建设和装备制造业等优势产业的信贷投放大幅增加，支持了西气东输等一批西部大开发标志性项目的建设。加快西部地区农村金融服务体系建设，拓展服务"三农"的广度与深度。涉农贷款大幅增长，2009年年末西部涉农贷款余额为15039亿元，同比增长28.5%，高于各项贷款平均增速。对民族贸易和民族特需产品生产资金支持力度不断加大。

二、制定并实施特殊的金融政策，对西部继续实施货币倾斜和信贷倾斜

实施西部大开发战略10多年来，以取得了可喜的成果，但东西部地区发展差距还在拉大，西部大开发任务仍然艰巨。究其原因，还是在投资力度与金融政策上存在着一定的缺失和不足。因此，根据西部地区实际，制定并实施特殊的金融政策，为西部地区实施货币倾斜和信贷倾斜政策，势在必行。向实施西部倾斜的信贷政策，可以采取降低西部存款预备金率；实行东西部差别贷款利率和提高西部地区商业银行分支行的贷存款比例等措施。

胡锦涛在西部大开发10周年，党中央、国务院对实施西部大开发战略的决心不会动摇，政策不会改变，力度不会减弱。要继续坚定不移地深入推进西部大开发，支持西部地区抓住机遇，加快转变发展方式，积极调整经济结

构，着力提高发展质量，不断创新体制机制，化解国际金融危机影响，继续保持经济平稳较快发展，提高各族人民的物质文化生活水平。中国政府实施西部大开发战略的决心不会动摇，政策不会改变，力度不会减弱。

新一轮西部大开发将享受到密集政策优惠。西部大开发新10年规划涉及区域将有望享受到密集政策优惠。国家发展改革委员会副主任杜鹰在（2010年7月8日召开）"西部大开发10周年新闻发布会"上表示："十二五"期间，"中央在重大基础建设项目上还要继续向西部地区倾斜，在转移支付和投资安排上也要继续向西部地区倾斜。仅2010年，国家就计划西部大开发新开工23项重点工程，投资总规模为6,822亿元"。对于6,822亿元的来源问题，杜鹰表示，"从融资结构上看，事实上中央的投资只是一小部分。过去10年西部地区全年固定资产投资近20万亿元，中央投资不到9,000亿元。今后我们还要制定一些鼓励社会资金向西部投入的政策，特别是信贷资金，并加大直接融资和间接融资的政策扶持力度，形成多元化的投资格局"。

落实国家各项优惠金融政策，促进西部地区薄弱环节发展。2008年，配合国务院扶贫办等部门印发了《关于全面改革扶贫贴息贷款管理体制的通知》，确立了政府引导、市场运作，下放管理权限、引入竞争机制，固定贴息水平、灵活补贴方式，逐步探索建立风险防范和激励约束机制的改革总体思路，并负责加强对扶贫贴息贷款的政策指导和业务管理。2001—2008年，西部地区累计发放扶贫贴息贷款761.79亿元。稳步推动落实下岗失业人员小额担保贷款政策。西部地区小额担保贷款余额从2005年末的6.49亿元增加到2009年8月末的41.01亿元，增长了5.3倍，占全国比例由2005年末的14.8%增长到2009年6月末的29.7%。积极鼓励支持金融机构开展国家助学贷款业务，配合有关部门研究制订高校毕业生国家助学贷款代偿资助办法，鼓励和引导高校毕业生到基层就业。西部地区助学贷款余额从2005年25.5亿元增加到2009年8月末的60.9亿元，增长了1.4倍，占全国比例由2005年末的20.0%增长到2009年6月末的22.1%。

为应对国际金融危机的冲击，2008年12月，国务院办公厅发布了《关于当前金融促进经济发展的若干意见》，要求认真执行积极的财政政策和适度宽松的货币政策，加大金融支持力度，促进经济平稳较快发展。2009年8月20日，温家宝主持西部地区开发领导小组会议，原则通过了《关于应对国际金融危机保持西部地区经济平稳较快发展的意见》。对在国际金融危机形势下，西部地区充分发挥在扩大内需中的重要作用，进一步加大基础设施建设和生态环境保护力度，关注民生深化社会保障制度改革，健全社会保障体系等问题作出了指导性的意见。把加大对西部地区社会保障资金转移支付力度，进一步完善西部地区社会保障体系作为实施新一轮西部大开发战略的既定目标予以充分的肯定。把国家给予西部的上述优惠政策提升为具有连续性、稳定性和权威性的法律法规，是西部大开发中法制建设的一项基本任务。

加大西部大开发建设资金投入力度，优先安排建设项目，加大财政转移支付力度和加大金融信贷支持。要提高中央财政性建设资金用于西部地区的比例，使国家政策性银行贷款、国际金融组织和外国政府优惠贷款，在按贷款原则投放的条件下，尽可能多安排西部地区的项目。加大资金投入力度，要落实在优先安排建设项目上，重点在水利、交通、能源等基础设施领域的投资建设。国家今后应进一步建立健全资源和生态补偿机制、财税再分配制度等，调整东中西部利益分配格局，向中西部地区增加以人力资本为代表的无形资本投资以及基本公共产品投入。要加大在生态环境建设与保护、优势资源开发与利用项目投资建设。加强西部地区建设项目法人责任制、项目资本金制、工程招投标制、工程质量监督管理制、项目环境监督管理制等制度的建设和建设项目的前期工作。

加大财政转移支付力度。随着中央财力的增加，逐步加大中央对西部地区一般性转移支付的规模。在农业、社会保障、教育、科技、卫生、计划生育、文化、环保等专项补助资金的分配方面，向西部地区倾斜。中央财政扶贫资金的安排，重点用于西部贫困地区。对国家批准实施的退耕还林还草、天然林保护、防沙治沙工程所需的粮食、种苗补助资金及现金补助，主要由中央财政支付。对因实施退耕还林还草、天然林保护等工程而受影响的地方财政收入，由中央财政适当给予补助。西部大开发以来的 10 年间，国家对西部地区的各类财政转移支付累计近 2 万亿元，国债、预算内建设资金和部门建设资金累计安排 1 万亿元以上，改善了西部地区财力。分析显示，仅基础设施建设对西部地区经济增长率的贡献就超过 1 个百分点。

国际金融危机爆发后，中央扩大内需投资中的大部分投向了中西部地区民生工程、基础设施、生态环境、产业振兴、技术创新和灾后重建，并带动地方和社会巨额资金跟进。加大金融信贷支持。加大对西部地区基础产业建设的信贷投入，重点支持铁路、主干线公路、电力、石油、天然气等大中型能源项目建设。加快国债配套贷款项目的评估审贷，根据建设进度保证贷款及早到位。对投资大、建设期长的基础设施项目，根据项目建设周期和还贷能力，适当延长贷款期限。国家开发银行新增贷款逐年提高用于西部地区的比重。扩大以基础设施项目收费权或收益权为质押发放贷款的范围。增加对西部地区农业、生态环境保护建设、优势产业、小城镇建设、企业技术改造、高新技术企业和中小企业发展的信贷支持。在西部地区积极发放助学贷款及学生公寓贷款。农业电网改造贷款和优势产业贷款中金额较大的重点项目，由农业银行总行专项安排和各商业银行总行直贷解决。有步骤地引入股份制银行到西部设立分支机构。为配合中央的西部大开发政策，中外资银行近期动作频频：交通银行7月28日在青海设立省级分行，建设银行7月初在西部设立首家村镇银行，工银（亚洲）、香港嘉华银行等近日抢滩西部人民币跨境贸易结算市场，为西部大开发提供更有力的金融支持。

三、西部地区金融风险防范措施

西部紧急抵御金融风险的能力弱。但随着我国经济的快速发展，为适应不断变化的市场需求，开拓新市场、开发新资源、推进新制度势在必行，但值得注意的是，在金融业进行创新的同时，必然会破坏了原有的平衡，从而造成了金融风险。而如何进行风险防范，则是我们亟待解决的问题。西部紧急抵御金融风险弱的原因：西部地区财力不济，受冲击经济回暖，金融恢复缓慢；西部产业结构单一金融风险是全国问题也是全球问题，在金融风暴以后，我国采取及时的宏观政策，以拉内需、保增长、保民生、保稳定为主导的应对政策。

西部开发应按照国家关于《应对金融风险》规定，由相关部门切实执行。同时要完善和加强金融监管体系，构建符合国际惯例的监管模式，积极防范金融风险。监管当局应变合规性监管为合规性和风险监管并重，在鼓励法人内部风险监控的同时，建立风险预警机制，提高系统性风险的防范和化解水平。

借鉴发达国家成功的监管经验，积极构建市场化国际化的金融监管模式。

将金融监管的重心放在构建各金融机构规范经营、公平竞争、稳健发展的外部环境上来，更多地运用新的电子及通讯技术进行非现场的金融监管，对金融机构的资本充足率、备付金率、呆坏账比例等指标实行实时监控，以此来提高防范和化解金融风险的快速反应能力。

以企业结构调整为切入，在产业结构中抓一些大项目，带动区域经济，如甘肃的酒泉风电与风电器配工程，它是能源的开发，既符合循环经济又符合西部生态建设。

把国内与国际市场结合起来，通过大项目引进外资，通过国际合作竞争项目，加强金融监管的国际合作。

执行金融监管法规，充实监管人员，提高其综合素质。将政治素质高、懂法律、精通金融业务的员工充实到监管岗位上，加大培训力度，培养出一大批懂得国际金融、了解金融风险、洞悉金融业务的复合型金融监管人才，落实监管责任，明确监管人员对于相关业务的风险监测、风险处置过程中的监管权力和责任，并改进监管手段、鼓励金融监管手段的创新。另外，通过开发新产品培育优势产业，拥有完全自主的知识产权，进一步完善知识产权法律制度，信贷制度金融监管制度能够使优势产品争取上市交易，对证券交易期货交易房地产交易进行管理引进资金带动相关产品从而实现"从被动地接受输血变成自我造血工程"抵御金融风险。

主要参考文献 <<<<<<<<<<<<

一、著作类

1. 杨兴、谭涌涛：《环境犯罪专论》，知识产权出版社2007年版。

2. 张梓太：《环境法律责任研究》，商务印书馆2004年版。

3. 冯军、李永伟：《破坏环境资源保护罪研究》，科学出版社2012年版。

4. 吴献萍：《环境犯罪与环境刑法》，知识产权出版社2010年版。

5. 刘斌斌、李清宇：《环境犯罪基本问题研究》，中国社会科学出版社2012年版。

6. 赵秉志、王秀梅、杜澎：《环境犯罪比较研究》，法律出版社2004年版。

7. 王树义：《环境法前沿问题研究》，科学出版社2012年版。

8. 付立忠：《环境刑法学》，中国方正出版社2001年版。

9. 赵星：《环境犯罪论》，中国人民公安大学出版社2011年版。

10. 王树义：《环境法系列专题研究》（第二辑），科学出版社 2006 年版。

11. 冯军译：《德国刑法典》，中国政法大学出版社 2000 年版。

12. 刘莹：《刑法罪名与定罪量刑标准精解》，法律出版社 2013 年版。

13. 周道鸾、张军：《刑法罪名精释》（第三版），人民法院出版社 2007 年版。

14. 周道鸾、张军：《刑法罪名精释》（第四版），人民法院出版社 2013 年版。

15. 高铭暄、马克昌：《刑法学》，北京大学出版社 2011 年版。

16. 邵维国：《罚金刑论》，吉林人民出版社 2004 年版。

17. 黄道秀译：《俄罗斯联邦刑法典释义》（下册），中国政法大学出版社 2000 年版。

18. 张军：《〈刑法修正案〉（八）条文及配套司法解释理解与适用》，人民法院出版社 2011 年版。

19. 廖华：《从环境法整体思维看环境利益的刑法保护》，中国社会科学出版社 2010 年版。

20. 中国社会科学院语言研究所词典编辑室：《现代汉语词典》，商务印书馆 2005 年版。

21. 万霞：《国际环境法资料选编》，中国政法大学出版社 2011 年版。

22. 汪劲：《环境法学》，北京大学出版社 2011 年版。

23. 《中国大百科全书·环境科学》，中国大百科全书出版社 2002 年版。

24. 吕忠梅、高利红、余耀军：《环境资源法学》，中国法制出版社 2001 年版。

25. 《马克思恩格斯全集》第 1 卷，人民出版社 1985 年版。

26. 富勒：《法律的道德性》，商务印书馆 2005 年版。

27. 陈泉生：《环境法学基本理论》，中国环境科学出版社 2004 年版。

28. 《马克思恩格斯全集》第 1 卷，人民出版社 1985 年版。

29. 张文显：《法理学》，北京大学出版社、高等教育出版社 1999 年版。

30. ［古希腊］亚里士多德：《政治学》，商务印书馆 1965 年版。

31. ［法］卢梭：《论人类不平等的起源与基础》，商务印书馆 1962 年版。

32. 张中秋、杨春福、陈金钊：《法理学——法的历史、理论与运行》，南京大学出版社 2001 年版。

33. P. 辛格:《我们对待动物的一种新伦理学》,阳光日报出版社 1988 年版。

34. 李德顺:《价值论》,中国人民大学出版社 1998 年版。

35. 陈泉生、张梓太:《宪法与行政法的生态化》,法律出版社 2001 年版。

二、论文类

1. 蒋兰香:《时效制度适用于污染型环境犯罪中的漏洞与弥补》,《法学论坛》2012 年第 5 期。

2. 付立忠:《环境刑事立法之我见》,《政法论坛》1995 年第 5 期。

3. 高铭暄、徐宏:《环境犯罪应当走上刑法"前台"——我国环境刑事立法体例之思考》,《中国检察官》2010 年第 2 期。

4. 杨源:《我国刑法关于环境犯罪的规定存在的问题》,《中央政法管理干部学院学报》2001 年第 4 期。

5. 刘文燕、朱萌:《我国环境犯罪刑法问题研究》,《黑龙江省政法管理干部学院》2010 年第 1 期。

6. 张红艳:《我国刑法有关生态犯罪规定的缺陷》,《河南社会科学》2008 年第 3 期。

7. 邵道萍:《中国环境犯罪立法模式之构想》,《广西政法管理干部学院学报》2004 年第 2 期。

8. 骆福林、赵美珍:《重大环境污染事故罪的罪名分解——江苏盐城水污染案判决的启示》,《常州大学学报》2010 年第 3 期。

9. 杨春洗、〔美〕约翰·海德、刘生荣、王艳萍:《中国环境犯罪的刑事治理》,《法学家》1994 年第 6 期。

10. 戚道孟:《有关环境犯罪刑事立法几个问题的思考》,《南开学报》2000 年第 6 期。

11. 贺泉江:《刑法中环境犯罪规定的缺陷分析》,《西北大学学报》2005 年第 6 期。

12. 李劲:《环境犯罪责任方式探究》,《辽宁工业大学学报》2012 年第 1 期。

13. 汪维才:《污染环境罪主客观要件问题研究——以〈中华人民共和国刑法修正案（八）〉为视角》,《法学杂志》2011 年第 8 期。

14. 蒋兰香：《试论我国环境刑事政策》，《中南林业科技大学学报》2008年第 3 期。

15. 同利平：《试析破坏环境资源保护罪》，《湖南师范大学社会科学学报》1998 年第 2 期。

16. 杨春洗、向泽选：《论环境与刑法》，《社会科学研究》1996 年第 2 期。

17. 冯军：《污染环境罪若干问题探讨》，《河北大学学报》2011 年第 4 期。

18. 刘仁文：《我国环境犯罪初步研究》，《法学研究》1994 年第 3 期。

19. 冯军、宋伟卫：《全球性环境危机与中国重大环境污染事故罪的立法完善》，《河北大学学报》2010 年第 2 期。

20. 陈彪、蒋华林：《强化生态环境保护的一个新视角——刑事法向度供给新探》，《石河子大学学报》2008 年第 5 期。

21. 李振聪：《浅论我国环境犯罪规定的现状》，《森林公安》2005 年第 4 期。

22. 翁凯一：《企业污染事故犯罪成因及对策分析——以民权县成诚公司砷污染案为例的研究》，《北京科技大学学报》2010 年第 1 期。

23. 陈君：《论重大环境污染事故罪》，《北京理工大学学报》2004 年第 5 期。

24. 王曦、徐丰果：《论有关环境保护的刑事立法》，《云南大学学报法学版》2007 年第 5 期。

25. 魏建斌、黄雯：《论我国环境刑法中罚金刑的适用》，《山东省农业管理干部学院学报》2012 年第 4 期。

26. 付立忠：《论我国环境刑法的最新发展》，《中国人民公安大学学报》2003 年第 2 期。

27. 李涛洪、周晋凌：《环境犯罪构成要件与完善初探》，《云南大学学报法学版》2012 年第 2 期。

28. 张梓太：《环境犯罪归责的主观要件分析》，《现代法学》2003 年第 5 期。

29. 李居全、李景城：《重大环境污染事故罪能否采纳严格责任》，《大庆师范学院学报》2006 年第 4 期。

30. 李劲：《我国环境犯罪刑罚制度的困境与完善》，《渤海大学学报》2012 年第 5 期。

31. 张建、俞小海：《关于环境犯罪刑法调控的评说——以〈刑法修正案（八）〉对环境犯罪的修改为线索》，《中国检察官》2011 年第 7 期。

32. 张勇：《整体环保观念下污染环境罪的理解和适用》，《新疆社会科学》2011 年第 6 期。

33. 吴念胜：《实质刑法观下的环境污染控制》，《资源与产业》2011 年第 5 期。

34. 雷亮、任君：《试论环境犯罪中的无过错责任原则》，《太原大学学报》2004 年第 3 期。

35. 张霞：《我国水资源刑法保护机制探析》，《山东社会科学》2010 年第 11 期。

36. 陈彪、蒋华林：《以范式转换为立基的环境刑事立法新探与制度重塑》，《华北电力大学学报》2008 年第 4 期。

37. 金泽刚、颜毅：《为何同案不同判——由"盐城水污染案"、"亿鑫化工重大污染案"引发的思考》，《上海交通大学学报》2011 年第 2 期。

38. 吴献萍：《论我国环境犯罪刑事立法的完善》，《昆明理工大学学报·社科（法学）版》2008 年第 5 期。

39. 戚道孟：《论环境保护的刑事立法》，《南开学报》1999 年第 4 期。

40. 李建玲：《环境刑法现状及立法完善问题研究》，《北京人民警察学院学报》2010 年第 5 期。

41. 游伟、肖晚祥：《环境权与环境法制再思考》，《华东政法大学学报》2009 年第 4 期。

42. 刘彩灵：《环境刑法的理论评析与制度重构》，《法律适用》2009 年第 7 期。

43. 李卫红：《环境犯罪论》，《烟台大学学报》1996 年第 2 期。

44. 李莎莎、姚兵：《环境犯罪立法模式探析》，《刑法论丛》2011 年第 3 期。

45. 姜俊山、马晓晖：《环境犯罪立法模式：比较与选择》，《辽宁警专学报》2010 年第 3 期。

46. 贾济东：《环境犯罪立法理念之演进》，《人民检察》2010 年第 9 期。

47. 赵秉志、陈璐：《当代中国环境犯罪刑法立法及其完善研究》，《现代

《法学》2011 年第 6 期。

48. 易在成、张瑞来：《关于环境犯罪刑事立法两个问题的思考》，《行政与法》2002 年第 3 期。

49. 高铭暄、徐宏：《改革开放以来我国环境刑事立法的回顾与前瞻》，《法学杂志》2009 年第 8 期。

50. 张磊：《低碳经济背景下我国环境刑法立法面临的挑战与对策》，《河南大学学报》2011 年第 1 期。

51. 侯艳芳：《关于我国污染环境犯罪中设置危险犯的思考》，《政治与法律》2009 年第 10 期。

52. 李希慧、冀华锋：《关于在我国环境犯罪中设立过失危险犯的探讨》，《环境保护》2008 年第 3 期。

53. 雷鑫：《严格责任移植于环境刑法中的价值分析》，《法学杂志》2009 年第 6 期。

54. 王金贵：《在环境资源保护中积极发挥刑法的作用》，《人民检察》2009 年第 10 期。

55. 李希慧、董文辉：《重大环境污染事故罪的立法修改研究》，《法学杂志》2011 年第 9 期。

56. 孟庆华、李佳芮：《重构我国刑法分则体系若干问题探讨》，《河北师范大学学报》2012 年第 1 期。

57. 巩固：《环境法律观检讨》，《法学研究》2011 年第 6 期。

58. 方印：《环境法认识论上的四个"风向标"》，《河北法学》2012 年第 2 期。

59. 龚瑜：《环境法上的公正》，《政法论坛》2006 年第 5 期。

60. 叶平：《"人类中心主义"的生态伦理》，《哲学研究》1995 年第 1 期。

61. 程晓皎：《生态伦理观的演变与环境法的发展关系问题研究》，2011 届科学技术哲学专业硕士论文。

62. 杨通进：《动物权利论与生物中心论——西方环境伦理学的两大流派》，《自然辩证法研究》1993 年第 8 期。

63. 徐祥民：《对"公民环境权论"的几点疑问》，《中国法学》2004 年第 2 期。

64. 朱谦：《反思环境法的权利基础——对环境权主流观点的一种担忧》，《江苏社会科学》2007 年第 2 期。

65. 崔金星：《环境财产权制度构建理论研究》，《河北法学》2012 年第 6 期。

66. 陆战平：《走出困境——对传统环境权学说的反思》，《河南社会科学》2005 年第 4 期。

67. 宫为所：《论环境权之非法律权利属性》，《黑龙江政法管理干部学院学报》2005 年第 2 期。

68. 徐祥民、张锋：《质疑公民环境权》，《法学》2004 年第 2 期。

69. 李艳芳：《论环境权及其与生存权和发展权的关系》，《中国人民大学学报》2000 年第 5 期。

70. 吴国贵：《环境权的概念、属性——张力维度的探讨》，《法律科学》2003 年第 4 期。

71. 吴卫星：《环境权内容之辨析》《法学评论》2005 年第 2 期。

72. 邹雄：《论环境权的概念》，《现代法学》2008 年第 5 期。

73. 陈泉生：《环境时代与宪法环境权的创设》，《福州大学学报》2001 年第 4 期。

74. 张力刚、沈晓蕾：《公民环境权的宪法学考察》，《政治与法律》2002 年第 3 期。

75. 付健：《论环境权的司法救济途径——兼论我国环境公益诉讼制度的构建》，《江汉论坛》2006 年第 6 期。

76. 陈德敏、董正爱：《环境权理念：从"人与自然和谐发展"的视角审视》，《中国人口·资源与环境》2008 年第 1 期。

77. 许明月、邵海：《公民环境权的基本人权性质与法律回应》，《西南民族大学学报》2005 年第 4 期。

78. 王小钢：《中国环境权理论的认识论研究》，《法制与社会发展》2007 年第 2 期。

79. 蔡守秋：《环境权初探》，《中国社会科学》1982 年第 3 期。

80. 吕忠梅：《论公民环境权》，《法学研究》1995 年第 6 期。

81. 吕忠梅：《再论公民环境权》，《法学研究》2000 年第 6 期。

82. 陈茂荣：《论公民环境权》，《政法论坛》1990 年第 6 期。

83. 陈泉生：《公民环境权刍议》，《福建学刊》1992 年第 1 期。

84. 陈泉生：《环境权之辨析》，《中国法学》1997 年第 2 期。

85. 朱谦：《环境法的权利基础——基于财产权、生命健康权的考察》，《江海学刊》2007 年第 2 期。

86. 黄华弟、欧阳光明：《论环境权的人权属性》，《河北法学》2004 年第 9 期。

87. 侯怀霞：《论人权法上的环境权》，《苏州大学学报》2009 年第 3 期。

88. 王群：《论环境权的性质》，《学术交流》2007 年第 4 期。

89. 张震：《宪法上环境权的证成与价值——以各国宪法文本中的环境权条款为分析视角》，《法学论坛》2008 年第 6 期。

90. 侯怀霞：《论宪法上的环境权》，《郑州大学学报》2007 年第 2 期。

91. 朱春玉：《环境权范畴研究述评》，《山西师大学报》2003 年第 3 期。

92. 蔡守秋：《析环境法律关系》，《法学评论》1984 年第 4 期。

93. 朱谦：《论环境权的法律属性》，《中国法学》2001 年第 3 期。

94. 陈泉生：《环境时代与宪法环境权的创设》，《福州大学学报》2001 年第 4 期。

95. 张力刚、沈晓蕾：《公民环境权的宪法学考察》，《政治与法律》2002 年第 3 期。

96. 蔡守秋：《论环境权》，《金陵法律评论》2002 年春季卷。

97. 陈茂云：《论公民环境权》，《政法论坛》1990 年第 6 期。

98. 陈权生：《公民环境权刍议》，《福建学刊》1992 年第 1 期。

99. 刘文华、李艳芳：《法律学习与研究》1990 年第 5 期。

100. 钟娟：《环境权论纲》，《学海》2002 年第 5 期。

101. 冯庆旭：《我国环境权概念的伦理审视》，《哲学动态》2012 年第 12 期。

102. 吴国贵：《环境权的概念、属性——张力维度的探讨》，《法律科学》2003 年第 4 期。

103. 李艳芳：《论环境权及其与生存权和发展权的关系》，《中国人民大学学报》2000 年第 5 期。

104. 吴国贵：《环境权的概念、属性——张力维度的探讨》，《法律科学》2003 年第 4 期。

105. 吕忠梅：《再论公民环境权》，《法学研究》2000 年第 6 期。

106. 吴卫星：《环境权内容之辨析》，《法学评论》2005 年第 2 期。

107. 彭峰：《法国环境法法典化的成因及对我国的启示》，《法治论丛》2010 年第 1 期。

108. 夏凌：《德国环境法的法典化项目及其新发展》，《甘肃省法学院学报》2010 年第 109 期。

109. 《细数新环保法五大亮点》，《人民法院报》2014 年 4 月 26 日。

后记

〈〈〈〈〈〈〈〈〈〈〈〈

环境问题与人类的生存与发展息息相关，值得深切关注！环境法律是国家法律体系中的重要法律，对保护环境不可或缺。中国自改革开放以来，在环境立法方面取得了较大成就。但从实践看，仍然不能全面、有效、彻底地打击和预防各种破坏环境的违法犯罪行为。本书力求有针对性地阐述和分析环境立法与实践的新进展和新问题，并在此基础上提出自以为有益的建议，力图引起人们对环境问题与环境立法的关切。

本书作者不止一位，难以保证在写作思路与行文风格上做到完全一致，再者，由于这些作者平时教学任务繁重、时间精力有限和第一手资料缺乏等因素的限制，书中难免会出现纰漏。

本书的撰写分工如下（以撰写章节顺序为序）：

张兆成：第一、二章；

张贵玲：第三章；

马玉祥：第四章。

全书由张兆成统稿。

本书是为加强西北民族大学法学院环境与资源保护法专业硕士学位点的学科建设而撰写，同时得益于该硕士学位点的大力支持。

人民出版社的邓创业先生为本书面世付出了辛勤的劳动，在此深表感谢。

西北民族大学　法学院

环境与资源保护法专业硕士学位点